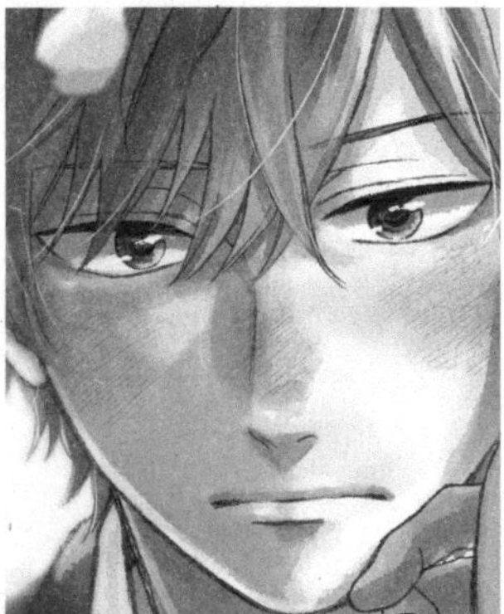

Und jeden Tag liebe ich dich mehr

Shota Kon

TOKYOPOP®

Inhalt

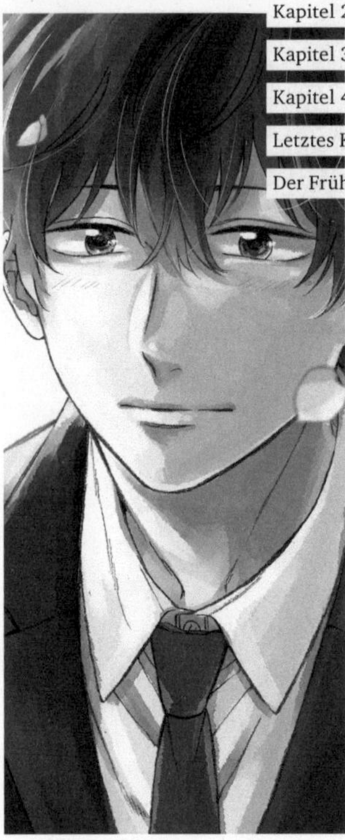

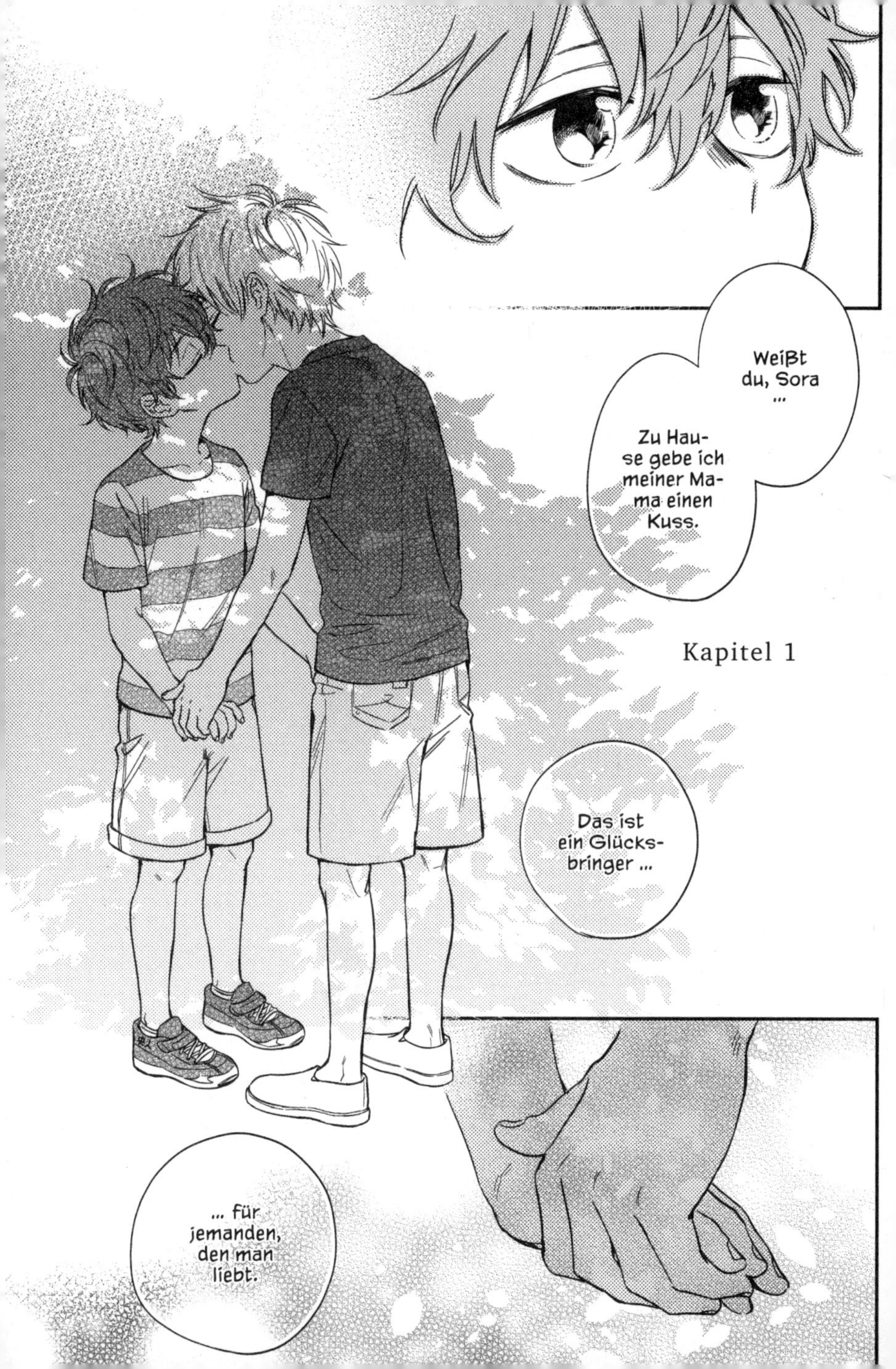
Weißt du, Sora …
Zu Hause gebe ich meiner Mama einen Kuss.
Kapitel 1
Das ist ein Glücksbringer …
… für jemanden, den man liebt.

Kapitel 1

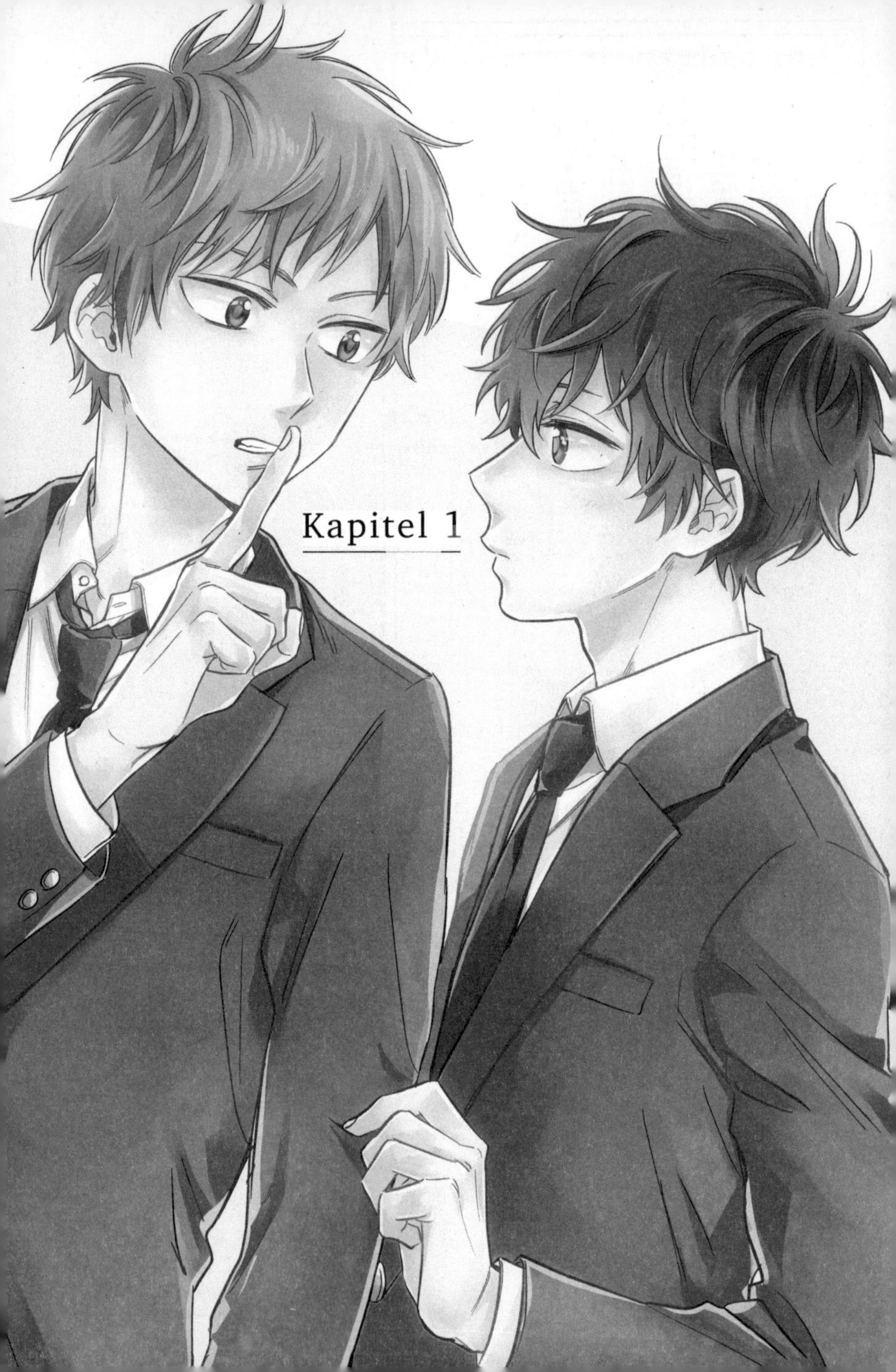

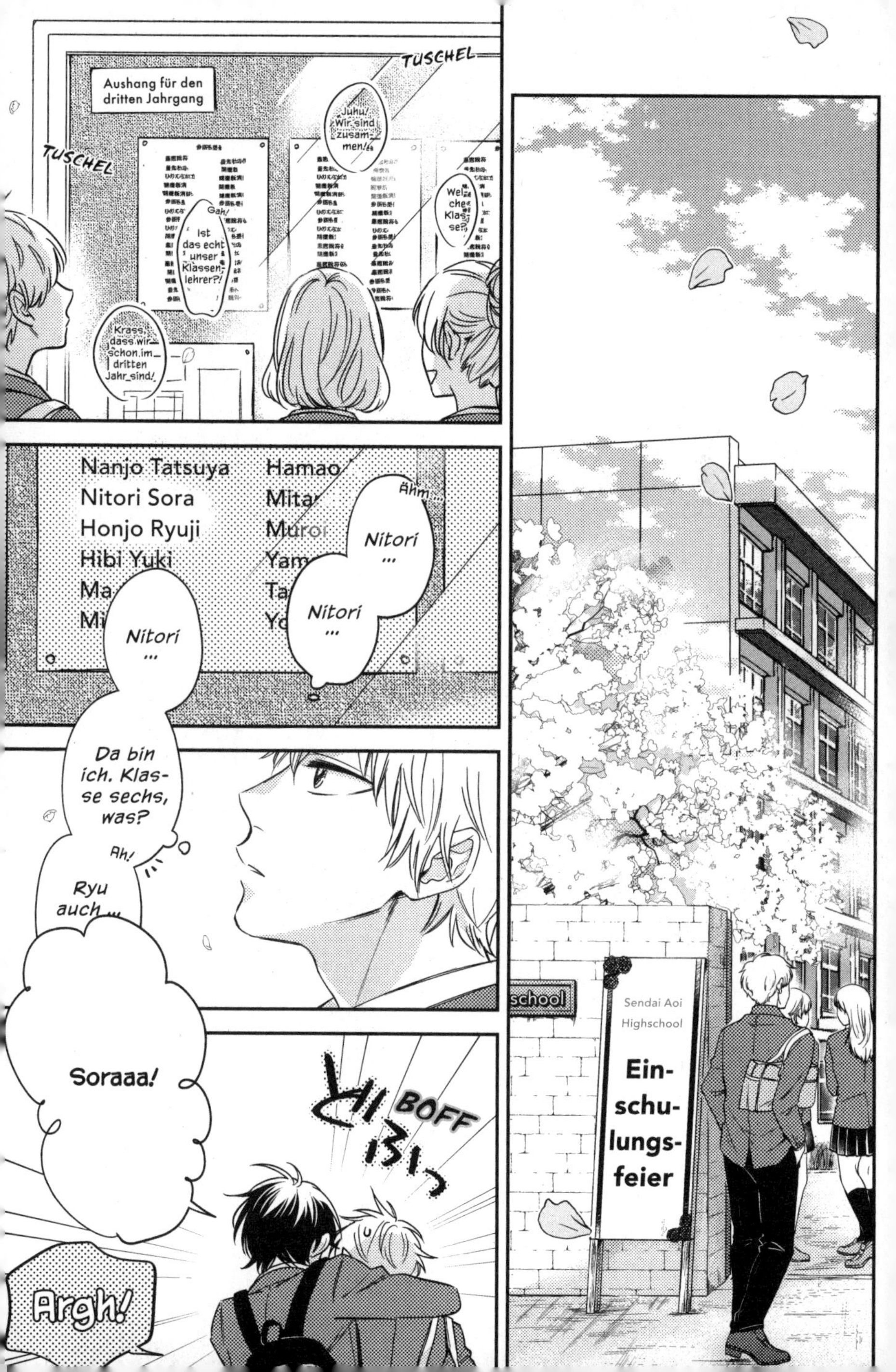

school
Sendai Aoi Highschool
Einschulungsfeier
TUSCHEL
Aushang für den dritten Jahrgang
Juhu! Wir sind zusammen!
Welche Klasse?
Gah!
Ist das echt unser Klassenlehrer?!
TUSCHEL
Krass, dass wir schon im dritten Jahr sind!
Nanjo Tatsuya
Nitori Sora
Honjo Ryuji
Hibi Yuki
Hamao
Muroi
Ähm ...
Nitori ...
Nitori ...
Nitori ...
Da bin ich. Klasse sechs, was?
Ah!
Ryu auch ...
BOFF
Soraaa!
Argh!

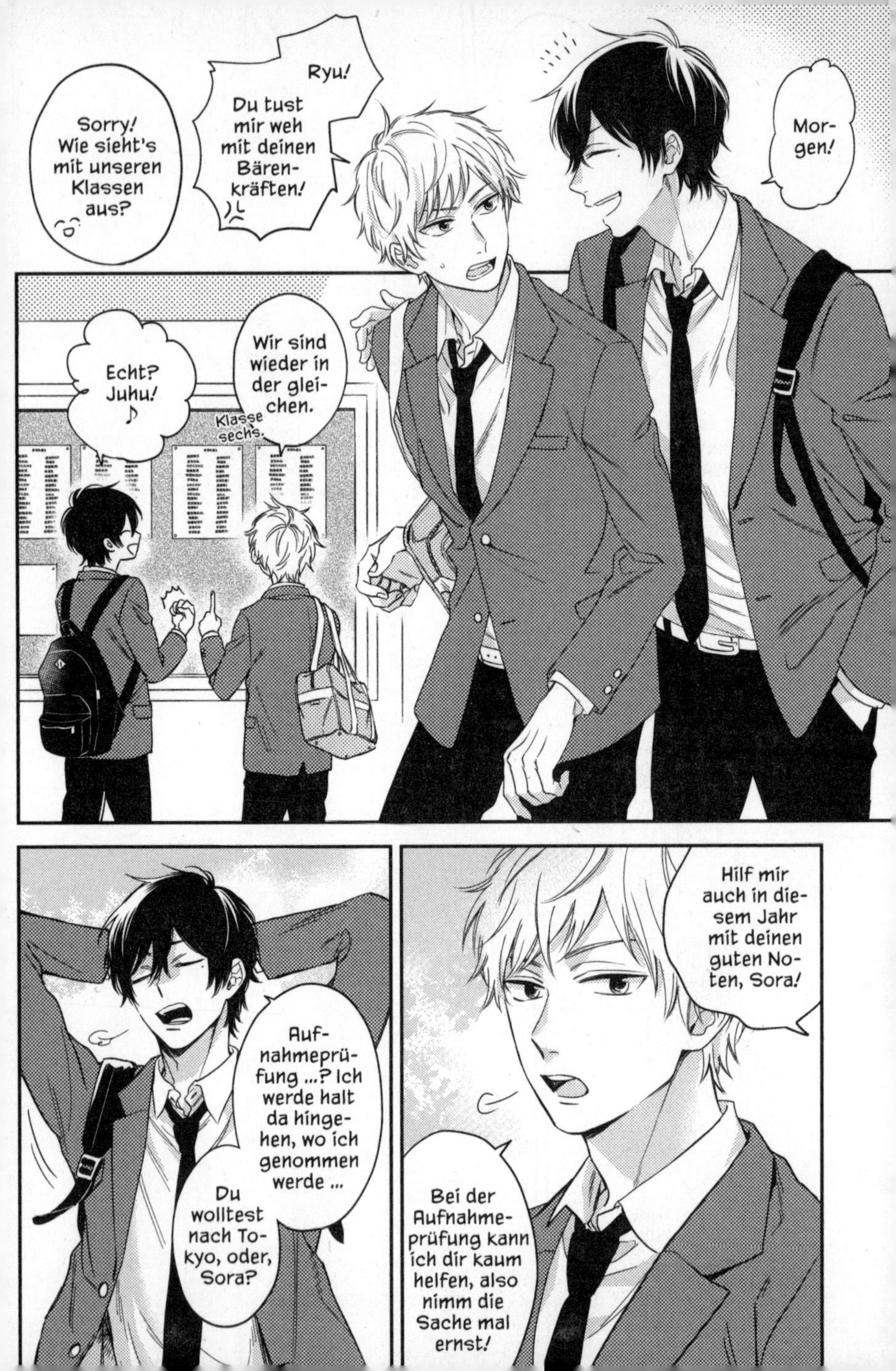
Morgen!
Ryu! Du tust mir weh mit deinen Bärenkräften!
Sorry! Wie sieht's mit unseren Klassen aus?
Wir sind wieder in der gleichen.
Klasse sechs.
Echt? Juhu! ♪
Hilf mir auch in diesem Jahr mit deinen guten Noten, Sora!
Bei der Aufnahmeprüfung kann ich dir kaum helfen, also nimm die Sache mal ernst!
Aufnahmeprüfung ...? Ich werde halt da hingehen, wo ich genommen werde ...
Du wolltest nach Tokyo, oder, Sora?

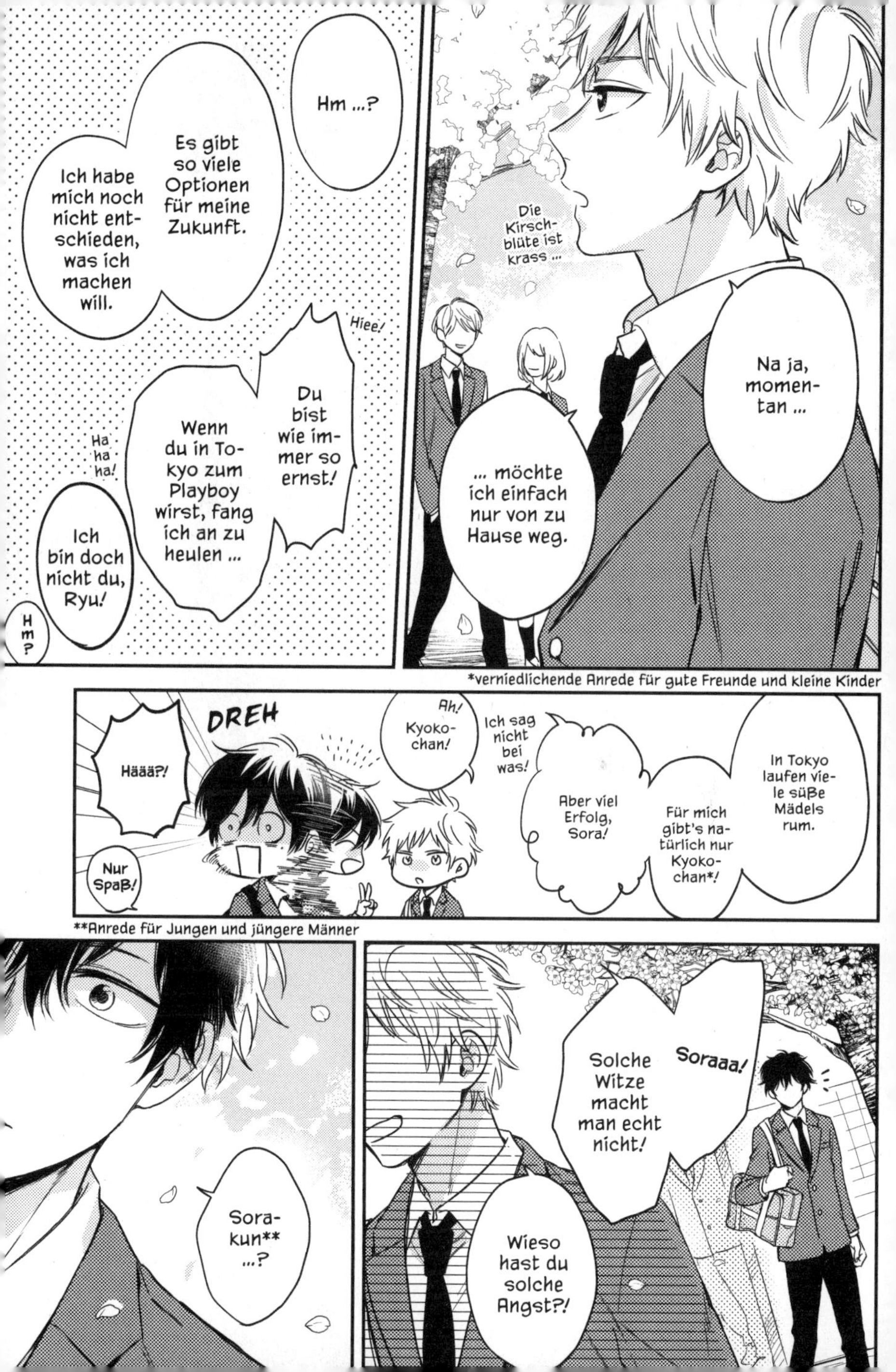
Die Kirschblüte ist krass …
Na ja, momentan …
… möchte ich einfach nur von zu Hause weg.
Hm …?
Es gibt so viele Optionen für meine Zukunft.
Ich habe mich noch nicht entschieden, was ich machen will.
Hiee!
Du bist wie immer so ernst!
Wenn du in Tokyo zum Playboy wirst, fang ich an zu heulen …
Ha ha ha!
Ich bin doch nicht du, Ryu!
Hm?
*verniedlichende Anrede für gute Freunde und kleine Kinder
In Tokyo laufen viele süße Mädels rum.
Für mich gibt's natürlich nur Kyoko-chan*!
Aber viel Erfolg, Sora!
Ich sag nicht bei was!
Ah! Kyoko-chan!
DREH
Häää?!
Nur Spaß!
**Anrede für Jungen und jüngere Männer
Soraaa!
Solche Witze macht man echt nicht!
Wieso hast du solche Angst?!
Sora-kun** …?

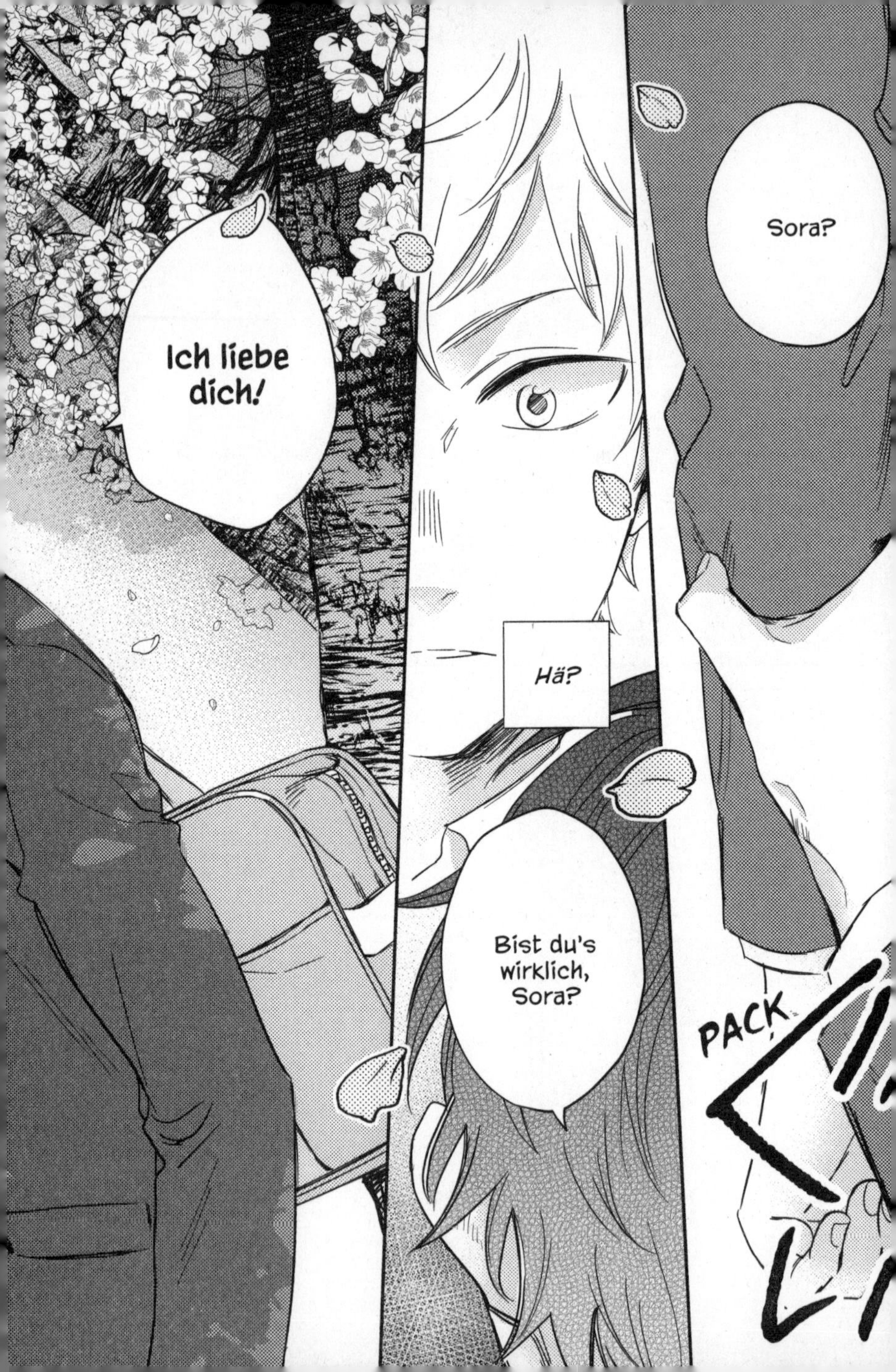
Sora?
PACK
Hä?
Bist du's wirklich, Sora?
Ich liebe dich!

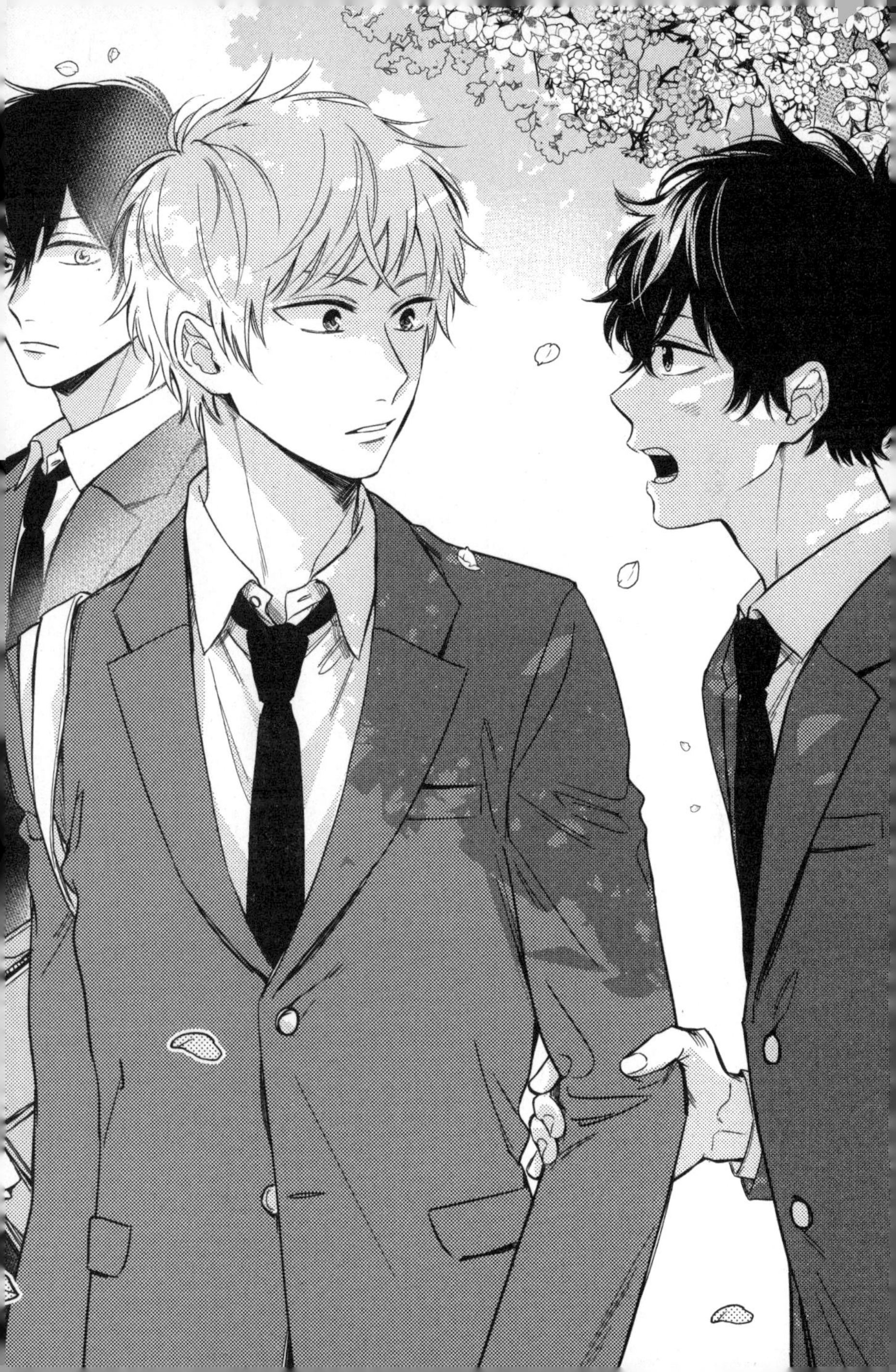

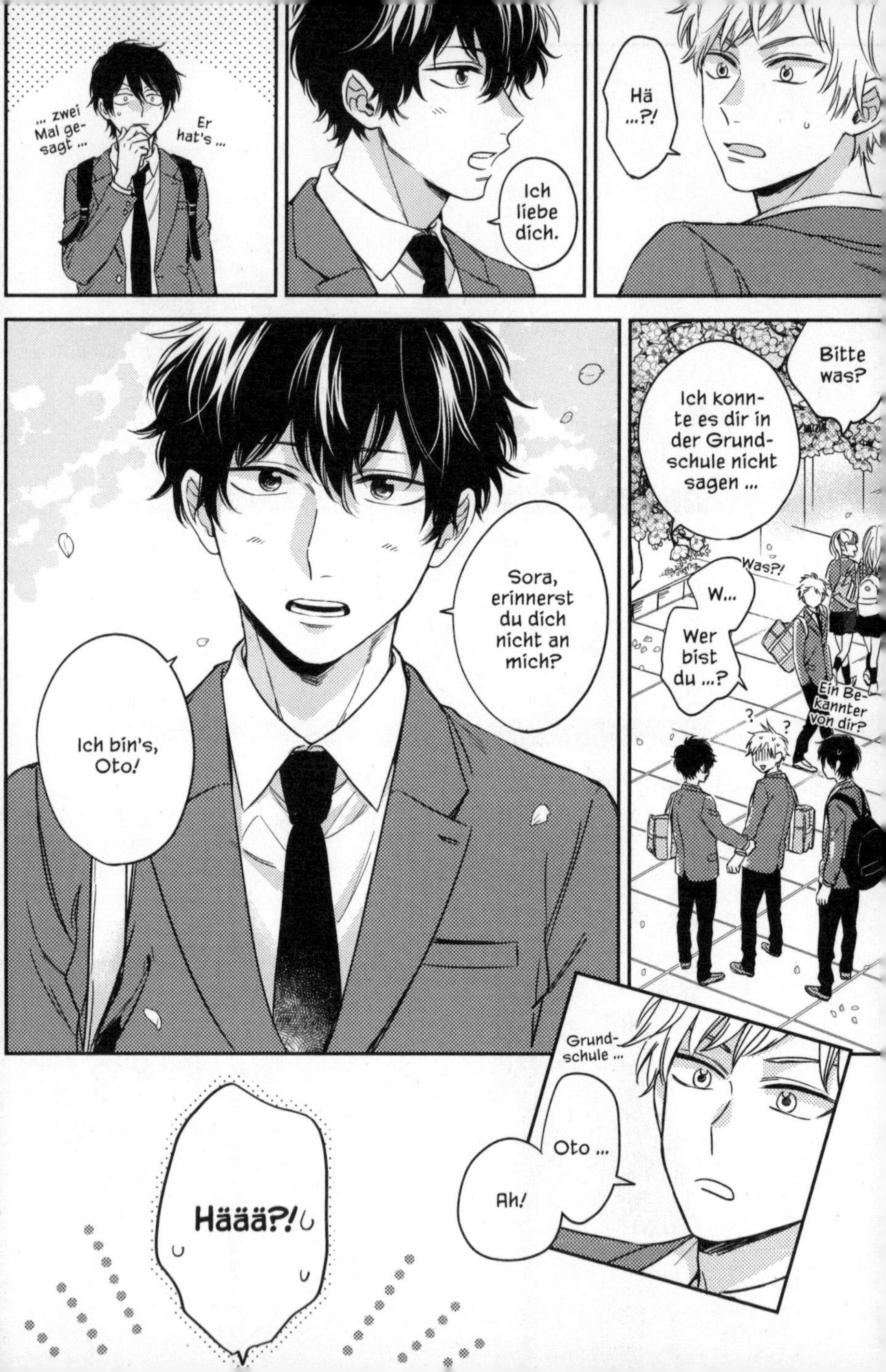
Hä ...?!
Ich liebe dich.
Er hat's ...
... zwei Mal gesagt ...
Bitte was?
Ich konnte es dir in der Grundschule nicht sagen ...
Was?!
W...
Wer bist du ...?
Ein Bekannter von dir?
Sora, erinnerst du dich nicht an mich?
Ich bin's, Oto!
Grundschule ...
Oto ...
Ah!
Häää?!

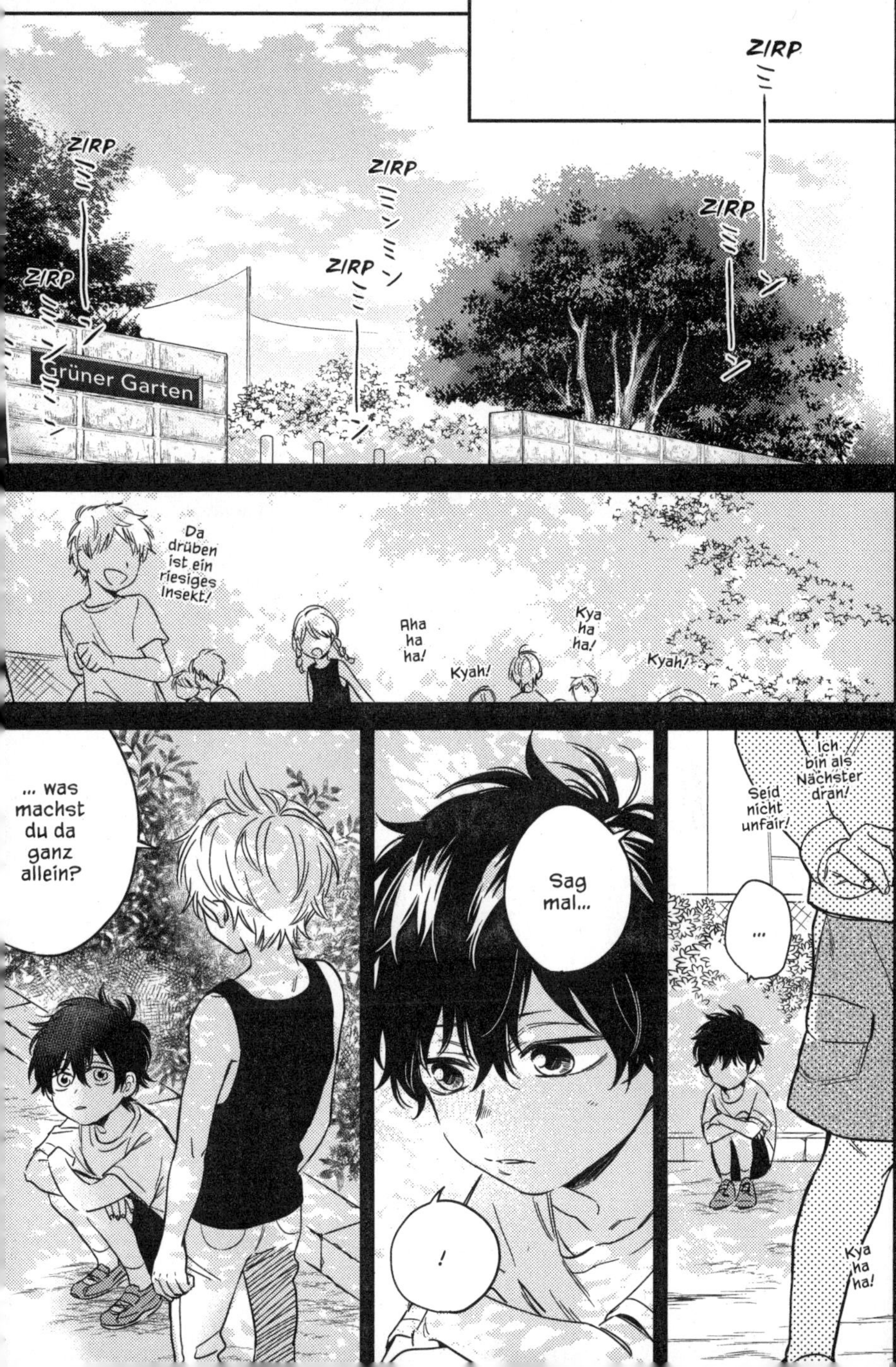
ZIRP
ZIRP
ZIRP
ZIRP
ZIRP
ZIRP
Grüner Garten
Kyah!
Kya ha ha!
Kyah!
Aha ha ha!
Da drüben ist ein riesiges Insekt!
Ich bin als Nächster dran!
Seid nicht unfair!
...
Kya ha ha!
Sag mal...
!
... was machst du da ganz allein?

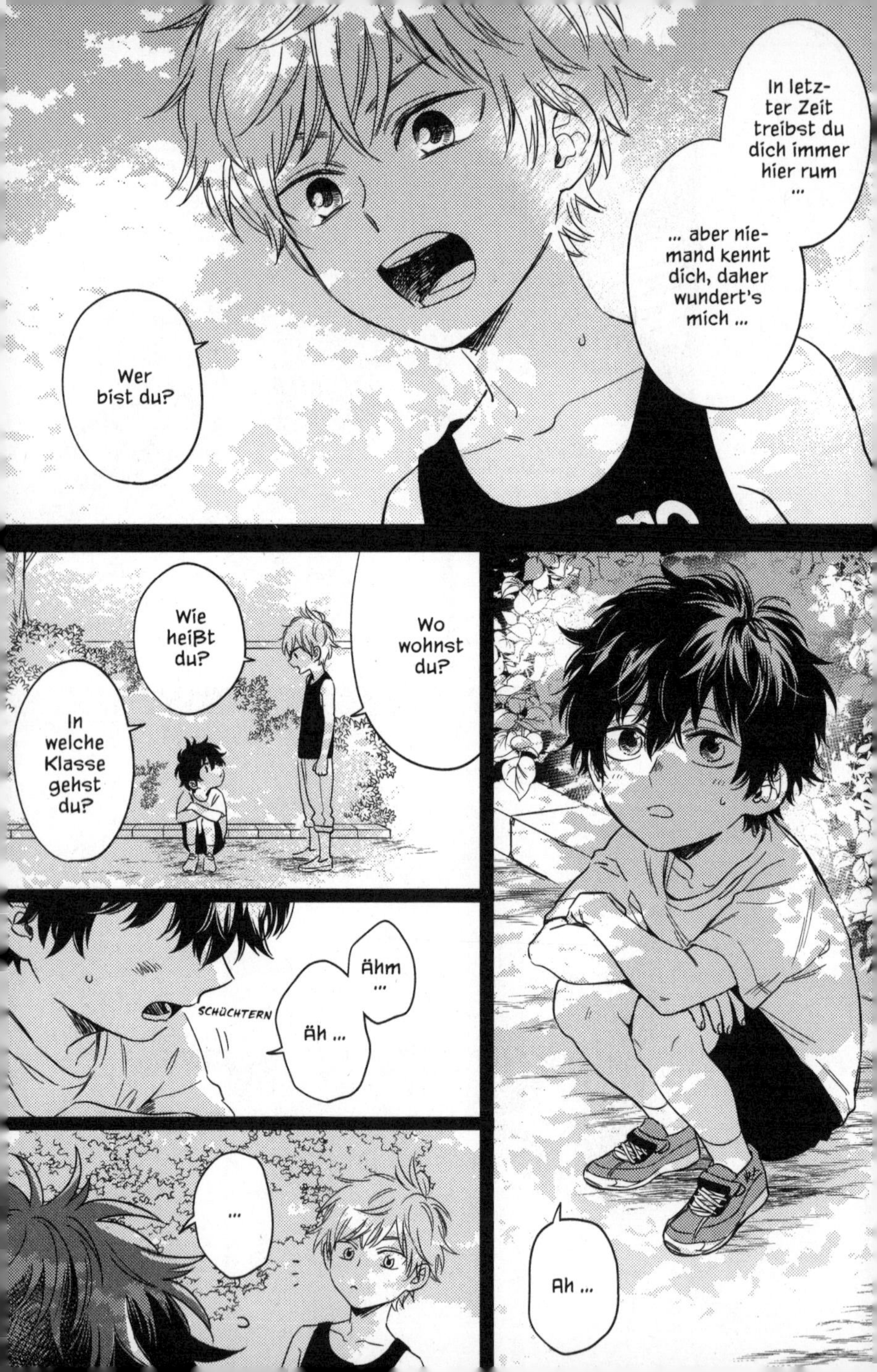
In letzter Zeit treibst du dich immer hier rum ...
... aber niemand kennt dich, daher wundert's mich ...
Wer bist du?
Wo wohnst du?
Wie heißt du?
In welche Klasse gehst du?
Ah ...
Ähm ...
Äh ...
SCHÜCHTERN
...

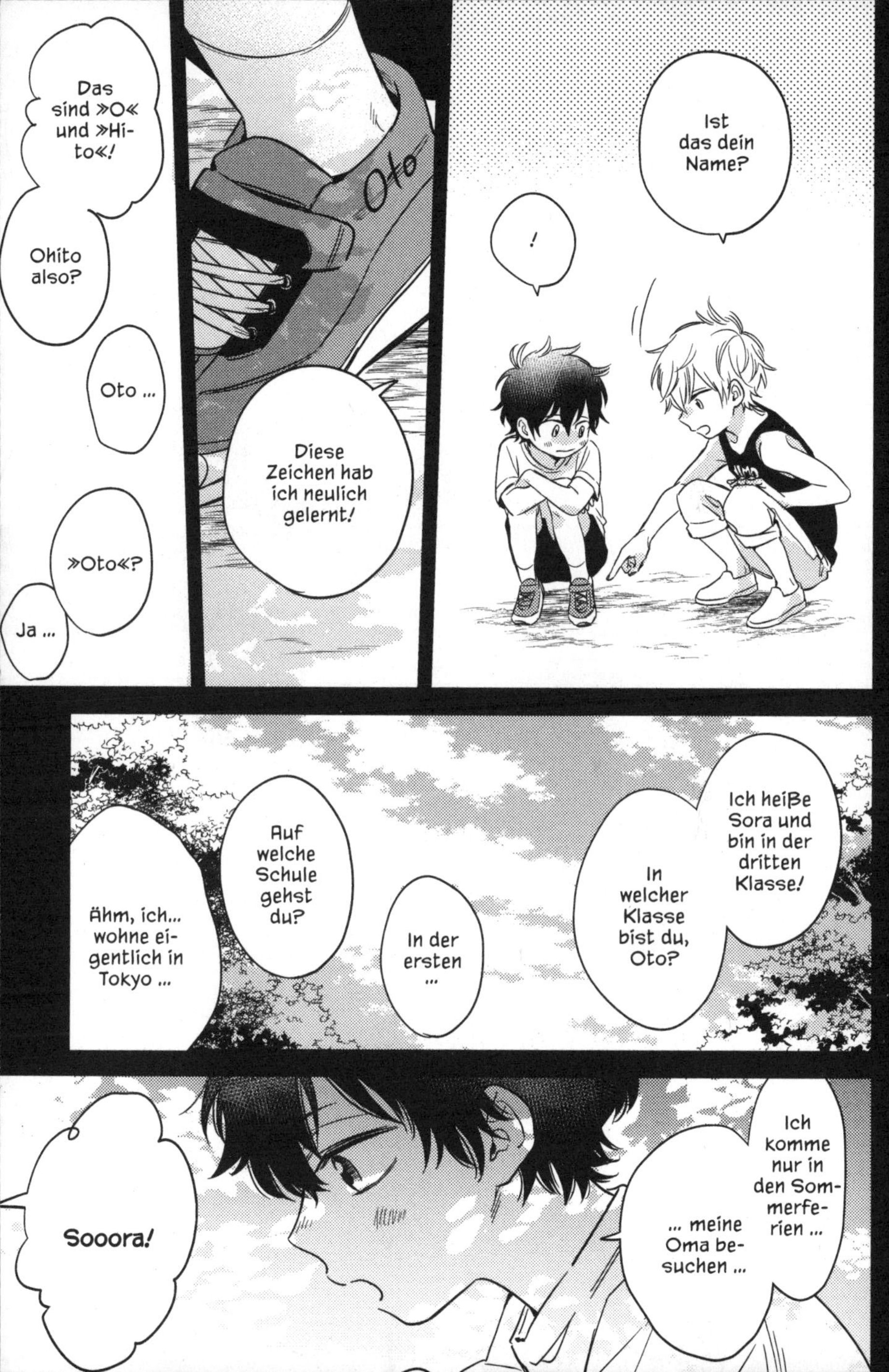

Ist das dein Name?
!
Diese Zeichen hab ich neulich gelernt!
Oto
Das sind »O« und »Hi-to«!
Ohito also?
Oto ...
»Oto«?
Ja ...
Ich heiße Sora und bin in der dritten Klasse!
In welcher Klasse bist du, Oto?
In der ersten ...
Auf welche Schule gehst du?
Ähm, ich... wohne eigentlich in Tokyo ...
Ich komme nur in den Sommerferien ...
... meine Oma besuchen ...
Sooora!

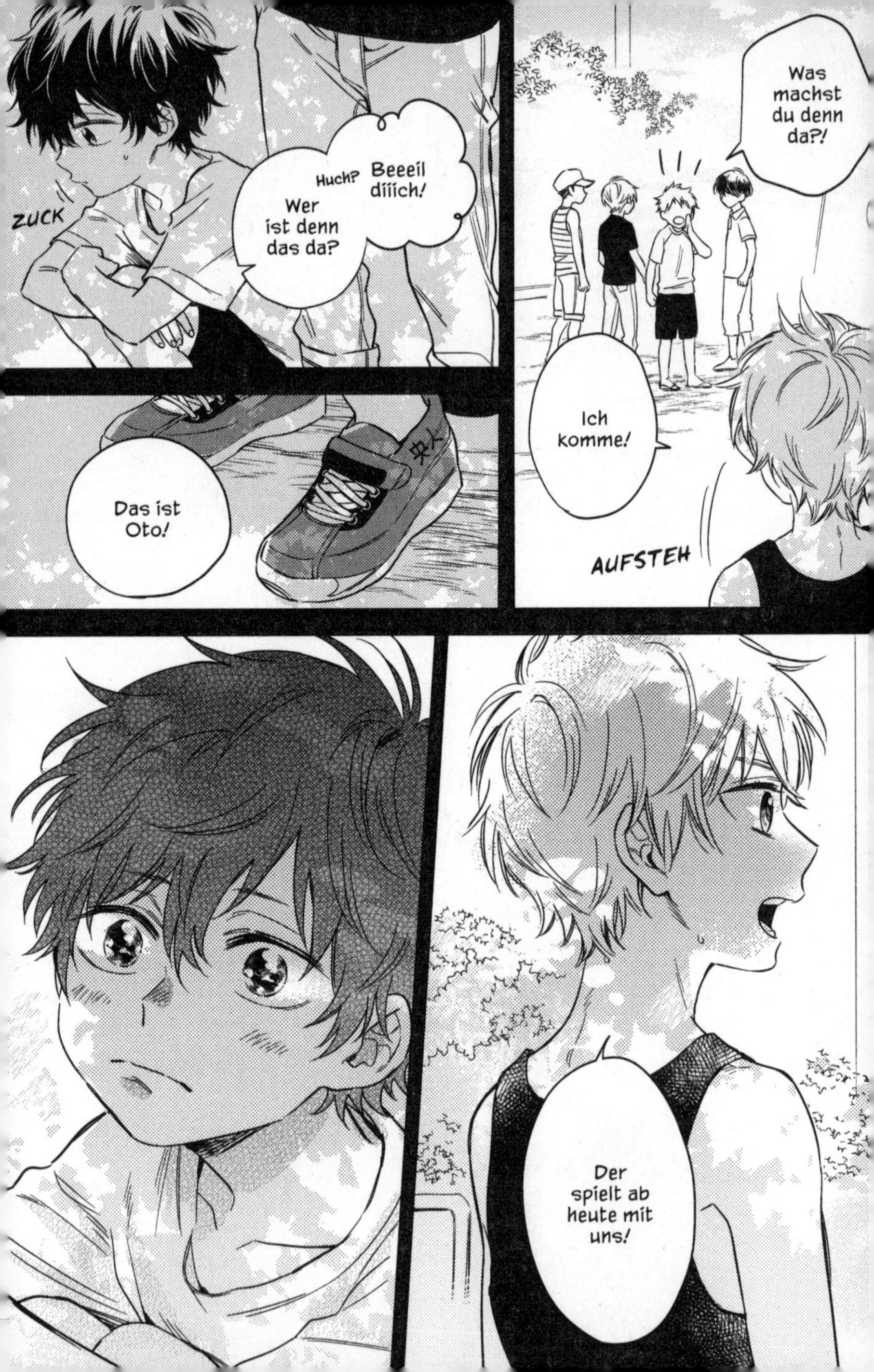
Was machst du denn da?!
Ich komme!
AUFSTEH
Wer ist denn das da?
Huch? Beeeil diiich!
ZUCK
Das ist Oto!
Der spielt ab heute mit uns!

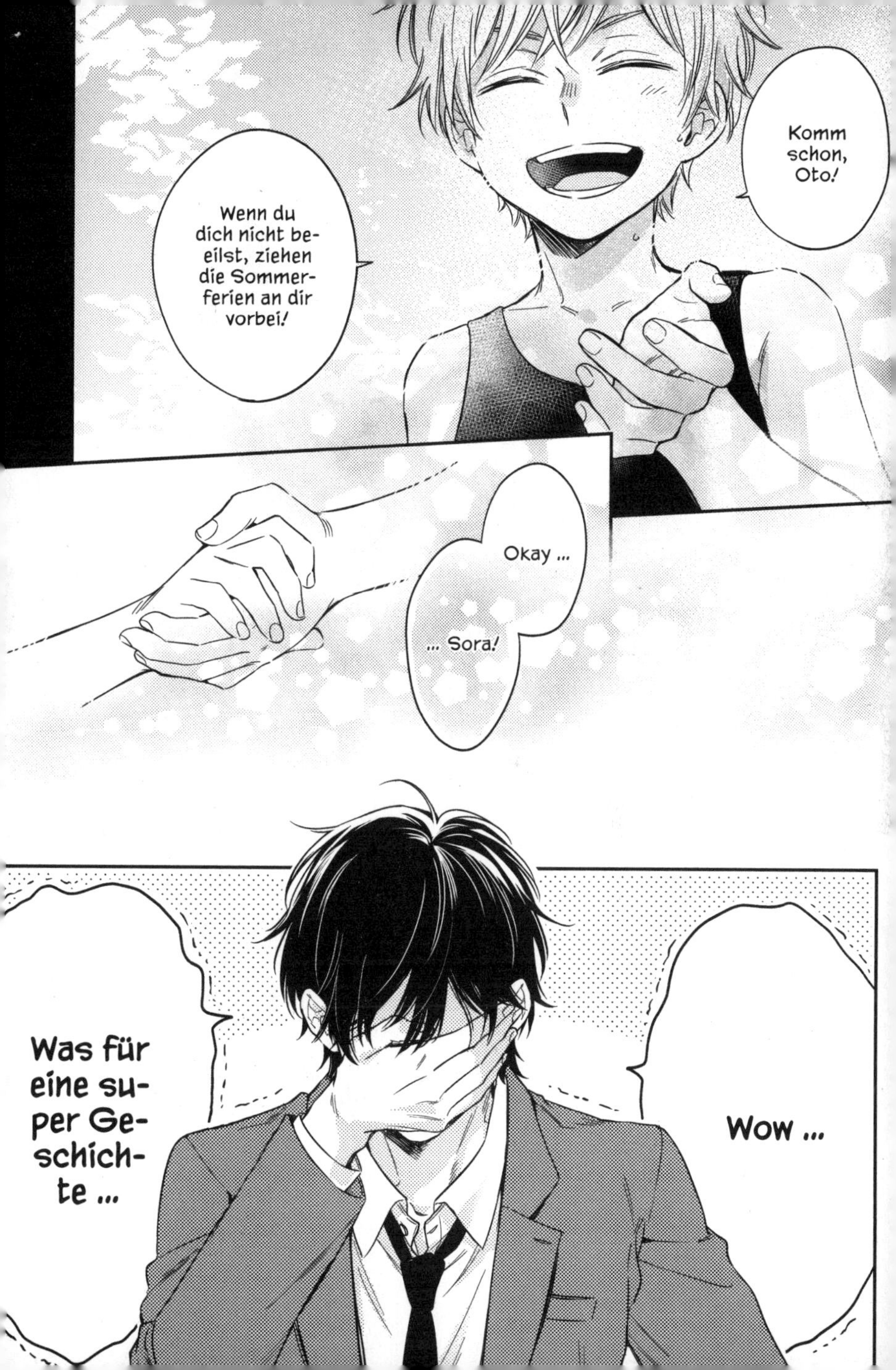
Komm schon, Oto!
Wenn du dich nicht beeilst, ziehen die Sommerferien an dir vorbei!
Okay ...
... Sora!
Wow ...
Was für eine super Geschichte ...

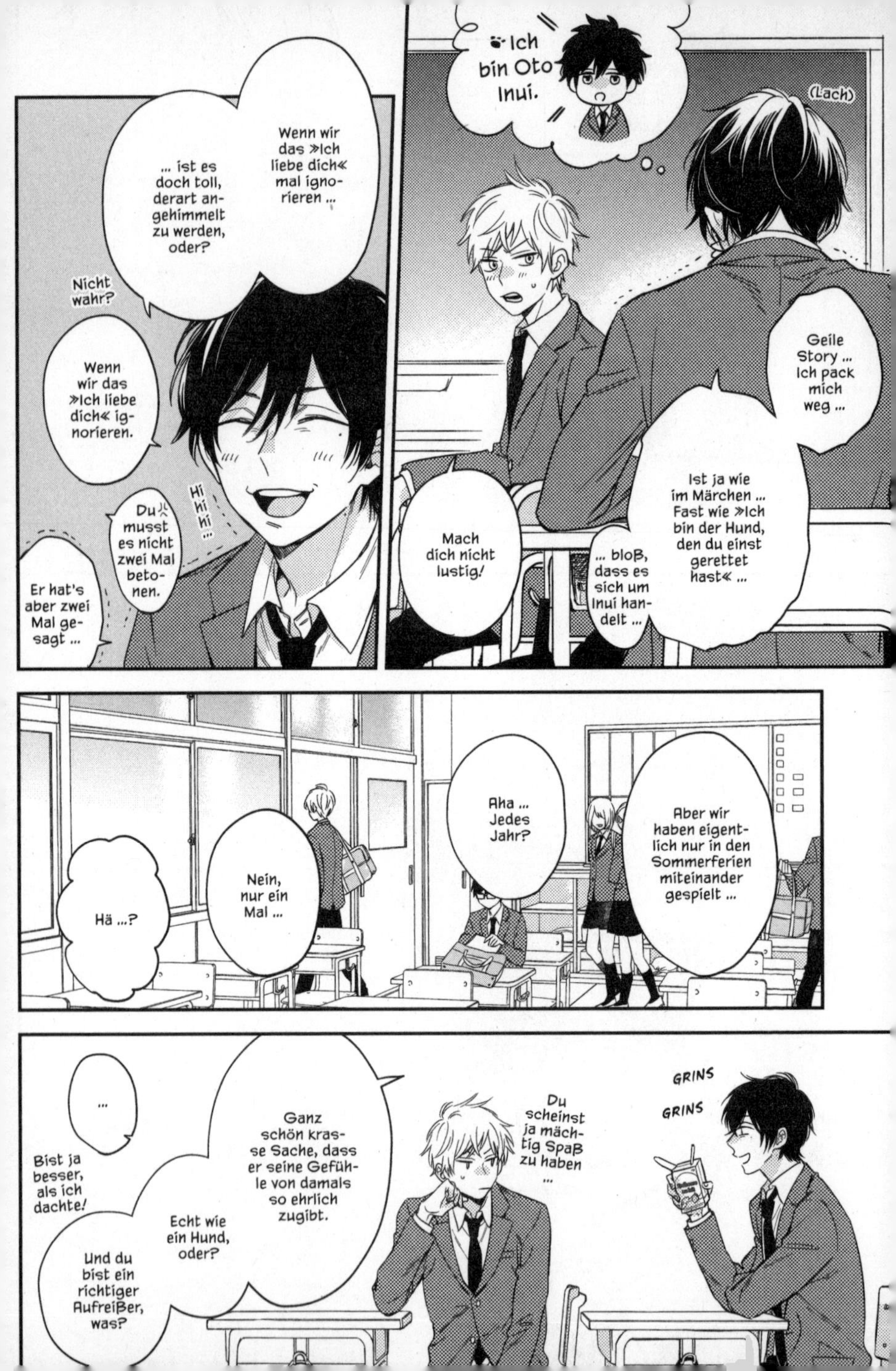
Ich bin Oto Inui.
(Lach)
Geile Story ... Ich pack mich weg ...
Ist ja wie im Märchen ... Fast wie »Ich bin der Hund, den du einst gerettet hast« ...
... bloß, dass es sich um Inui handelt ...
Mach dich nicht lustig!
Wenn wir das »Ich liebe dich« mal ignorieren ...
... ist es doch toll, derart angehimmelt zu werden, oder?
Nicht wahr?
Wenn wir das »Ich liebe dich« ignorieren.
Hi hi hi ...
Du musst es nicht zwei Mal betonen.
Er hat's aber zwei Mal gesagt ...
Aber wir haben eigentlich nur in den Sommerferien miteinander gespielt ...
Aha ... Jedes Jahr?
Nein, nur ein Mal ...
Hä ...?
GRINS
GRINS
Du scheinst ja mächtig Spaß zu haben ...
Ganz schön krasse Sache, dass er seine Gefühle von damals so ehrlich zugibt.
Echt wie ein Hund, oder?
...
Bist ja besser, als ich dachte!
Und du bist ein richtiger Aufreißer, was?

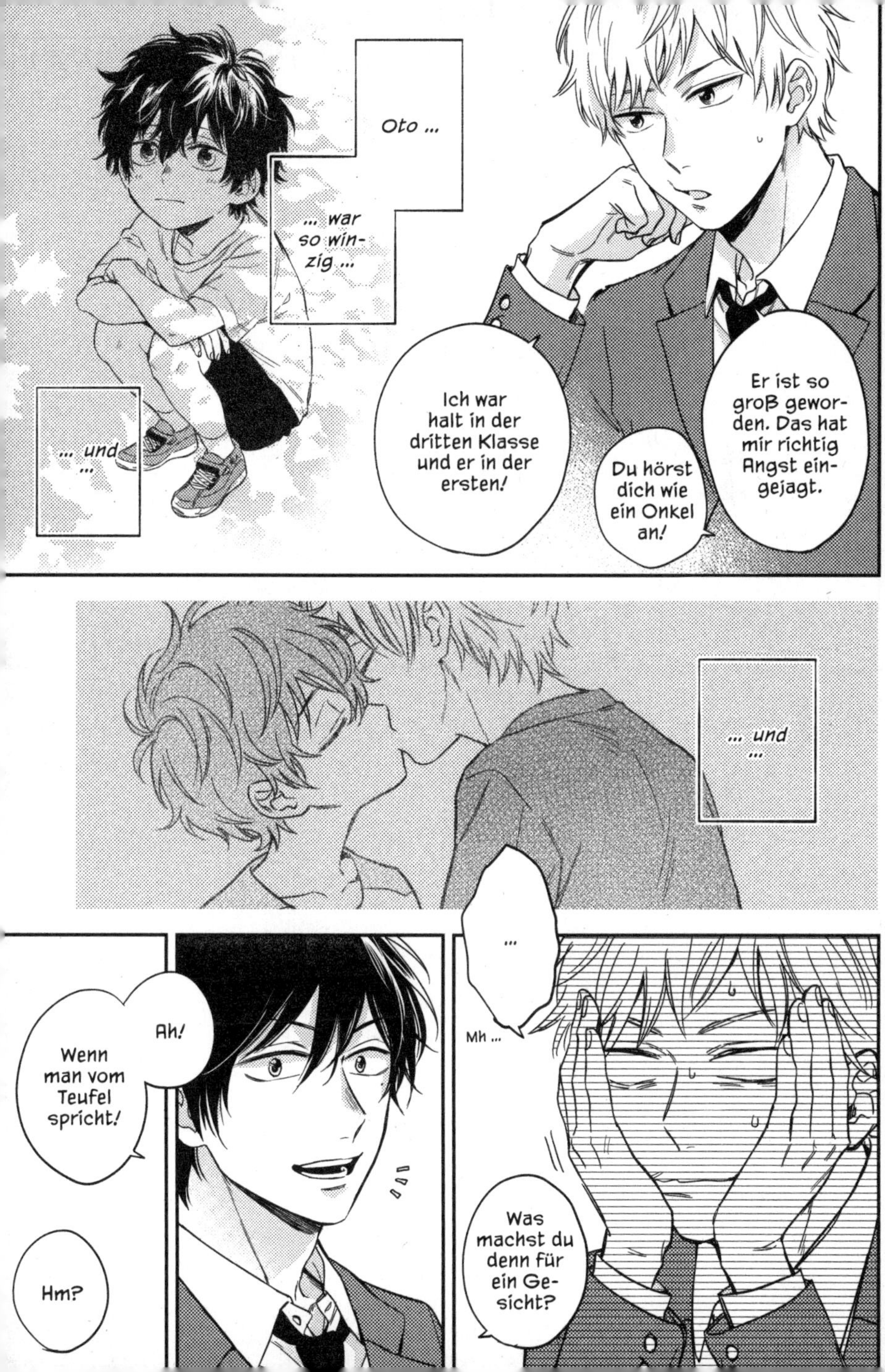
Er ist so groß geworden. Das hat mir richtig Angst eingejagt.
Du hörst dich wie ein Onkel an!
Ich war halt in der dritten Klasse und er in der ersten!
Oto ...
... war so winzig ...
... und ...
... und ...
...
Mh ...
Was machst du denn für ein Gesicht?
Ah!
Wenn man vom Teufel spricht!
Hm?

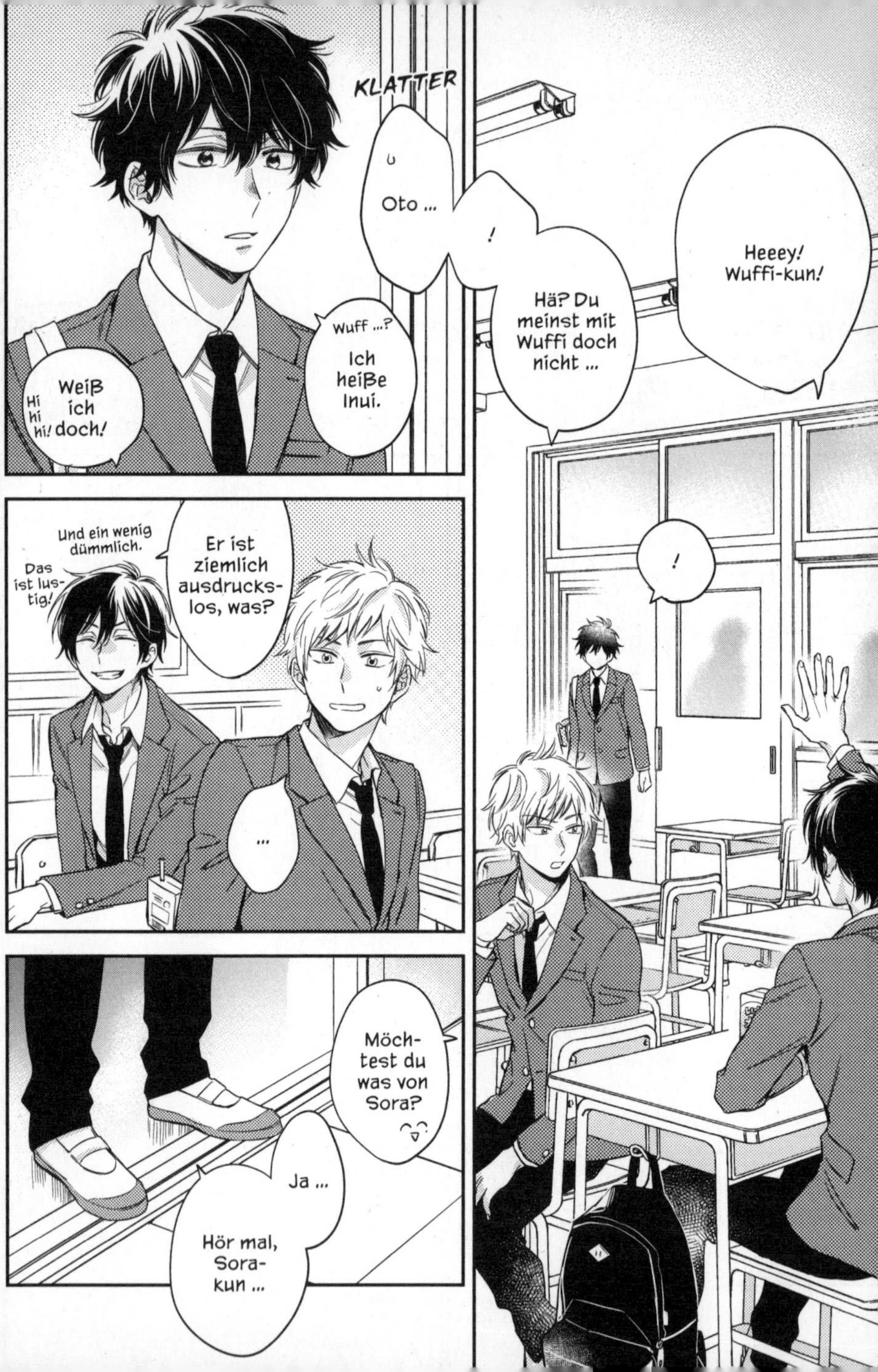
Heeey! Wuffi-kun!
Hä? Du meinst mit Wuffi doch nicht ...
!
KLATTER
!
Oto ...
Wuff ...? Ich heiße Inui.
Weiß ich doch!
Hi hi hi!
Er ist ziemlich ausdrucks-los, was?
Und ein wenig dümmlich.
Das ist lus-tig!
...
Möch-test du was von Sora?
Ja ...
Hör mal, Sora-kun ...

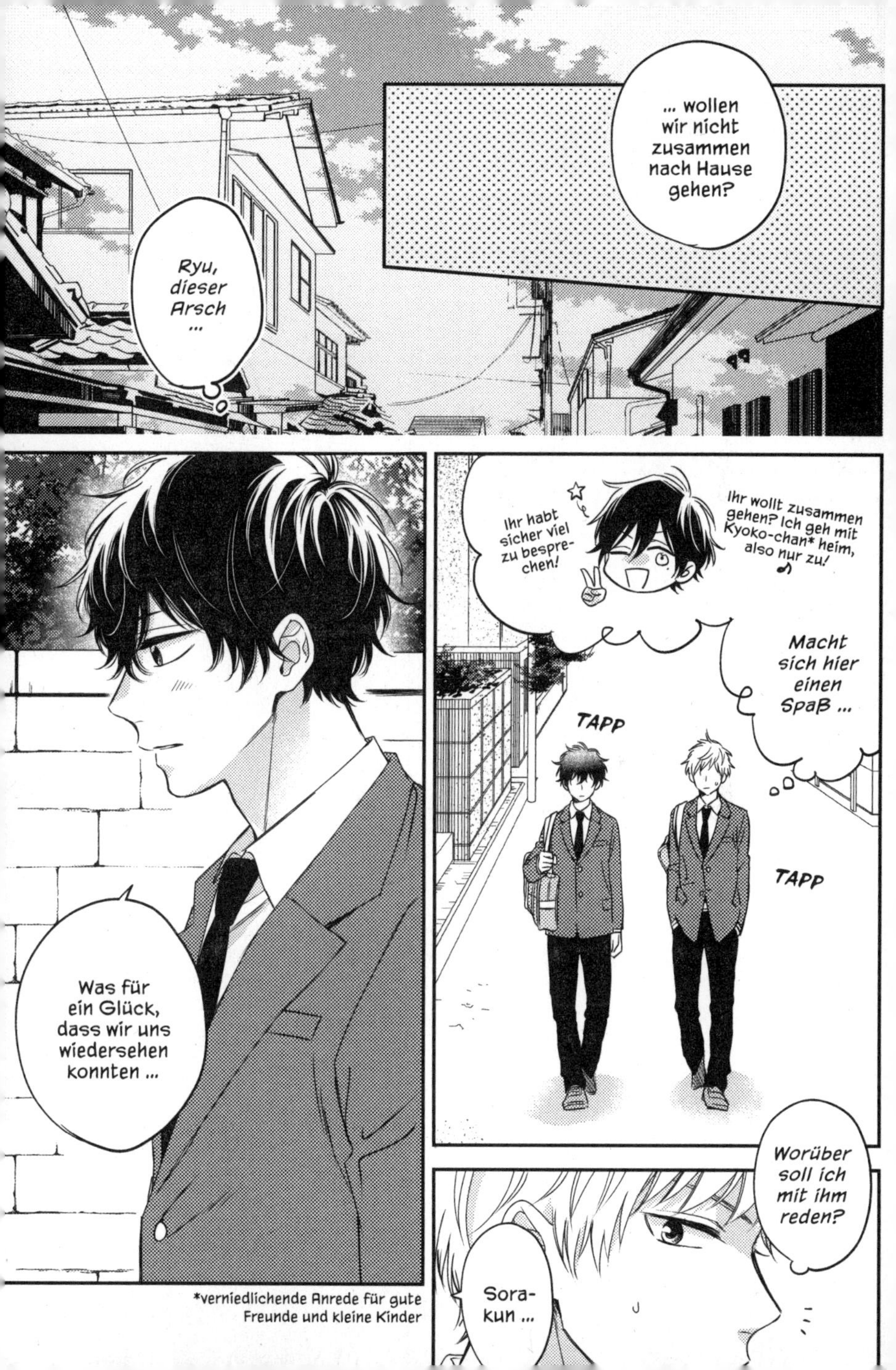

*verniedlichende Anrede für gute Freunde und kleine Kinder

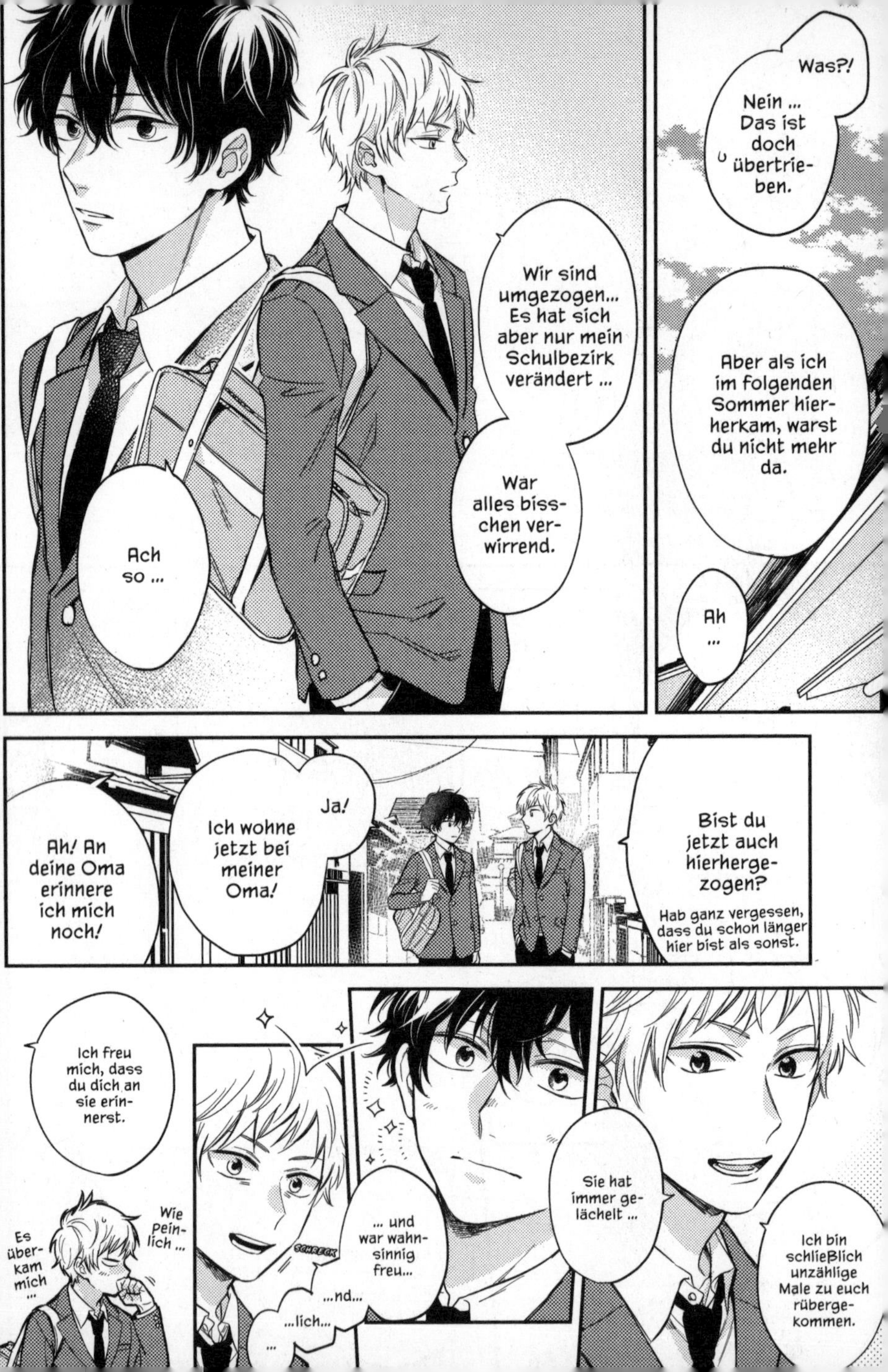
Was?!
Nein ... Das ist doch übertrieben.
Aber als ich im folgenden Sommer hierherkam, warst du nicht mehr da.
Ah ...
Wir sind umgezogen... Es hat sich aber nur mein Schulbezirk verändert ...
War alles bisschen verwirrend.
Ach so ...
Bist du jetzt auch hierhergezogen?
Hab ganz vergessen, dass du schon länger hier bist als sonst.
Ja!
Ich wohne jetzt bei meiner Oma!
Ah! An deine Oma erinnere ich mich noch!
Ich bin schließlich unzählige Male zu euch rübergekommen.
Sie hat immer gelächelt ...
... und war wahnsinnig freu...
SCHRECK
...nd...
...lich...
...
Ich freu mich, dass du dich an sie erinnerst.
Wie peinlich ...
Es überkam mich ...

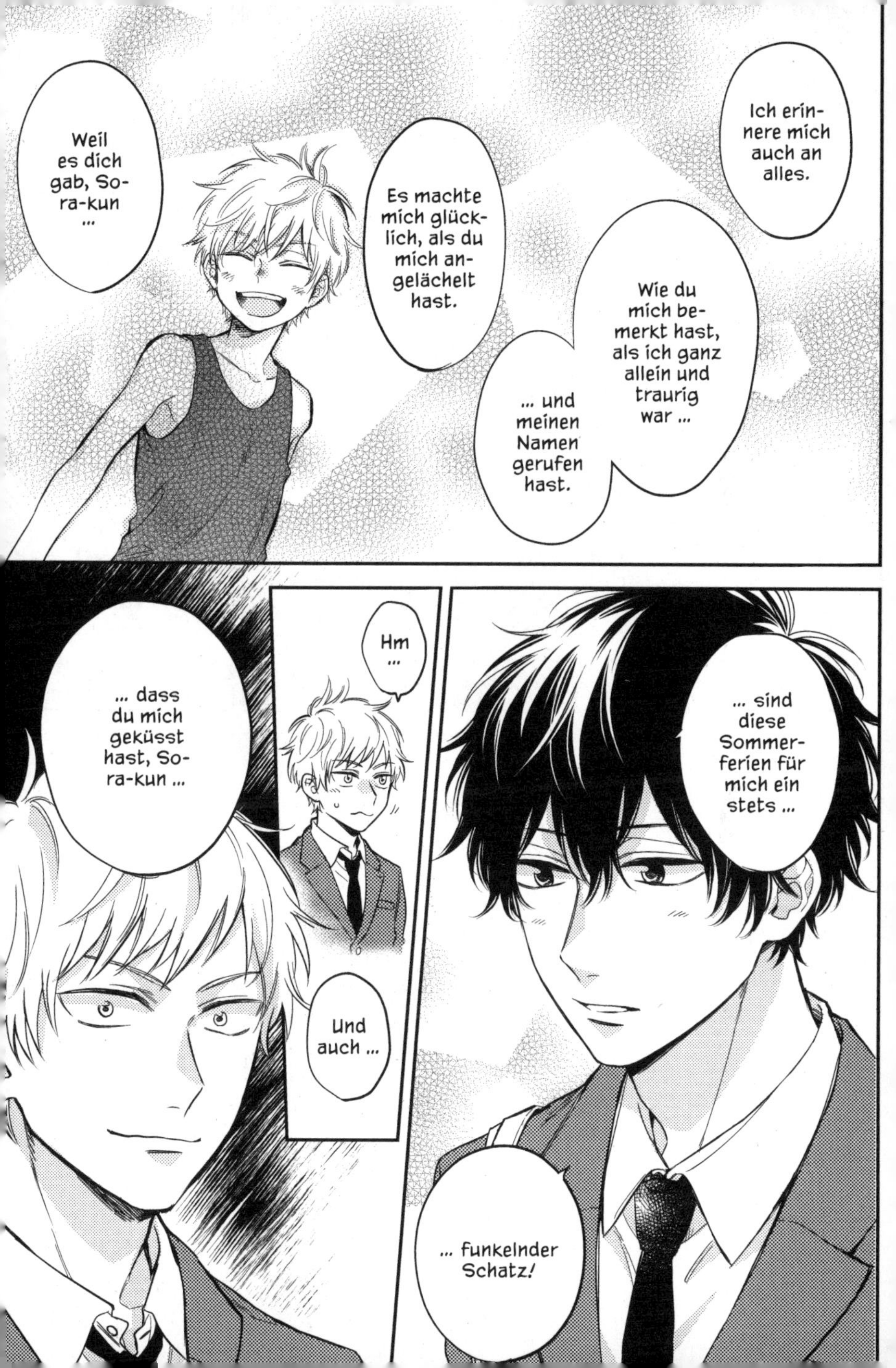

Ich erinnere mich auch an alles.
Wie du mich bemerkt hast, als ich ganz allein und traurig war ...
... und meinen Namen gerufen hast.
Es machte mich glücklich, als du mich angelächelt hast.
Weil es dich gab, Sora-kun ...
Hm ...
Und auch ...
... dass du mich geküsst hast, Sora-kun ...
... sind diese Sommerferien für mich ein stets ...
... funkelnder Schatz!

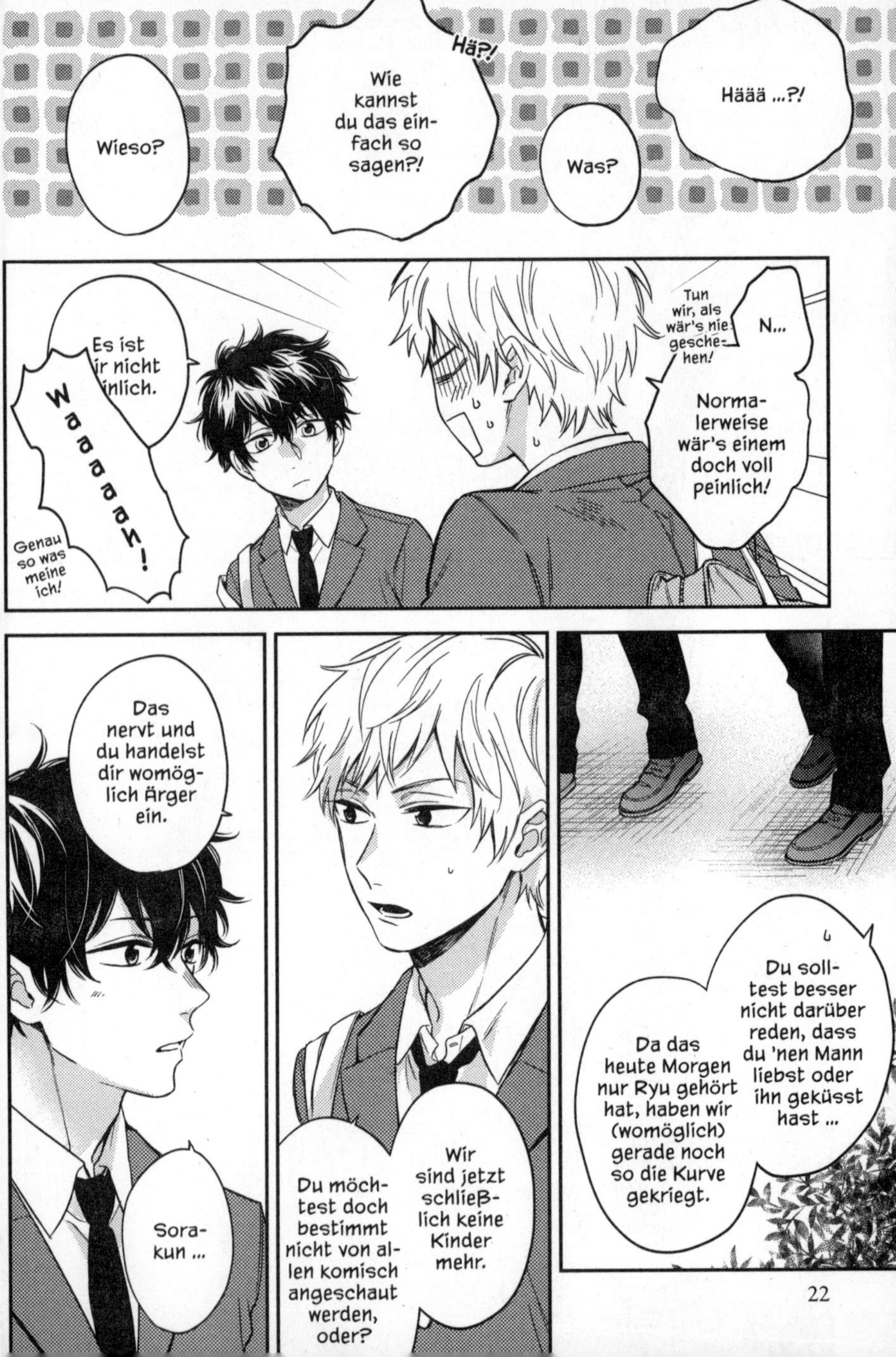
Häää ...?!
Was?
Hä?!
Wie kannst du das einfach so sagen?!
Wieso?
N...
Normalerweise wär's einem doch voll peinlich!
Tun wir, als wär's nie geschehen!
Es ist ir nicht inlich.
Waaaaaah!
Genau so was meine ich!
Du solltest besser nicht darüber reden, dass du 'nen Mann liebst oder ihn geküsst hast ...
Da das heute Morgen nur Ryu gehört hat, haben wir (womöglich) gerade noch so die Kurve gekriegt.
Wir sind jetzt schließlich keine Kinder mehr.
Du möchtest doch bestimmt nicht von allen komisch angeschaut werden, oder?
Das nervt und du handelst dir womöglich Ärger ein.
Sora-kun ...

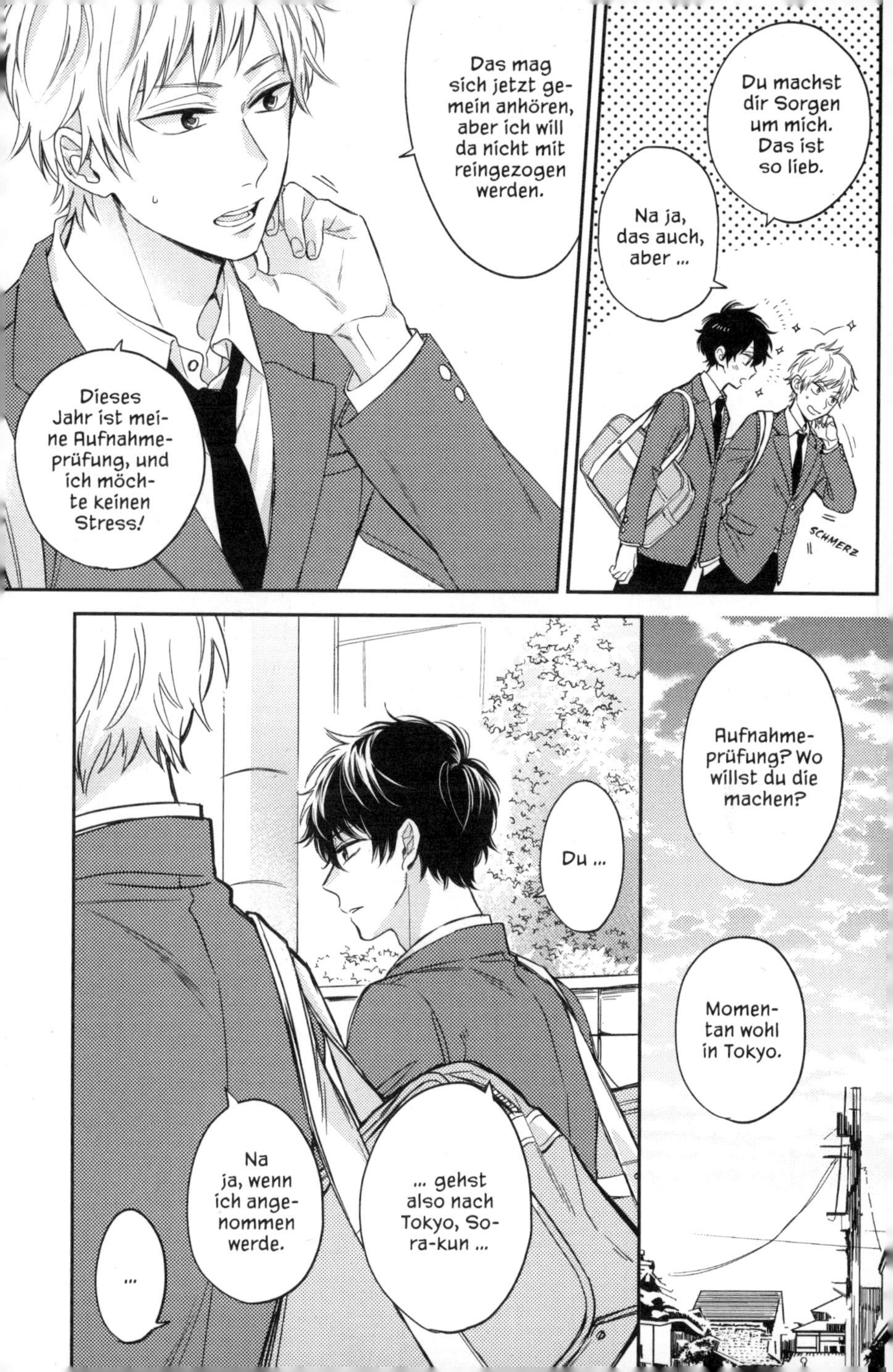
Du machst dir Sorgen um mich. Das ist so lieb.
Na ja, das auch, aber ...
SCHMERZ
Das mag sich jetzt gemein anhören, aber ich will da nicht mit reingezogen werden.
Dieses Jahr ist meine Aufnahmeprüfung, und ich möchte keinen Stress!
Aufnahmeprüfung? Wo willst du die machen?
Momentan wohl in Tokyo.
Du ...
... gehst also nach Tokyo, Sora-kun ...
Na ja, wenn ich angenommen werde.
...

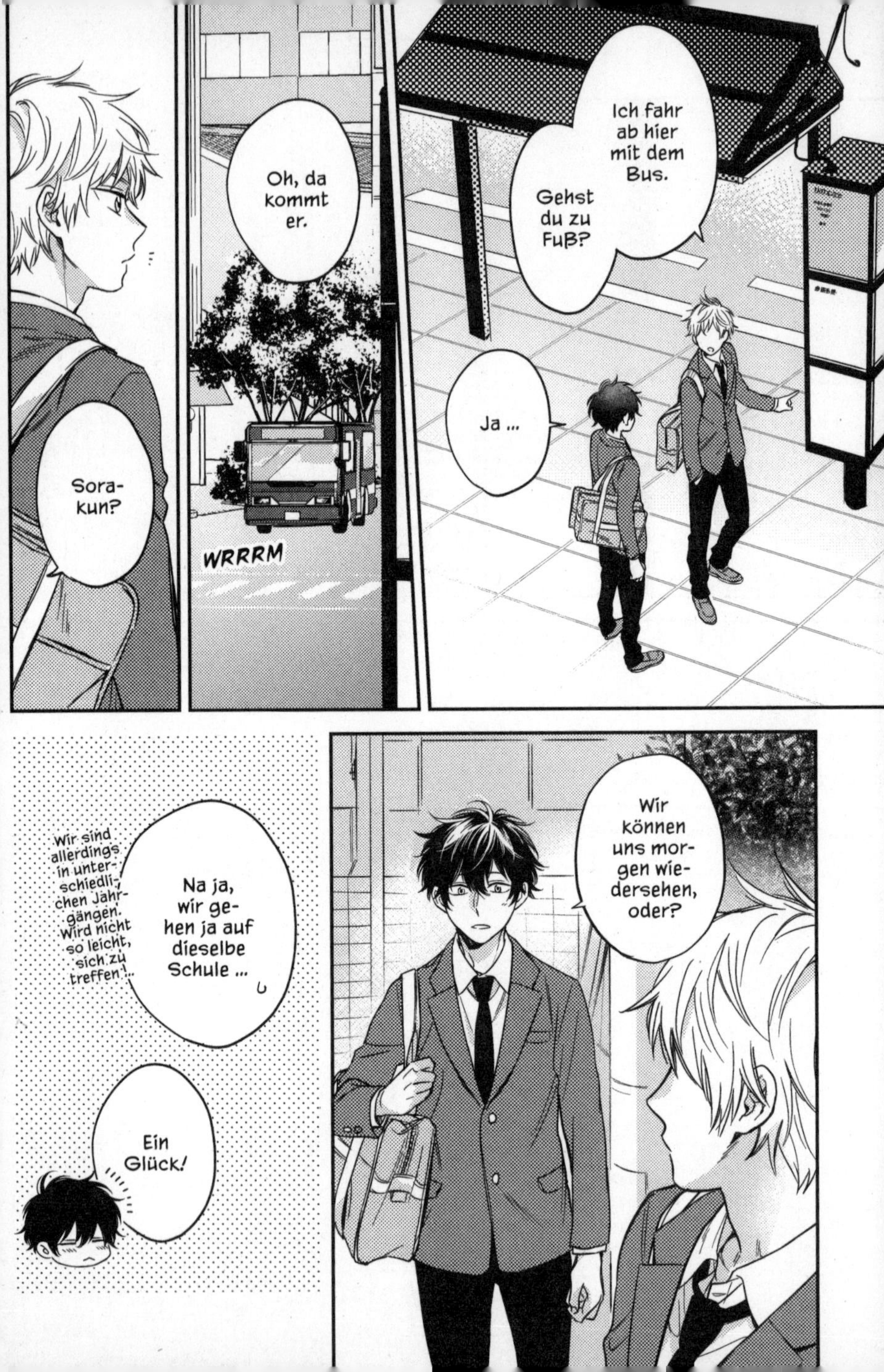
Ich fahr ab hier mit dem Bus.
Gehst du zu Fuß?
Ja ...
Oh, da kommt er.
WRRRM
Sora-kun?
Wir können uns morgen wiedersehen, oder?
Na ja, wir gehen ja auf dieselbe Schule ...
Wir sind allerdings in unterschiedlichen Jahrgängen. Wird nicht so leicht, sich zu treffen ...
Ein Glück!

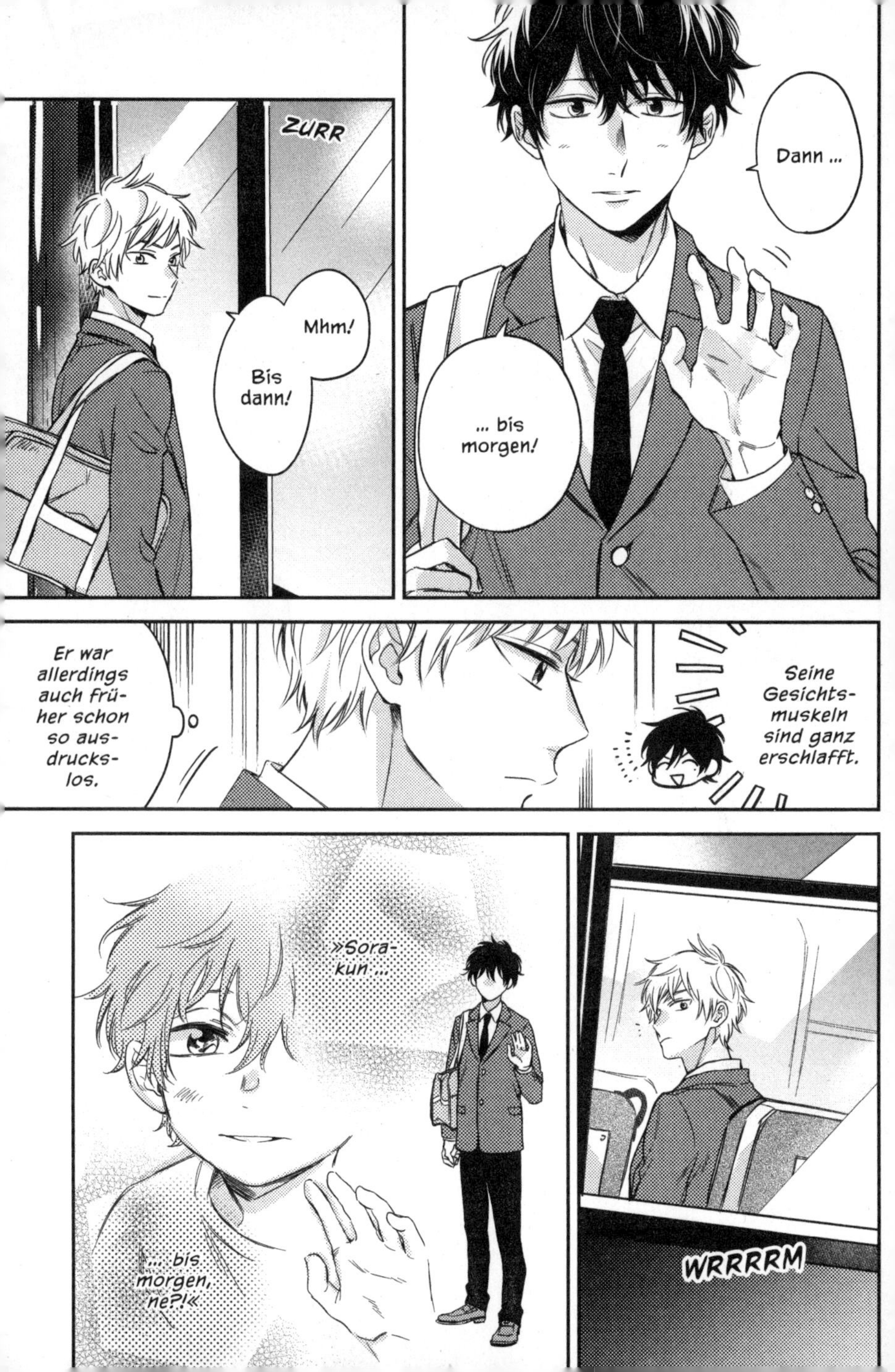
Dann ...
... bis morgen!
ZURR
Mhm!
Bis dann!
Seine Gesichts-muskeln sind ganz erschlafft.
Er war allerdings auch frü-her schon so aus-drucks-los.
WRRRRM
»Sora-kun ...
... bis morgen, ne?!«

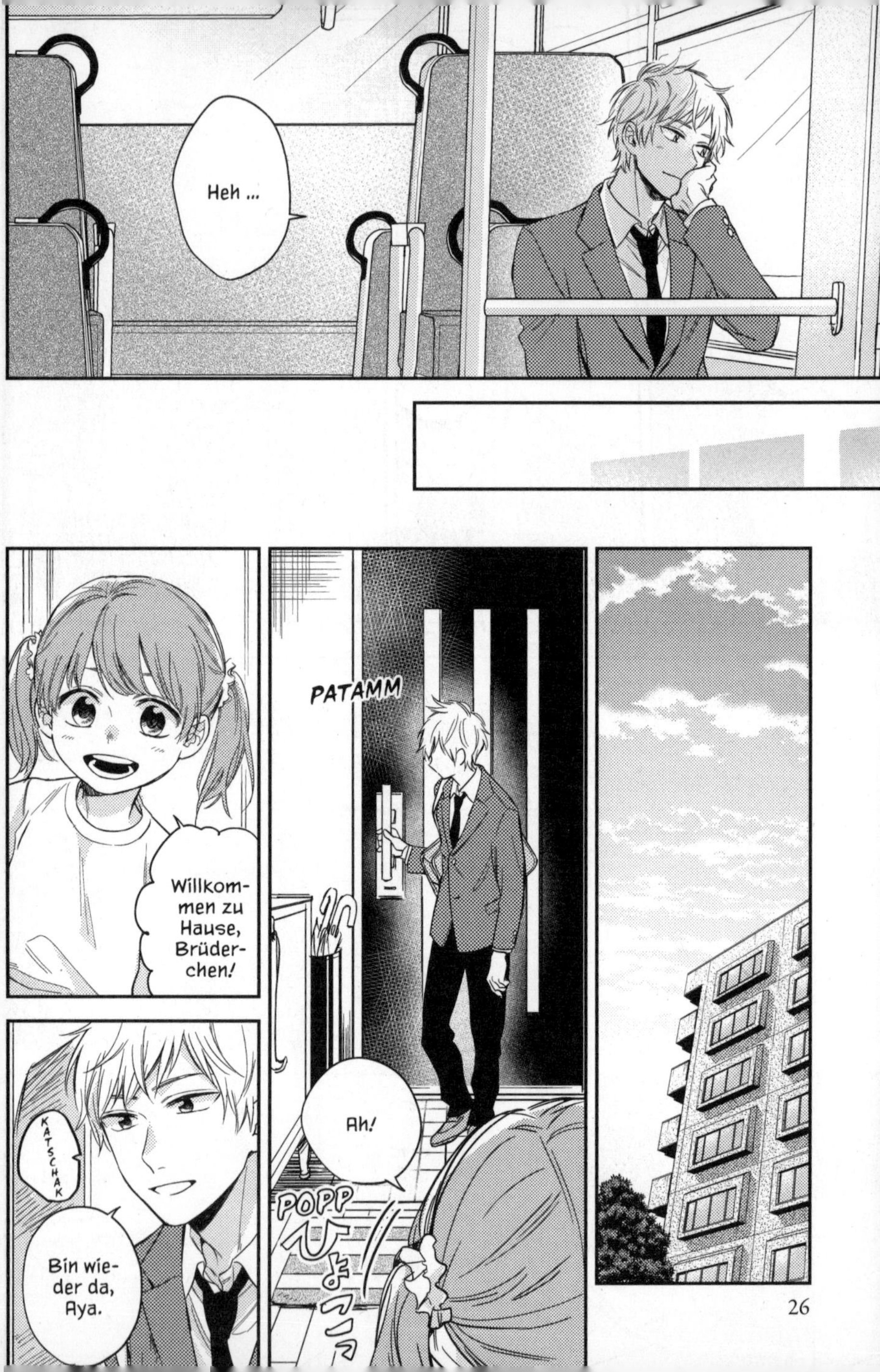
Heh ...
PATAMM
Ah!
POPP
ひょこっ
Willkommen zu Hause, Brüderchen!
KATSCHAK
Bin wieder da, Aya.

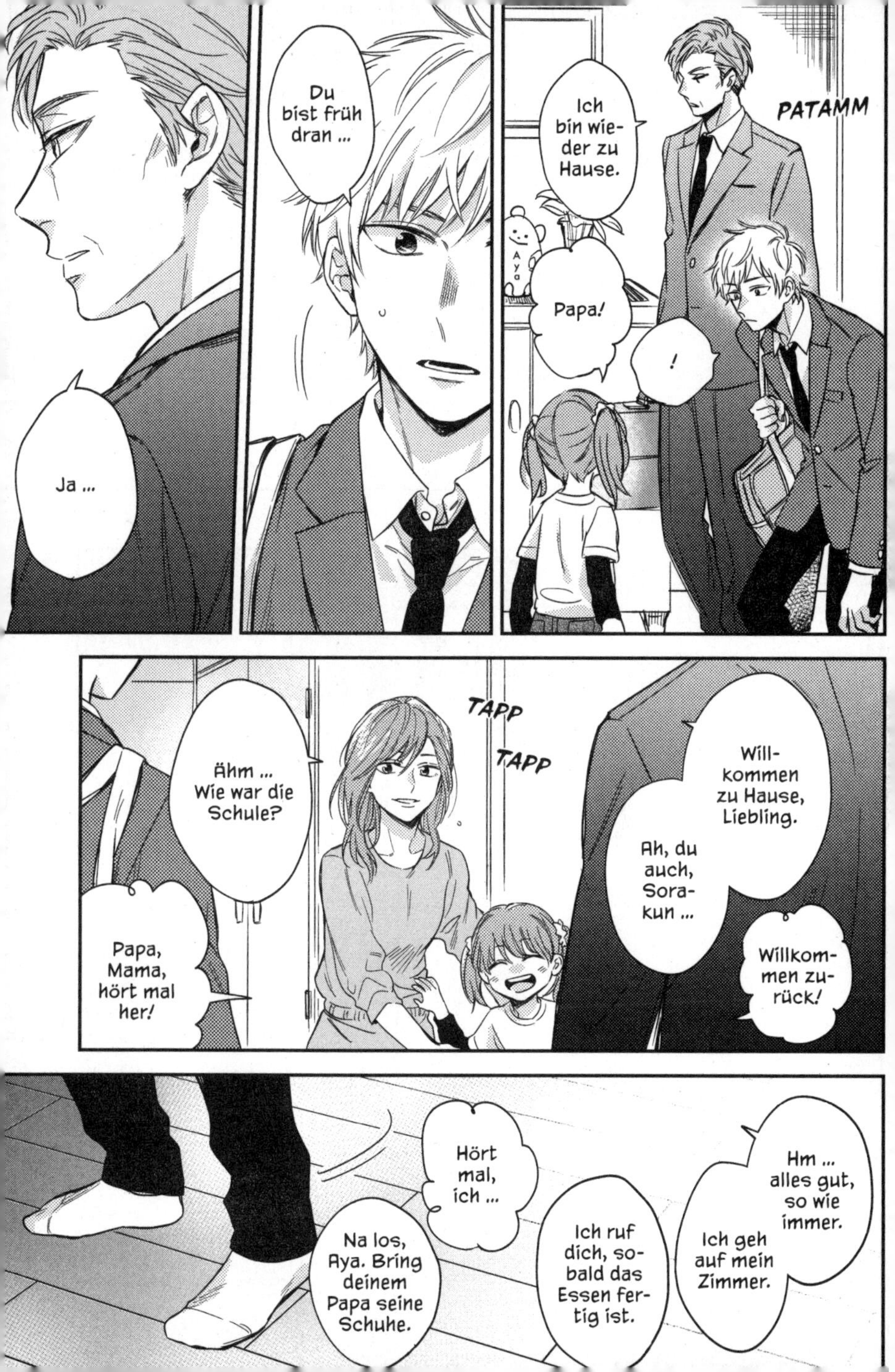
PATAMM
Ich bin wieder zu Hause.
Papa!
!
Du bist früh dran ...
Ja ...
Willkommen zu Hause, Liebling.
Willkommen zurück!
Ah, du auch, Sora-kun ...
TAPP
TAPP
Ähm ... Wie war die Schule?
Papa, Mama, hört mal her!
Hm ... alles gut, so wie immer.
Ich geh auf mein Zimmer.
Ich ruf dich, sobald das Essen fertig ist.
Hört mal, ich ...
Na los, Aya. Bring deinem Papa seine Schuhe.

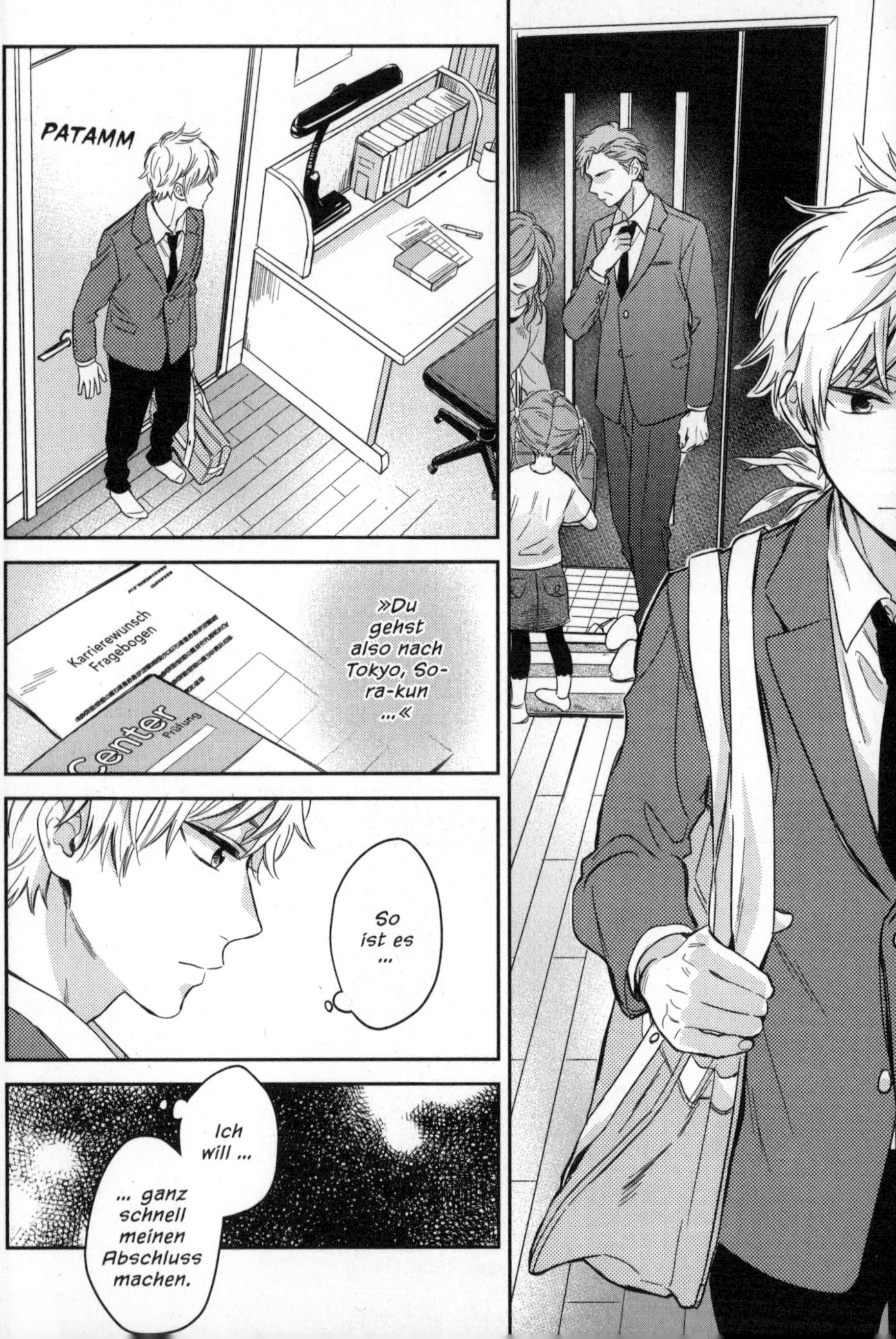
PATAMM
Karrierewunsch Fragebogen
Center Prüfung
»Du gehst also nach Tokyo, Sora-kun ...«
So ist es ...
Ich will ...
... ganz schnell meinen Abschluss machen.

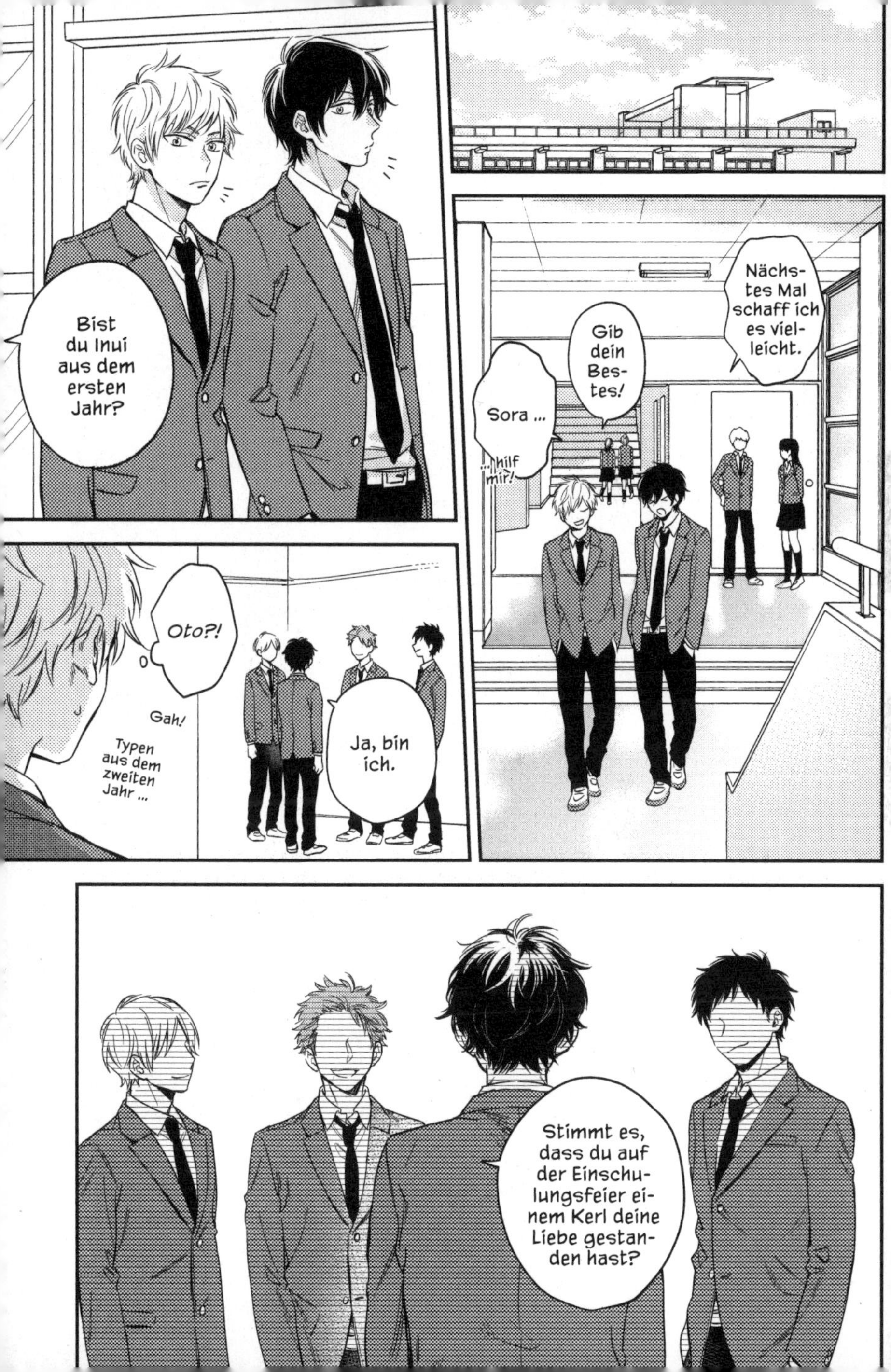

Nächstes Mal schaff ich es vielleicht.
Gib dein Bestes!
Sora ...
... hilf mir!
Bist du Inui aus dem ersten Jahr?
Oto?!
Gah!
Typen aus dem zweiten Jahr ...
Ja, bin ich.
Stimmt es, dass du auf der Einschulungsfeier einem Kerl deine Liebe gestanden hast?

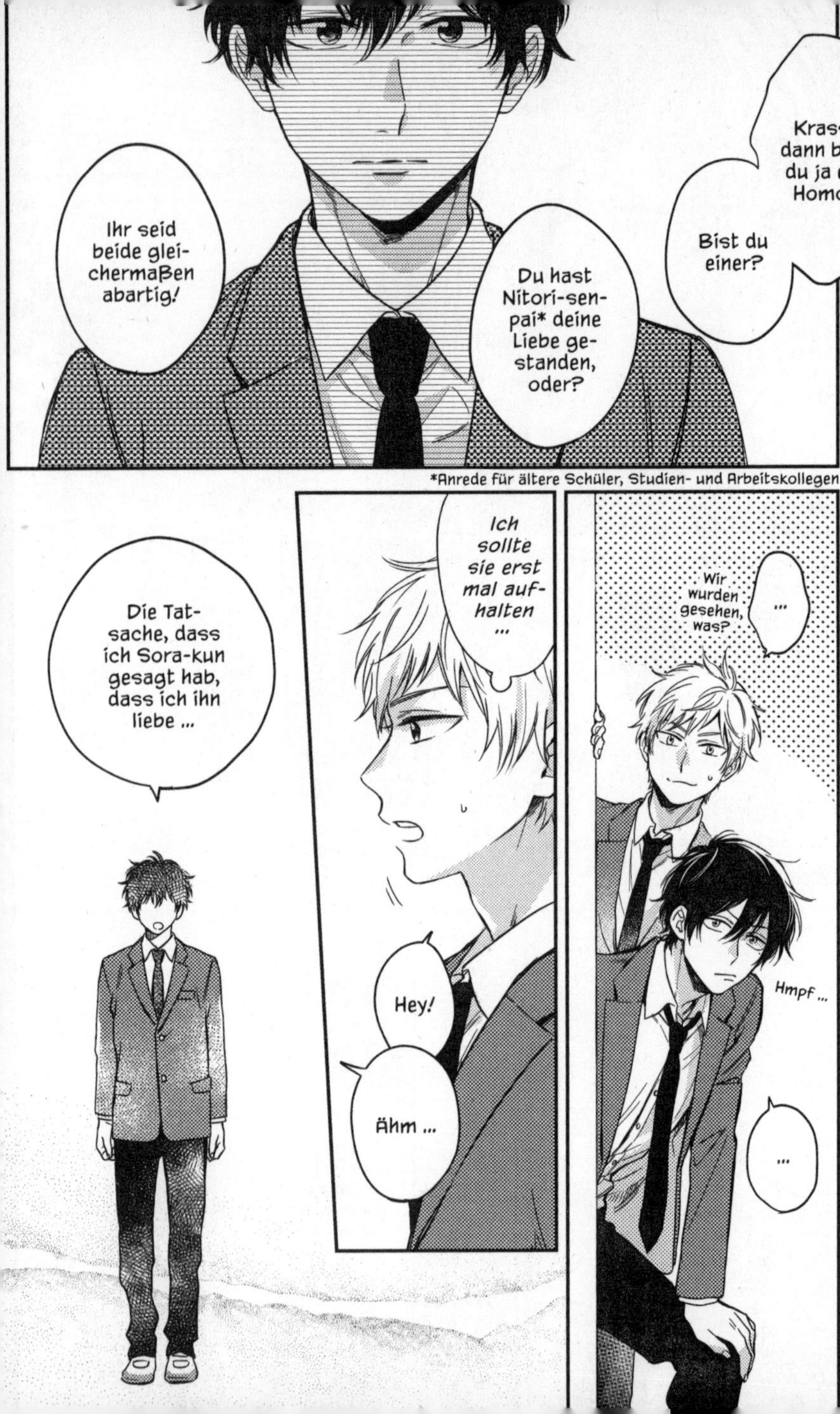

*Anrede für ältere Schüler, Studien- und Arbeitskollegen

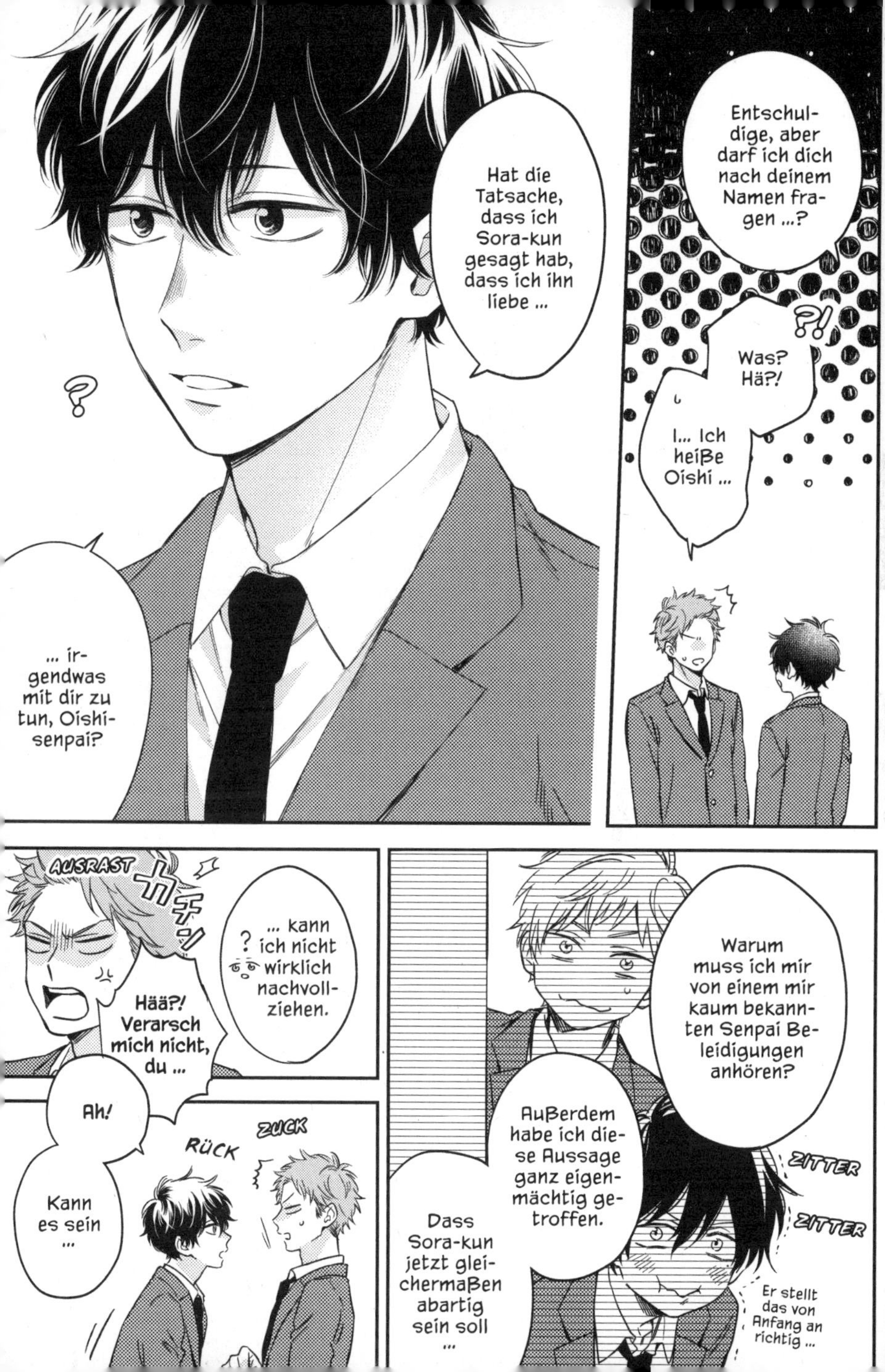
Entschuldige, aber darf ich dich nach deinem Namen fragen ...?
?!
Was? Hä?!
I... Ich heiße Oishi ...
Hat die Tatsache, dass ich Sora-kun gesagt hab, dass ich ihn liebe ...
... irgendwas mit dir zu tun, Oishi-senpai?
Warum muss ich mir von einem mir kaum bekannten Senpai Beleidigungen anhören?
Außerdem habe ich diese Aussage ganz eigenmächtig getroffen.
Dass Sora-kun jetzt gleichermaßen abartig sein soll ...
ZITTER
ZITTER
Er stellt das von Anfang an richtig ...
... kann ich nicht wirklich nachvollziehen.
AUSRAST
Hää?! Verarsch mich nicht, du ...
Ah!
ZUCK
RÜCK
Kann es sein ...

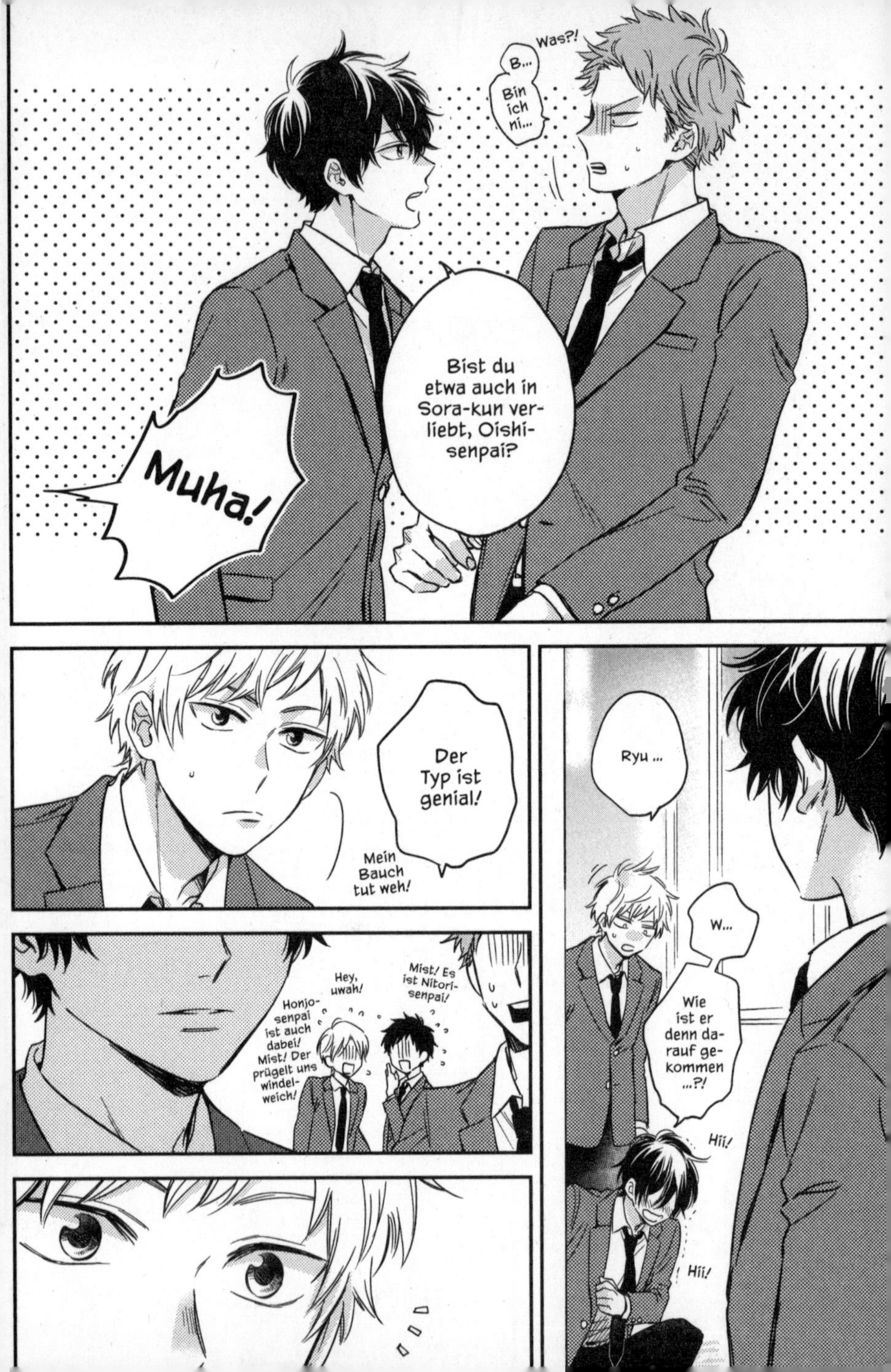
Was?!
B...
Bin ich ni...
Bist du etwa auch in Sora-kun verliebt, Oishi-senpai?
Muha!
Ryu ...
W...
Wie ist er denn darauf gekommen ...?!
Hii!
Hii!
Der Typ ist genial!
Mein Bauch tut weh!
Mist! Es ist Nitori-senpai!
Hey, uwah!
Honjo-senpai ist auch dabei! Mist! Der prügelt uns windelweich!

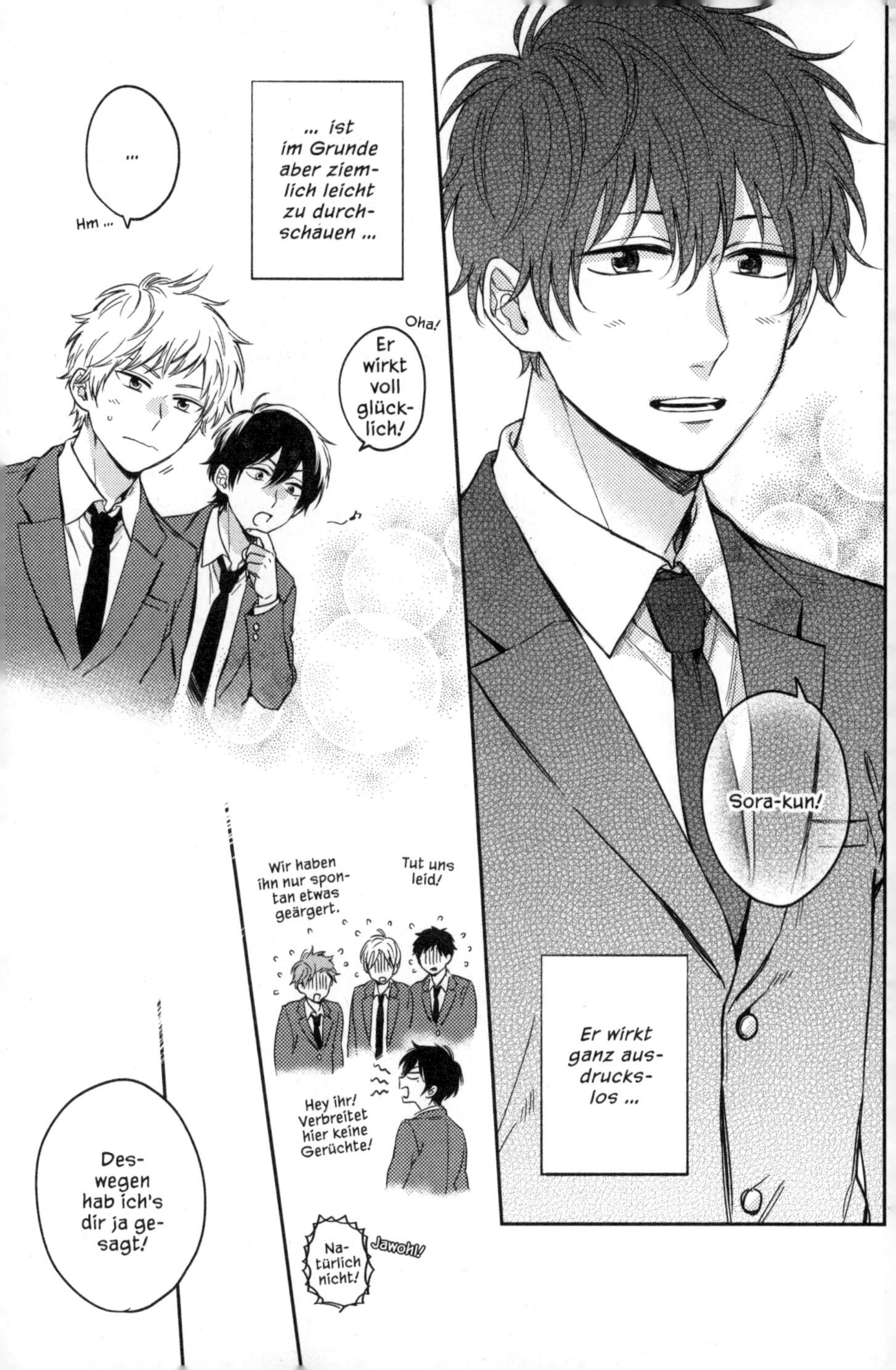
Sora-kun!
Er wirkt ganz ausdruckslos ...
... ist im Grunde aber ziemlich leicht zu durchschauen ...
...
Hm ...
Oha!
Er wirkt voll glücklich!
Tut uns leid!
Wir haben ihn nur spontan etwas geärgert.
Hey ihr! Verbreitet hier keine Gerüchte!
Natürlich nicht!
Jawohl!
Deswegen hab ich's dir ja gesagt!

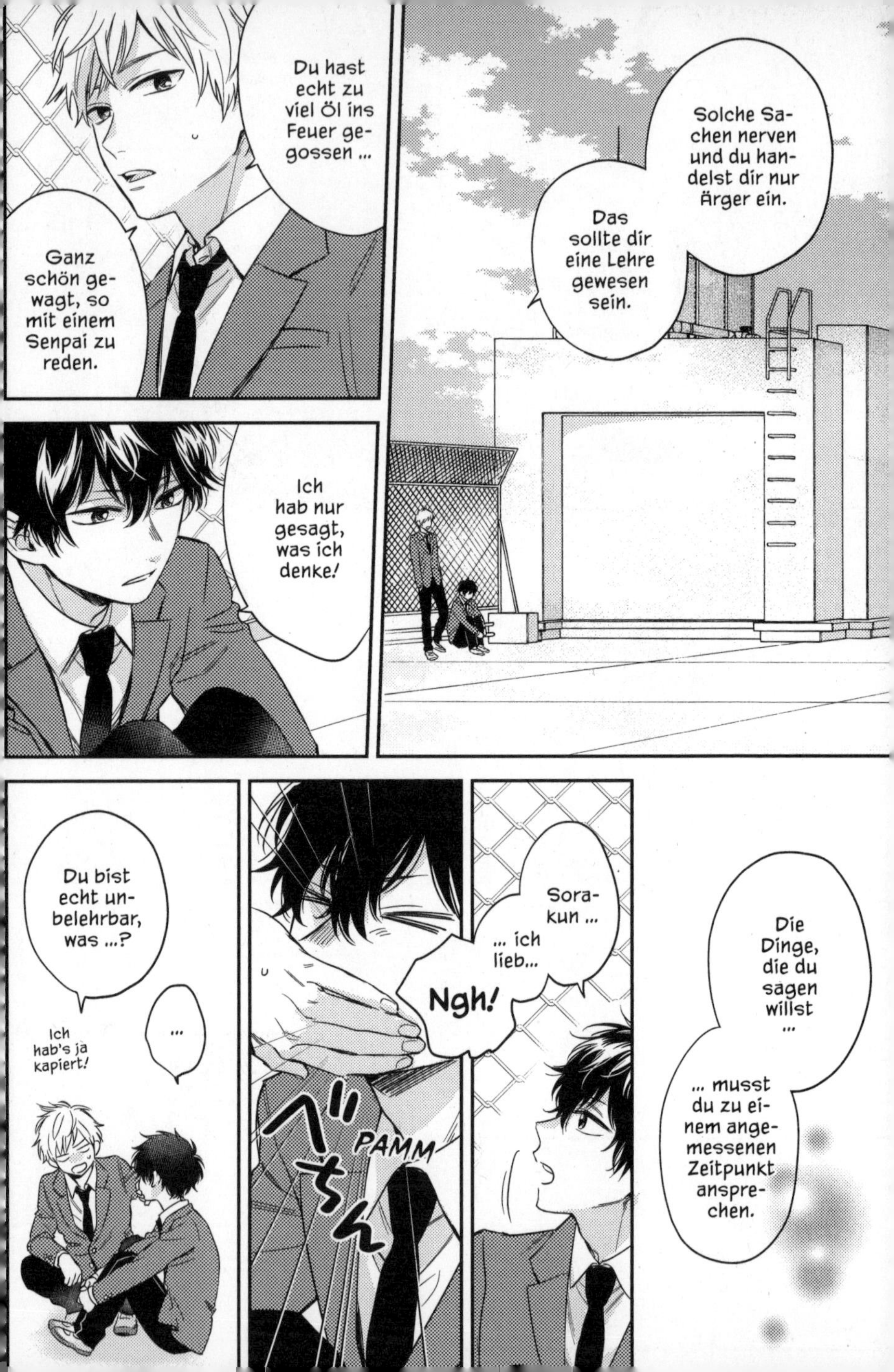
Solche Sachen nerven und du handelst dir nur Ärger ein.
Das sollte dir eine Lehre gewesen sein.
Du hast echt zu viel Öl ins Feuer gegossen ...
Ganz schön gewagt, so mit einem Senpai zu reden.
Ich hab nur gesagt, was ich denke!
Die Dinge, die du sagen willst ...
... musst du zu einem angemessenen Zeitpunkt ansprechen.
Sora-kun ...
... ich lieb...
Ngh!
べちん
PAMM
Du bist echt unbelehrbar, was ...?
...
Ich hab's ja kapiert!

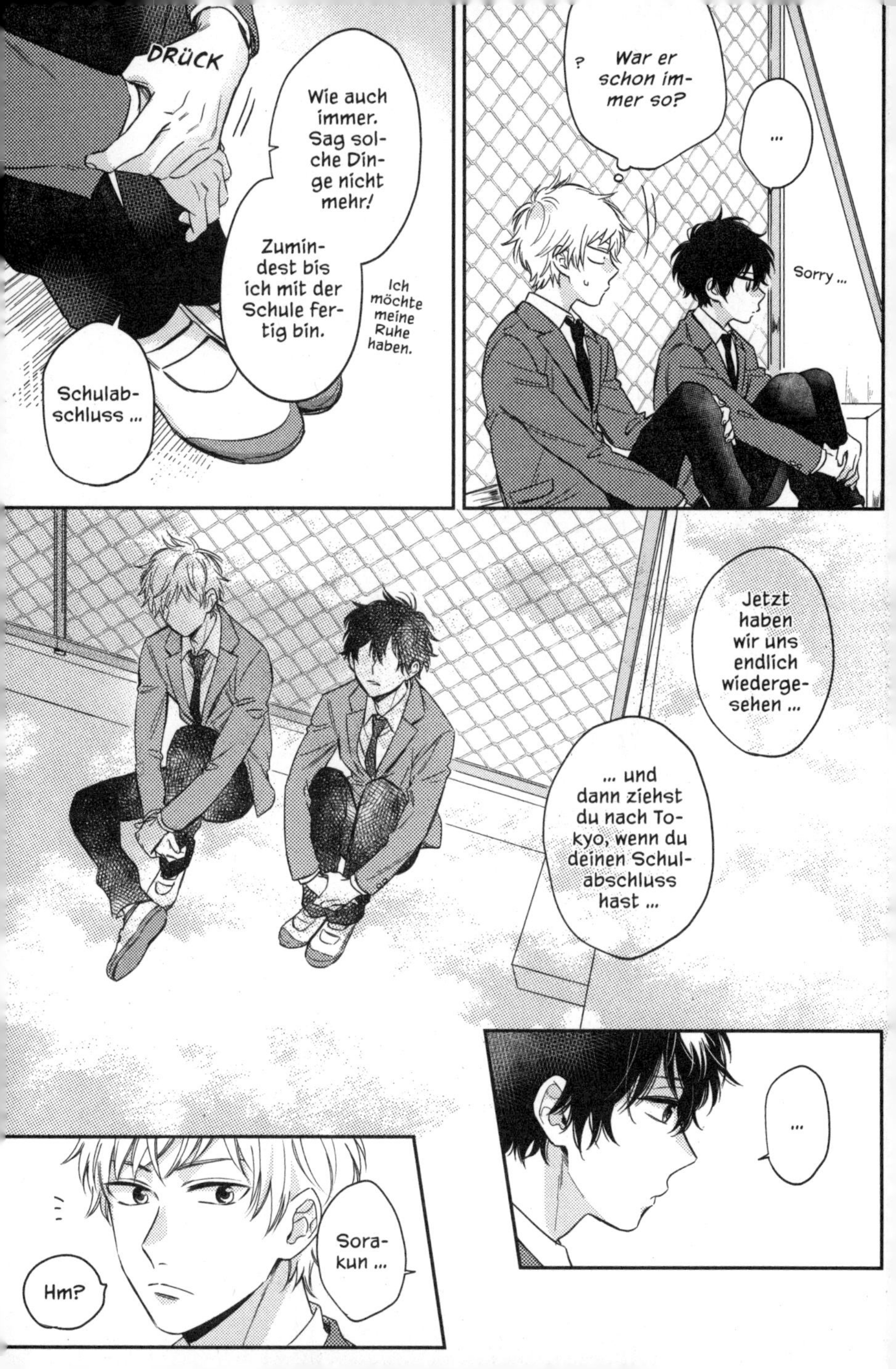
War er schon immer so?
...
Sorry ...
DRÜCK
Wie auch immer. Sag solche Dinge nicht mehr!
Zumindest bis ich mit der Schule fertig bin.
Ich möchte meine Ruhe haben.
Schulabschluss ...
Jetzt haben wir uns endlich wiedergesehen ...
... und dann ziehst du nach Tokyo, wenn du deinen Schulabschluss hast ...
...
Sora-kun ...
Hm?

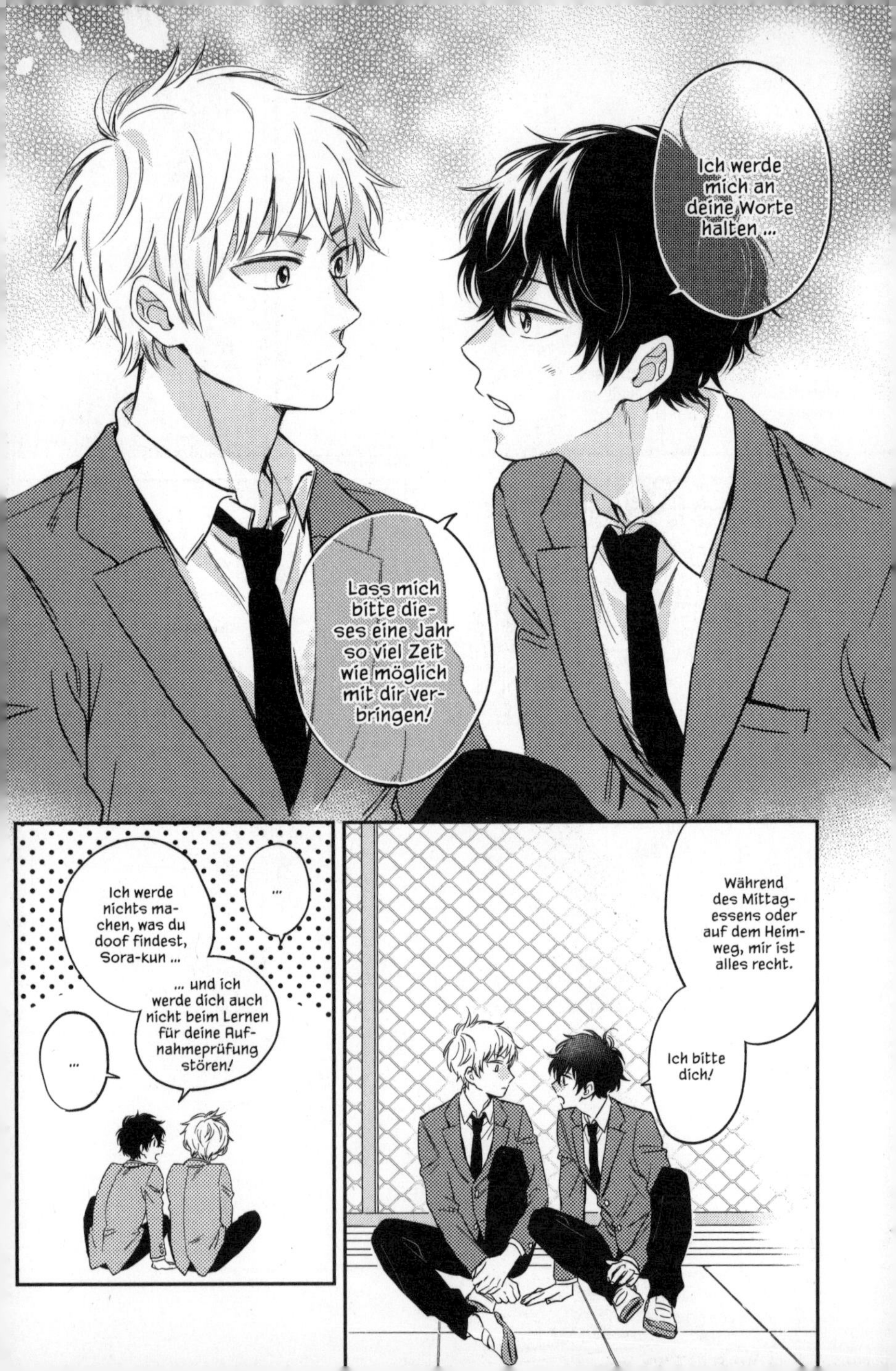
Ich werde mich an deine Worte halten ...
Lass mich bitte dieses eine Jahr so viel Zeit wie möglich mit dir verbringen!
Während des Mittagessens oder auf dem Heimweg, mir ist alles recht.
Ich bitte dich!
...
Ich werde nichts machen, was du doof findest, Sora-kun ...
... und ich werde dich auch nicht beim Lernen für deine Aufnahmeprüfung stören!
...

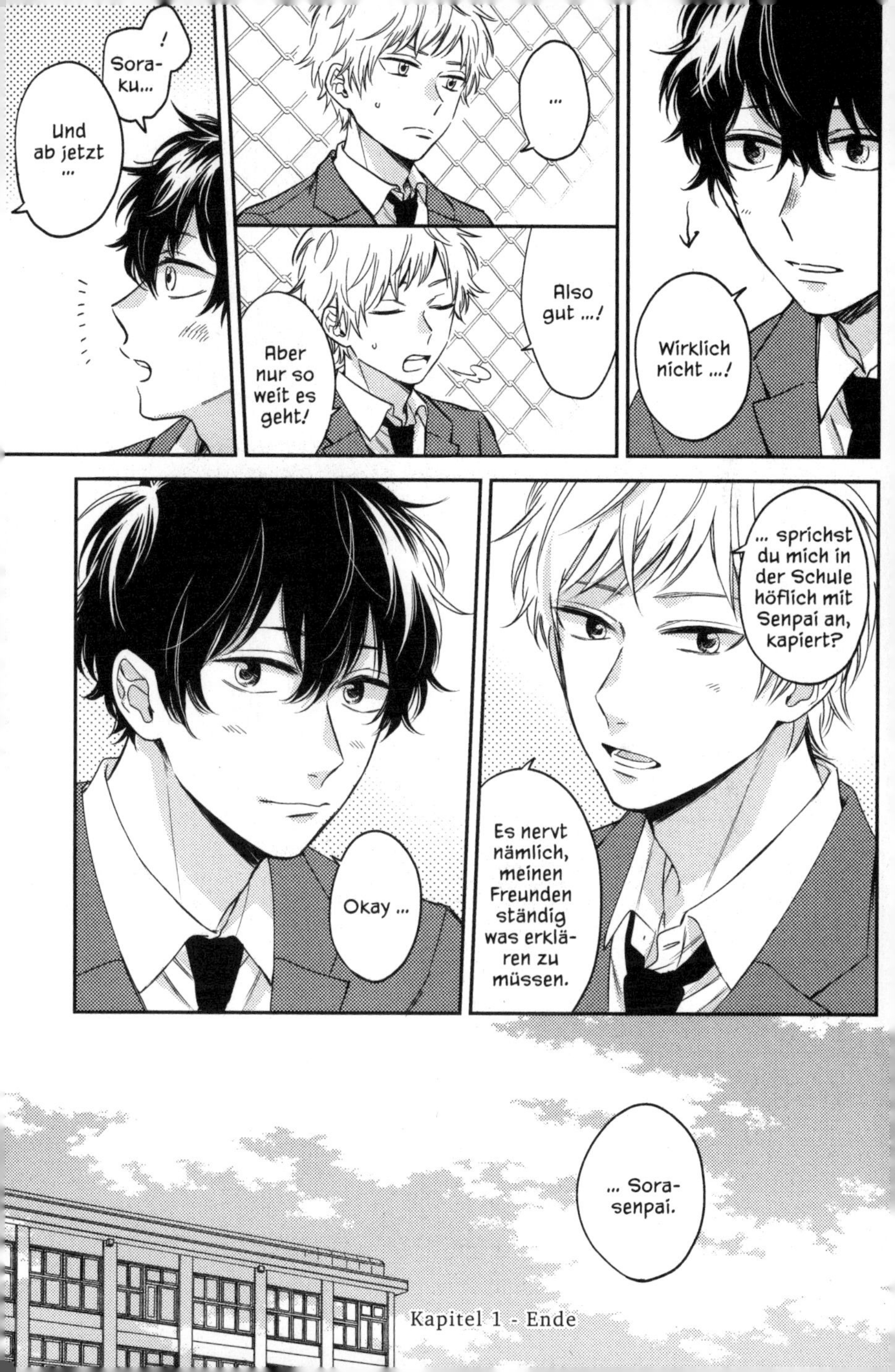

Kapitel 1 - Ende

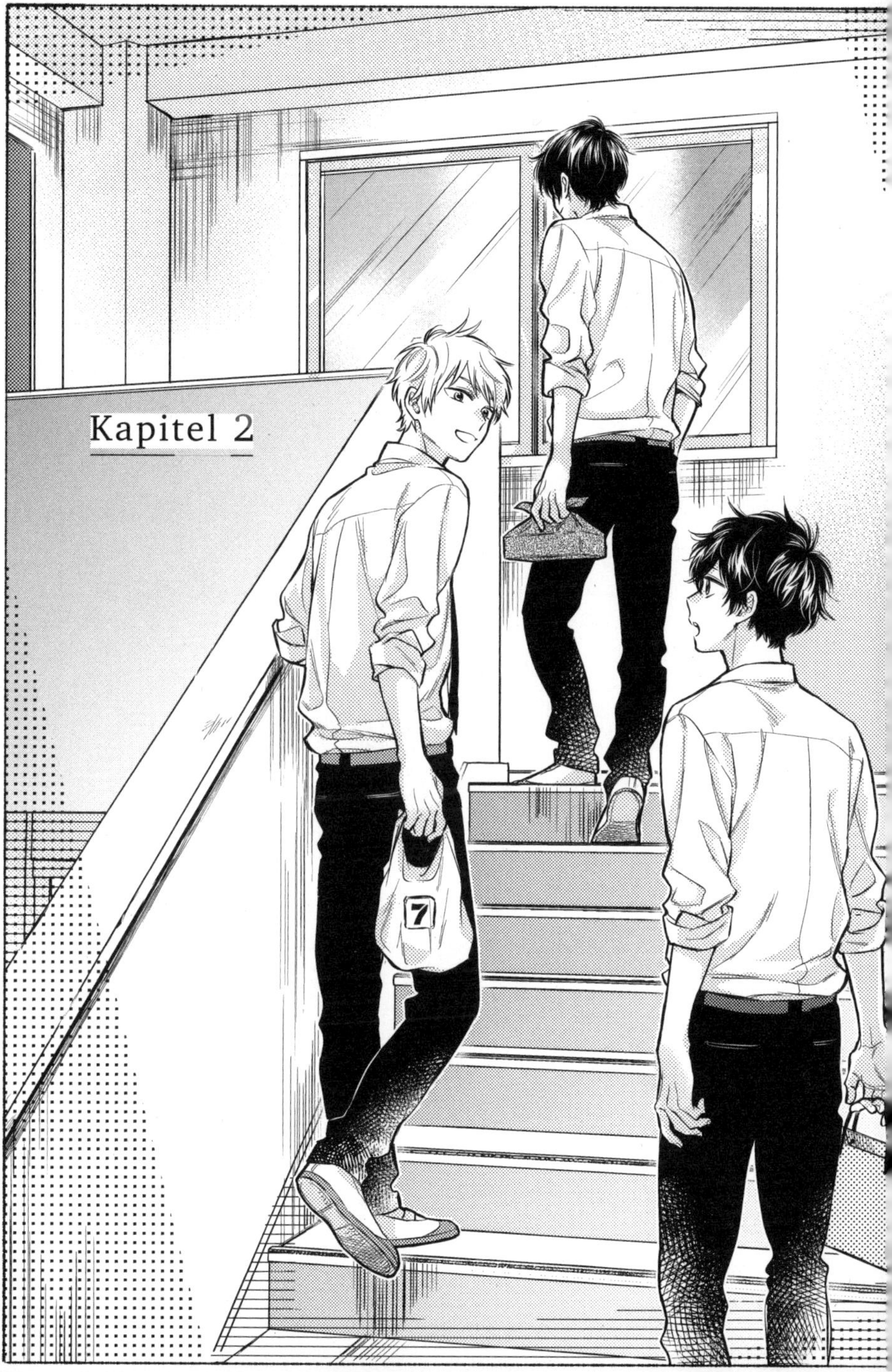
Kapitel 2

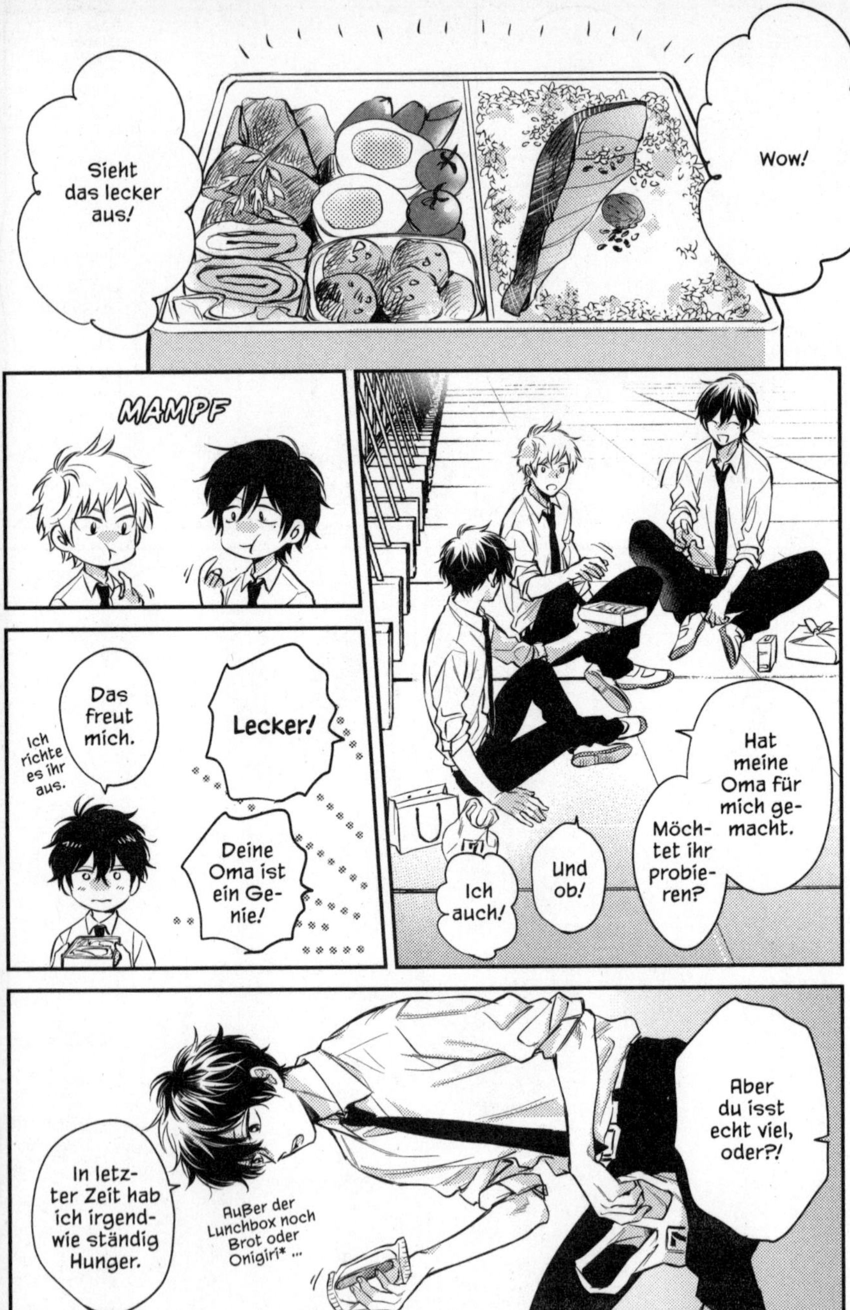

*gefüllte Reisbällchen

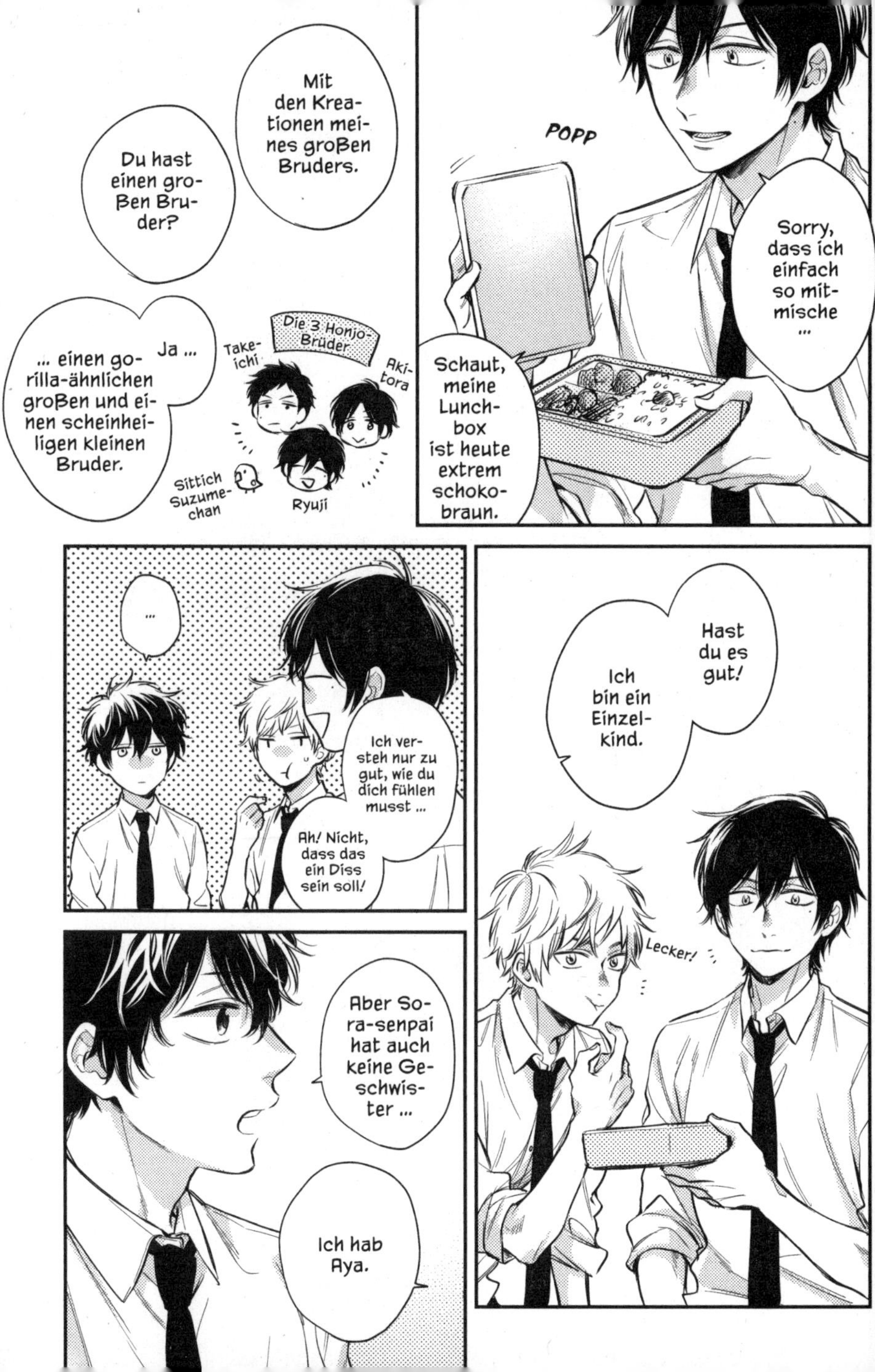
POPP
Sorry, dass ich einfach so mitmische ...
Schaut, meine Lunchbox ist heute extrem schokobraun.
Mit den Kreationen meines großen Bruders.
Du hast einen großen Bruder?
Ja ...
... einen gorilla-ähnlichen großen und einen scheinheiligen kleinen Bruder.
Die 3 Honjo-Brüder
Takeichi
Akitora
Ryuji
Sittich Suzume-chan
Hast du es gut!
Ich bin ein Einzelkind.
Lecker!
...
Ich versteh nur zu gut, wie du dich fühlen musst ...
Ah! Nicht, dass das ein Diss sein soll!
Aber Sora-senpai hat auch keine Geschwister ...
Ich hab Aya.

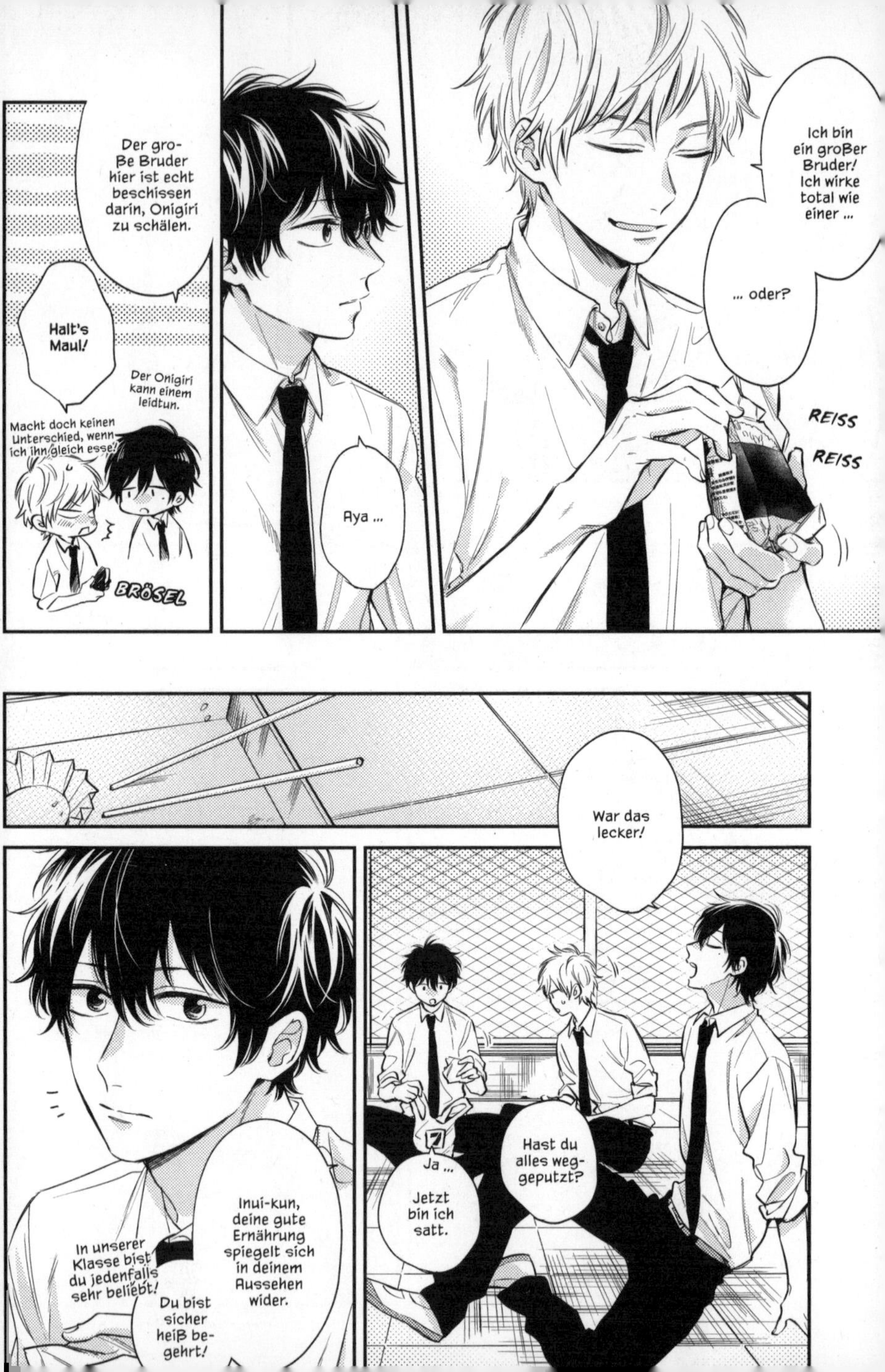
Ich bin ein großer Bruder! Ich wirke total wie einer ...
... oder?
REISS
REISS
Aya ...
Der große Bruder hier ist echt beschissen darin, Onigiri zu schälen.
Halt's Maul!
Der Onigiri kann einem leidtun.
Macht doch keinen Unterschied, wenn ich ihn gleich esse!
BRÖSEL
War das lecker!
Hast du alles weggeputzt?
Ja ...
Jetzt bin ich satt.
Inui-kun, deine gute Ernährung spiegelt sich in deinem Aussehen wider.
In unserer Klasse bist du jedenfalls sehr beliebt!
Du bist sicher heiß begehrt!

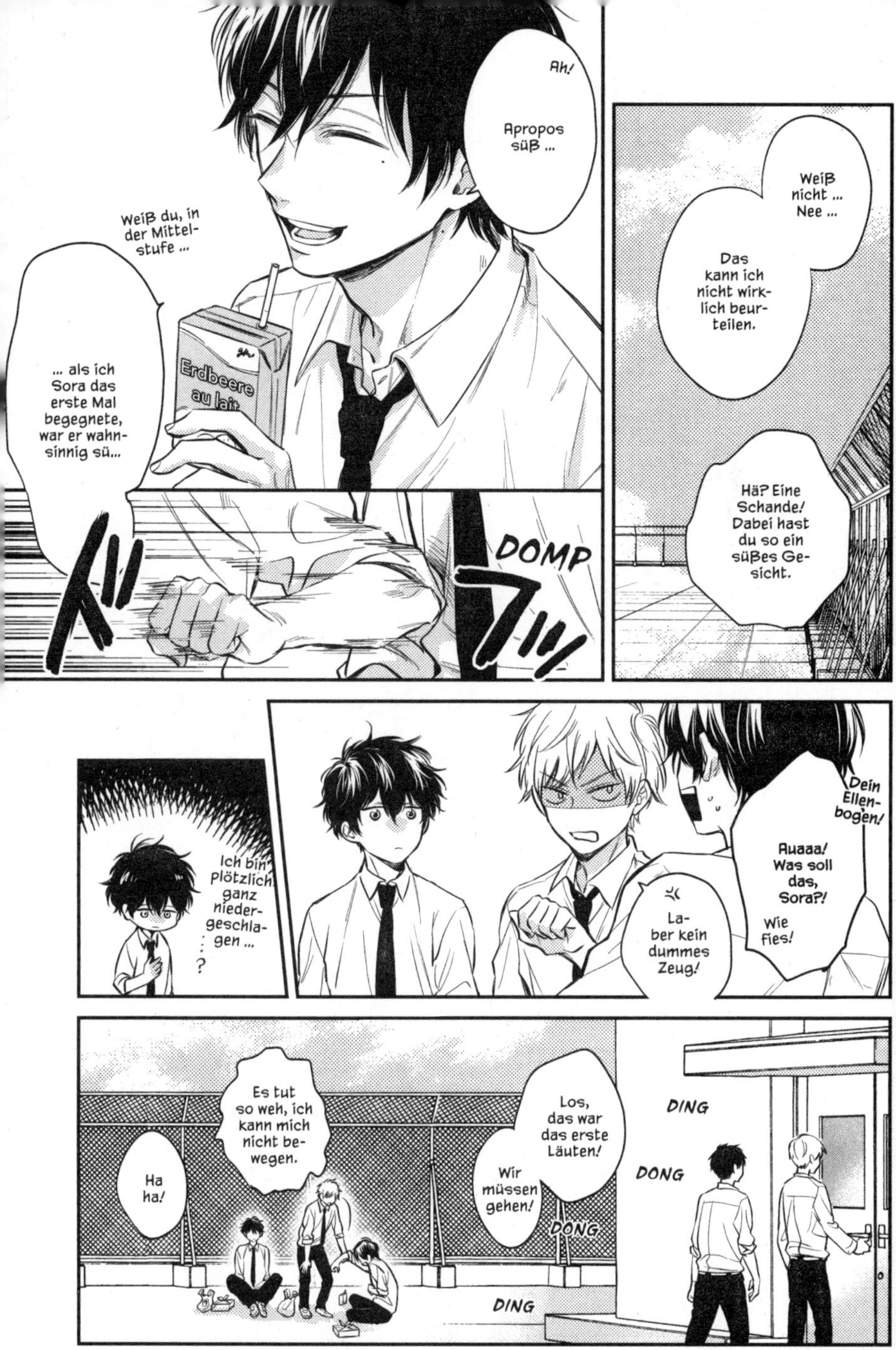

Weiß nicht ... Nee ...
Das kann ich nicht wirklich beurteilen.
Hä? Eine Schande! Dabei hast du so ein süßes Gesicht.
Ah!
Apropos süß ...
Weiß du, in der Mittelstufe ...
Erdbeere au lait
... als ich Sora das erste Mal begegnete, war er wahnsinnig sü...
DOMP
Dein Ellenbogen!
Auaaa! Was soll das, Sora?!
Wie fies!
Laber kein dummes Zeug!
Ich bin plötzlich ganz niedergeschlagen ...
?
DING
DONG
Los, das war das erste Läuten!
Wir müssen gehen!
DONG
DING
Es tut so weh, ich kann mich nicht bewegen.
Ha ha!

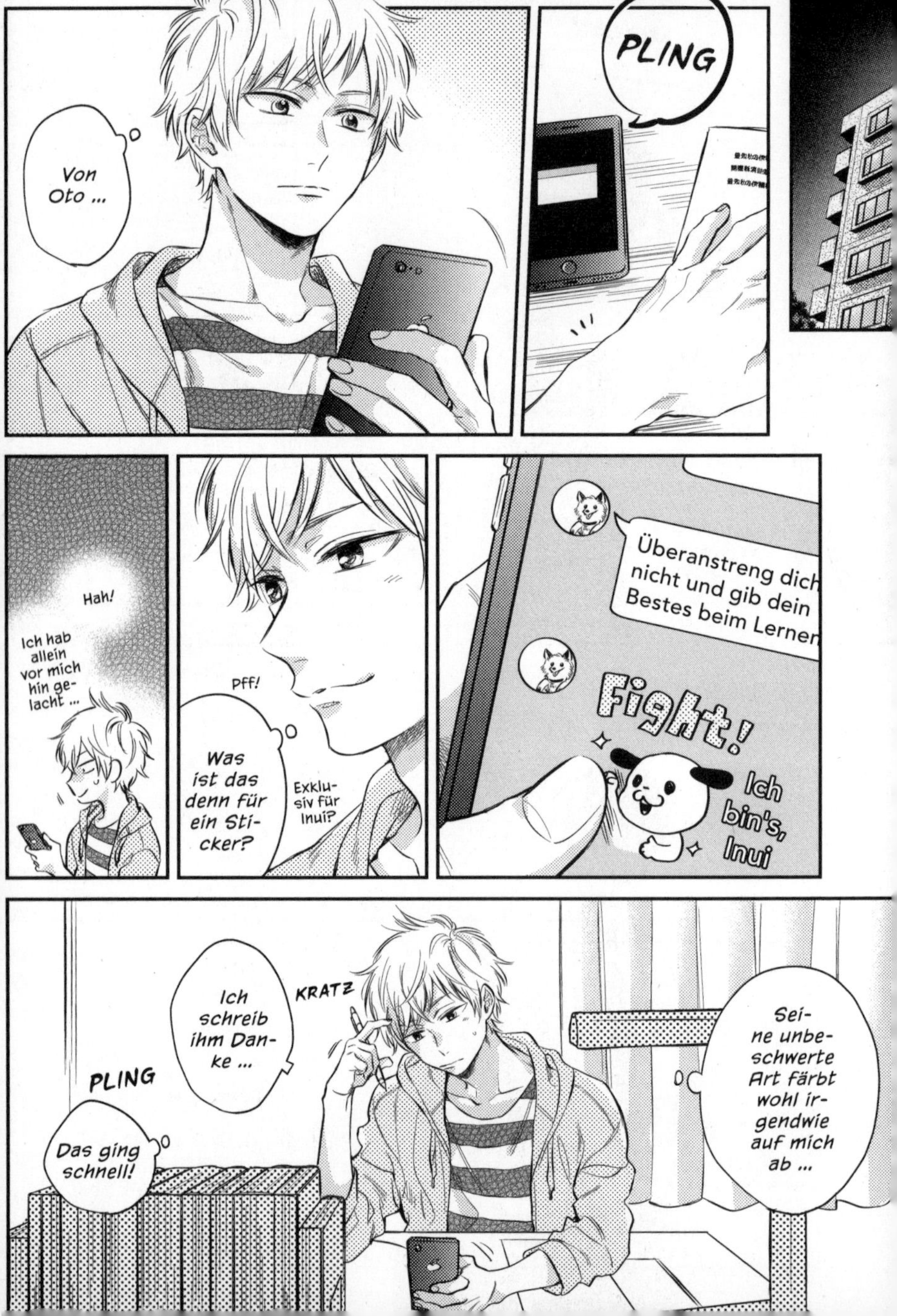

PLING
Von Oto ...
Überanstreng dich nicht und gib dein Bestes beim Lernen
Fight!
Ich bin's, Inui
Pff!
Was ist das denn für ein Sticker?
Exklusiv für Inui?
Hah!
Ich hab allein vor mich hin gelacht ...
Seine unbeschwerte Art färbt wohl irgendwie auf mich ab ...
KRATZ
Ich schreib ihm Danke ...
PLING
Das ging schnell!

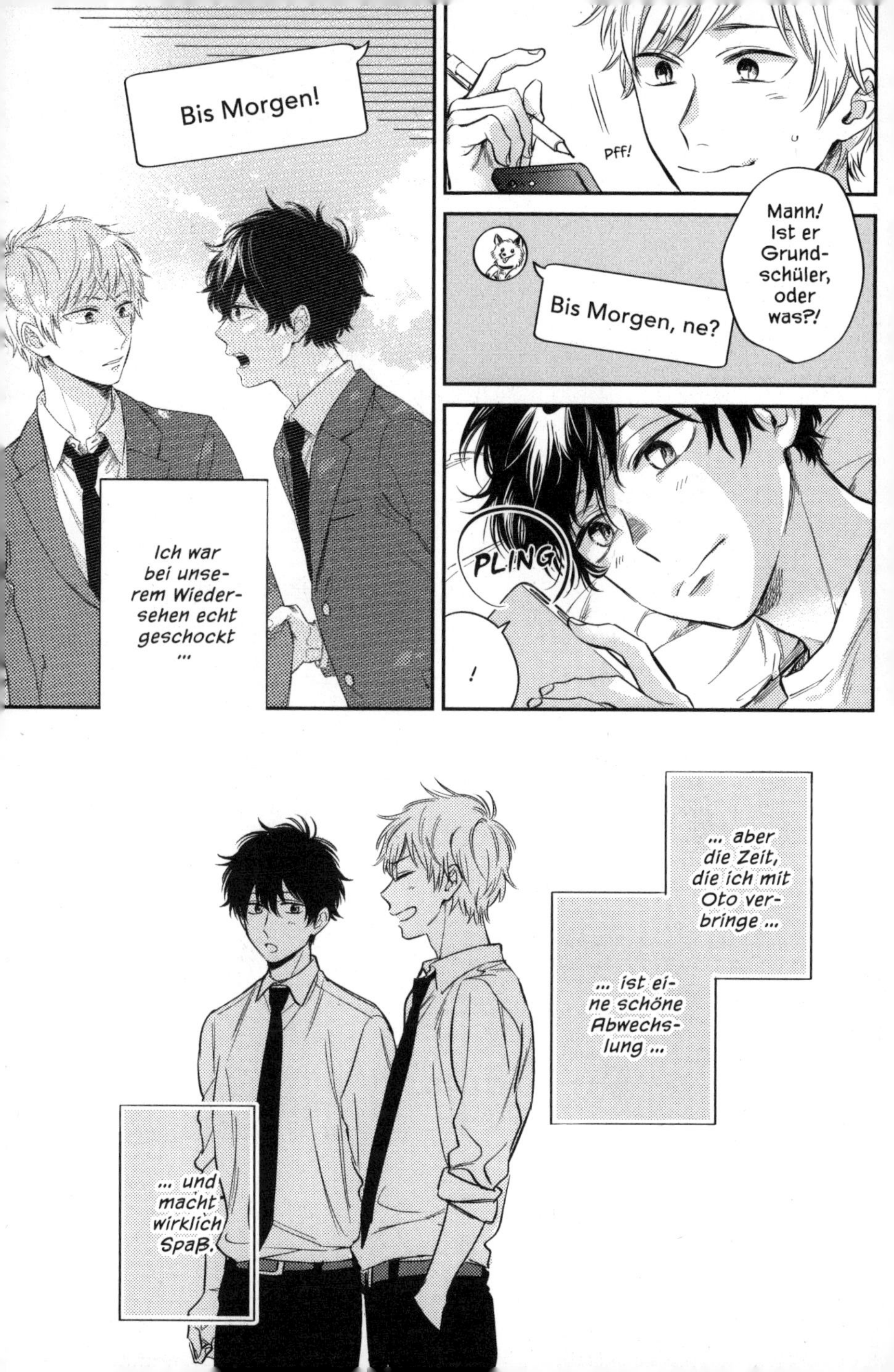
Pff!
Bis Morgen, ne?
Mann! Ist er Grund-schüler, oder was?!
PLING
!
Bis Morgen!
Ich war bei unse-rem Wieder-sehen echt geschockt …
… aber die Zeit, die ich mit Oto ver-bringe …
… ist ei-ne schöne Abwechs-lung …
… und macht wirklich Spaß.

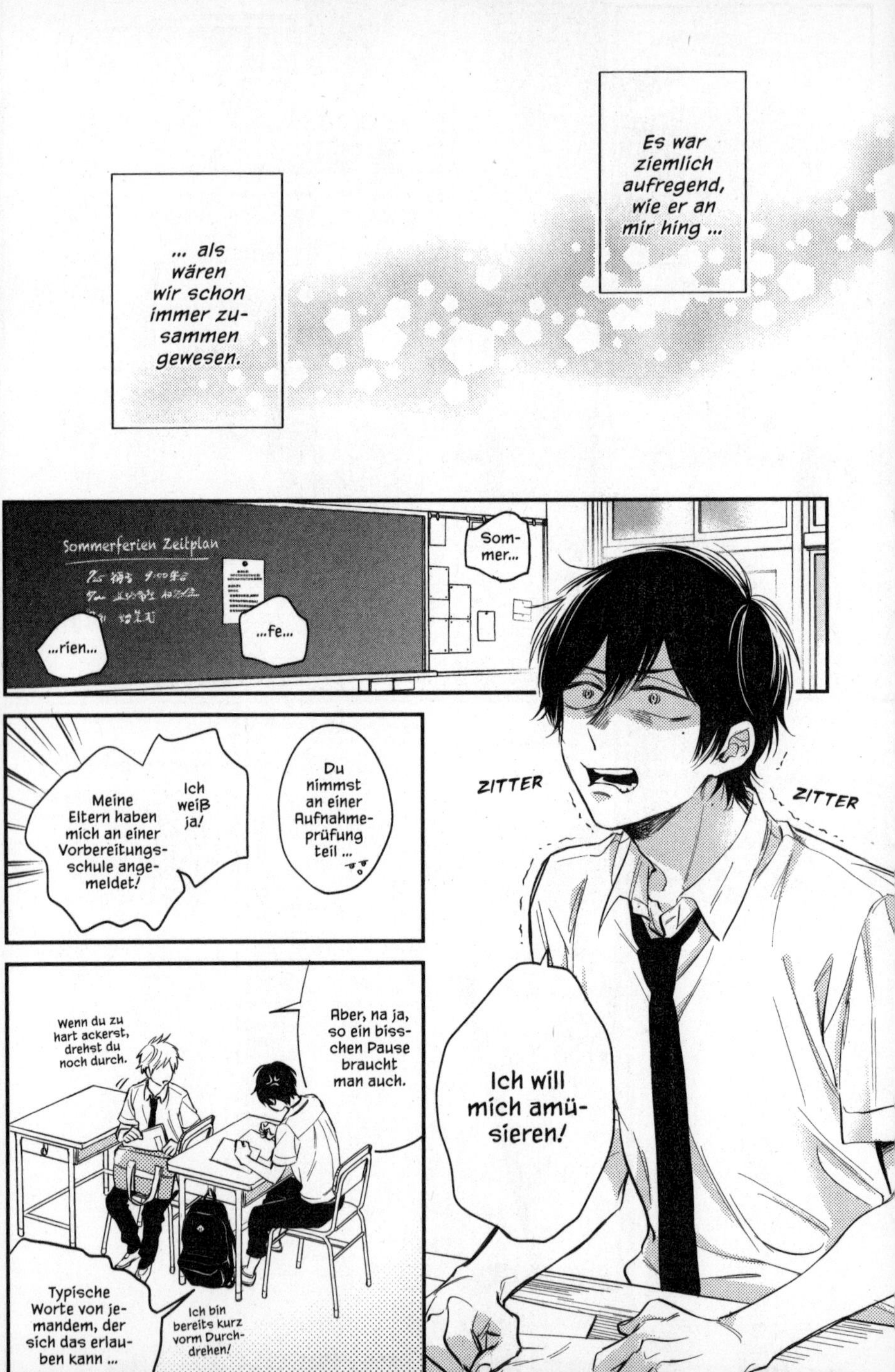
Es war ziemlich aufregend, wie er an mir hing ...
... als wären wir schon immer zusammen gewesen.
Sommerferien Zeitplan
Sommer...
...fe...
...rien...
ZITTER
ZITTER
Ich will mich amüsieren!
Du nimmst an einer Aufnahmeprüfung teil ...
Ich weiß ja!
Meine Eltern haben mich an einer Vorbereitungsschule angemeldet!
Aber, na ja, so ein bisschen Pause braucht man auch.
Wenn du zu hart ackerst, drehst du noch durch.
Ich bin bereits kurz vorm Durchdrehen!
Typische Worte von jemandem, der sich das erlauben kann ...

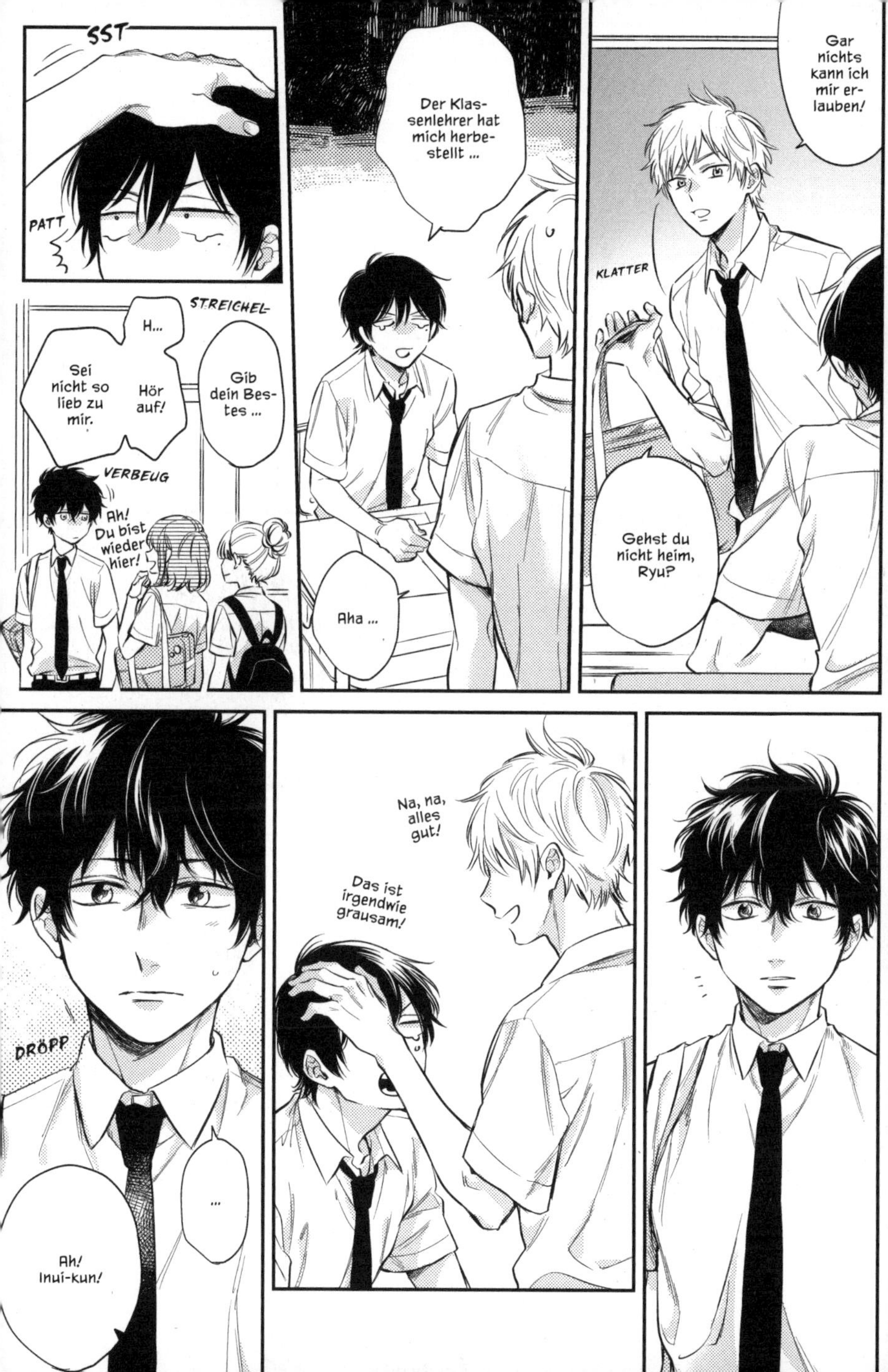

Gar nichts kann ich mir erlauben!
KLATTER
Gehst du nicht heim, Ryu?
Der Klassenlehrer hat mich herbestellt ...
Aha ...
SST
PATT
STREICHEL-
H...
Gib dein Bestes ...
Hör auf!
Sei nicht so lieb zu mir.
VERBEUG
Ah! Du bist wieder hier!
Na, na, alles gut!
Das ist irgendwie grausam!
DRÖPP
...
Ah! Inui-kun!

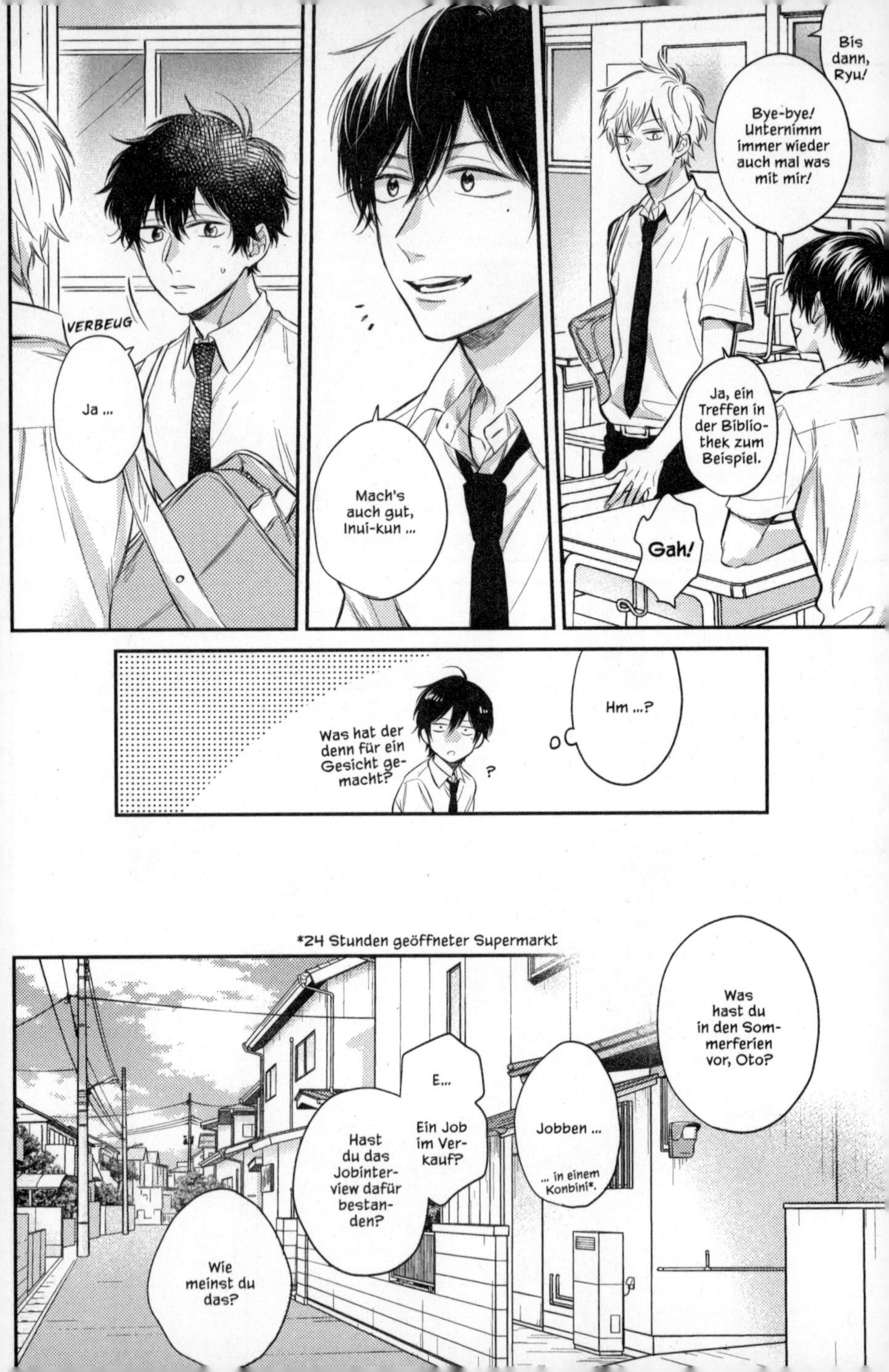

*24 Stunden geöffneter Supermarkt

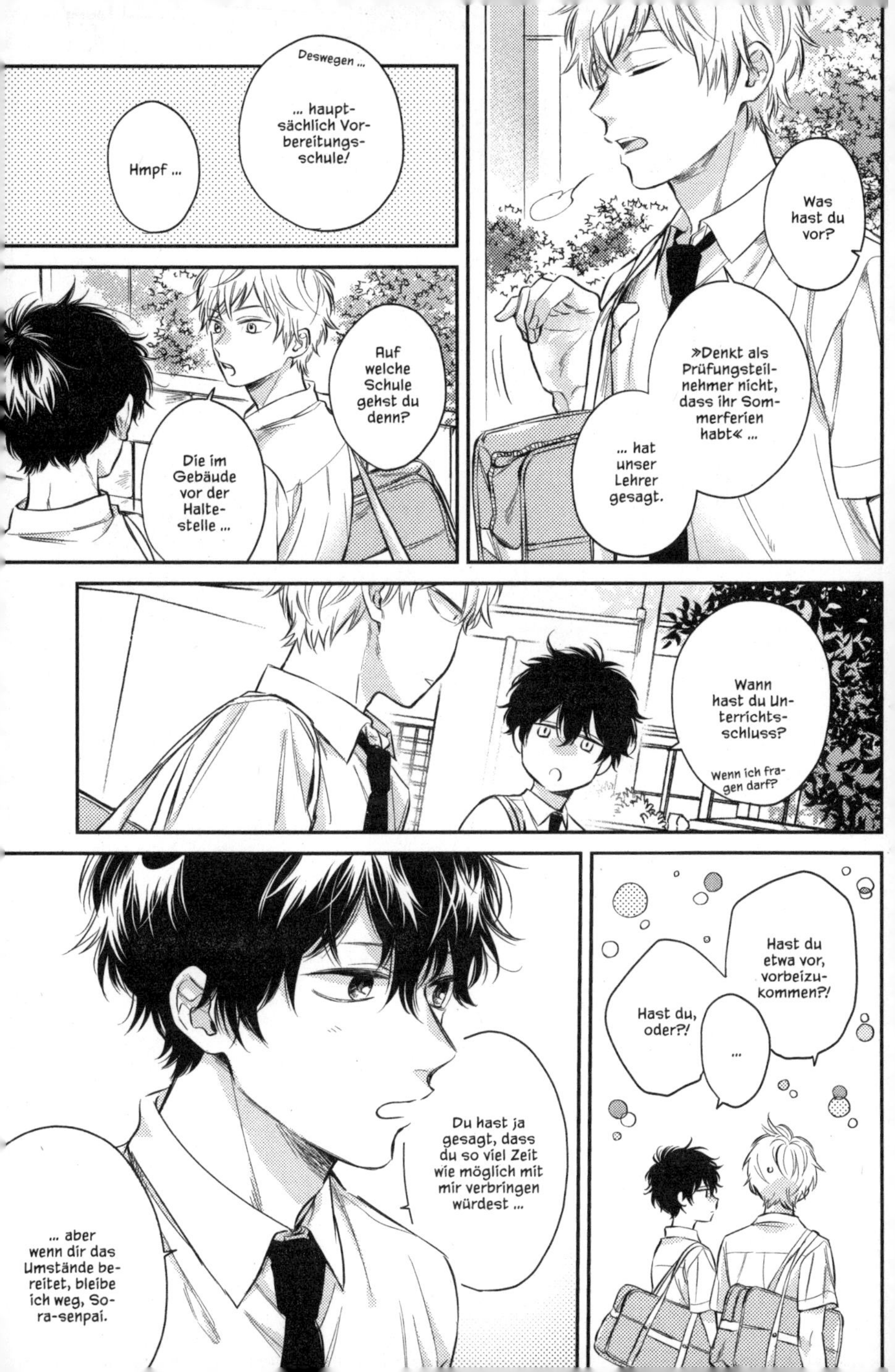
Was hast du vor?
»Denkt als Prüfungsteilnehmer nicht, dass ihr Sommerferien habt« ...
... hat unser Lehrer gesagt.
Deswegen ...
... hauptsächlich Vorbereitungsschule!
Hmpf ...
Auf welche Schule gehst du denn?
Die im Gebäude vor der Haltestelle ...
Wann hast du Unterrichtsschluss?
Wenn ich fragen darf?
Hast du etwa vor, vorbeizukommen?!
Hast du, oder?!
...
Du hast ja gesagt, dass du so viel Zeit wie möglich mit mir verbringen würdest ...
... aber wenn dir das Umstände bereitet, bleibe ich weg, Sora-senpai.

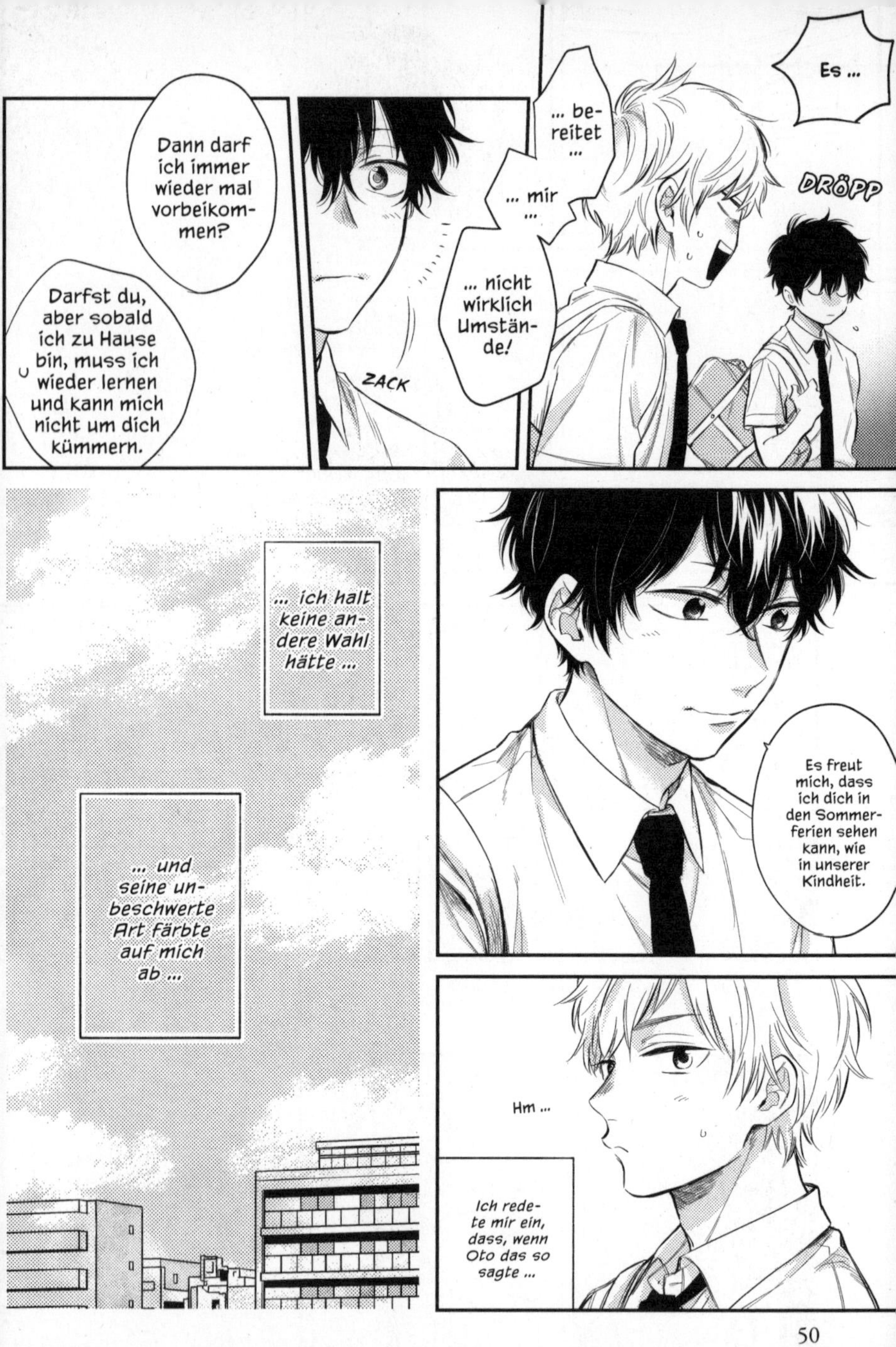
Es ...
DRÖPP
... bereitet ...
... mir ...
... nicht wirklich Umstände!
ZACK
Dann darf ich immer wieder mal vorbeikommen?
Darfst du, aber sobald ich zu Hause bin, muss ich wieder lernen und kann mich nicht um dich kümmern.
Es freut mich, dass ich dich in den Sommerferien sehen kann, wie in unserer Kindheit.
Hm ...
Ich redete mir ein, dass, wenn Oto das so sagte ...
... ich halt keine andere Wahl hätte ...
... und seine unbeschwerte Art färbte auf mich ab ...

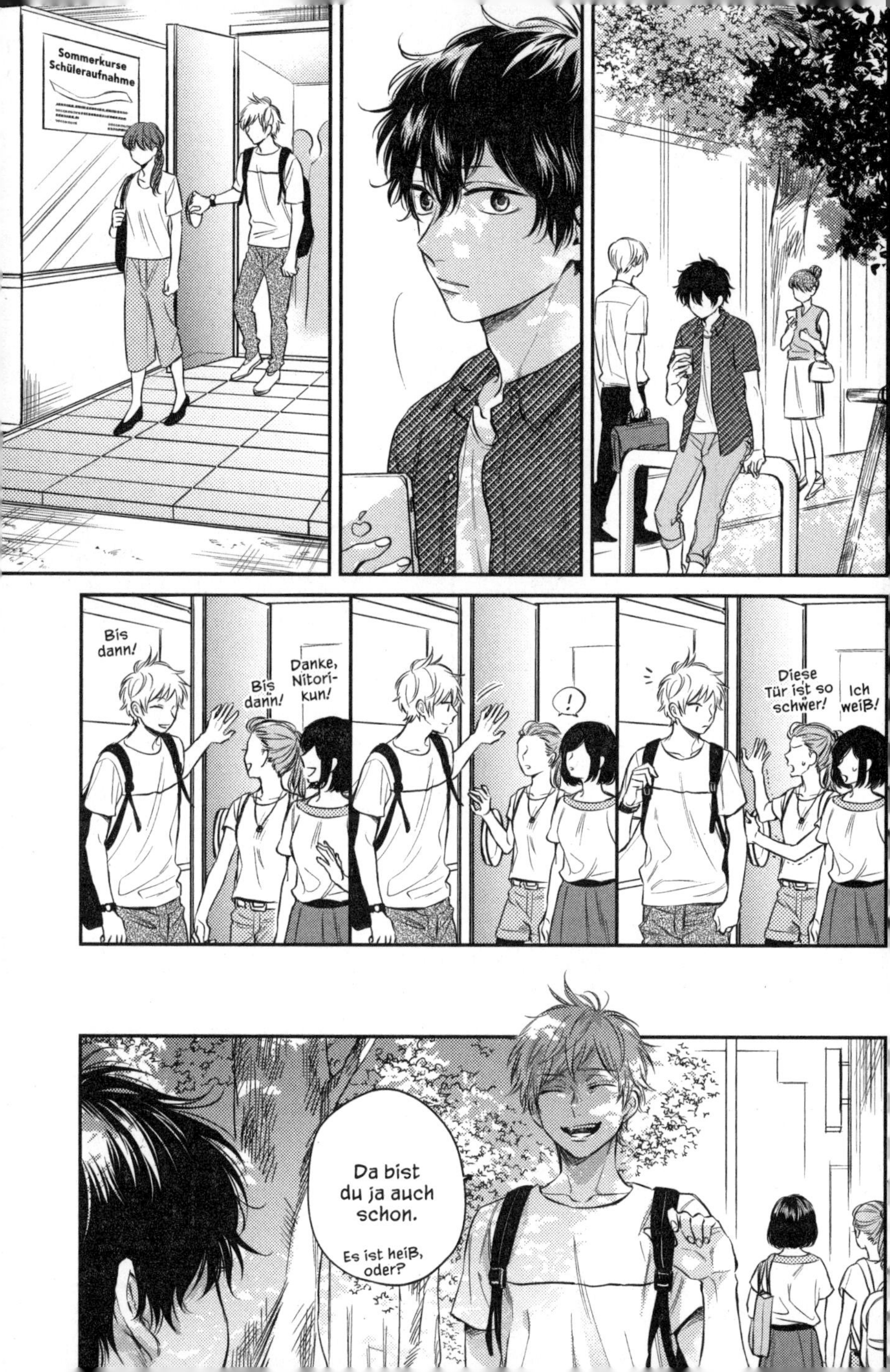
Sommerkurse
Schüleraufnahme
Ich weiß!
Diese Tür ist so schwer!
!
Danke, Nitori-kun!
Bis dann!
Bis dann!
Da bist du ja auch schon.
Es ist heiß, oder?

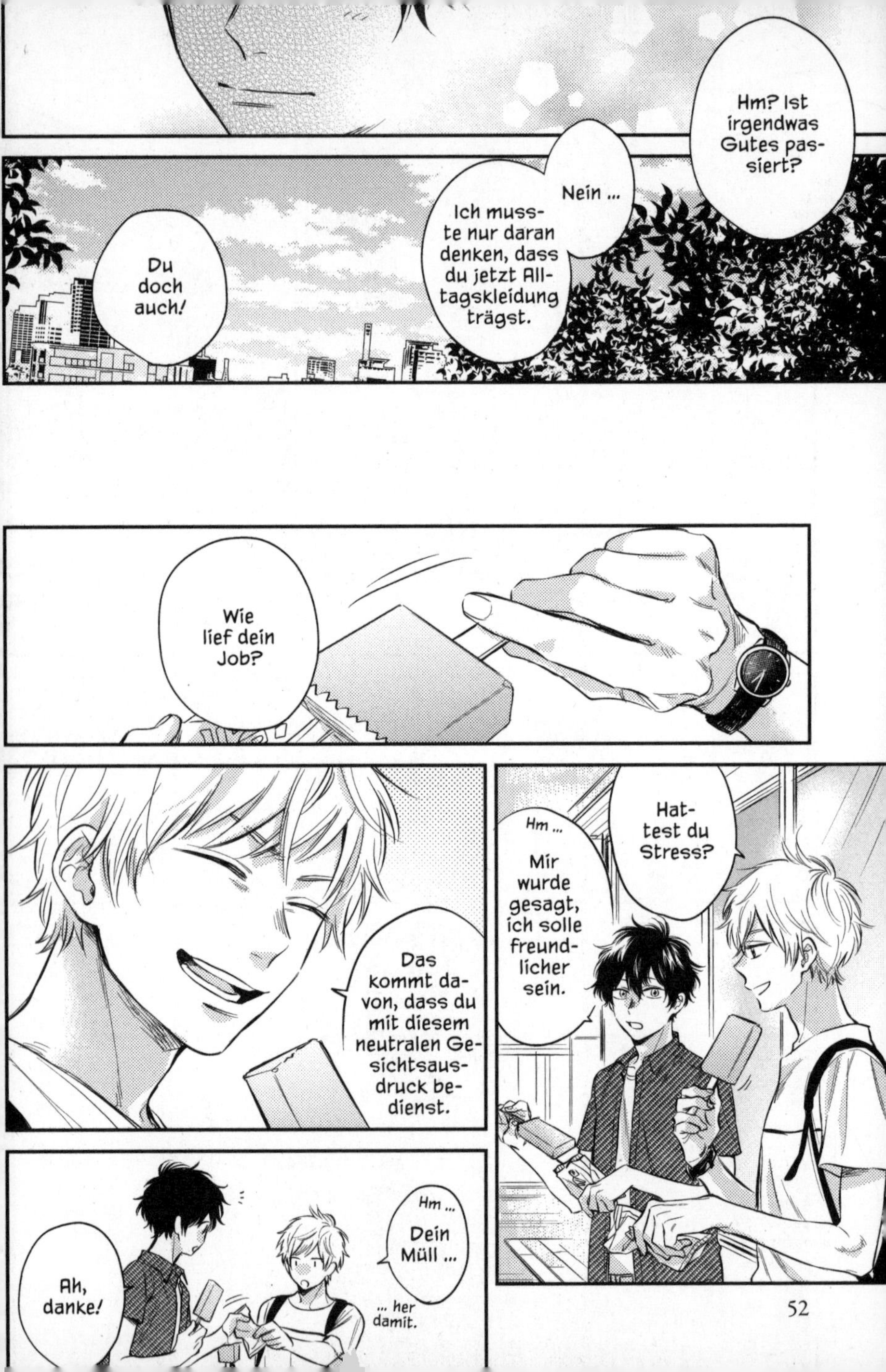
Hm? Ist irgendwas Gutes passiert?
Nein ...
Ich musste nur daran denken, dass du jetzt Alltagskleidung trägst.
Du doch auch!
Wie lief dein Job?
Hattest du Stress?
Hm ...
Mir wurde gesagt, ich solle freundlicher sein.
Das kommt davon, dass du mit diesem neutralen Gesichtsausdruck bedienst.
Hm ...
Dein Müll ...
... her damit.
Ah, danke!

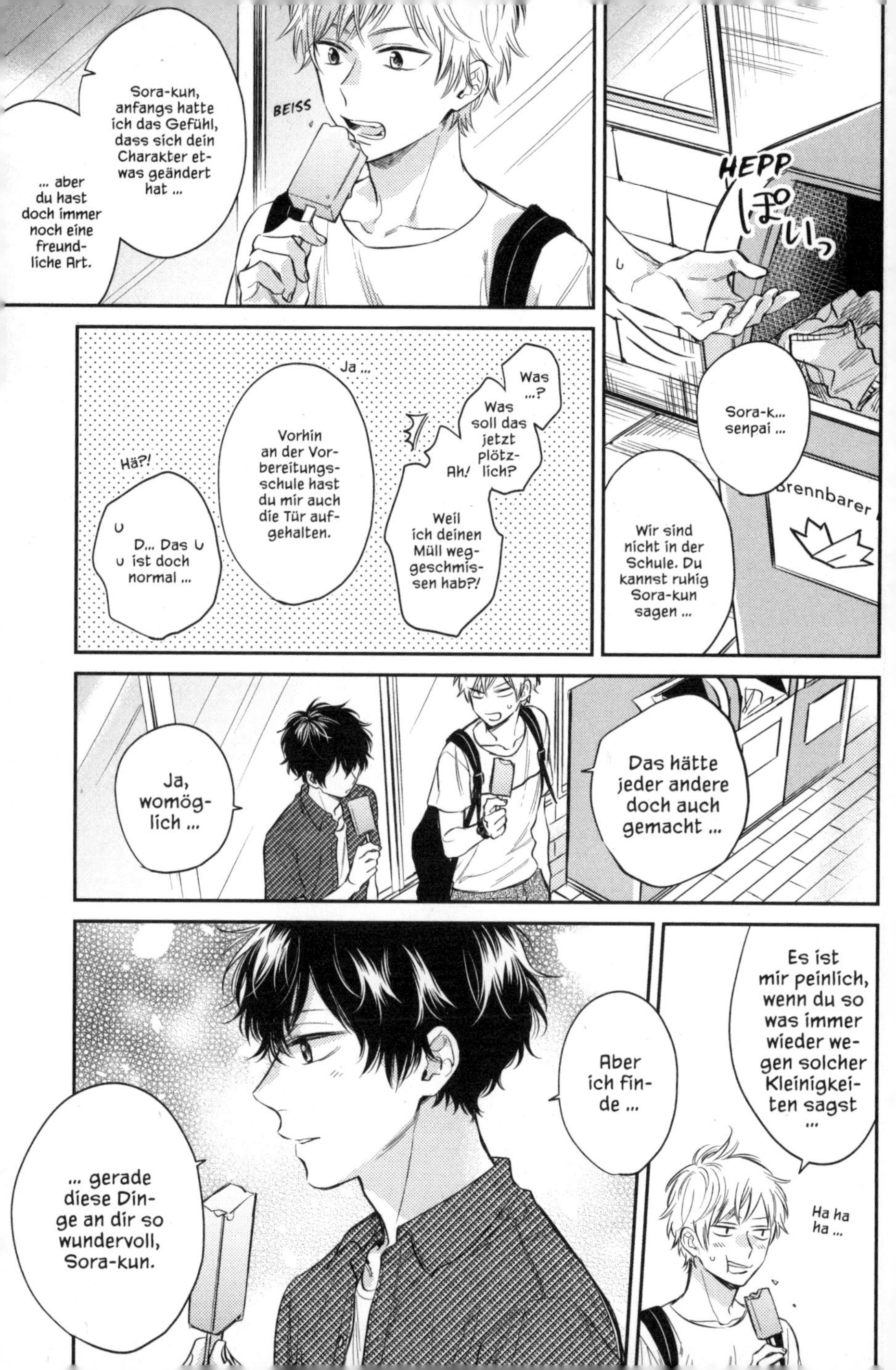

HEPP
ぽいっ
Sora-k... senpai ...
Wir sind nicht in der Schule. Du kannst ruhig Sora-kun sagen ...
Brennbarer
BEISS
Sora-kun, anfangs hatte ich das Gefühl, dass sich dein Charakter etwas geändert hat ...
... aber du hast doch immer noch eine freundliche Art.
Was ...? Was soll das jetzt plötzlich?
Ah! Weil ich deinen Müll weggeschmissen hab?!
Ja ...
Vorhin an der Vorbereitungsschule hast du mir auch die Tür aufgehalten.
Hä?!
D... Das ist doch normal ...
Das hätte jeder andere doch auch gemacht ...
Ja, womöglich ...
Es ist mir peinlich, wenn du so was immer wieder wegen solcher Kleinigkeiten sagst ...
Ha ha ha ...
Aber ich finde ...
... gerade diese Dinge an dir so wundervoll, Sora-kun.

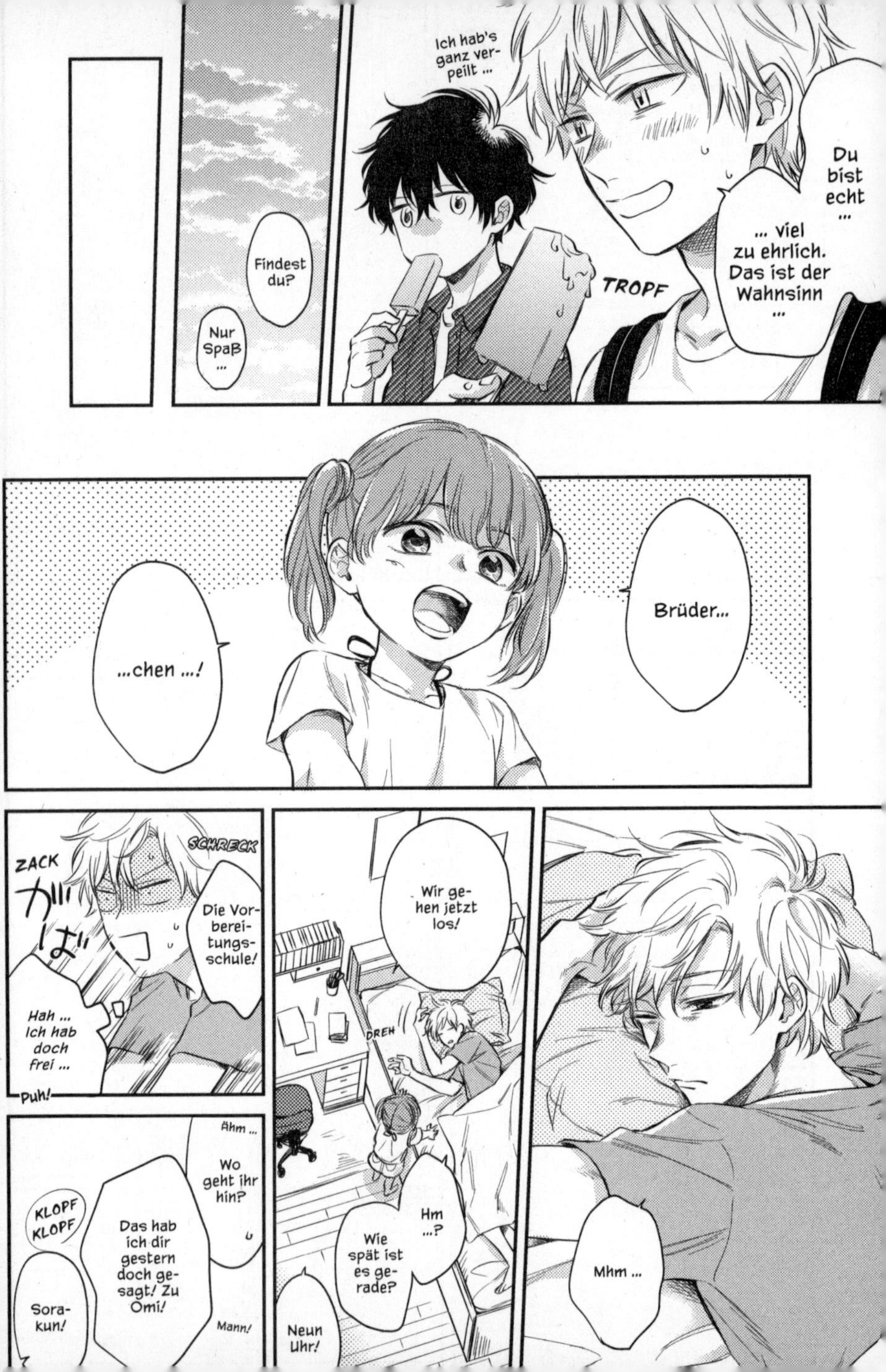
Du bist echt ...
... viel zu ehrlich. Das ist der Wahnsinn ...
Ich hab's ganz verpeilt ...
TROPF
Findest du?
Nur Spaß ...
Brüder...
...chen ...!
Mhm ...
Wir gehen jetzt los!
DREH
Hm ...?
Wie spät ist es gerade?
Neun Uhr!
SCHRECK
Die Vorbereitungsschule!
ZACK
Hah ... Ich hab doch frei ...
Puh!
Ähm ...
Wo geht ihr hin?
Das hab ich dir gestern doch gesagt! Zu Omi!
Mann!
KLOPF KLOPF
Sora-kun!

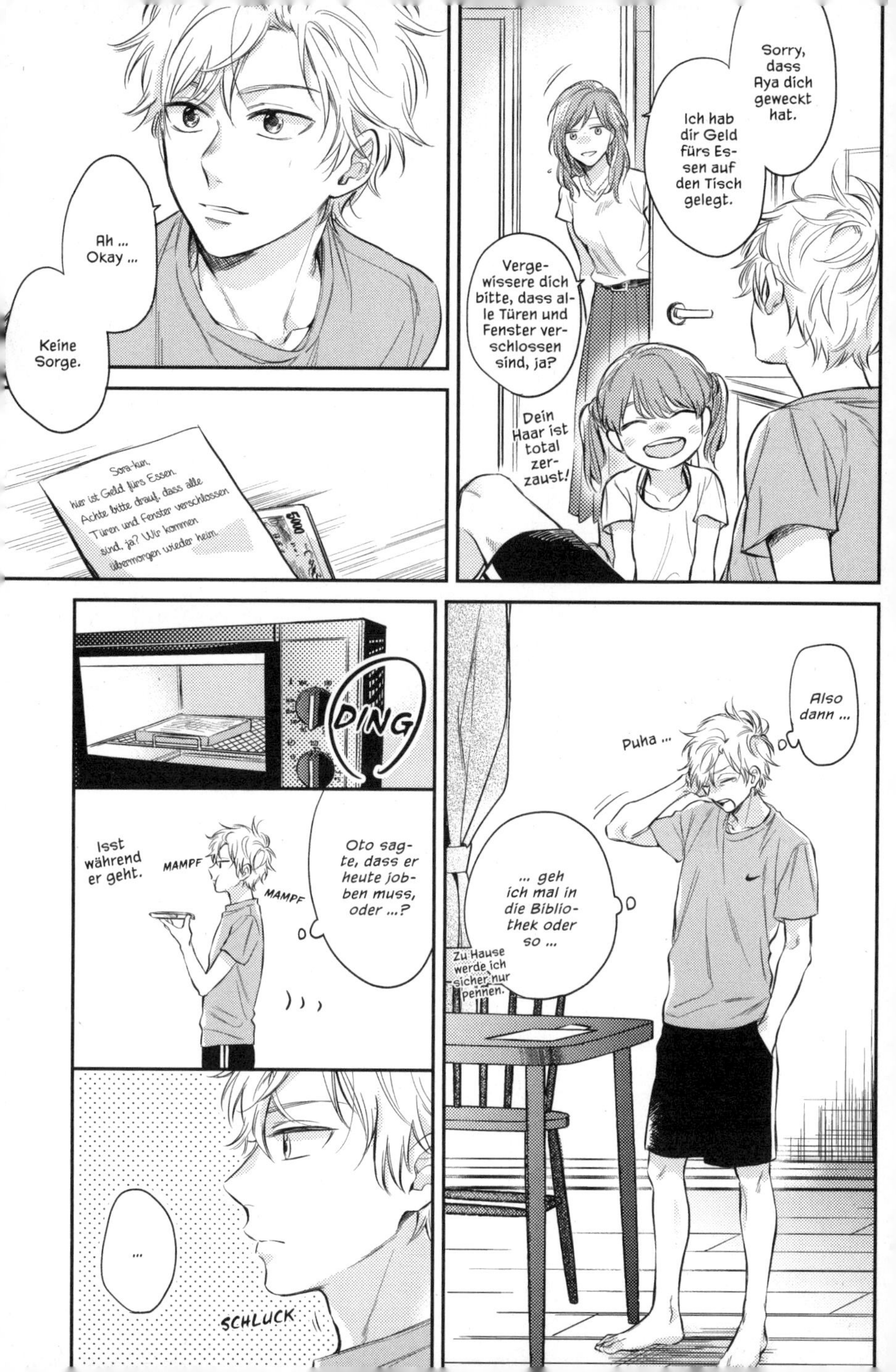
Sorry, dass Aya dich geweckt hat.
Ich hab dir Geld fürs Essen auf den Tisch gelegt.
Vergewissere dich bitte, dass alle Türen und Fenster verschlossen sind, ja?
Dein Haar ist total zerzaust!
Ah ... Okay ...
Keine Sorge.
Sora-kun, hier ist Geld fürs Essen. Achte bitte drauf, dass alle Türen und Fenster verschlossen sind, ja? Wir kommen übermorgen wieder heim.
5000
Also dann ...
Puha ...
... geh ich mal in die Bibliothek oder so ...
Zu Hause werde ich sicher nur pennen.
DING
Oto sagte, dass er heute jobben muss, oder ...?
Isst während er geht.
MAMPF
MAMPF
...
SCHLUCK

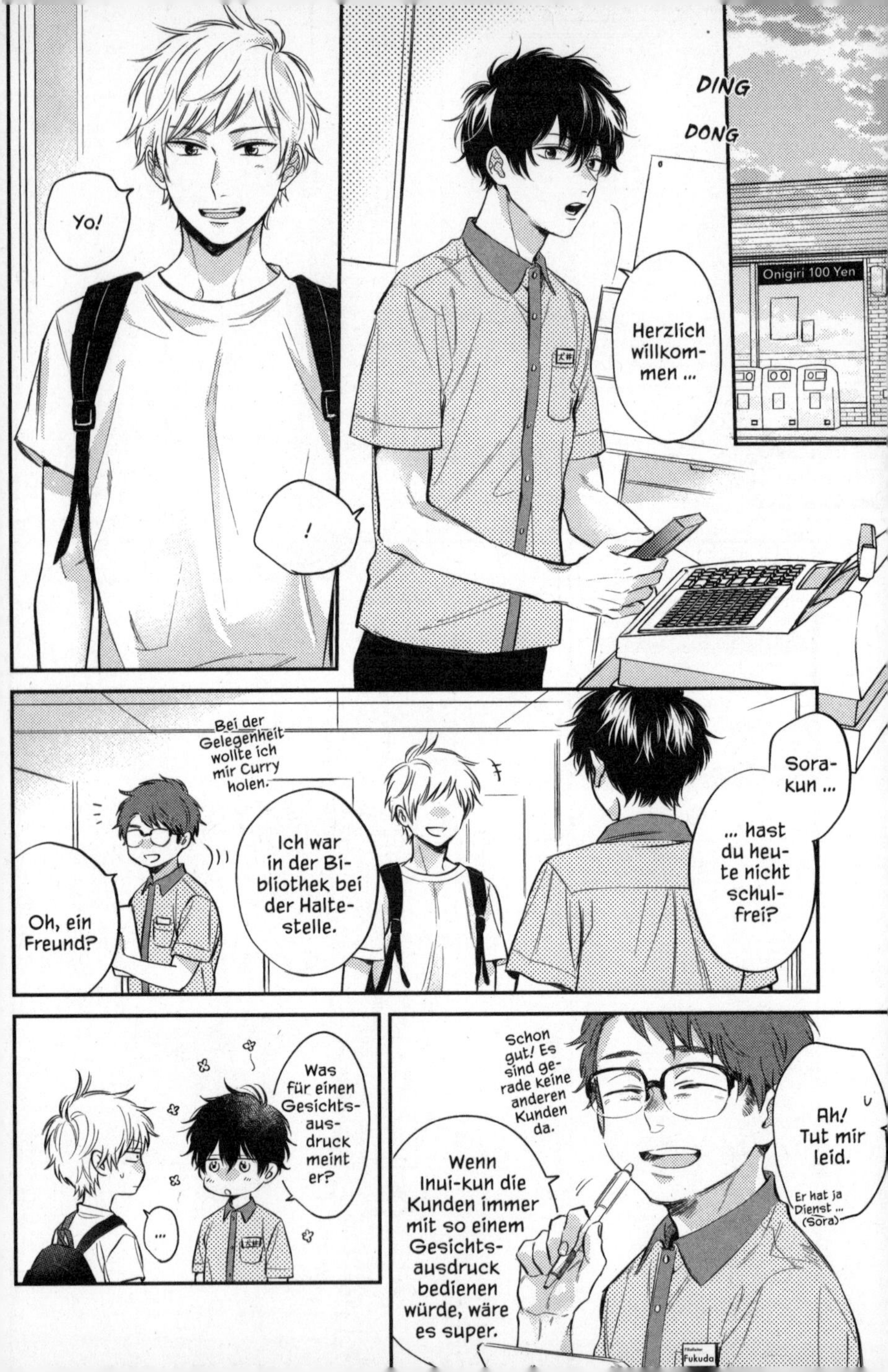
DING
DONG
Onigiri 100 Yen
Herzlich willkom-men ...
!
Yo!
Sora-kun ...
... hast du heu-te nicht schul-frei?
Ich war in der Bi-bliothek bei der Halte-stelle.
Bei der Gelegenheit wollte ich mir Curry holen.
Oh, ein Freund?
Ah! Tut mir leid.
Er hat ja Dienst ... (Sora)
Schon gut! Es sind ge-rade keine anderen Kunden da.
Wenn Inui-kun die Kunden immer mit so einem Gesichts-ausdruck bedienen würde, wäre es super.
Fukuda
Was für einen Gesichts-aus-druck meint er?
...

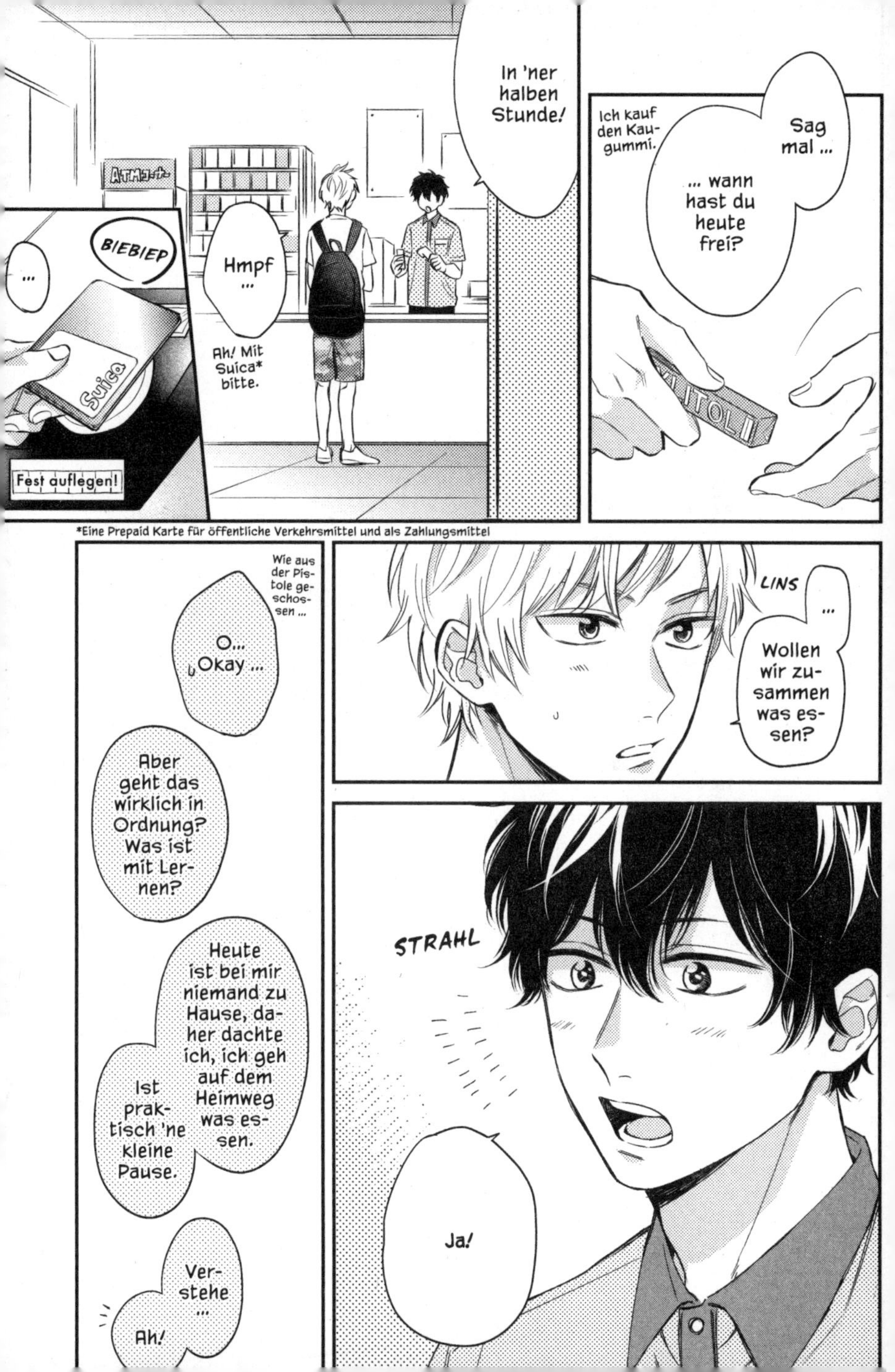

*Eine Prepaid Karte für öffentliche Verkehrsmittel und als Zahlungsmittel

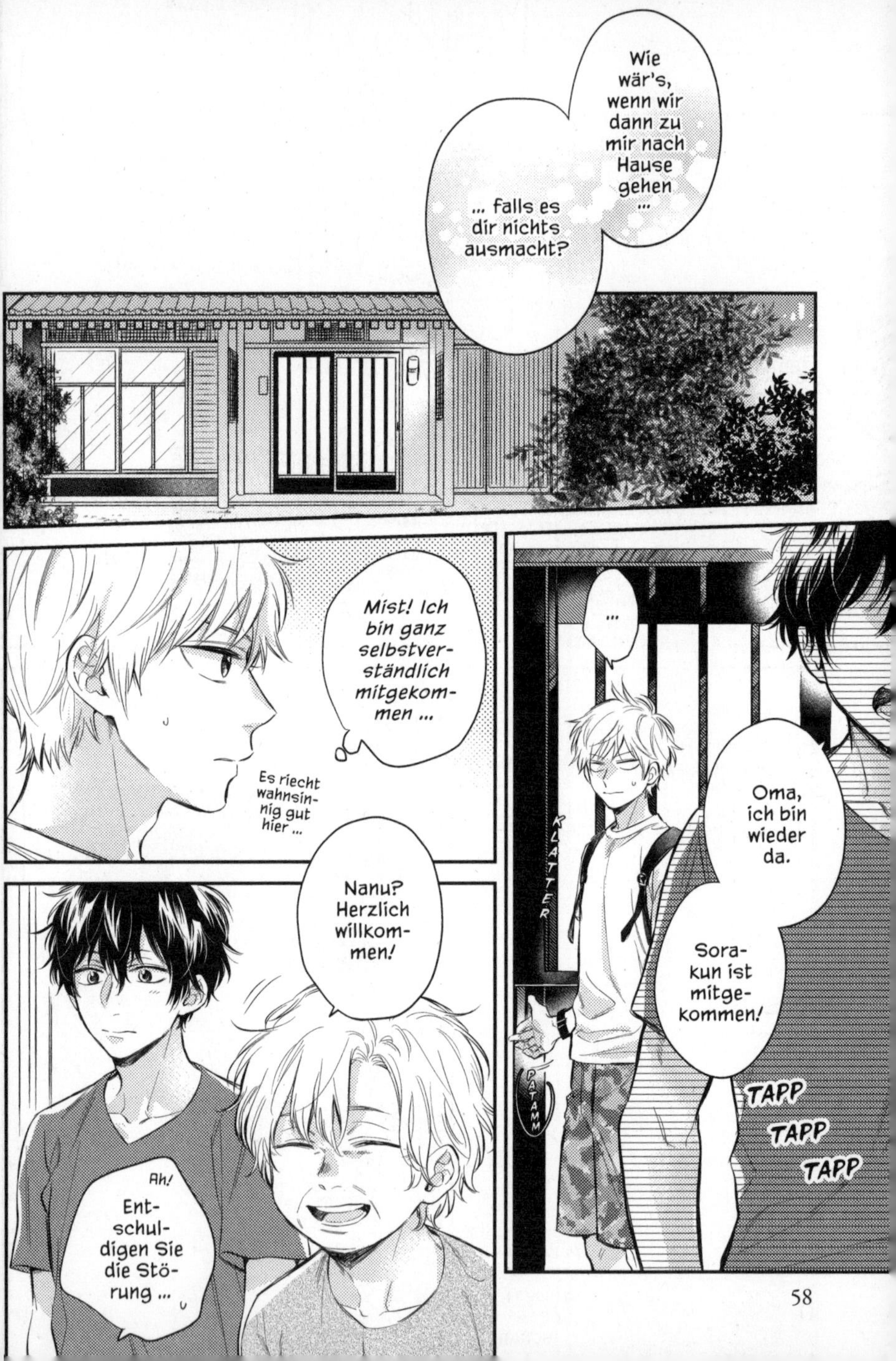
Wie wär's, wenn wir dann zu mir nach Hause gehen ...
... falls es dir nichts ausmacht?
...
Oma, ich bin wieder da.
Sora-kun ist mitgekommen!
KLATTER
PATAMM
TAPP
TAPP
TAPP
Mist! Ich bin ganz selbstverständlich mitgekommen ...
Es riecht wahnsinnig gut hier ...
Nanu? Herzlich willkommen!
Ah!
Entschuldigen Sie die Störung ...

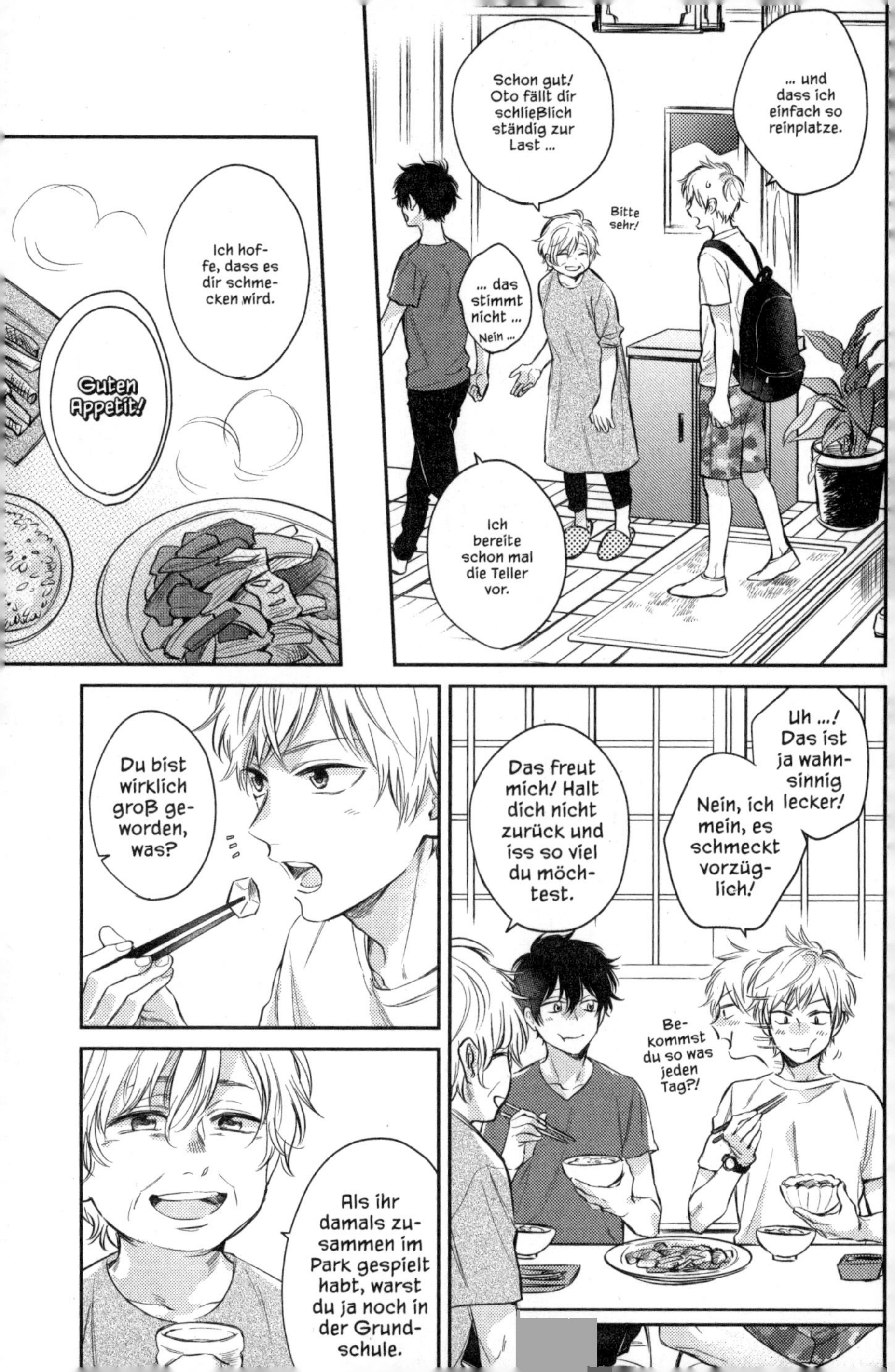

... und dass ich einfach so reinplatze.
Schon gut! Oto fällt dir schließlich ständig zur Last ...
Bitte sehr!
... das stimmt nicht ...
Nein ...
Ich bereite schon mal die Teller vor.
Ich hoffe, dass es dir schmecken wird.
Guten Appetit!
Uh ...! Das ist ja wahnsinnig lecker!
Nein, ich mein, es schmeckt vorzüglich!
Das freut mich! Halt dich nicht zurück und iss so viel du möchtest.
Bekommst du so was jeden Tag?!
Du bist wirklich groß geworden, was?
Als ihr damals zusammen im Park gespielt habt, warst du ja noch in der Grundschule.

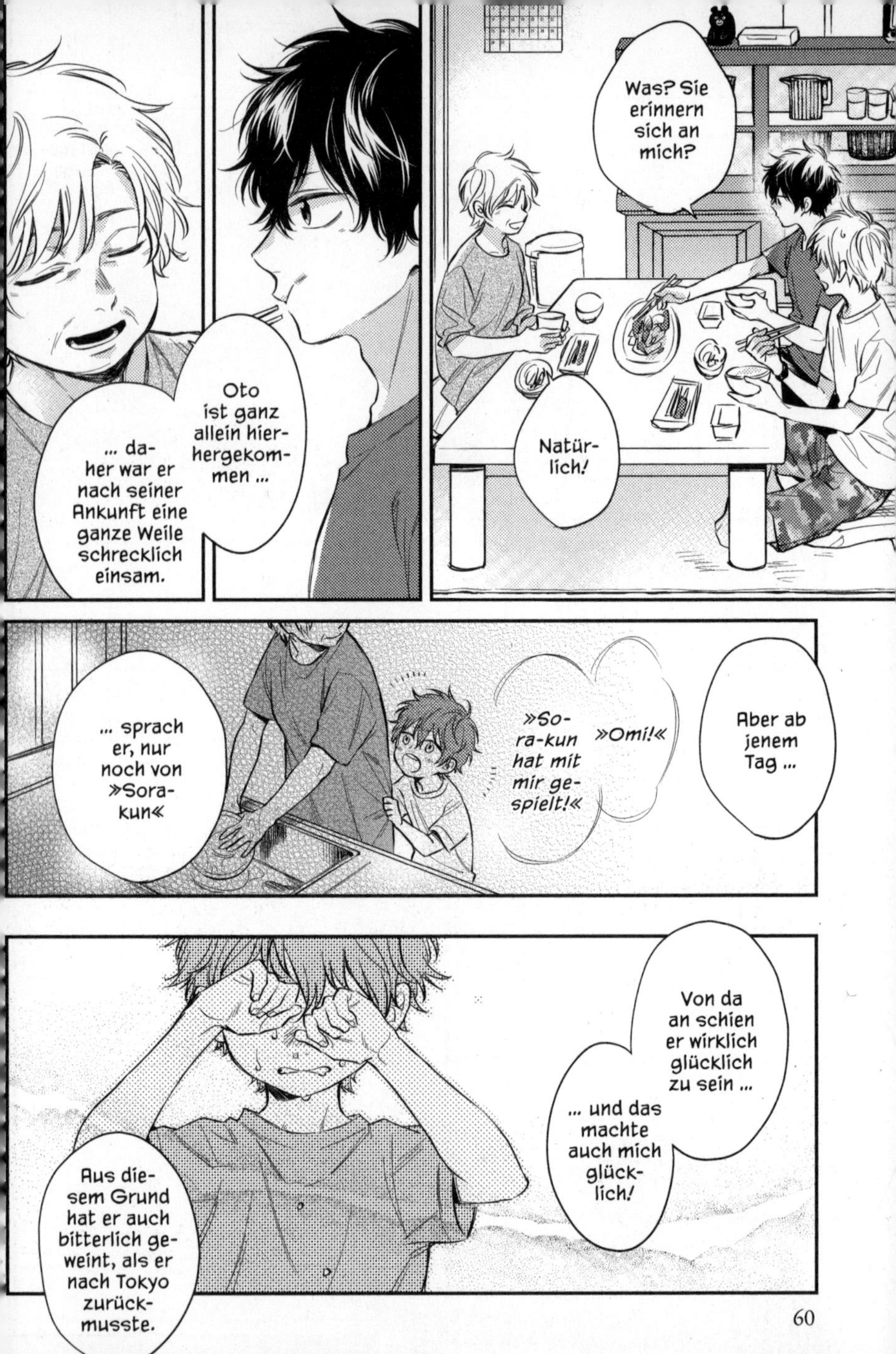
Was? Sie erinnern sich an mich?
Natürlich!
Oto ist ganz allein hierhergekommen ...
... daher war er nach seiner Ankunft eine ganze Weile schrecklich einsam.
Aber ab jenem Tag ...
»Omi!«
»Sora-kun hat mit mir gespielt!«
... sprach er, nur noch von »Sora-kun«
Von da an schien er wirklich glücklich zu sein ...
... und das machte auch mich glücklich!
Aus diesem Grund hat er auch bitterlich geweint, als er nach Tokyo zurückmusste.

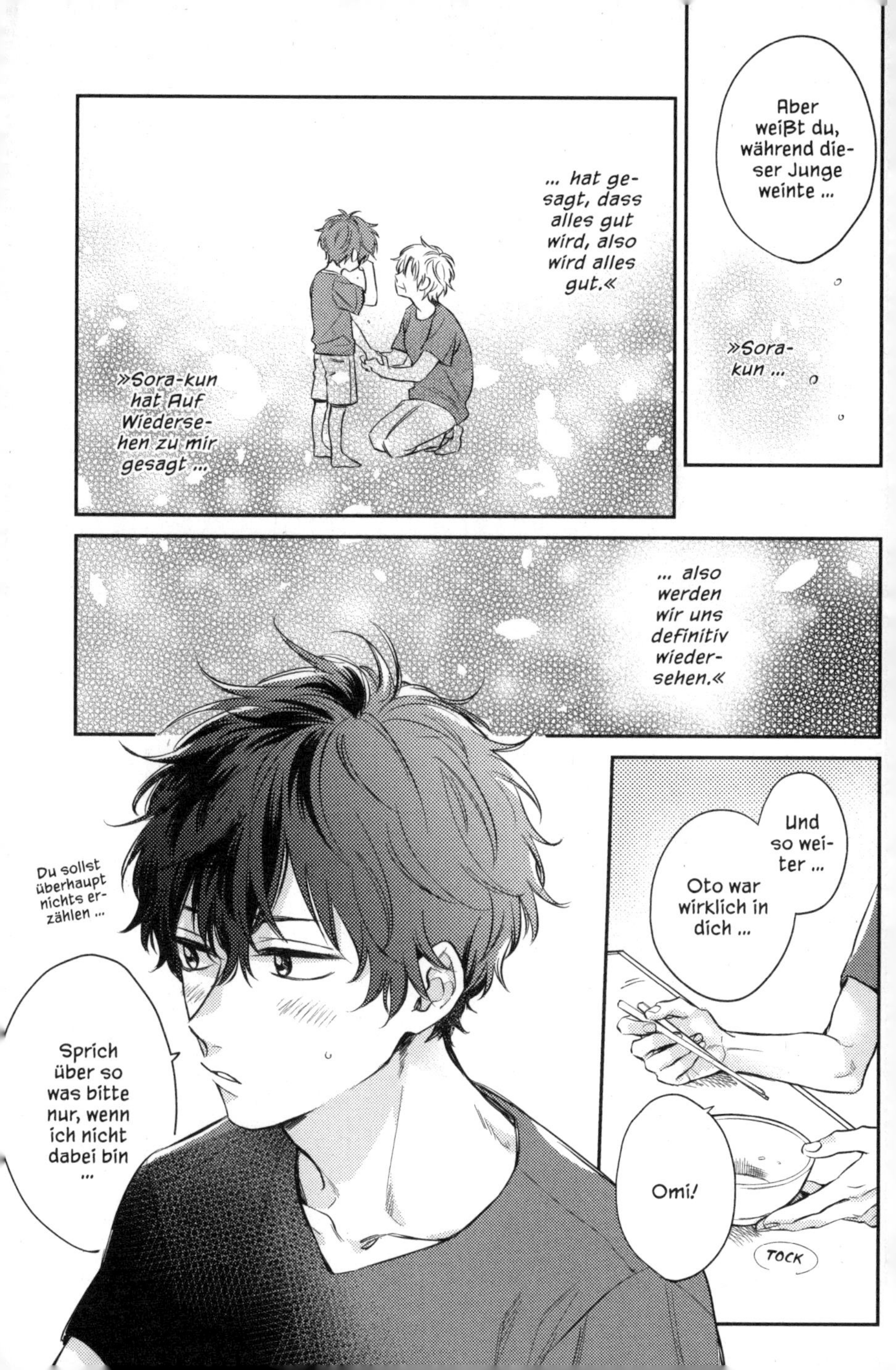

Aber weißt du, während dieser Junge weinte ...
»Sora-kun ...
... hat gesagt, dass alles gut wird, also wird alles gut.«
»Sora-kun hat Auf Wiedersehen zu mir gesagt ...
... also werden wir uns definitiv wiedersehen.«
Und so weiter ...
Oto war wirklich in dich ...
Omi!
TOCK
Du sollst überhaupt nichts erzählen ...
Sprich über so was bitte nur, wenn ich nicht dabei bin ...

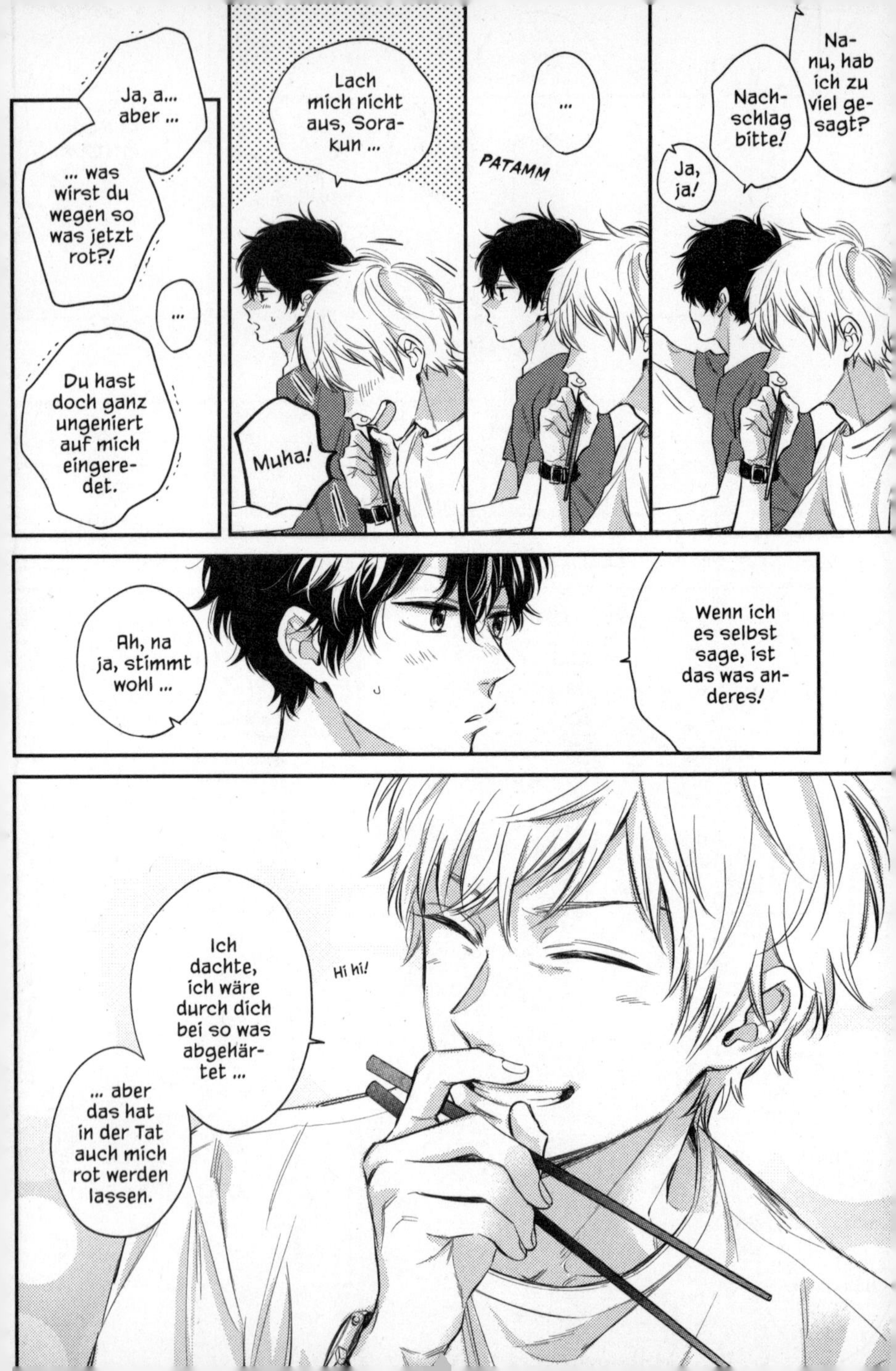
Na-nu, hab ich zu viel ge-sagt?
Nach-schlag bitte!
Ja, ja!
...
PATAMM
Lach mich nicht aus, Sora-kun ...
Muha!
Ja, a... aber ...
... was wirst du wegen so was jetzt rot?!
...
Du hast doch ganz ungeniert auf mich eingere-det.
Wenn ich es selbst sage, ist das was an-deres!
Ah, na ja, stimmt wohl ...
Ich dachte, ich wäre durch dich bei so was abgehär-tet ...
Hi hi!
... aber das hat in der Tat auch mich rot werden lassen.

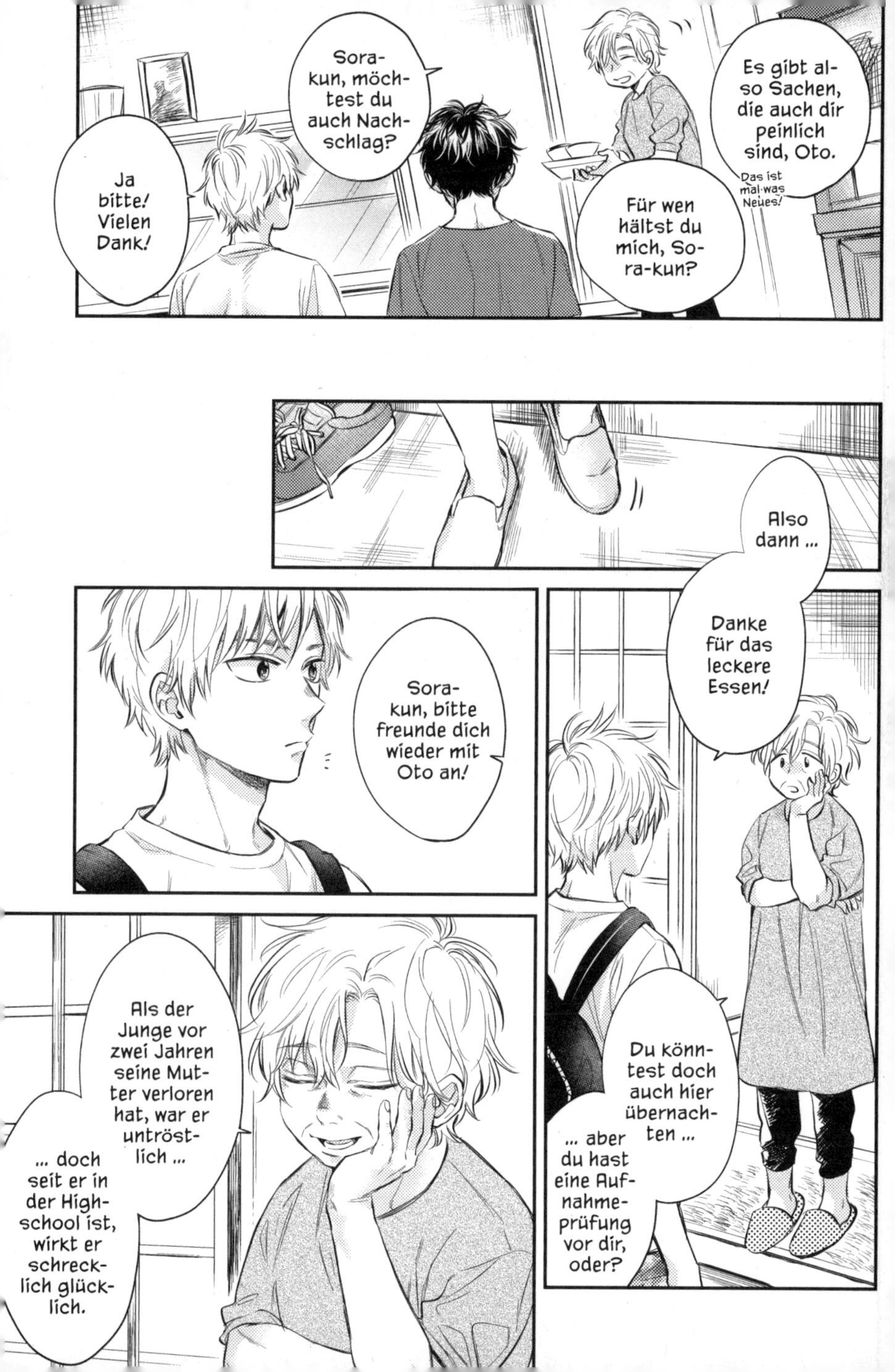

Es gibt also Sachen, die auch dir peinlich sind, Oto.
Das ist mal was Neues!
Für wen hältst du mich, Sora-kun?
Sora-kun, möchtest du auch Nachschlag?
Ja bitte! Vielen Dank!
Also dann ...
Danke für das leckere Essen!
Sora-kun, bitte freunde dich wieder mit Oto an!
Du könntest doch auch hier übernachten ...
... aber du hast eine Aufnahmeprüfung vor dir, oder?
Als der Junge vor zwei Jahren seine Mutter verloren hat, war er untröstlich ...
... doch seit er in der Highschool ist, wirkt er schrecklich glücklich.

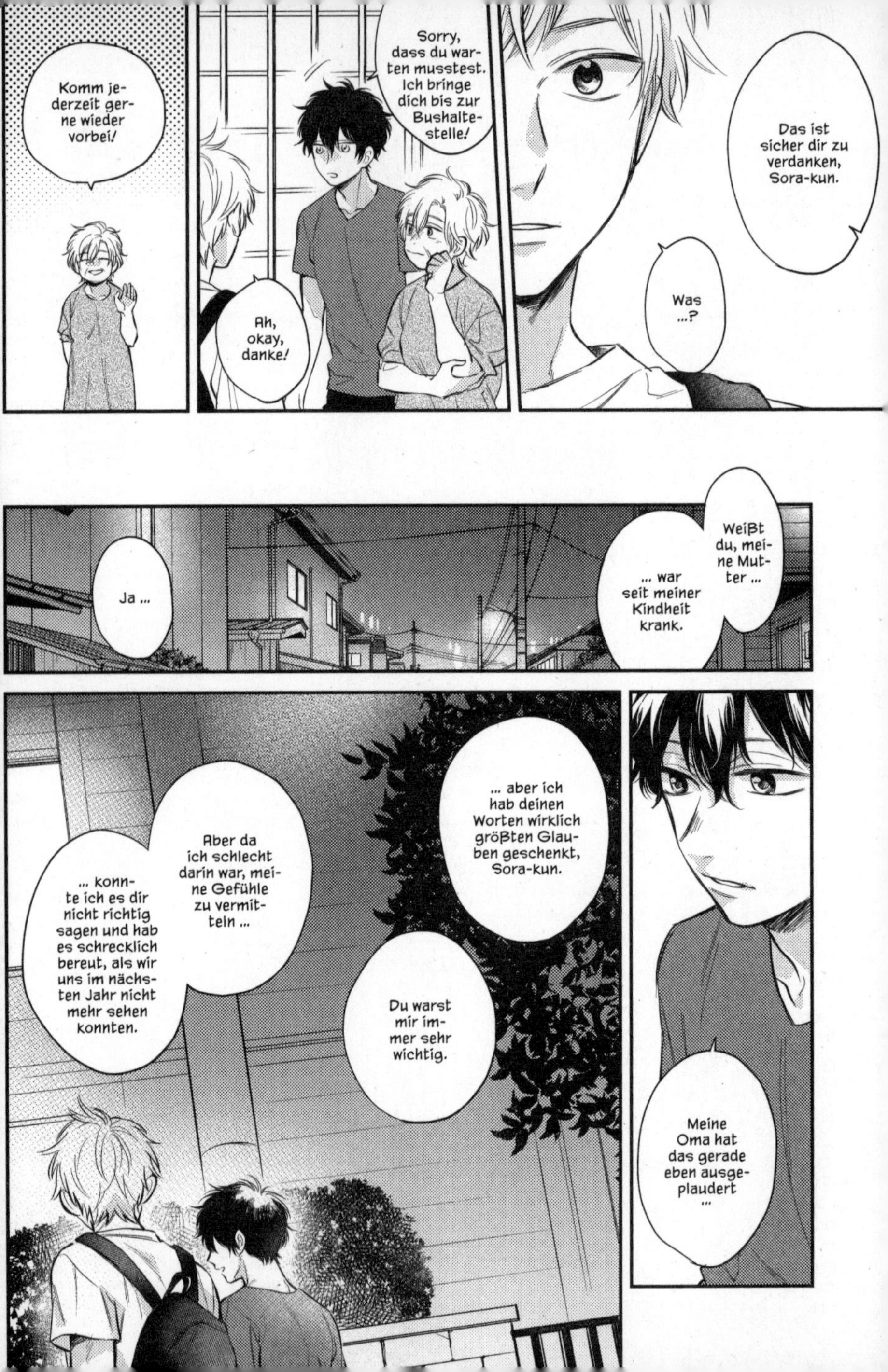
Das ist sicher dir zu verdanken, Sora-kun.
Was ...?
Sorry, dass du warten musstest. Ich bringe dich bis zur Bushaltestelle!
Ah, okay, danke!
Komm jederzeit gerne wieder vorbei!
Weißt du, meine Mutter ...
... war seit meiner Kindheit krank.
Ja ...
Meine Oma hat das gerade eben ausgeplaudert ...
... aber ich hab deinen Worten wirklich größten Glauben geschenkt, Sora-kun.
Du warst mir immer sehr wichtig.
Aber da ich schlecht darin war, meine Gefühle zu vermitteln ...
... konnte ich es dir nicht richtig sagen und hab es schrecklich bereut, als wir uns im nächsten Jahr nicht mehr sehen konnten.

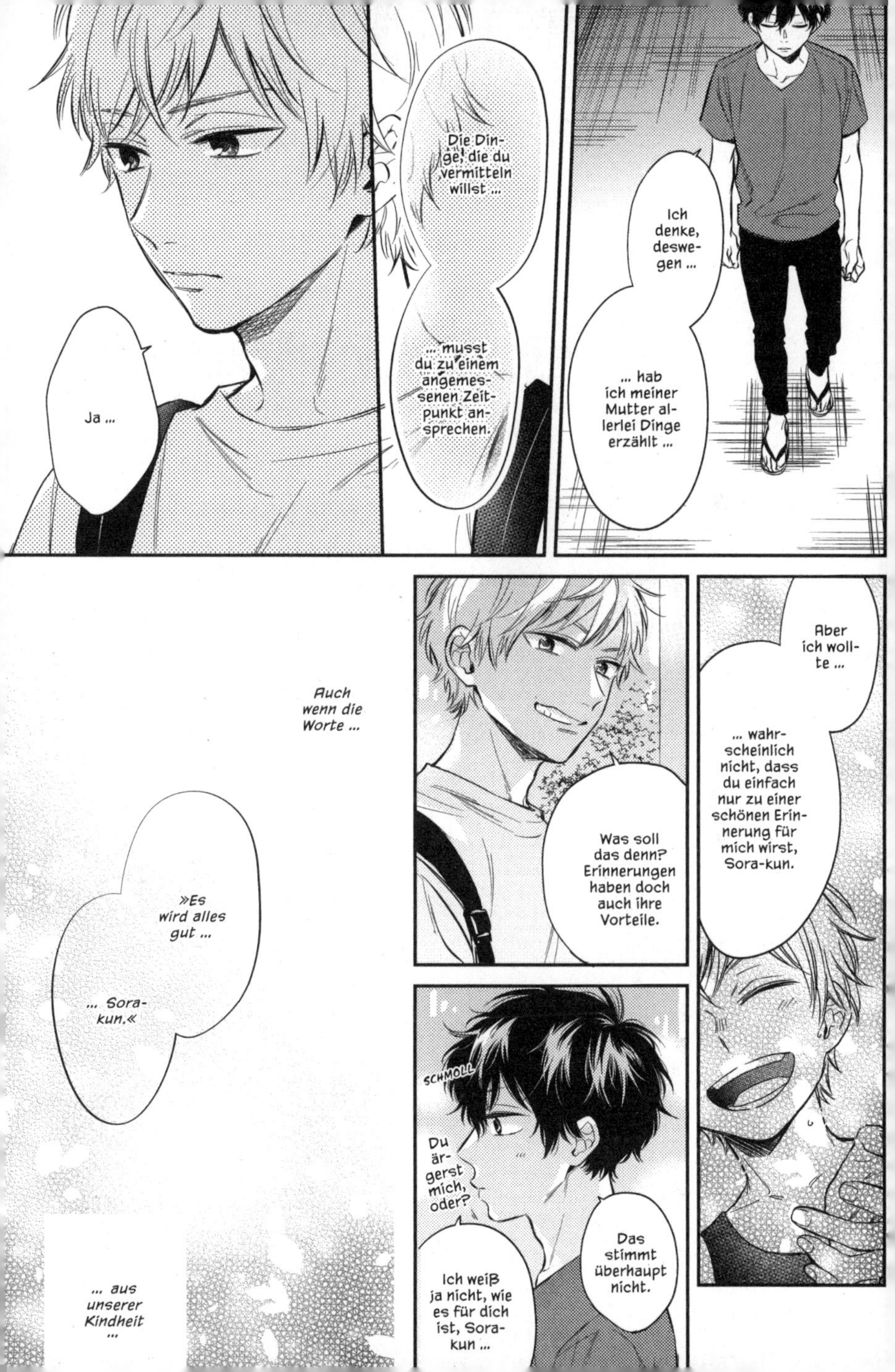
Ich denke, deswegen ...
... hab ich meiner Mutter allerlei Dinge erzählt ...
Die Dinge, die du vermitteln willst ...
... musst du zu einem angemessenen Zeitpunkt ansprechen.
Ja ...
Aber ich wollte ...
... wahrscheinlich nicht, dass du einfach nur zu einer schönen Erinnerung für mich wirst, Sora-kun.
Was soll das denn? Erinnerungen haben doch auch ihre Vorteile.
SCHMOLL
Du ärgerst mich, oder?
Das stimmt überhaupt nicht.
Ich weiß ja nicht, wie es für dich ist, Sora-kun ...
Auch wenn die Worte ...
»Es wird alles gut ...
... Sora-kun.«
... aus unserer Kindheit ...

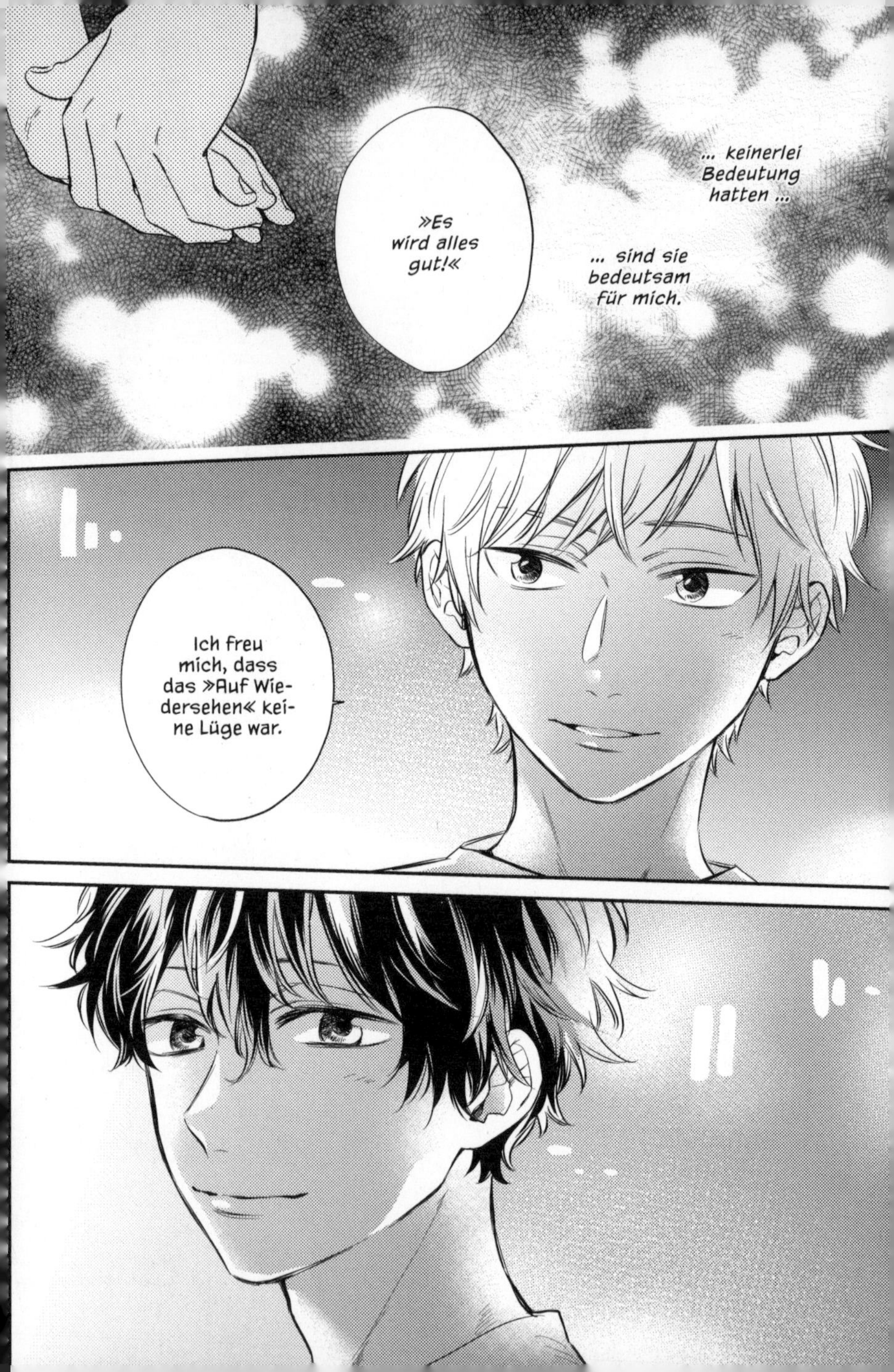
... keinerlei Bedeutung hatten ...
... sind sie bedeutsam für mich.
»Es wird alles gut!«
Ich freu mich, dass das »Auf Wiedersehen« keine Lüge war.

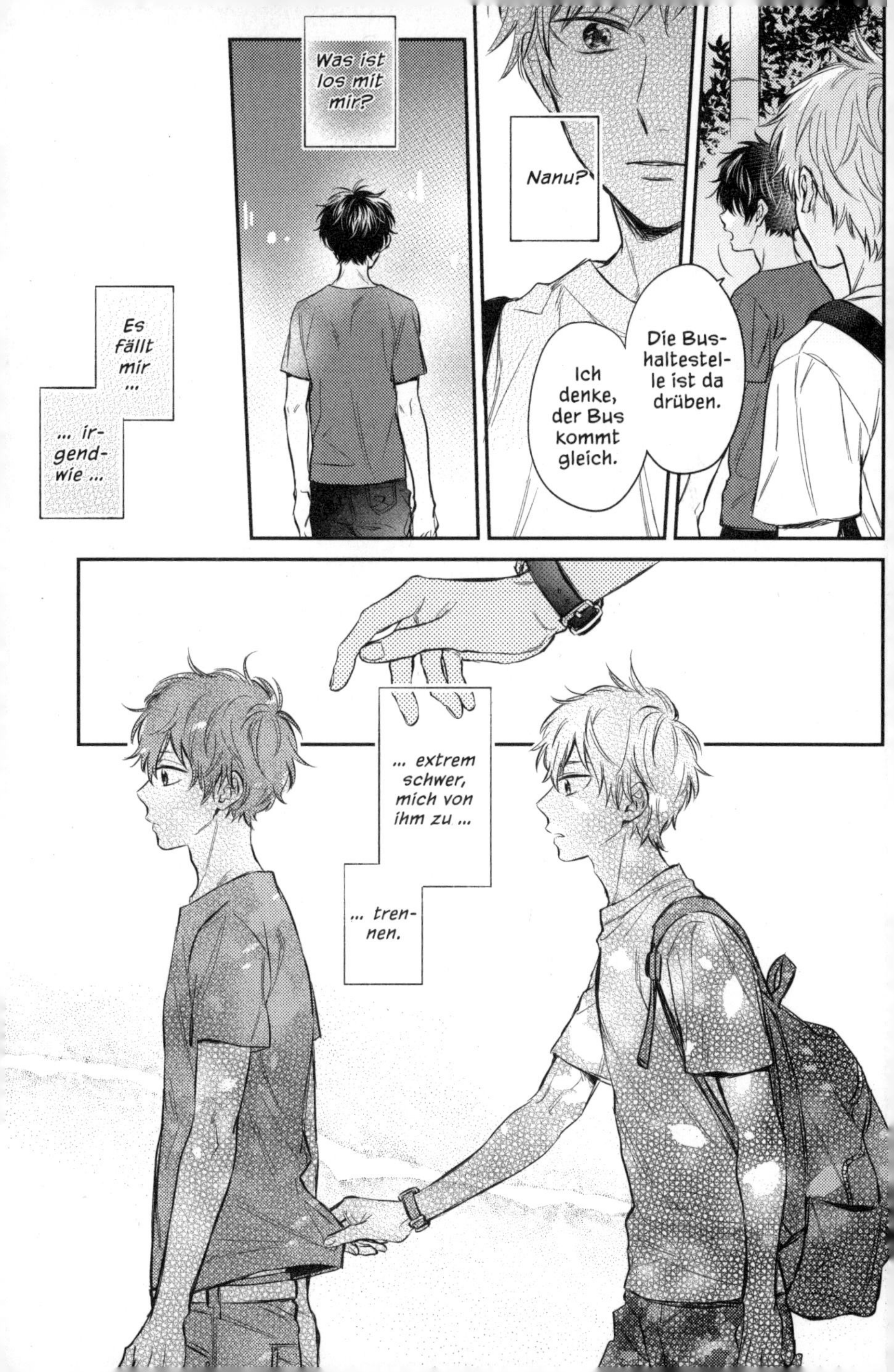

Die Bushaltestelle ist da drüben.
Ich denke, der Bus kommt gleich.
Nanu?
Was ist los mit mir?
Es fällt mir ...
... irgendwie ...
... extrem schwer, mich von ihm zu ...
... trennen.

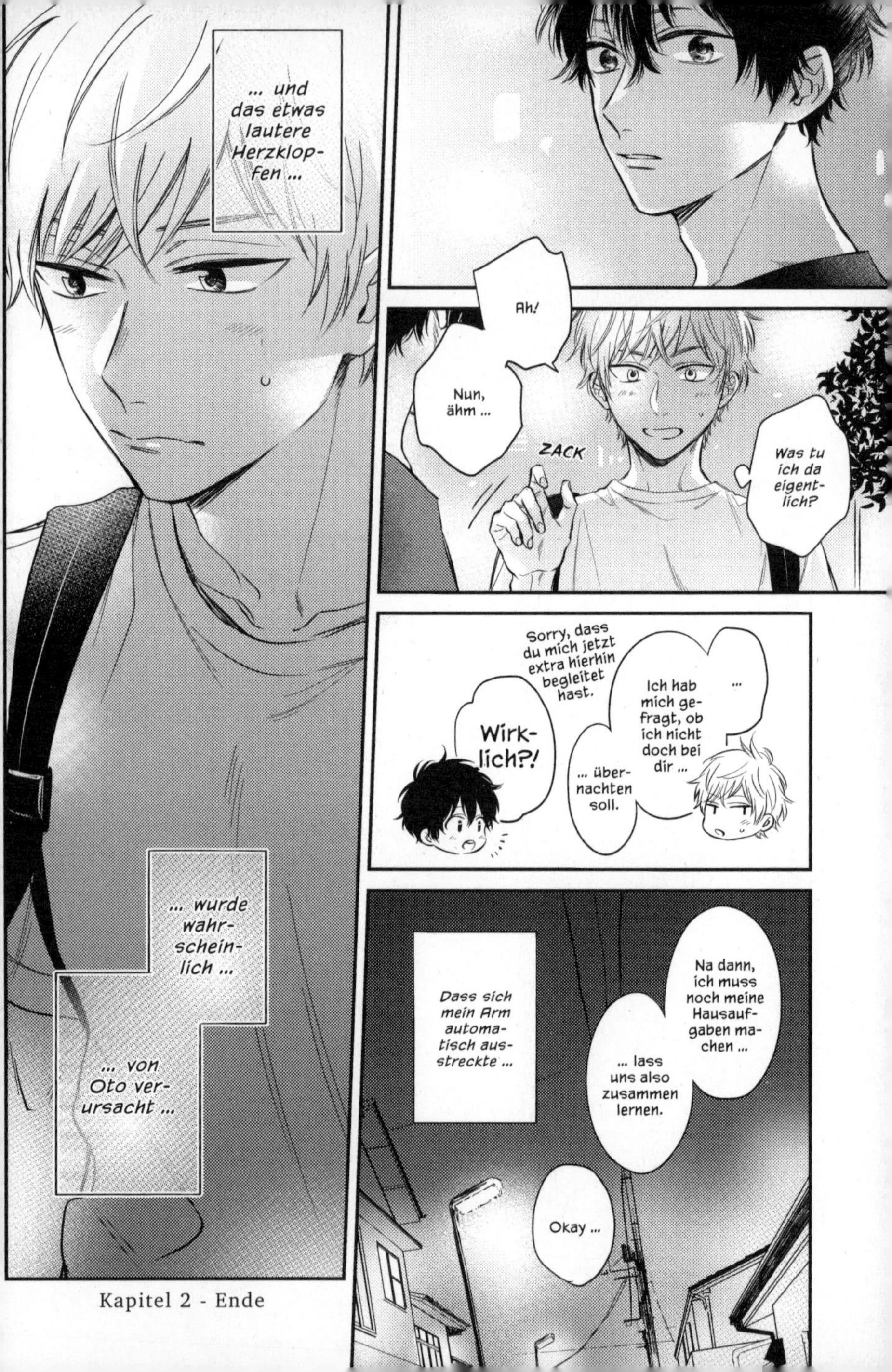

Kapitel 2 - Ende

Kapitel 3

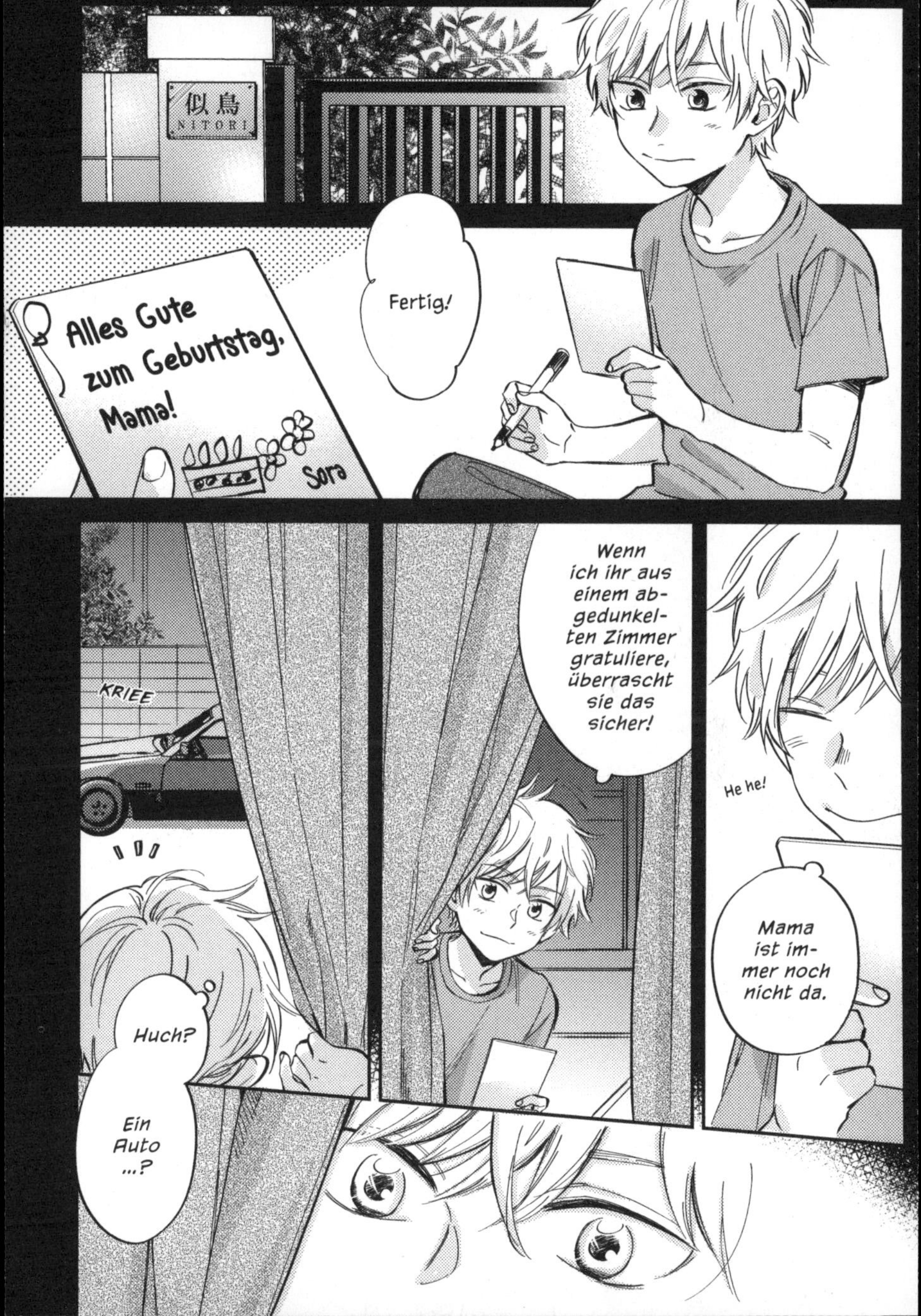
似鳥
NITORI
Fertig!
Alles Gute zum Geburtstag, Mama!
Sora
He he!
Mama ist immer noch nicht da.
Wenn ich ihr aus einem abgedunkelten Zimmer gratuliere, überrascht sie das sicher!
KRIEE
Huch?
Ein Auto …?

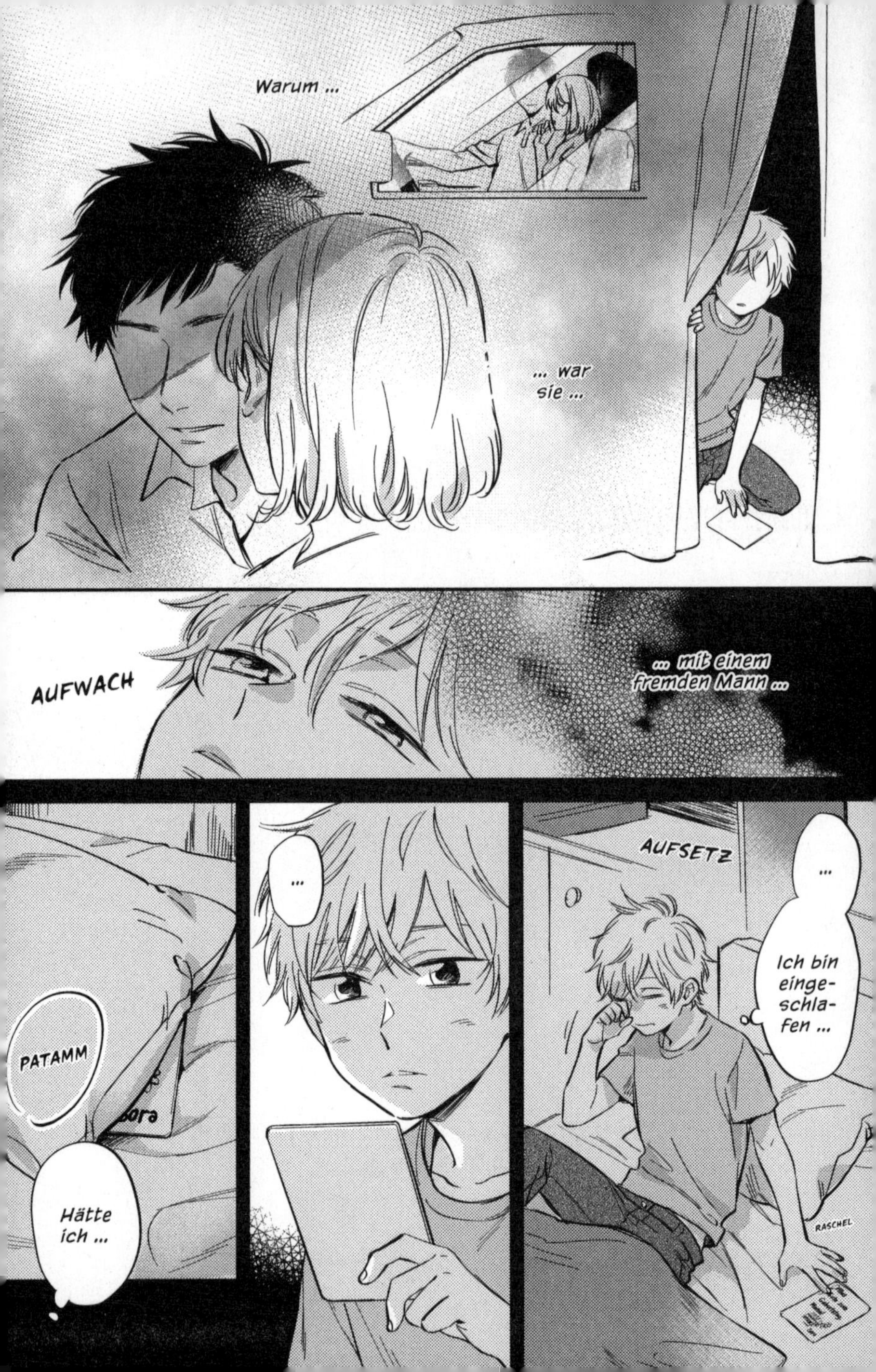
Warum ...
... war sie ...
... mit einem fremden Mann ...
AUFWACH
AUFSETZ
...
Ich bin eingeschlafen ...
RASCHEL
...
PATAMM
Hätte ich ...

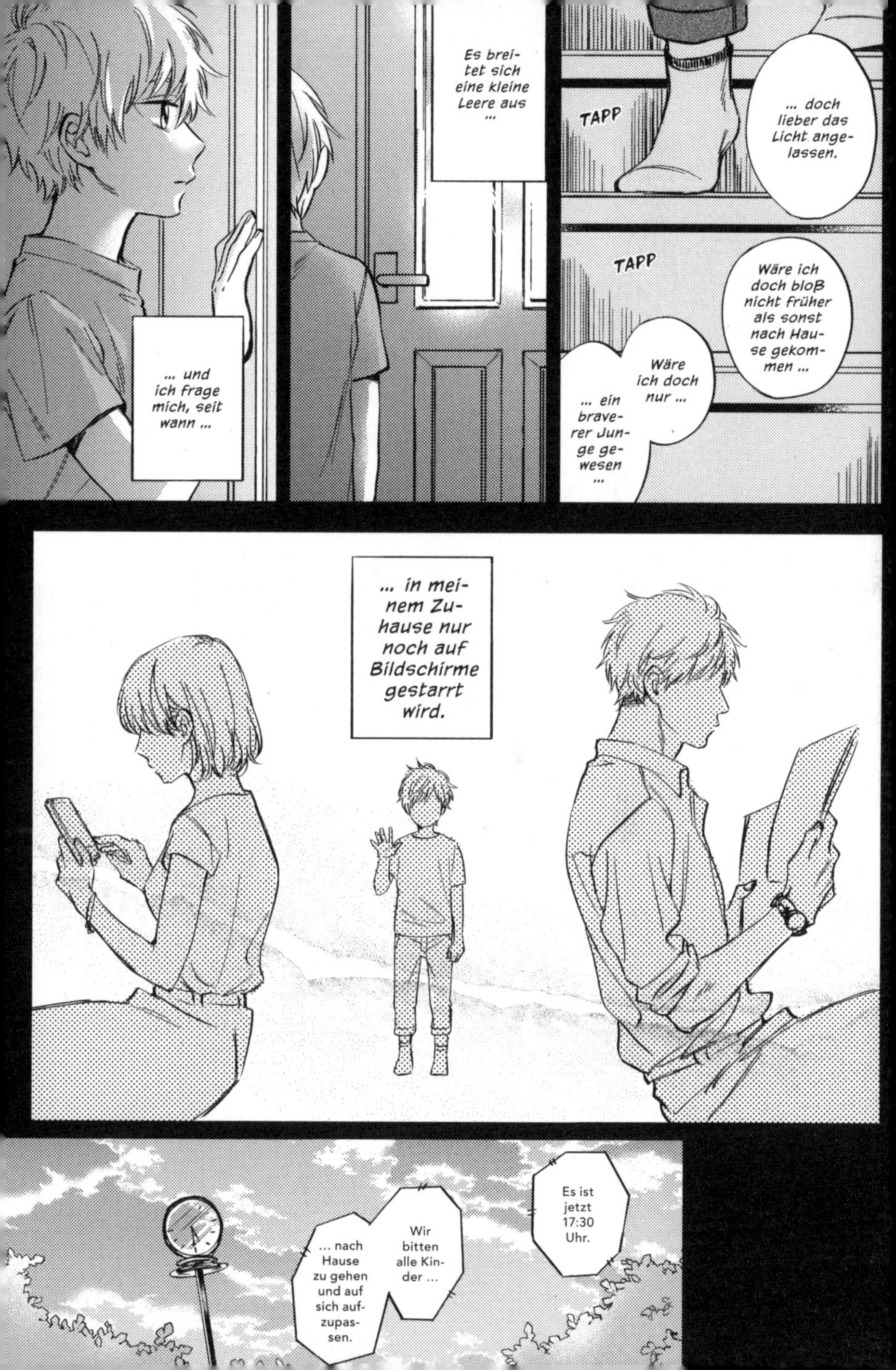
Es breitet sich eine kleine Leere aus …
… und ich frage mich, seit wann …
TAPP
… doch lieber das Licht angelassen.
TAPP
Wäre ich doch bloß nicht früher als sonst nach Hause gekommen …
Wäre ich doch nur …
… ein braverer Junge gewesen …
… in meinem Zuhause nur noch auf Bildschirme gestarrt wird.
Es ist jetzt 17:30 Uhr.
Wir bitten alle Kinder …
… nach Hause zu gehen und auf sich aufzupassen.

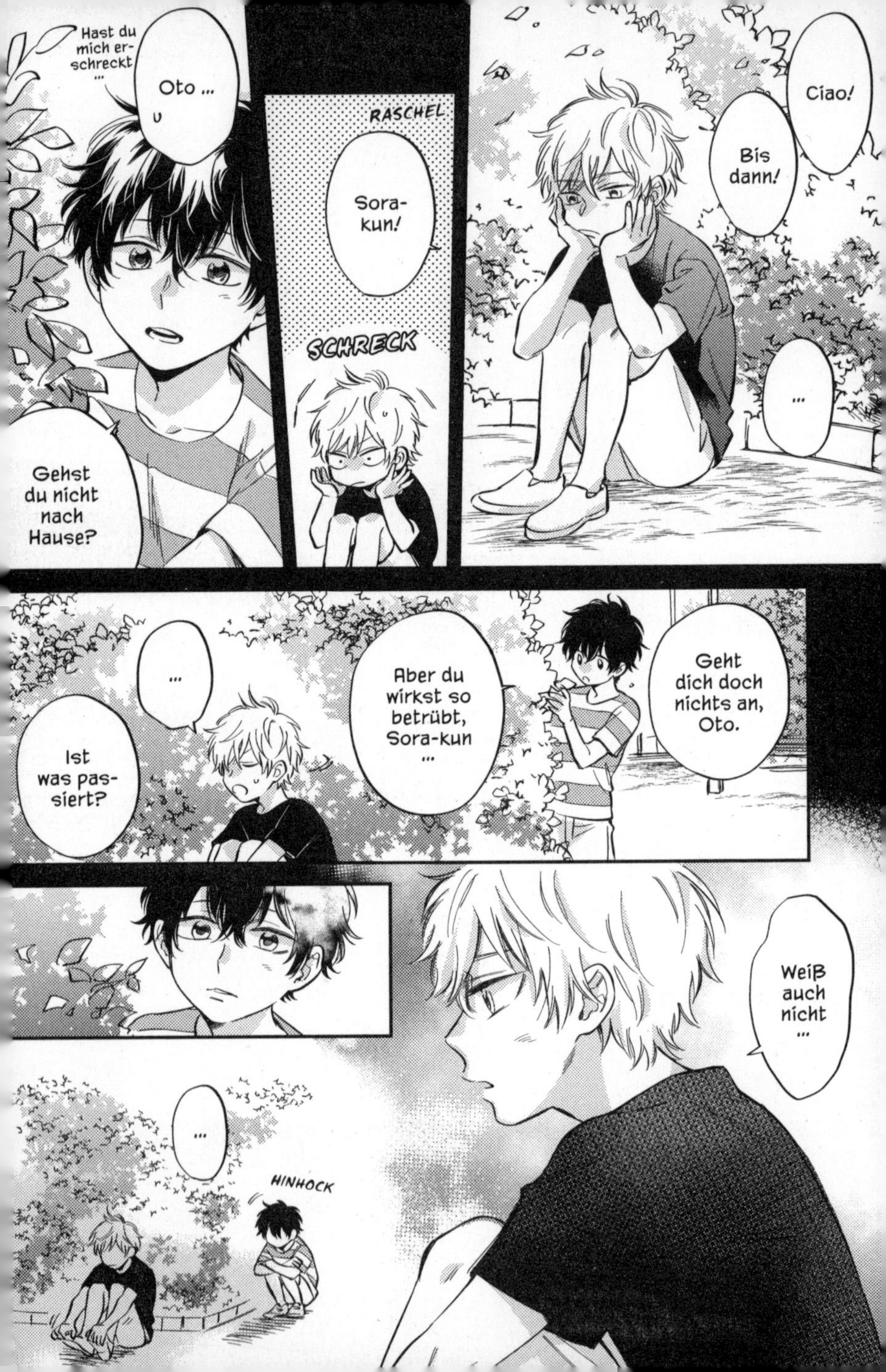
Ciao!
Bis dann!
...
RASCHEL
Sora-kun!
SCHRECK
Oto ...
Hast du mich erschreckt ...
Gehst du nicht nach Hause?
Geht dich doch nichts an, Oto.
Aber du wirkst so betrübt, Sora-kun ...
...
Ist was passiert?
Weiß auch nicht ...
...
HINHOCK

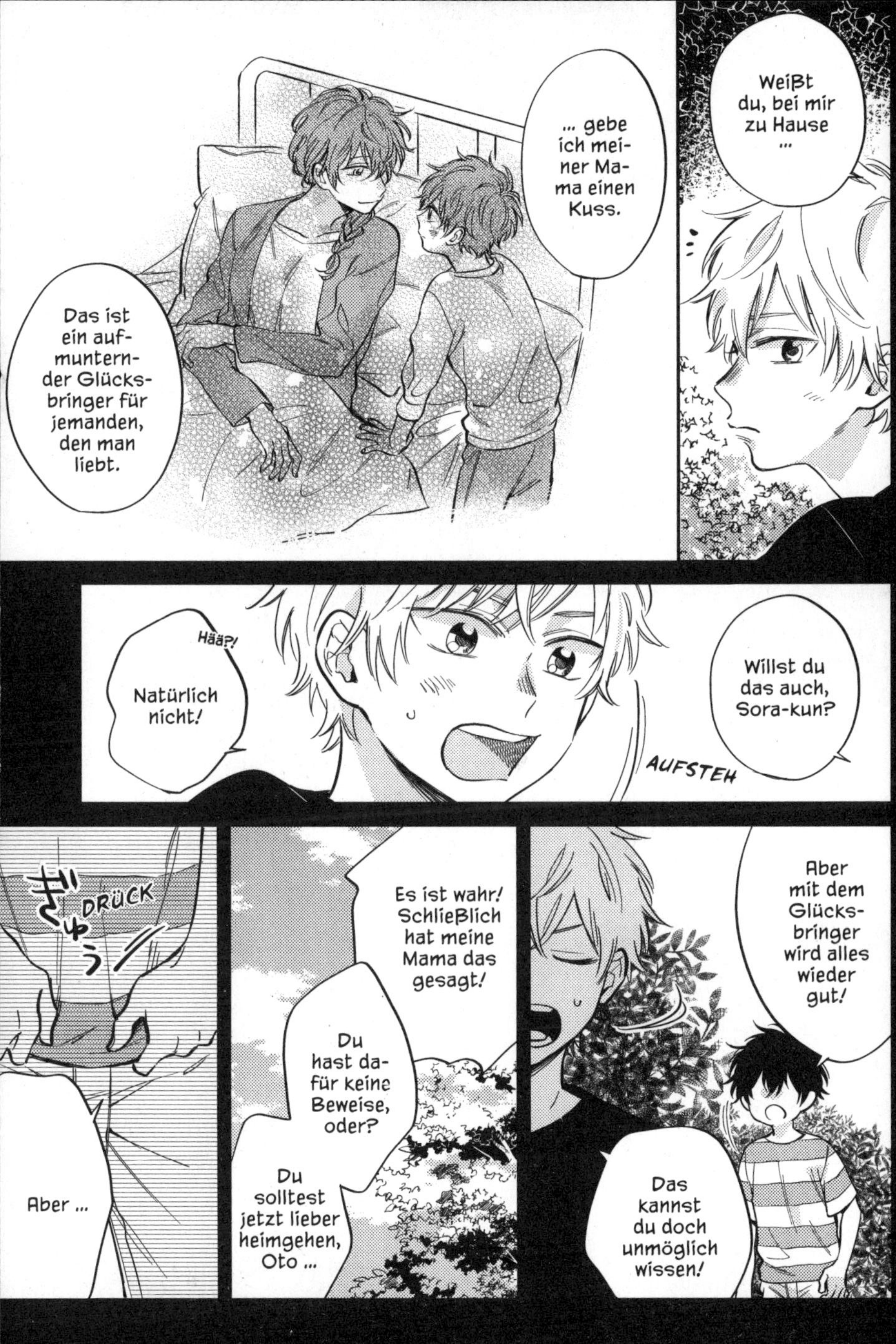

Weißt du, bei mir zu Hause ...
... gebe ich meiner Mama einen Kuss.
Das ist ein aufmunternder Glücksbringer für jemanden, den man liebt.
Willst du das auch, Sora-kun?
AUFSTEH
Hää?!
Natürlich nicht!
Aber mit dem Glücksbringer wird alles wieder gut!
Das kannst du doch unmöglich wissen!
Es ist wahr! Schließlich hat meine Mama das gesagt!
Du hast dafür keine Beweise, oder?
Du solltest jetzt lieber heimgehen, Oto ...
DRÜCK
Aber ...

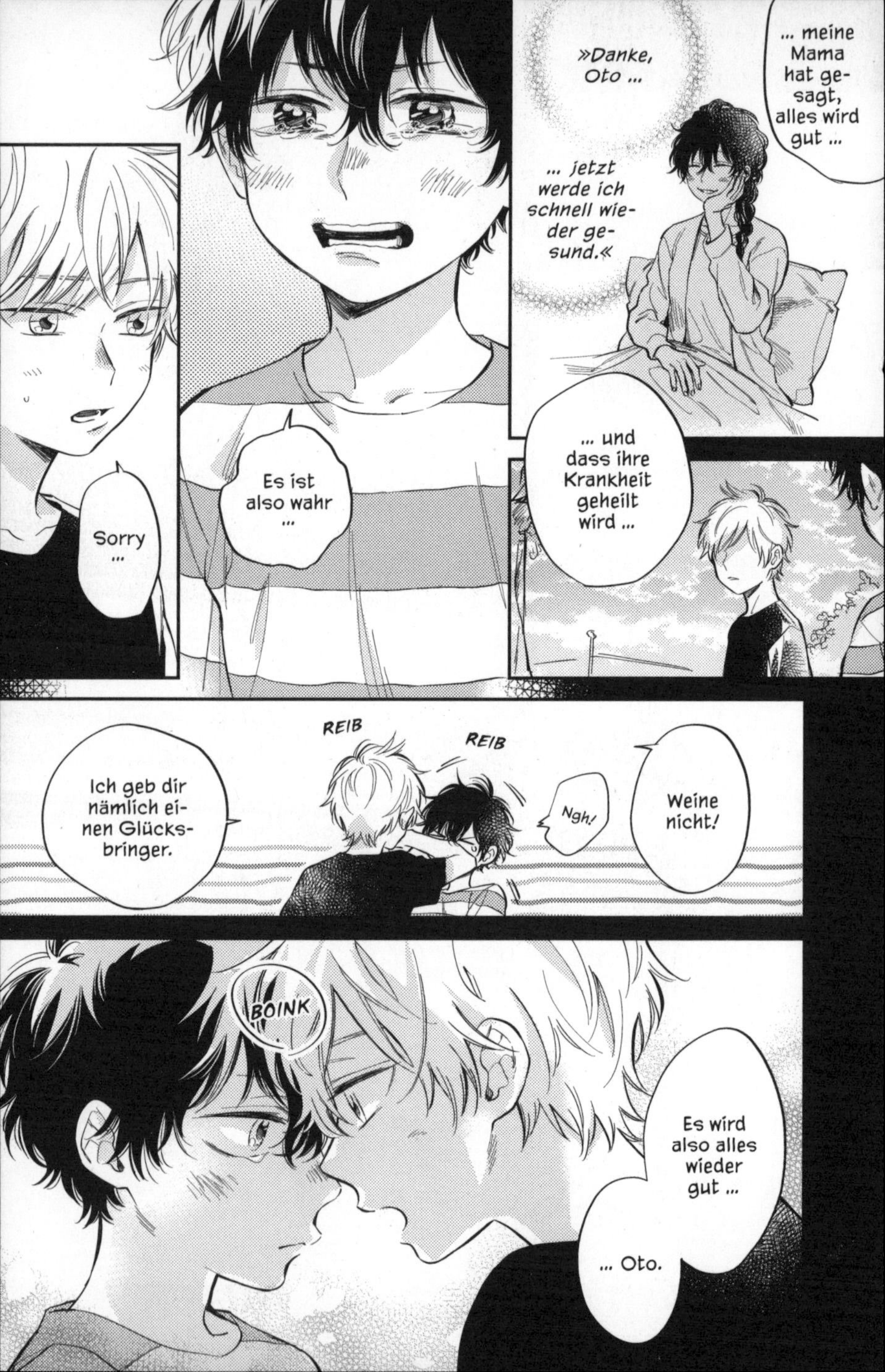
... meine Mama hat gesagt, alles wird gut ...
»Danke, Oto ...
... jetzt werde ich schnell wieder gesund.«
... und dass ihre Krankheit geheilt wird ...
Es ist also wahr ...
Sorry ...
Weine nicht!
Ngh!
REIB
REIB
Ich geb dir nämlich einen Glücksbringer.
BOINK
Es wird also alles wieder gut ...
... Oto.

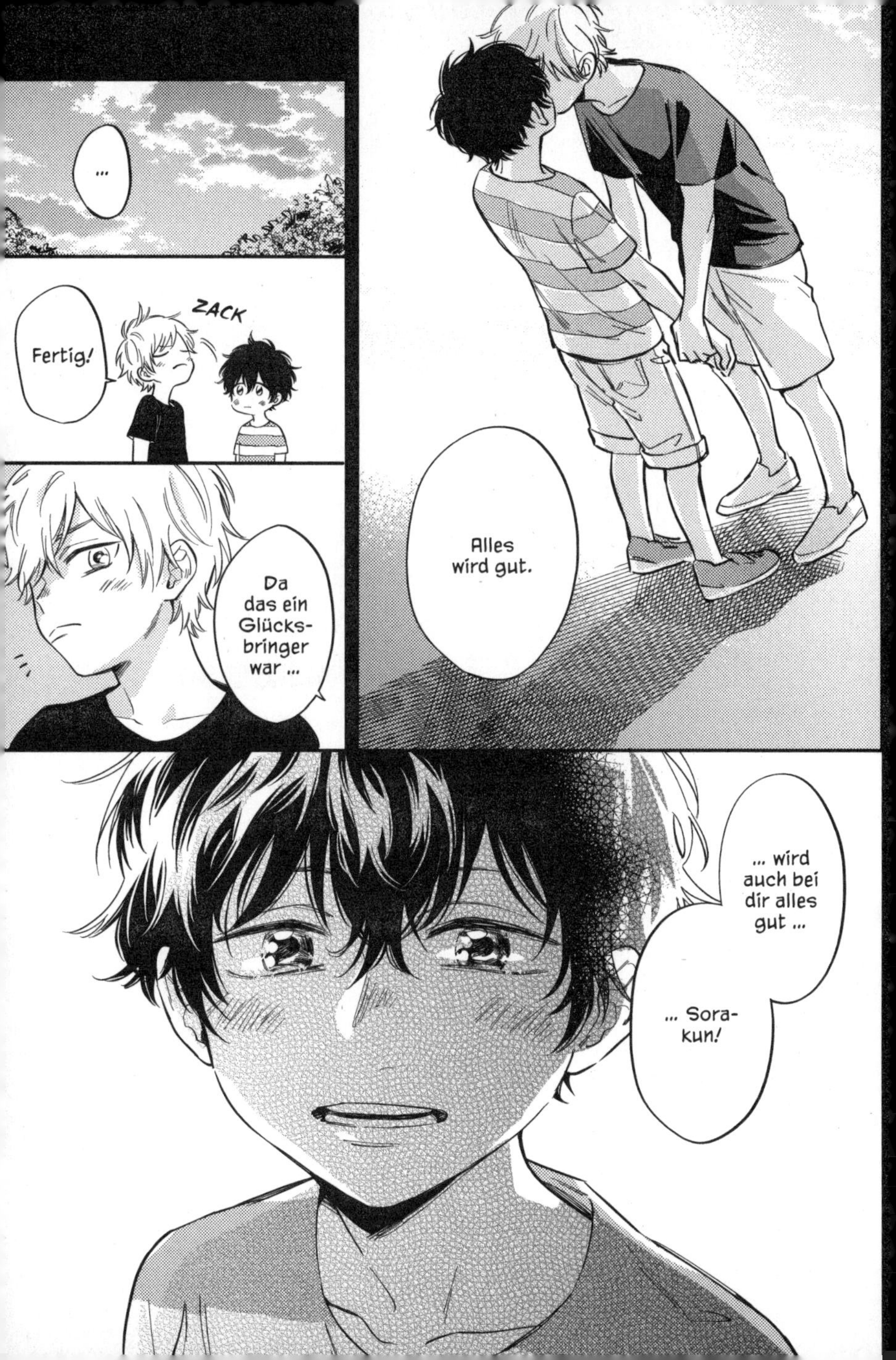
Alles wird gut.
...
ZACK
Fertig!
Da das ein Glücksbringer war ...
... wird auch bei dir alles gut ...
... Sora-kun!

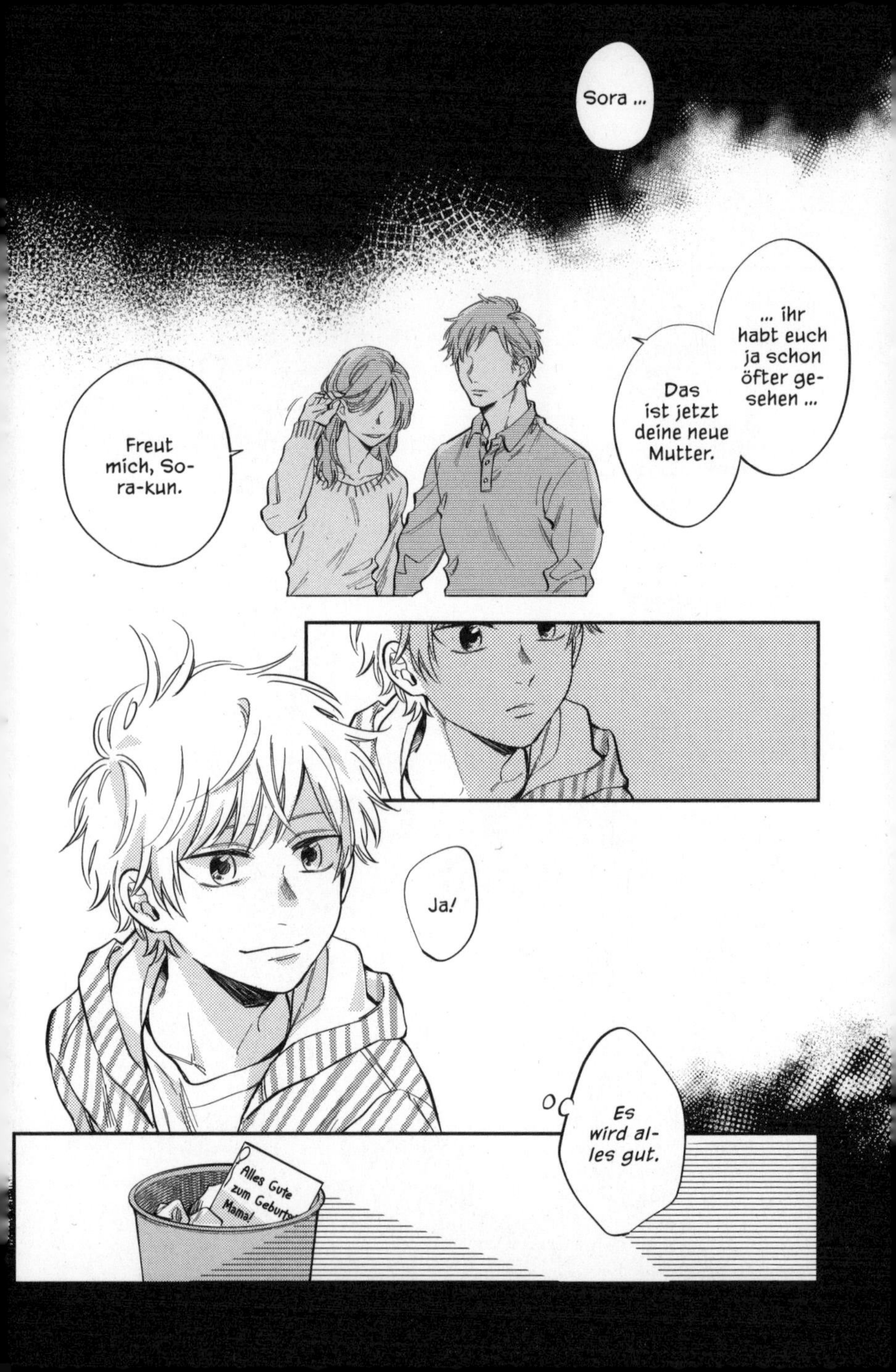

Sora ...
Das ist jetzt deine neue Mutter.
... ihr habt euch ja schon öfter gesehen ...
Freut mich, Sora-kun.
Ja!
Es wird alles gut.
Alles Gute zum
Mama!

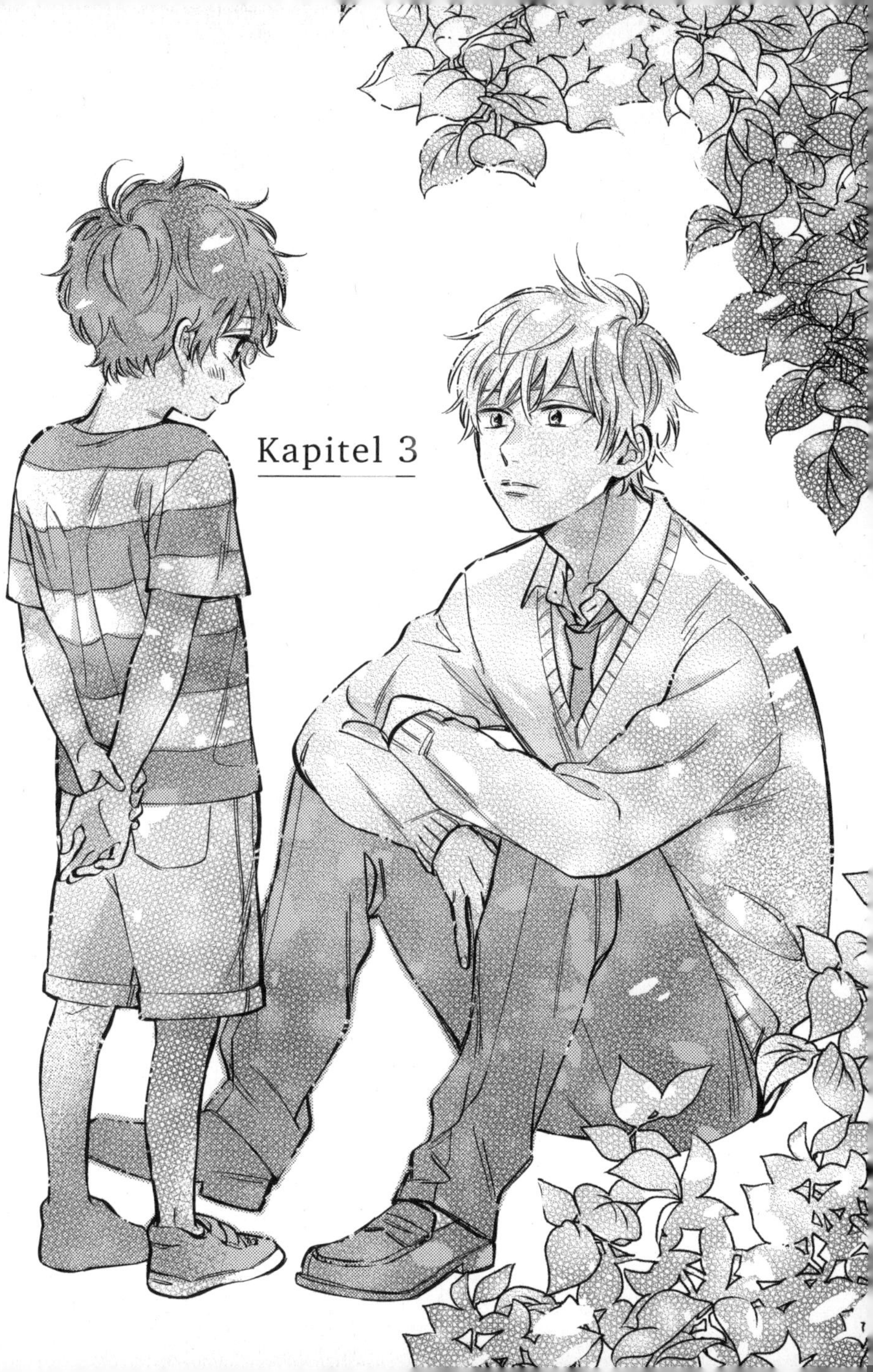
Kapitel 3

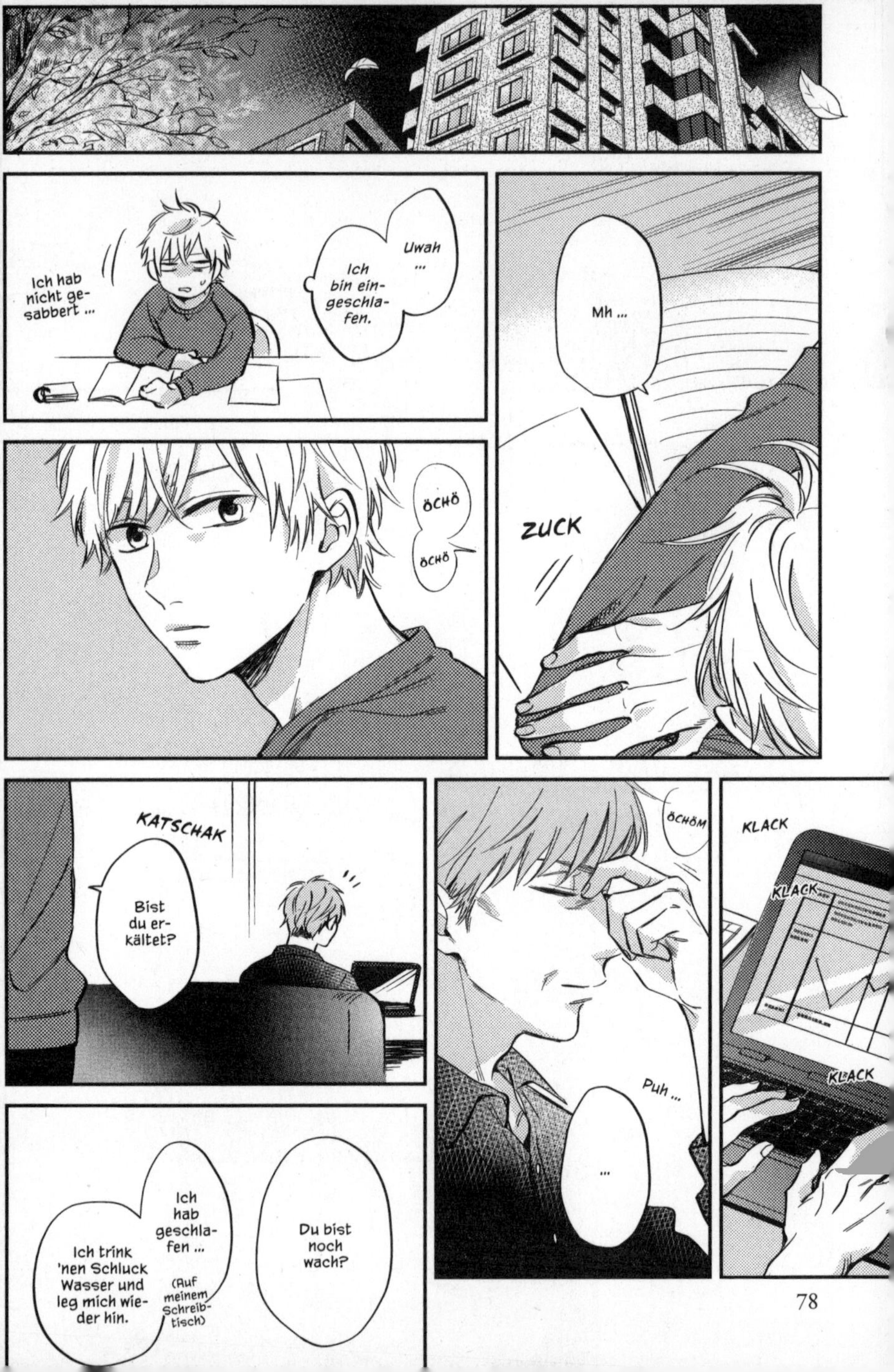

Mh ...
ZUCK
Uwah ... Ich bin eingeschlafen.
Ich hab nicht gesabbert ...
ÖCHÖ
ÖCHÖ
KLACK
KLACK
KLACK
ÖCHÖM
Puh ...
...
KATSCHAK
Bist du erkältet?
Du bist noch wach?
Ich hab geschlafen ...
(Auf meinem Schreibtisch)
Ich trink 'nen Schluck Wasser und leg mich wieder hin.

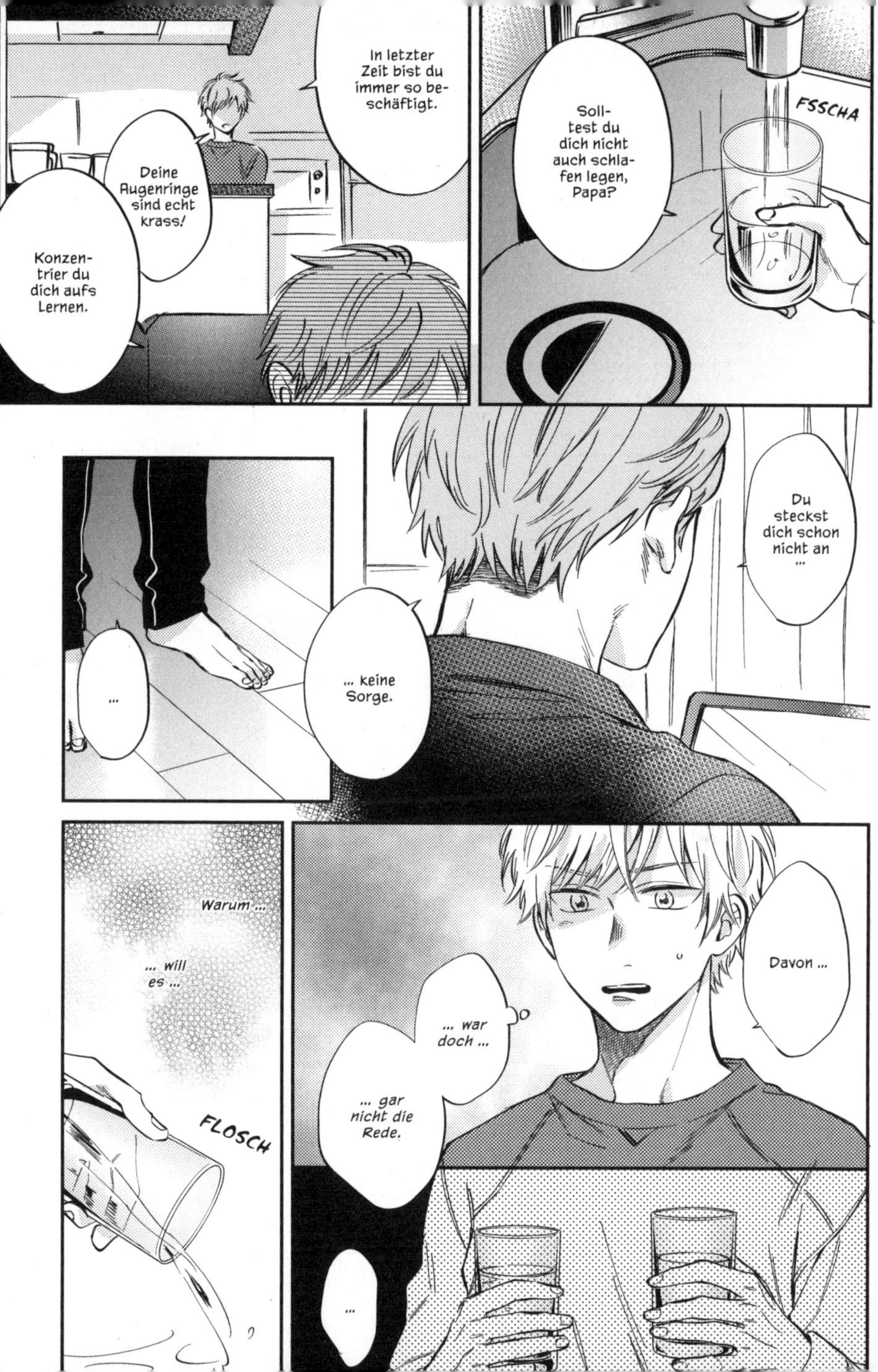
FSSCHA
Soll-test du dich nicht auch schlafen legen, Papa?
In letzter Zeit bist du immer so beschäftigt.
Deine Augenringe sind echt krass!
Konzentrier du dich aufs Lernen.
Du steckst dich schon nicht an ...
... keine Sorge.
...
Davon ...
... war doch ...
... gar nicht die Rede.
...
Warum ...
... will es ...
FLOSCH

... einfach nicht gut laufen?
FSS
FSS
Sora-kun?
Was hast du?
Sorry! War etwas in Gedanken versunken.
Die Mittagspause ist gleich vorbei.
Willst du nicht zurück?
Hm ... Ich bleib bis kurz vor Schluss hier.
...

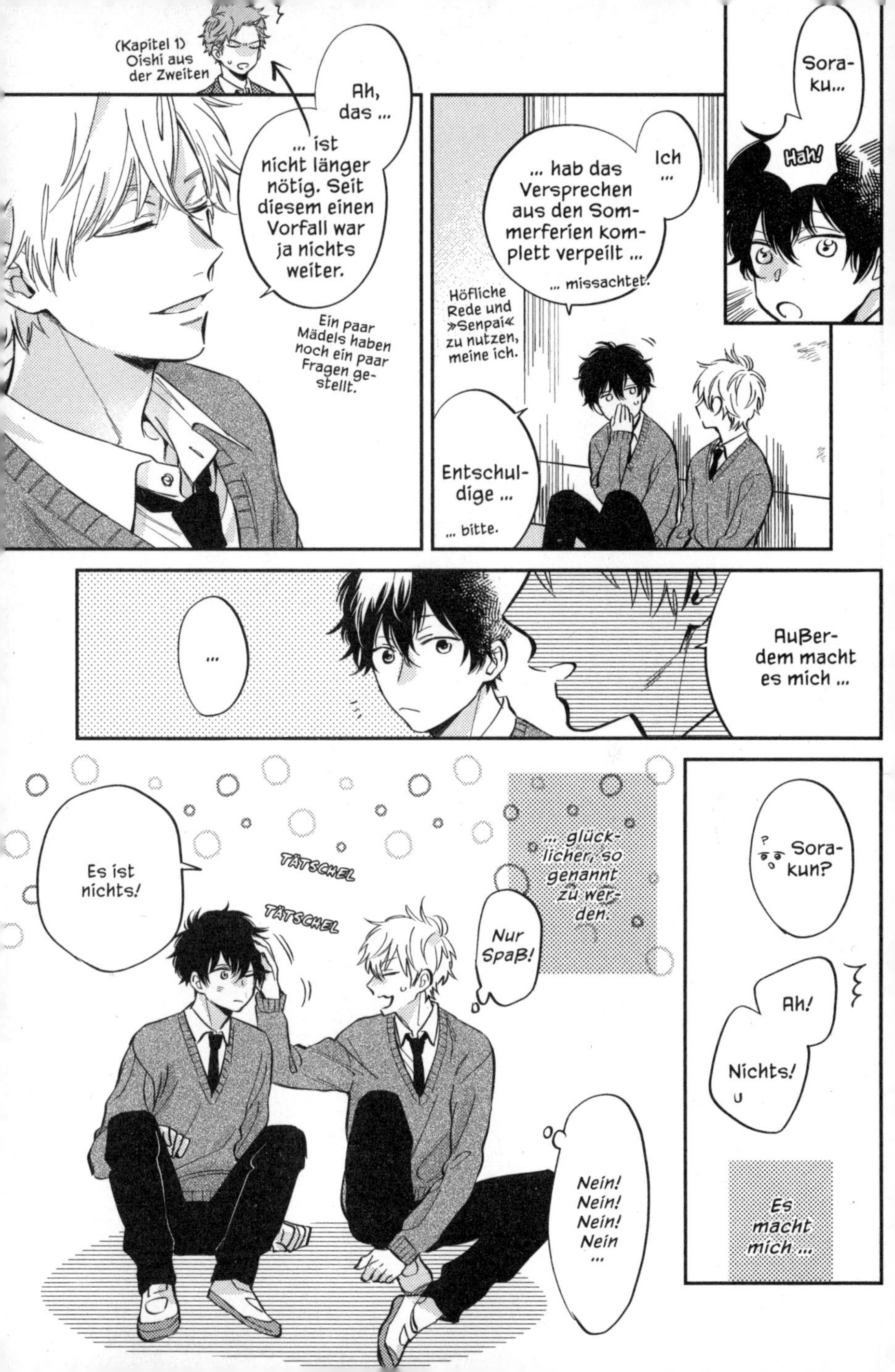

Sora-ku...
Hah!
Ich ...
... hab das Versprechen aus den Sommerferien komplett verpeilt ...
... missachtet.
Höfliche Rede und »Senpai« zu nutzen, meine ich.
Entschuldige ...
... bitte.
Ah, das ...
... ist nicht länger nötig. Seit diesem einen Vorfall war ja nichts weiter.
Ein paar Mädels haben noch ein paar Fragen gestellt.
(Kapitel 1) Oishi aus der Zweiten
Außerdem macht es mich ...
...
Sora-kun?
Ah!
Nichts!
Es macht mich ...
... glücklicher, so genannt zu werden.
Nur Spaß!
Nein! Nein! Nein! Nein ...
TÄTSCHEL
TÄTSCHEL
Es ist nichts!

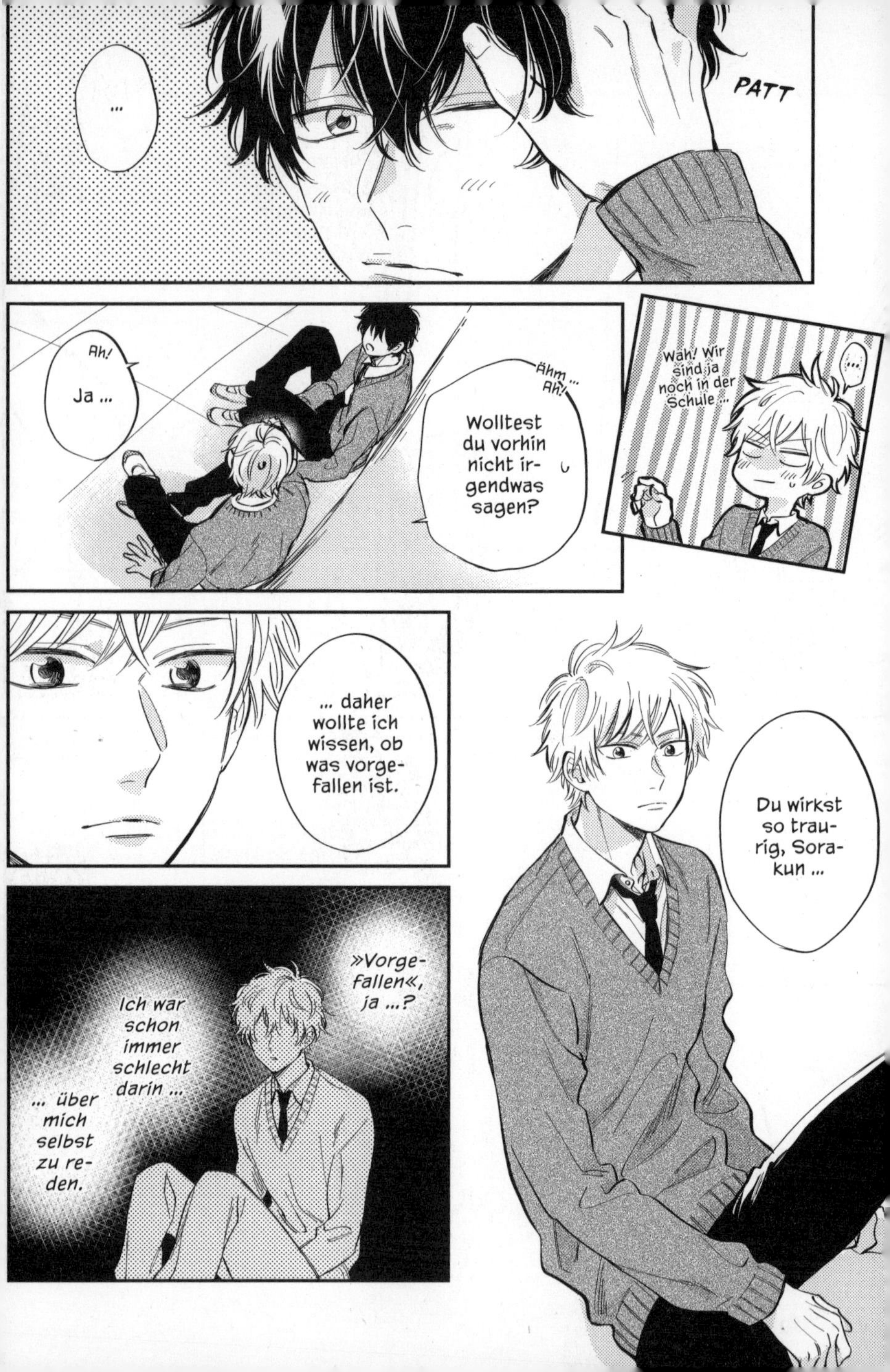

PATT
...
Wah! Wir sind ja noch in der Schule ...
...
Ähm ... Ah!
Wolltest du vorhin nicht irgendwas sagen?
Ah!
Ja ...
Du wirkst so traurig, Sora-kun ...
... daher wollte ich wissen, ob was vorgefallen ist.
»Vorgefallen«, ja ...?
Ich war schon immer schlecht darin ...
... über mich selbst zu reden.

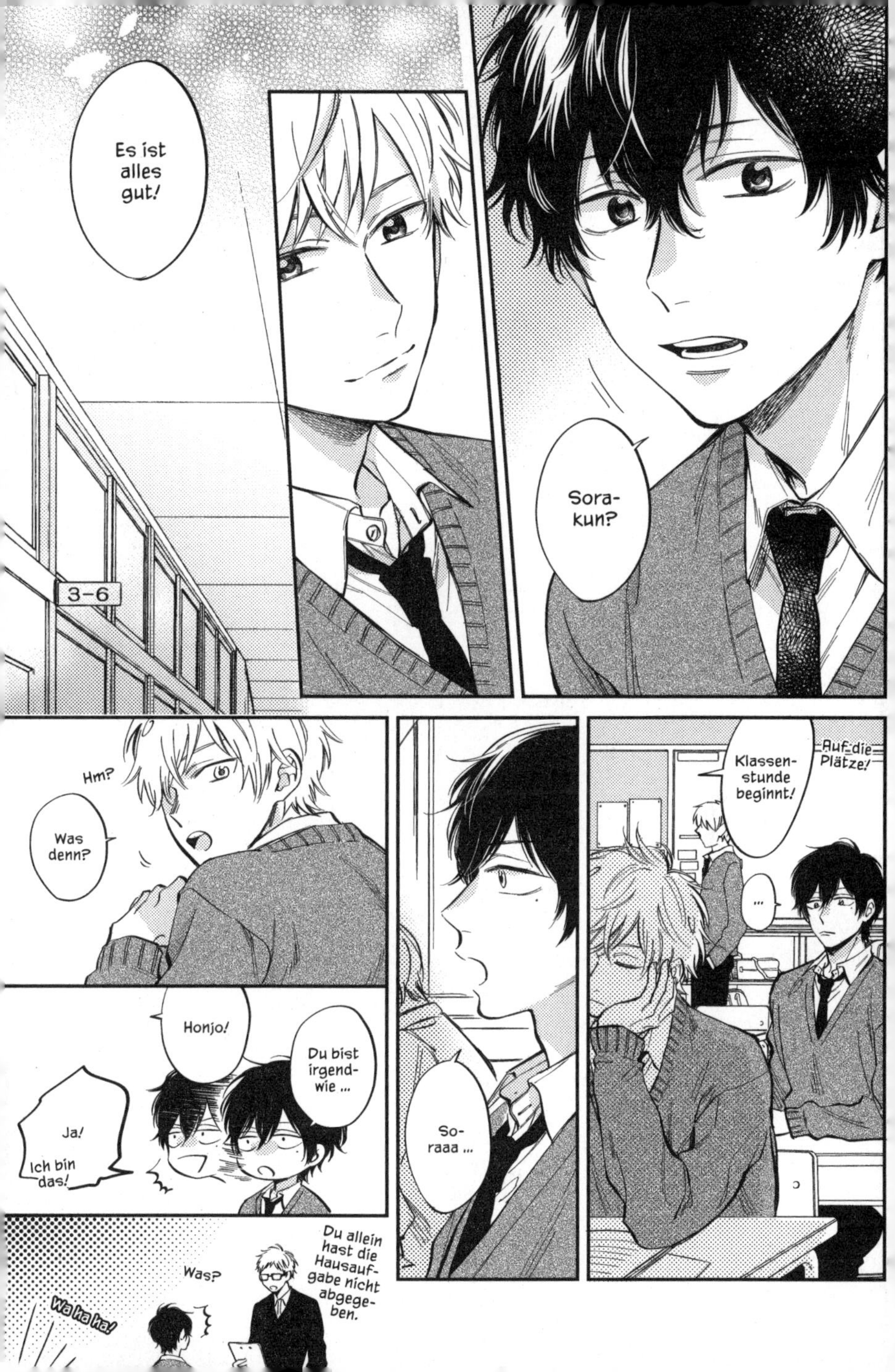
Sora-kun?
Es ist alles gut!
Auf die Plätze!
Klassen-stunde beginnt!
...
So-raaa ...
Hm?
Was denn?
Honjo!
Du bist irgend-wie ...
Ja! Ich bin das!
Du allein hast die Hausauf-gabe nicht abgege-ben.
Was?
Wa ka ka!

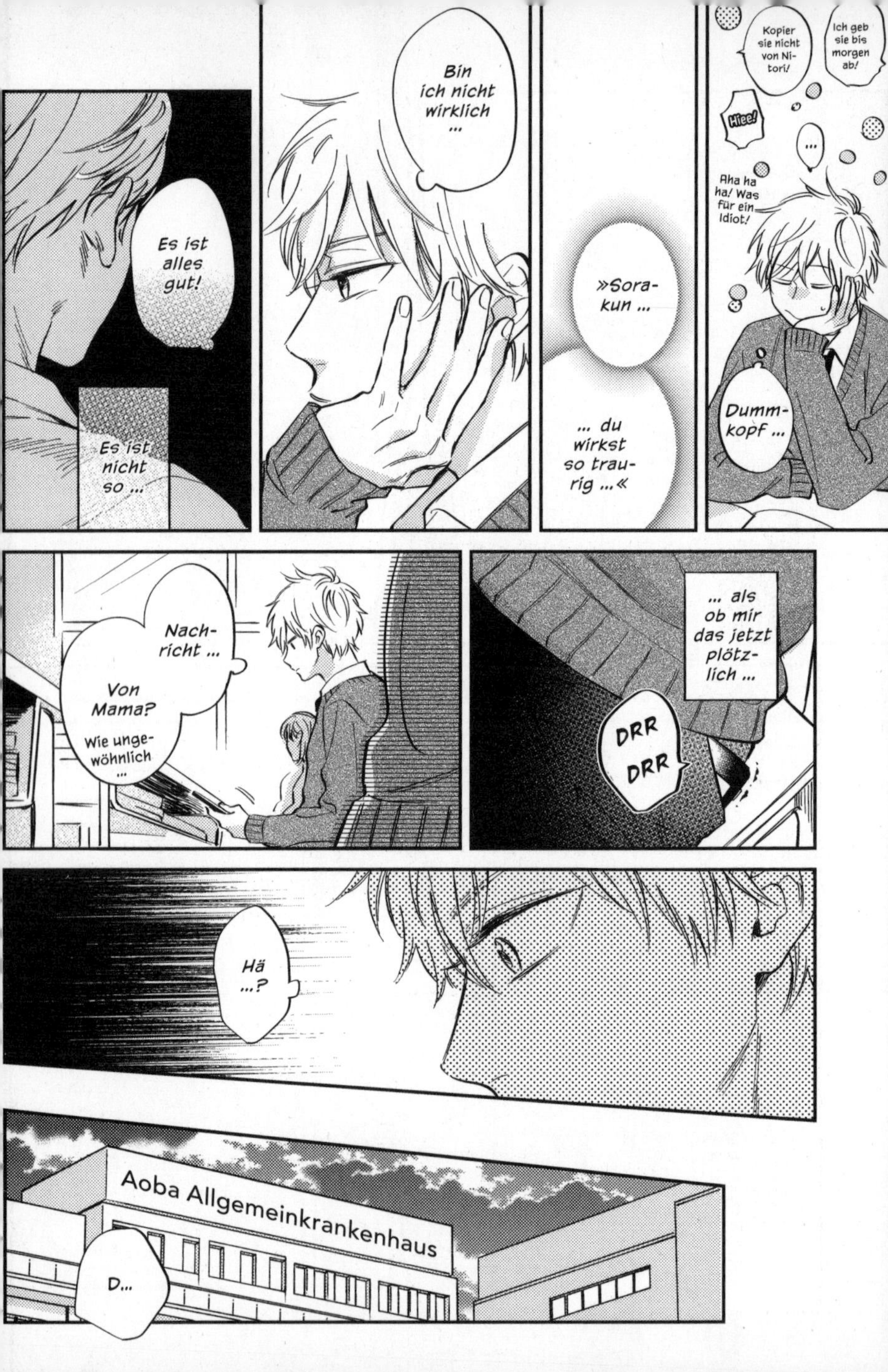
Ich geb sie bis morgen ab!
Kopier sie nicht von Nitori!
Hiee!
...
Aha ha ha! Was für ein Idiot!
Dummkopf ...
»Sora-kun ...
... du wirkst so traurig ...«
Bin ich nicht wirklich ...
Es ist alles gut!
Es ist nicht so ...
... als ob mir das jetzt plötzlich ...
DRR DRR
Nachricht ...
Von Mama?
Wie ungewöhnlich ...
Hä ...?
Aoba Allgemeinkrankenhaus
D...

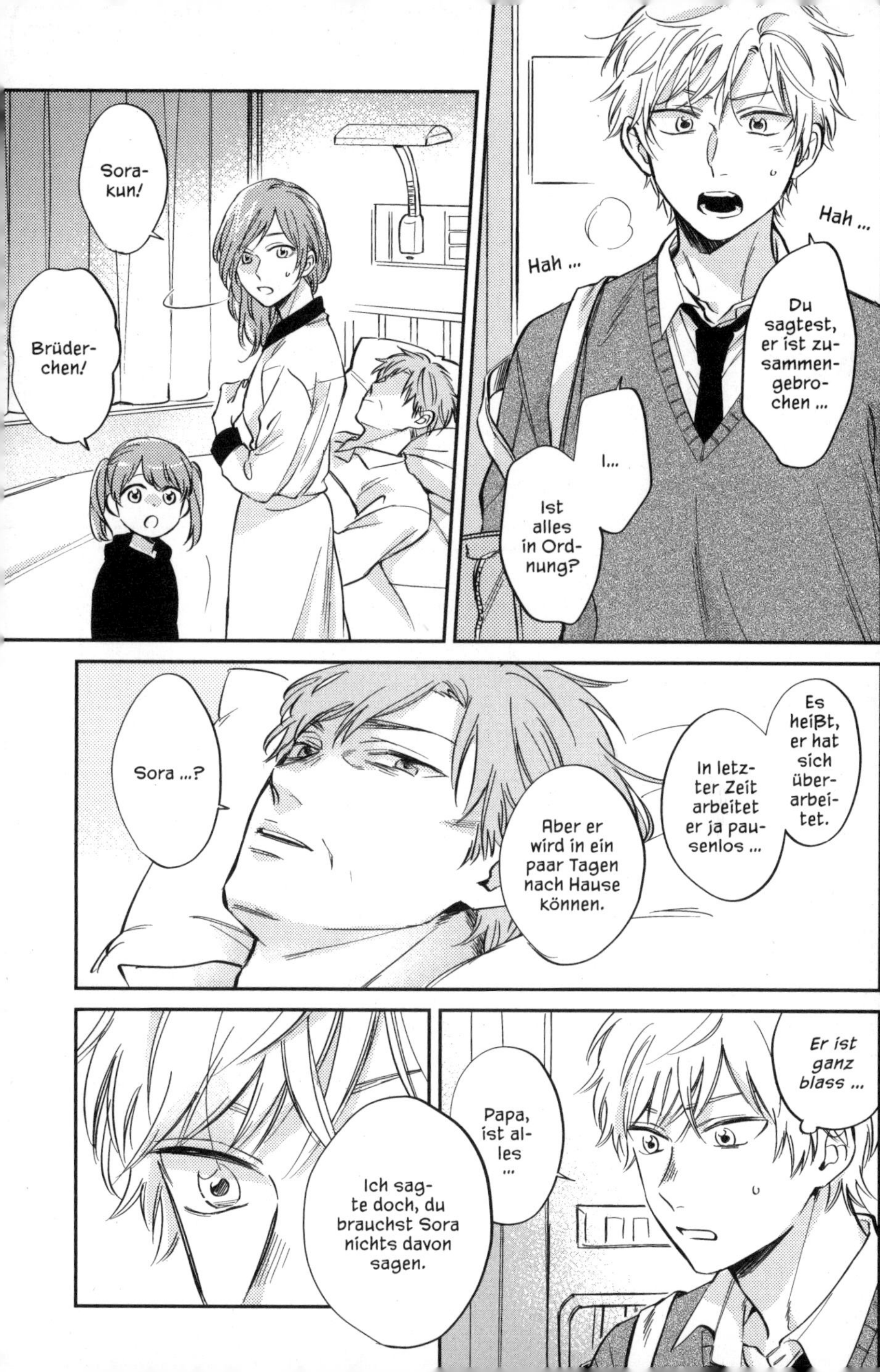

Hah ...
Hah ...
Du sagtest, er ist zusammengebrochen ...
I... Ist alles in Ordnung?
Sora-kun!
Brüderchen!
Es heißt, er hat sich überarbeitet.
In letzter Zeit arbeitet er ja pausenlos ...
Aber er wird in ein paar Tagen nach Hause können.
Sora ...?
Er ist ganz blass ...
Papa, ist alles ...
Ich sagte doch, du brauchst Sora nichts davon sagen.

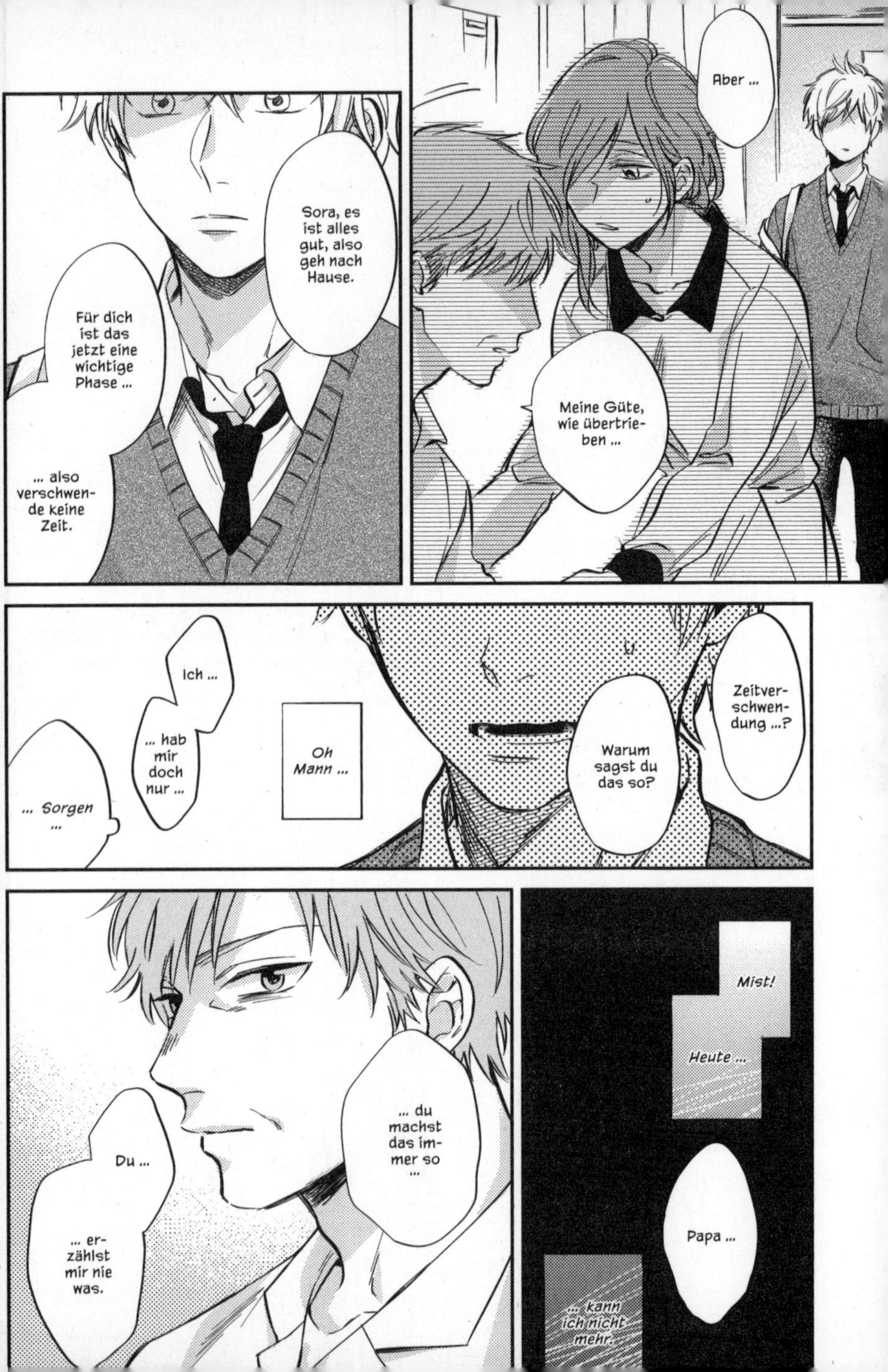
Aber ...
Meine Güte, wie übertrieben ...
Sora, es ist alles gut, also geh nach Hause.
Für dich ist das jetzt eine wichtige Phase ...
... also verschwende keine Zeit.
Zeitverschwendung ...?
Warum sagst du das so?
Oh Mann ...
Ich ...
... hab mir doch nur ...
... Sorgen ...
Mist!
Heute ...
Papa ...
... kann ich nicht mehr.
... du machst das immer so ...
Du ...
... erzählst mir nie was.

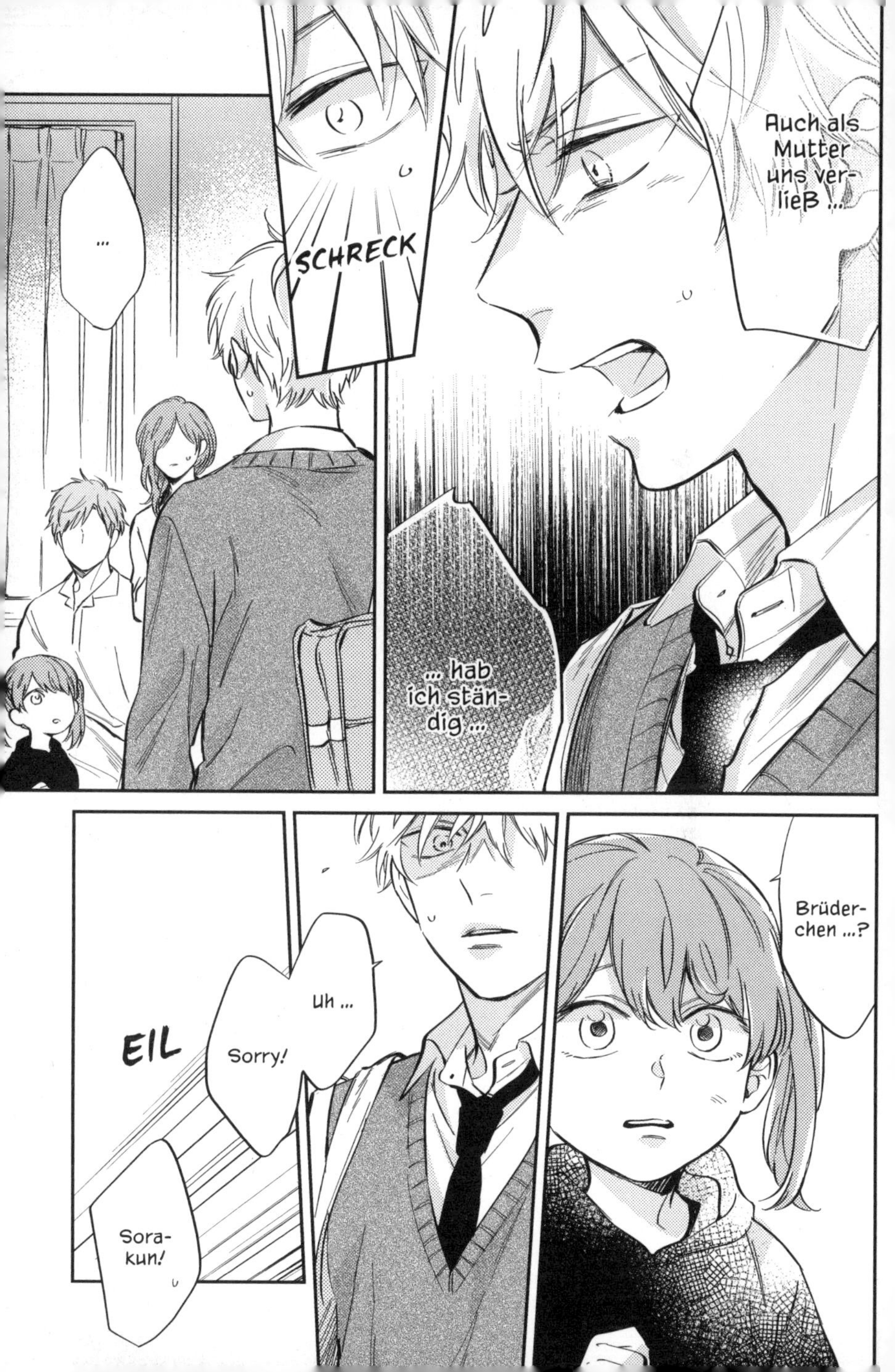
Auch als Mutter uns verließ ...
SCHRECK
...
... hab ich ständig ...
Brüderchen ...?
Uh ...
Sorry!
EIL
Sora-kun!

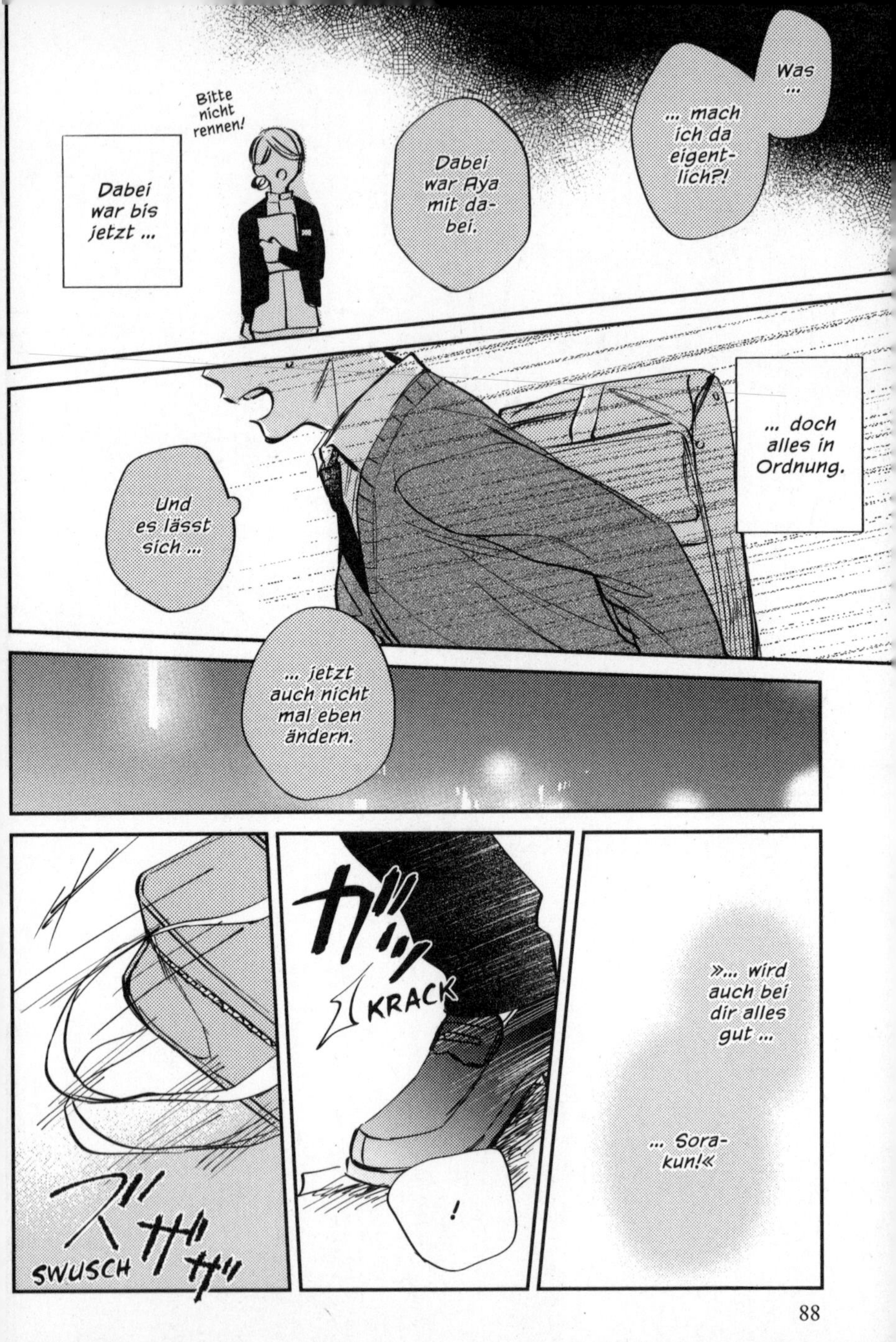
Was ...
... mach ich da eigentlich?!
Dabei war Aya mit dabei.
Bitte nicht rennen!
Dabei war bis jetzt ...
... doch alles in Ordnung.
Und es lässt sich ...
... jetzt auch nicht mal eben ändern.
»... wird auch bei dir alles gut ...
... Sora-kun!«
KRACK
!
SWUSCH

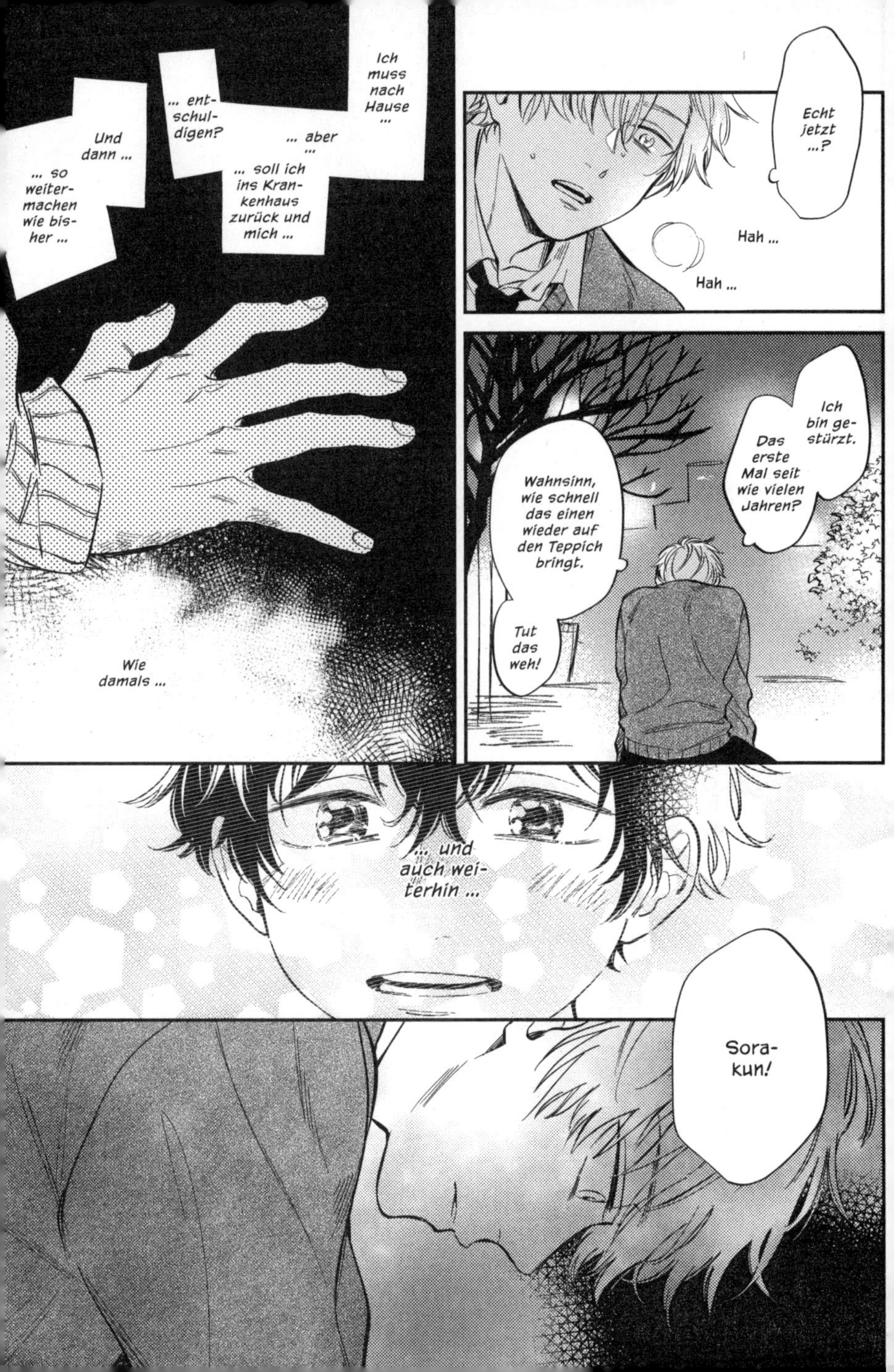
Echt jetzt ...?
Hah ...
Hah ...
Ich bin gestürzt.
Das erste Mal seit wie vielen Jahren?
Wahnsinn, wie schnell das einen wieder auf den Teppich bringt.
Tut das weh!
Ich muss nach Hause ...
... aber ...
... soll ich ins Krankenhaus zurück und mich ...
... entschuldigen?
Und dann ...
... so weitermachen wie bisher ...
Wie damals ...
... und auch weiterhin ...
Sora-kun!

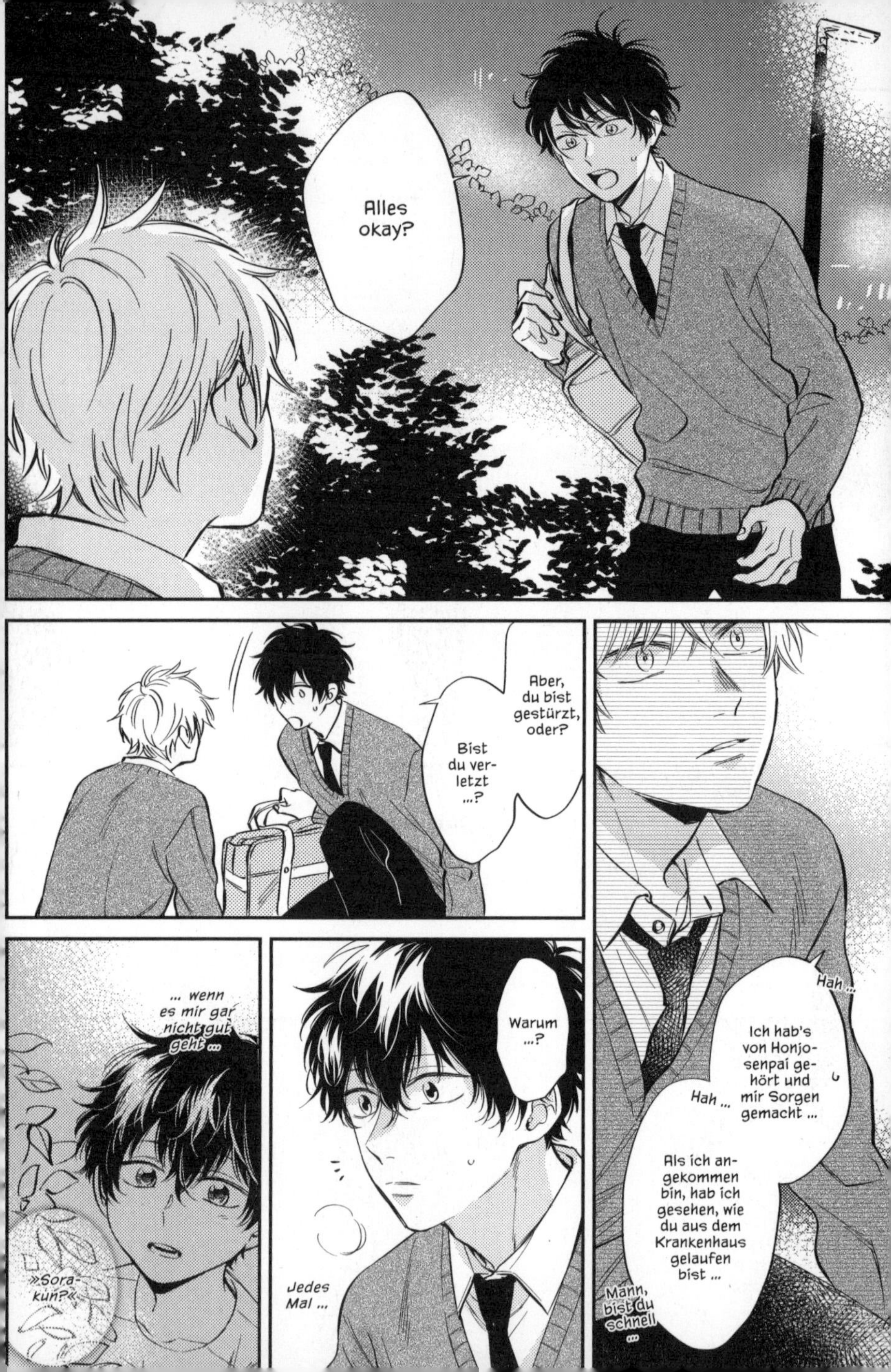
Alles okay?
Aber, du bist gestürzt, oder?
Bist du verletzt ...?
Hah ...
Ich hab's von Honjo-senpai gehört und mir Sorgen gemacht ...
Hah ...
Als ich angekommen bin, hab ich gesehen, wie du aus dem Krankenhaus gelaufen bist ...
Mann, bist du schnell ...
Warum ...?
Jedes Mal ...
... wenn es mir gar nicht gut geht ...
»Sora-kun?«

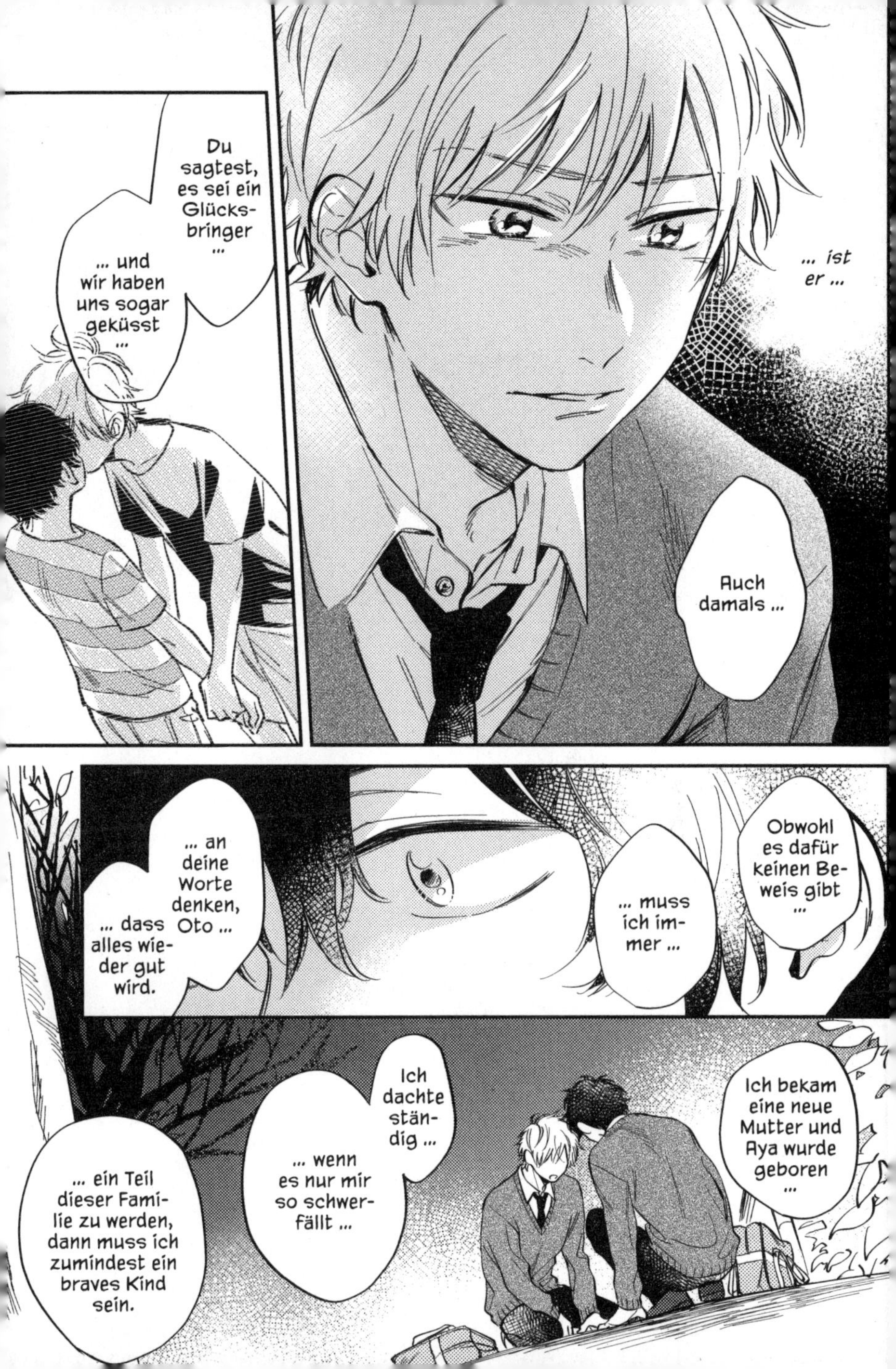

... ist er ...
Auch damals ...
Du sagtest, es sei ein Glücksbringer ...
... und wir haben uns sogar geküsst ...
Obwohl es dafür keinen Beweis gibt ...
... muss ich immer ...
... an deine Worte denken, Oto ...
... dass alles wieder gut wird.
Ich bekam eine neue Mutter und Aya wurde geboren ...
Ich dachte ständig ...
... wenn es nur mir so schwerfällt ...
... ein Teil dieser Familie zu werden, dann muss ich zumindest ein braves Kind sein.

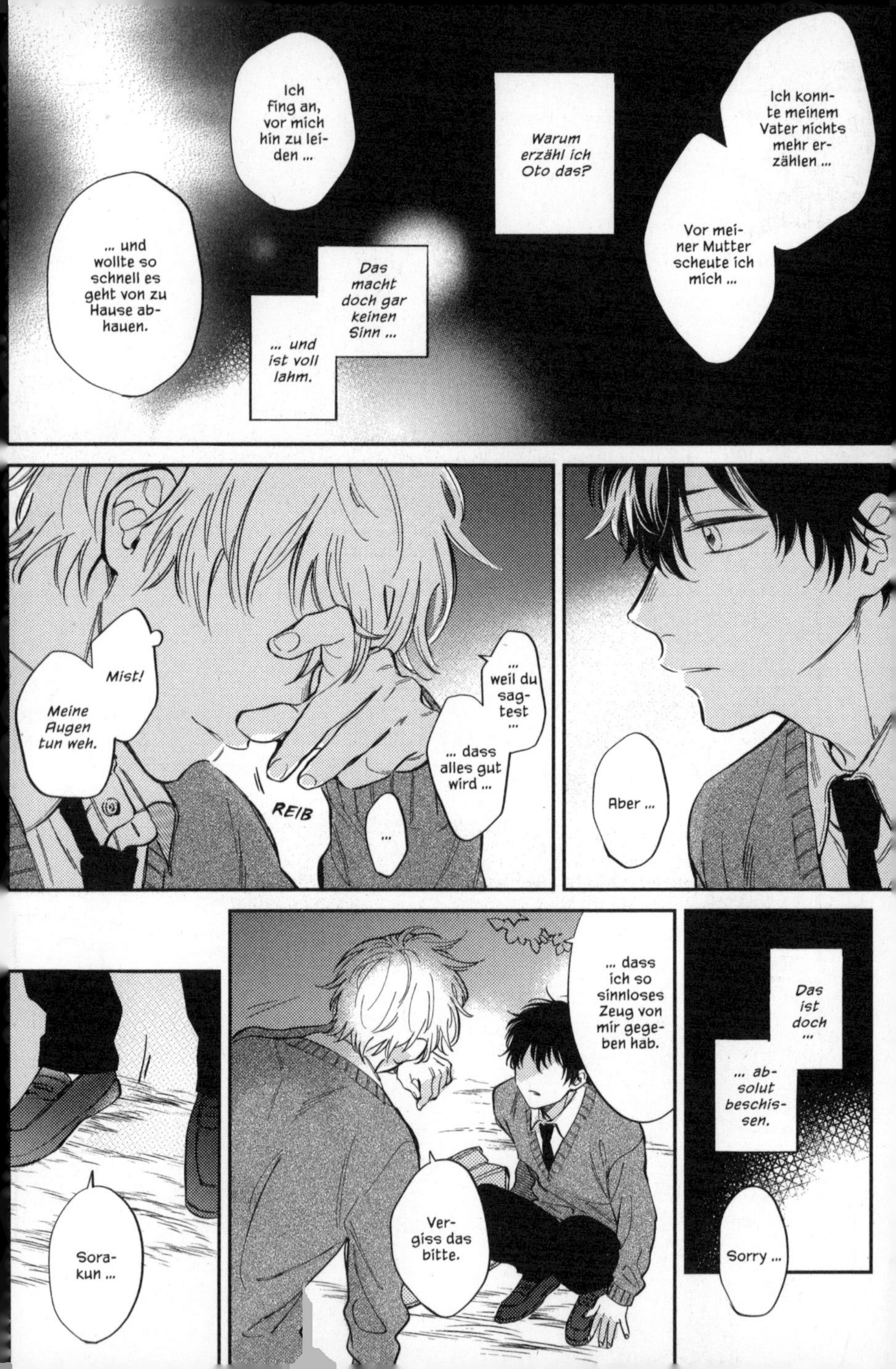
Ich konnte meinem Vater nichts mehr erzählen ...
Vor meiner Mutter scheute ich mich ...
Warum erzähl ich Oto das?
Ich fing an, vor mich hin zu leiden ...
... und wollte so schnell es geht von zu Hause abhauen.
Das macht doch gar keinen Sinn ...
... und ist voll lahm.
Aber ...
... weil du sagtest ...
... dass alles gut wird ...
...
REIB
Mist!
Meine Augen tun weh.
Das ist doch ...
... absolut beschissen.
Sorry ...
... dass ich so sinnloses Zeug von mir gegeben hab.
Vergiss das bitte.
Sora-kun ...

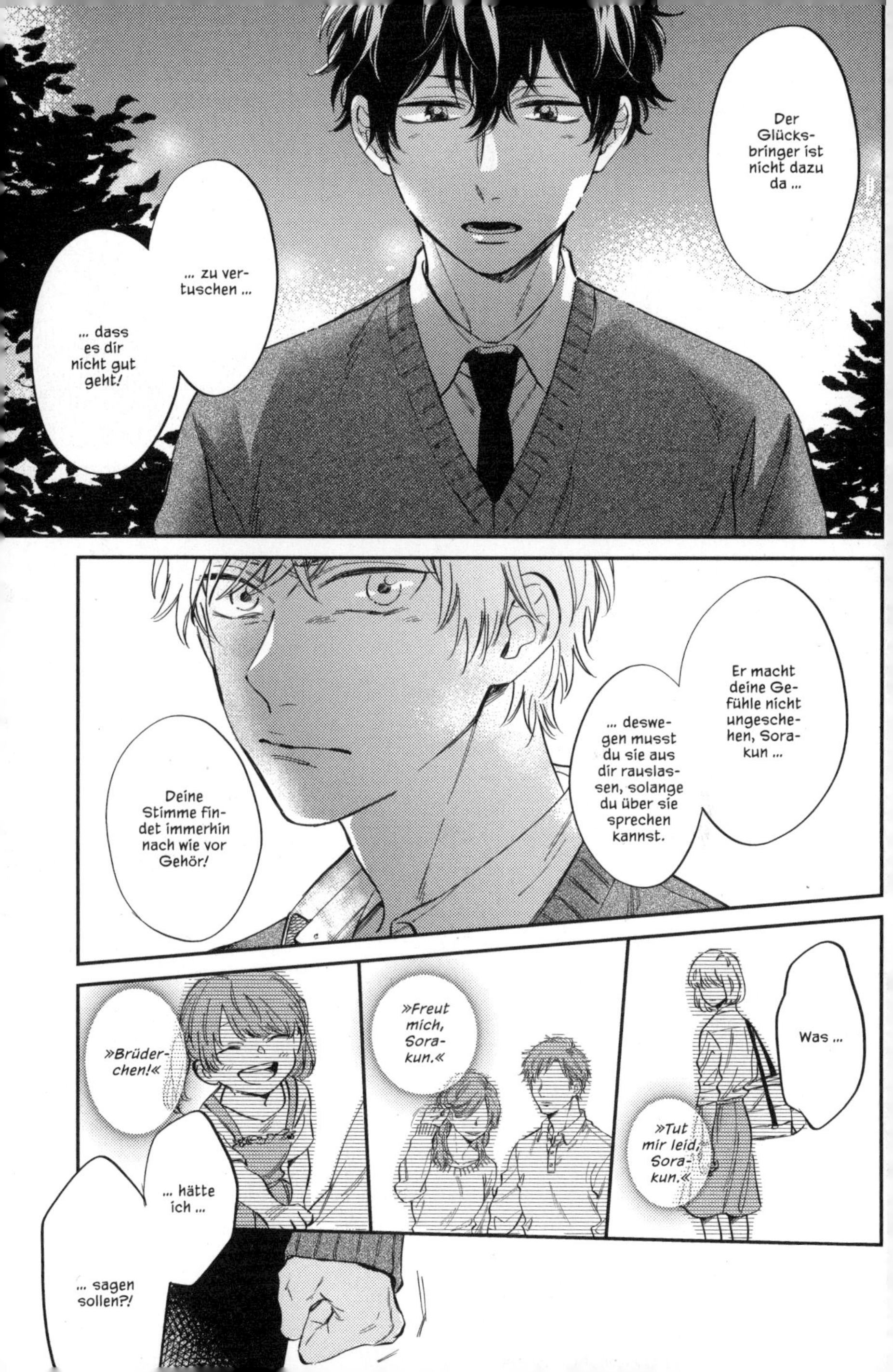
Der Glücksbringer ist nicht dazu da ...
... zu vertuschen ...
... dass es dir nicht gut geht!
Er macht deine Gefühle nicht ungeschehen, Sora-kun ...
... deswegen musst du sie aus dir rauslassen, solange du über sie sprechen kannst.
Deine Stimme findet immerhin nach wie vor Gehör!
Was ...
»Tut mir leid, Sora-kun.«
»Freut mich, Sora-kun.«
»Brüderchen!«
... hätte ich ...
... sagen sollen?!

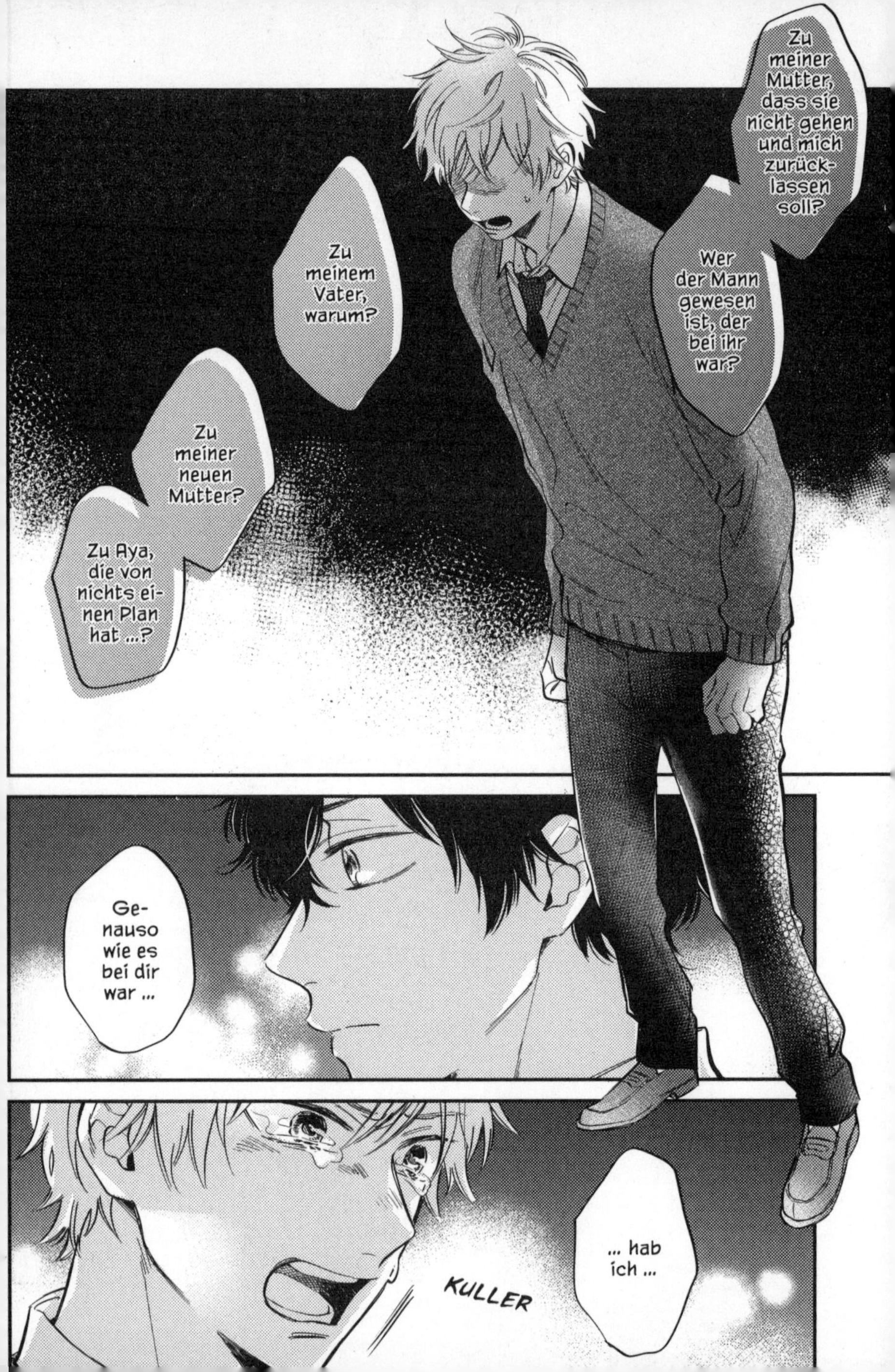
Zu meiner Mutter, dass sie nicht gehen und mich zurück-lassen soll?
Wer der Mann gewesen ist, der bei ihr war?
Zu meinem Vater, warum?
Zu meiner neuen Mutter?
Zu Aya, die von nichts ei-nen Plan hat ...?
Ge-nauso wie es bei dir war ...
... hab ich ...
KULLER

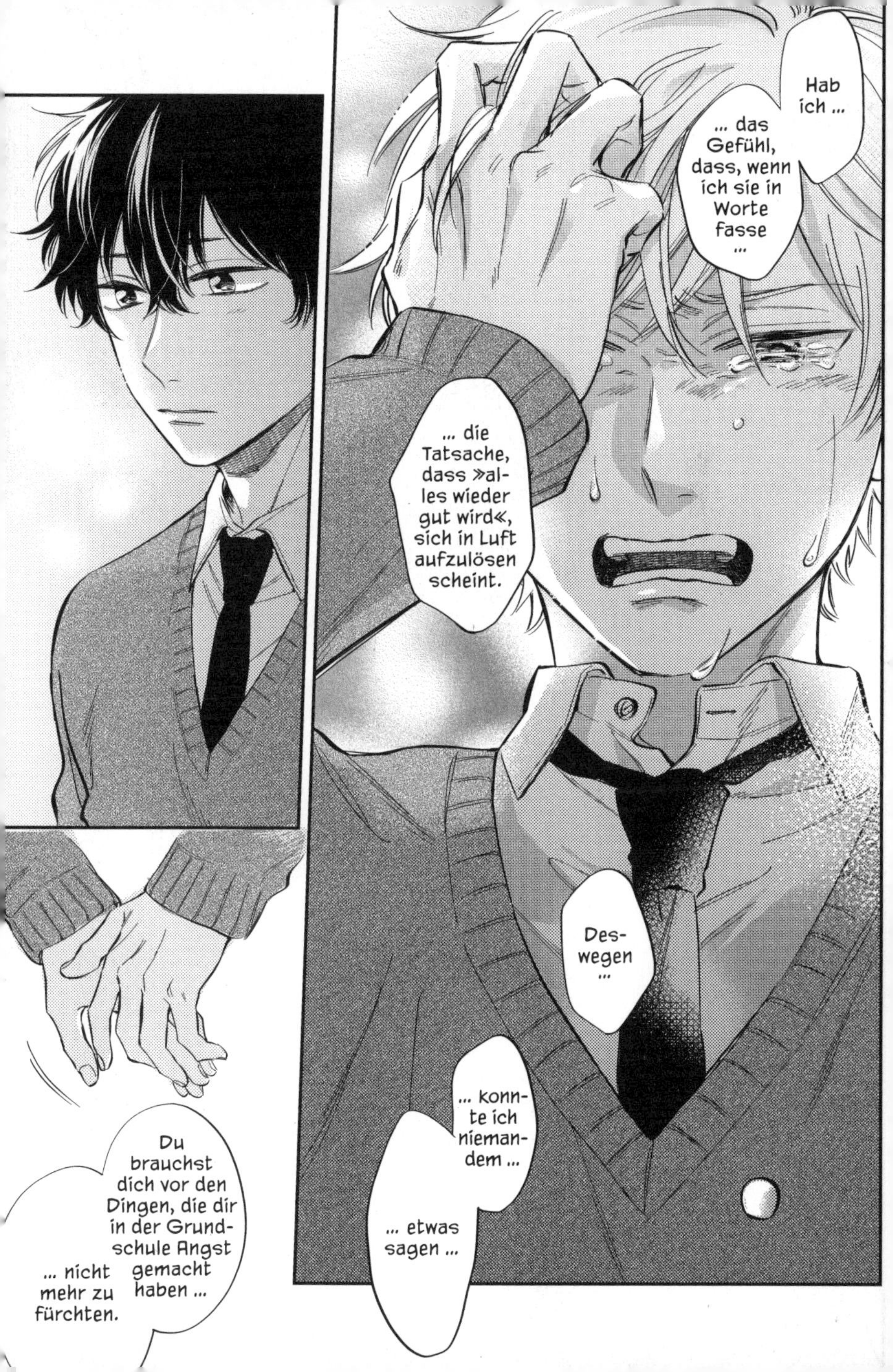

Hab ich ...
... das Gefühl, dass, wenn ich sie in Worte fasse ...
... die Tatsache, dass »alles wieder gut wird«, sich in Luft aufzulösen scheint.
Deswegen ...
... konnte ich niemandem ...
... etwas sagen ...
Du brauchst dich vor den Dingen, die dir in der Grundschule Angst gemacht haben ...
... nicht mehr zu fürchten.

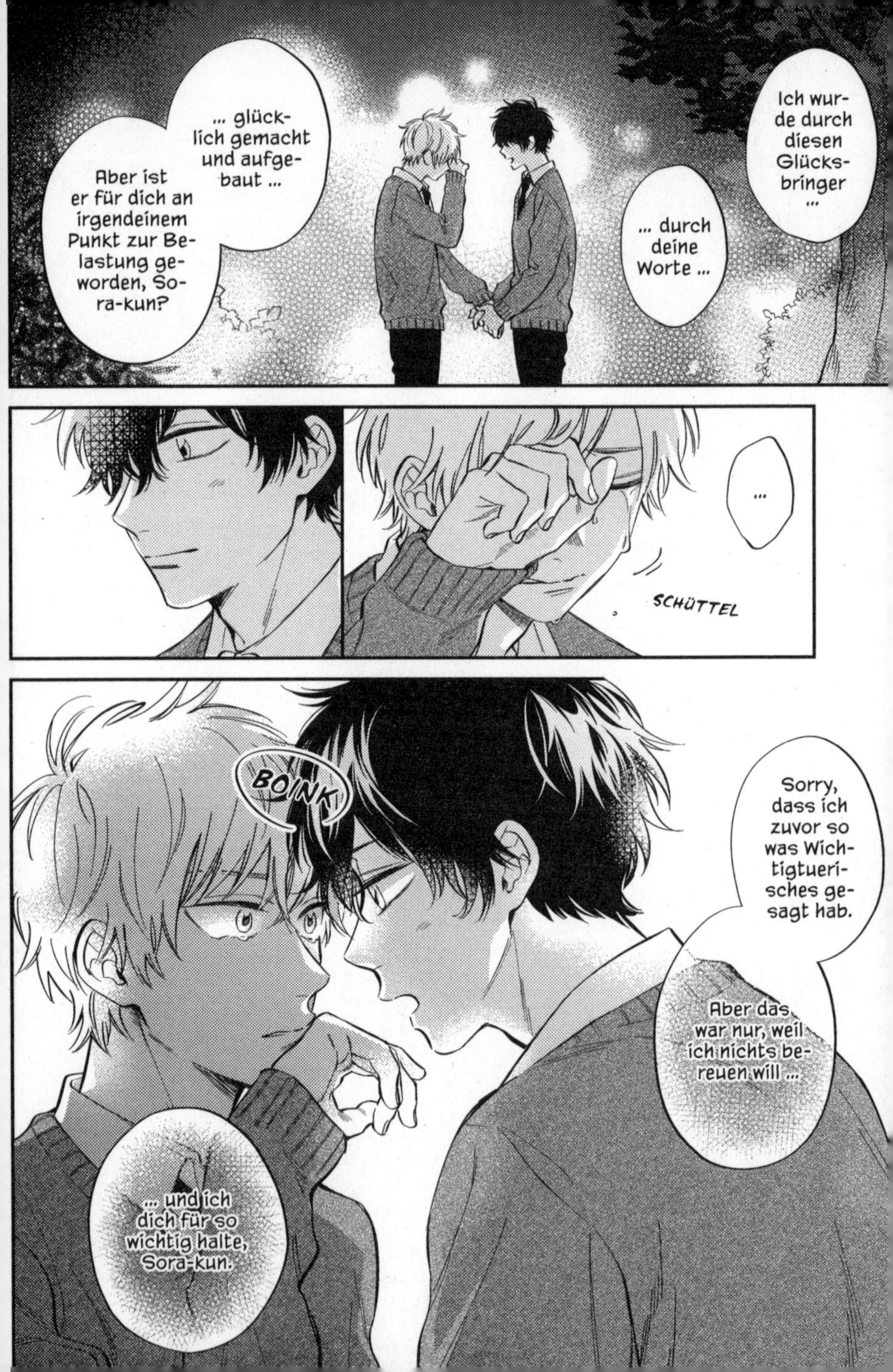

Ich wurde durch diesen Glücksbringer ...
... durch deine Worte ...
... glücklich gemacht und aufgebaut ...
Aber ist er für dich an irgendeinem Punkt zur Belastung geworden, Sora-kun?
...
SCHÜTTEL
BOINK
Sorry, dass ich zuvor so was Wichtigtuerisches gesagt hab.
Aber das war nur, weil ich nichts bereuen will ...
... und ich dich für so wichtig halte, Sora-kun.

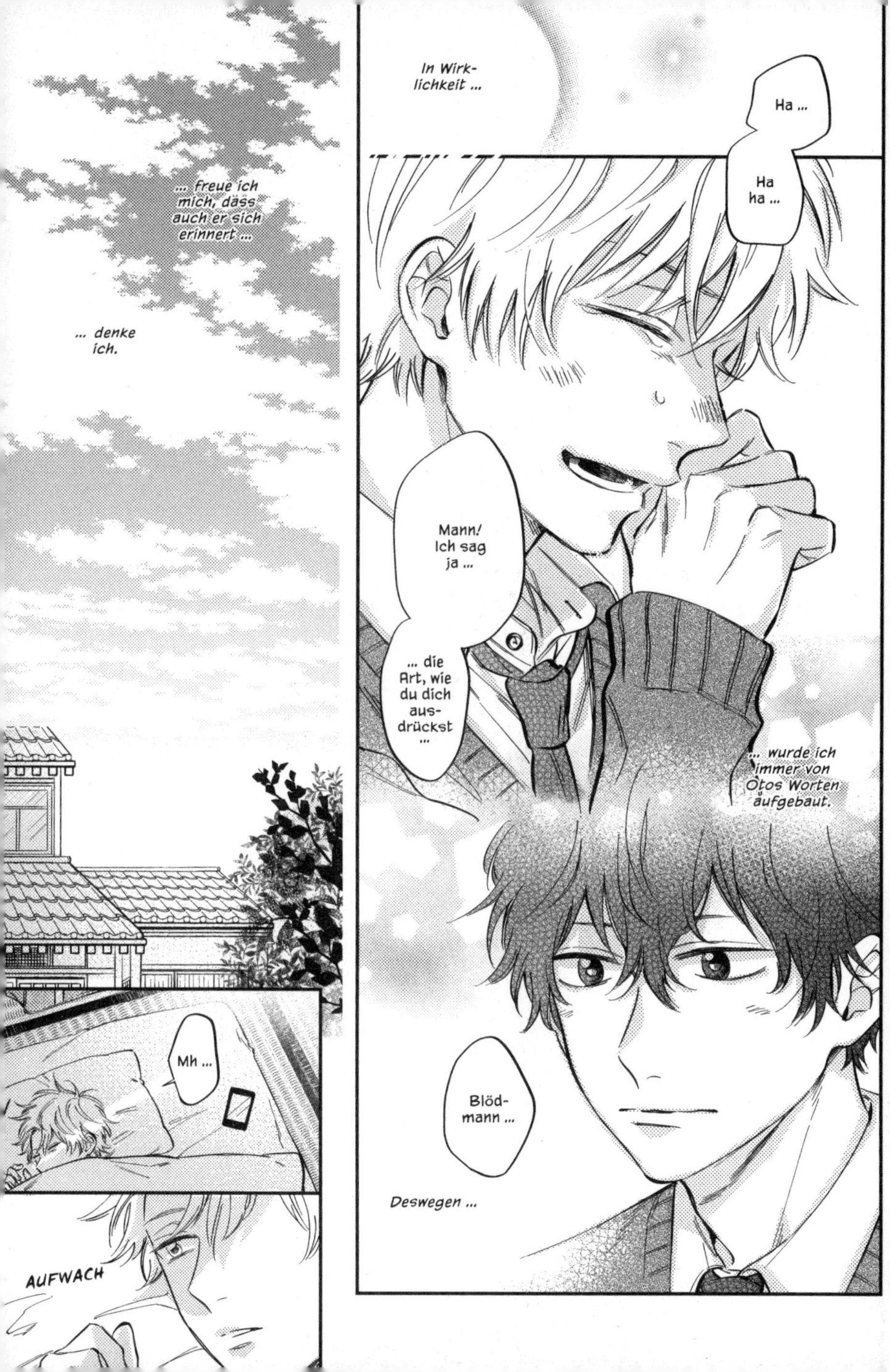
In Wirklichkeit ...
Ha ...
Ha ha ...
Mann! Ich sag ja ...
... die Art, wie du dich ausdrückst ...
... wurde ich immer von Otos Worten aufgebaut.
Blödmann ...
Deswegen ...
... freue ich mich, dass auch er sich erinnert ...
... denke ich.
Mh ...
AUFWACH

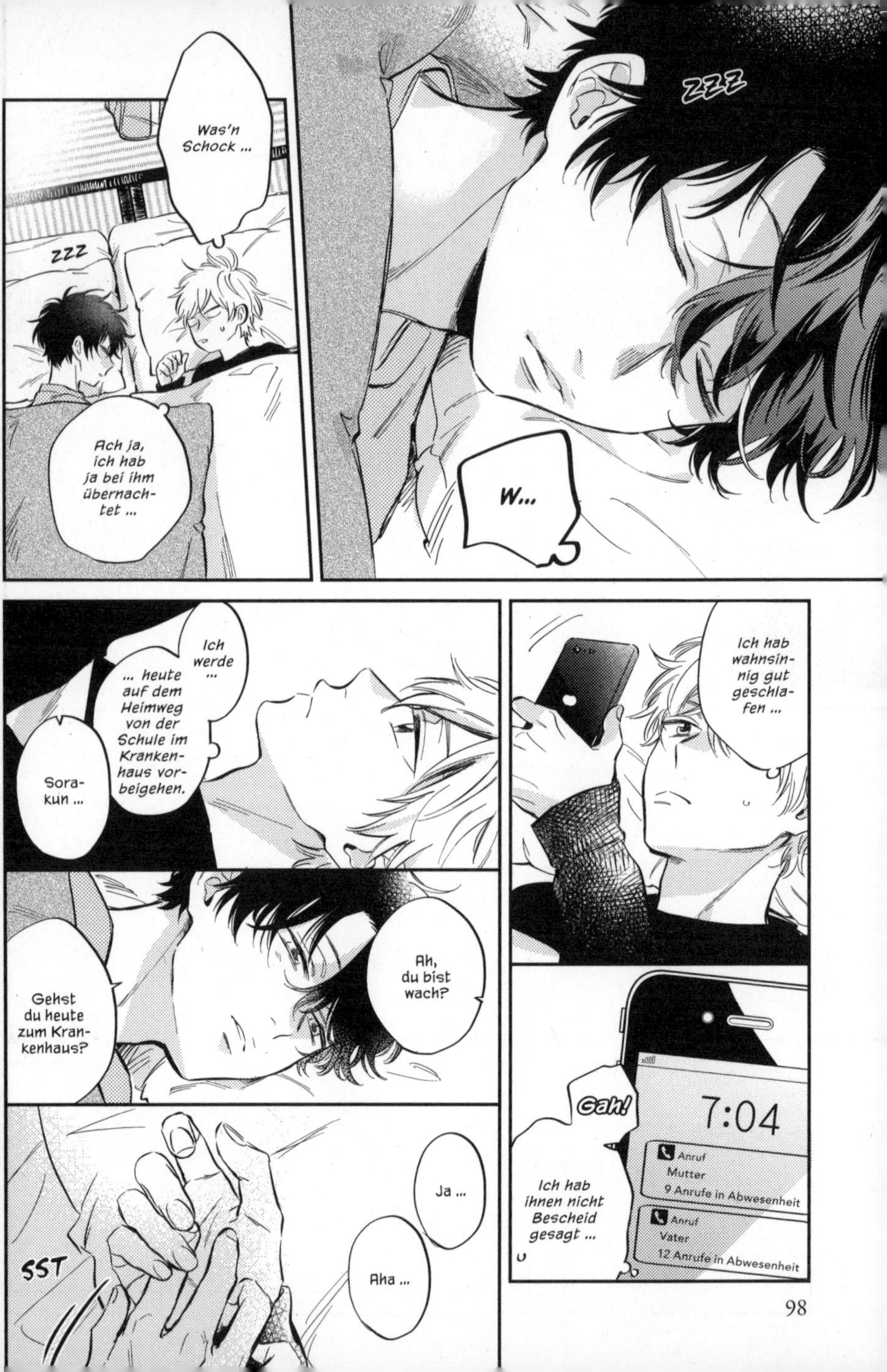
ZZZ
W...
Was'n Schock ...
ZZZ
Ach ja, ich hab ja bei ihm übernachtet ...
Ich hab wahnsinnig gut geschlafen ...
Ich werde ...
... heute auf dem Heimweg von der Schule im Krankenhaus vorbeigehen.
Sora-kun ...
Gah!
7:04
Anruf
Mutter
9 Anrufe in Abwesenheit
Anruf
Vater
12 Anrufe in Abwesenheit
Ich hab ihnen nicht Bescheid gesagt ...
Ah, du bist wach?
Gehst du heute zum Krankenhaus?
Ja ...
Aha ...
SST

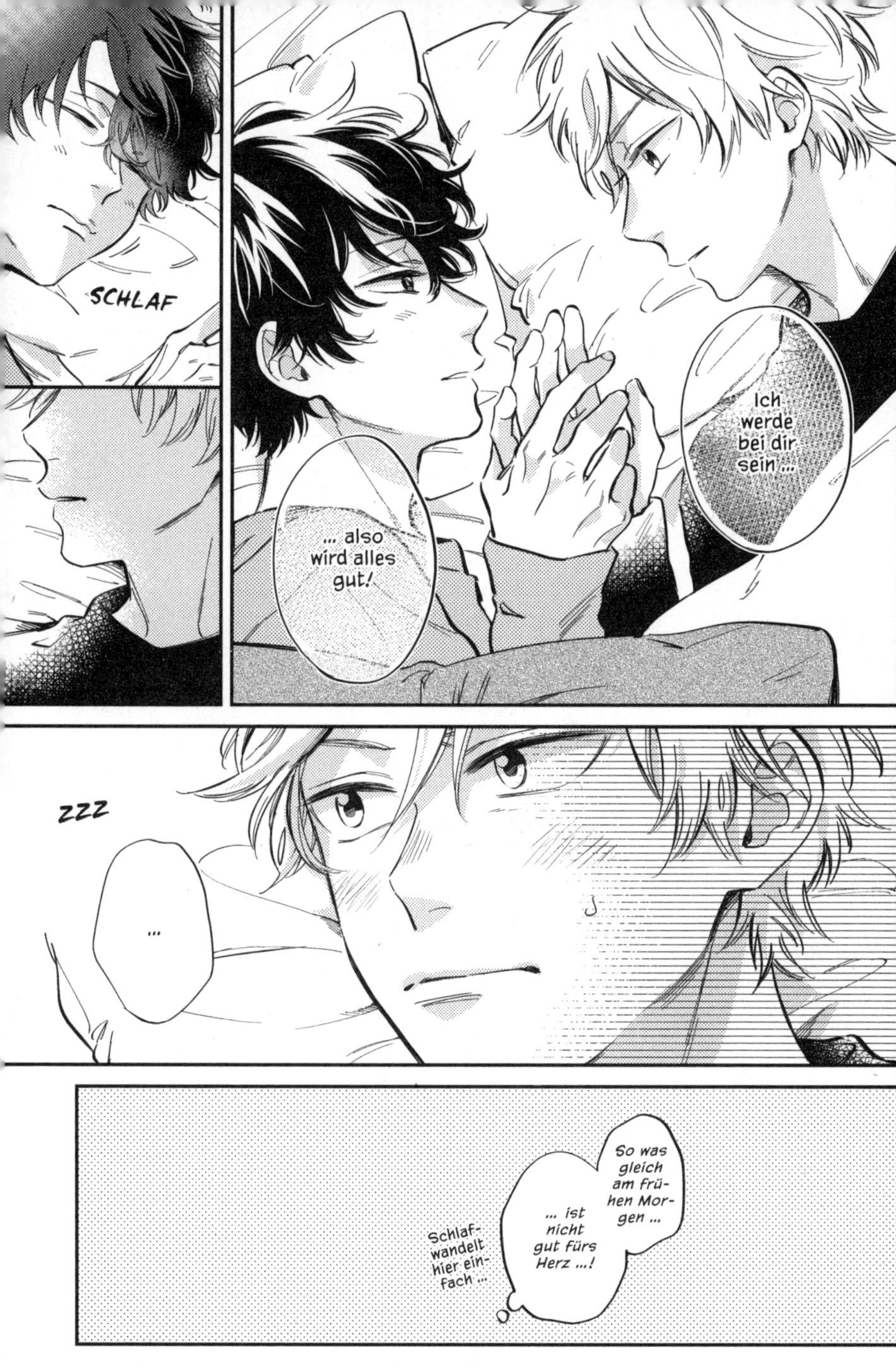
Ich werde bei dir sein ...
... also wird alles gut!
SCHLAF
ZZZ
...
So was gleich am frühen Morgen ...
... ist nicht gut fürs Herz ...!
Schlafwandelt hier einfach ...

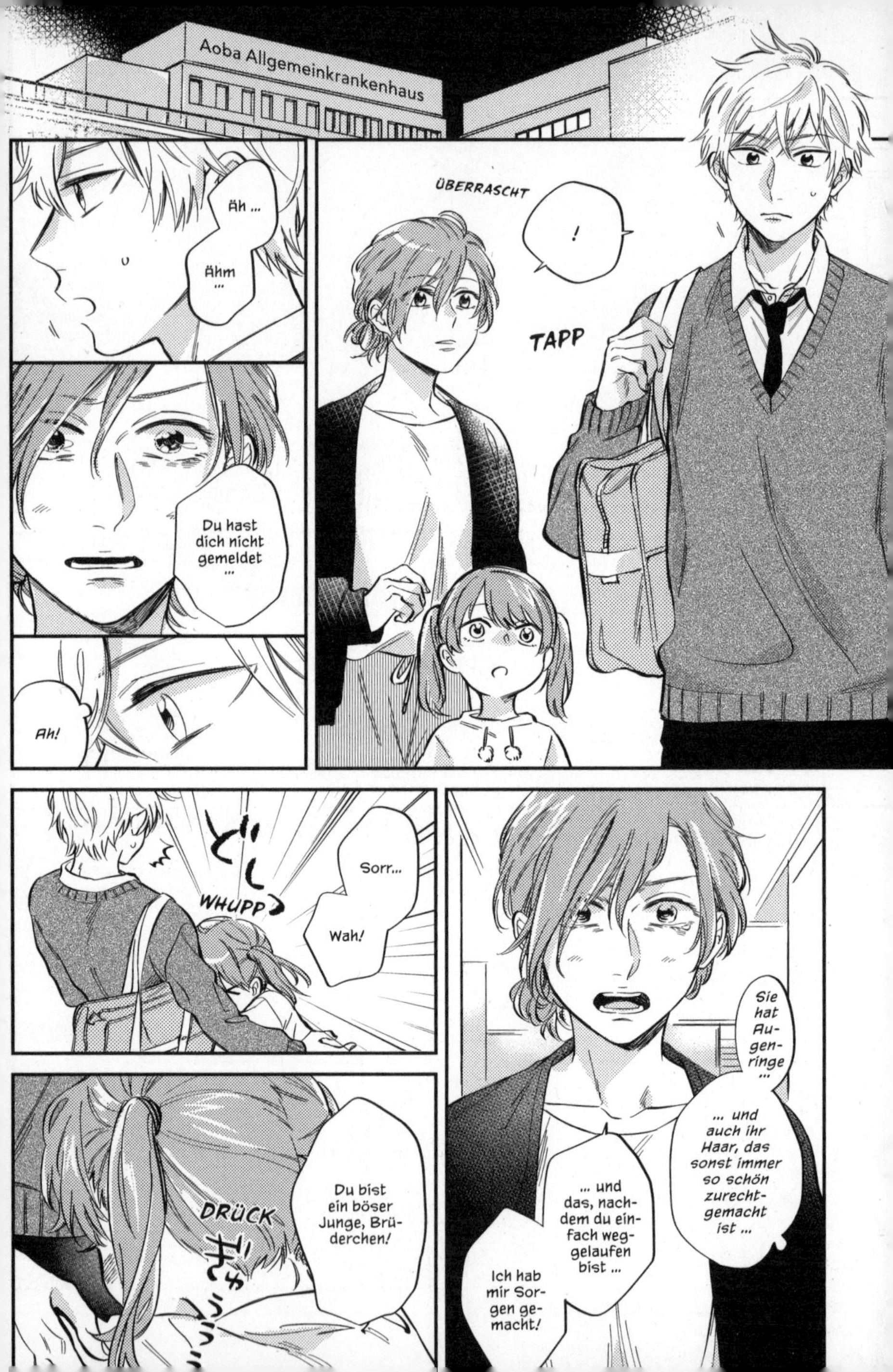
Aoba Allgemeinkrankenhaus
ÜBERRASCHT
!
TAPP
Äh ...
Ähm ...
Du hast dich nicht gemeldet ...
Ah!
Sie hat Augenringe ...
... und auch ihr Haar, das sonst immer so schön zurechtgemacht ist ...
... und das, nachdem du einfach weggelaufen bist ...
Ich hab mir Sorgen gemacht!
Sorr...
Wah!
どし
WHUPP
DRÜCK
Du bist ein böser Junge, Brüderchen!

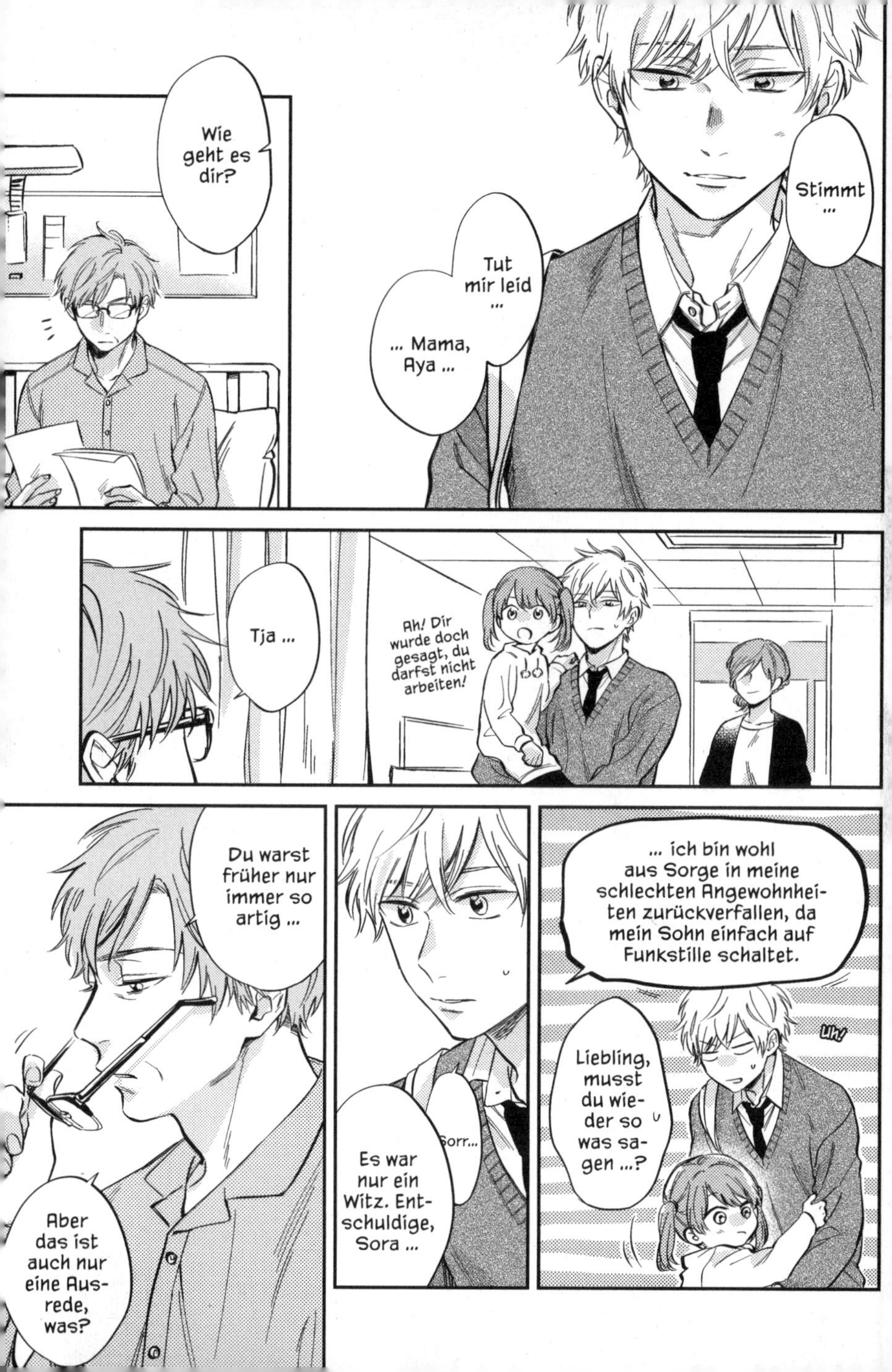
Stimmt ...
Tut mir leid ...
... Mama, Aya ...
Wie geht es dir?
Ah! Dir wurde doch gesagt, du darfst nicht arbeiten!
Tja ...
... ich bin wohl aus Sorge in meine schlechten Angewohnheiten zurückverfallen, da mein Sohn einfach auf Funkstille schaltet.
Uh!
Liebling, musst du wieder so was sagen ...?
Sorr...
Es war nur ein Witz. Entschuldige, Sora ...
Du warst früher nur immer so artig ...
Aber das ist auch nur eine Ausrede, was?

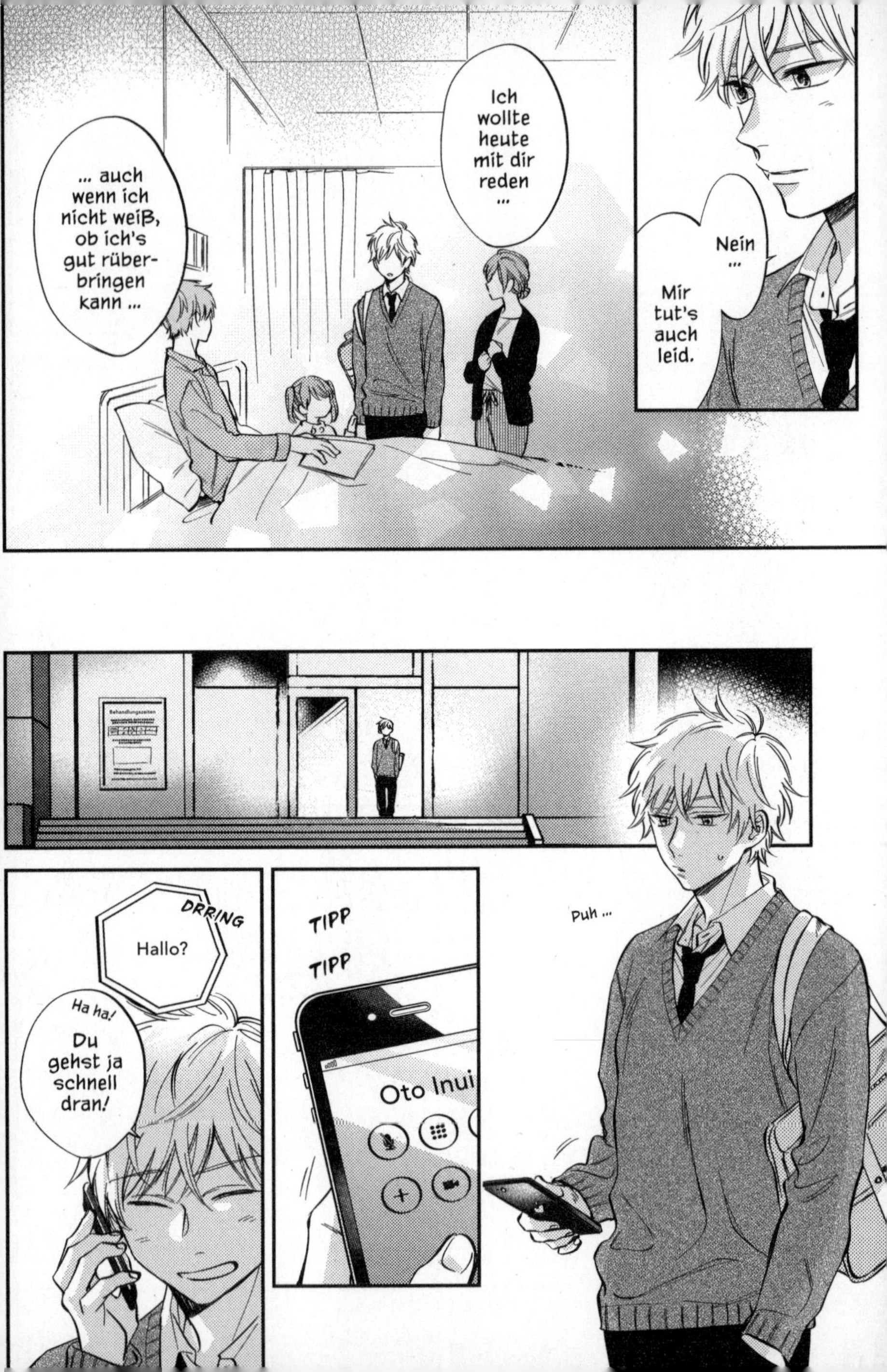
Nein ...
Mir tut's auch leid.
Ich wollte heute mit dir reden ...
... auch wenn ich nicht weiß, ob ich's gut rüberbringen kann ...
Behandlungszeiten
Puh ...
TIPP
TIPP
Oto Inui
DRRING
Hallo?
Ha ha!
Du gehst ja schnell dran!

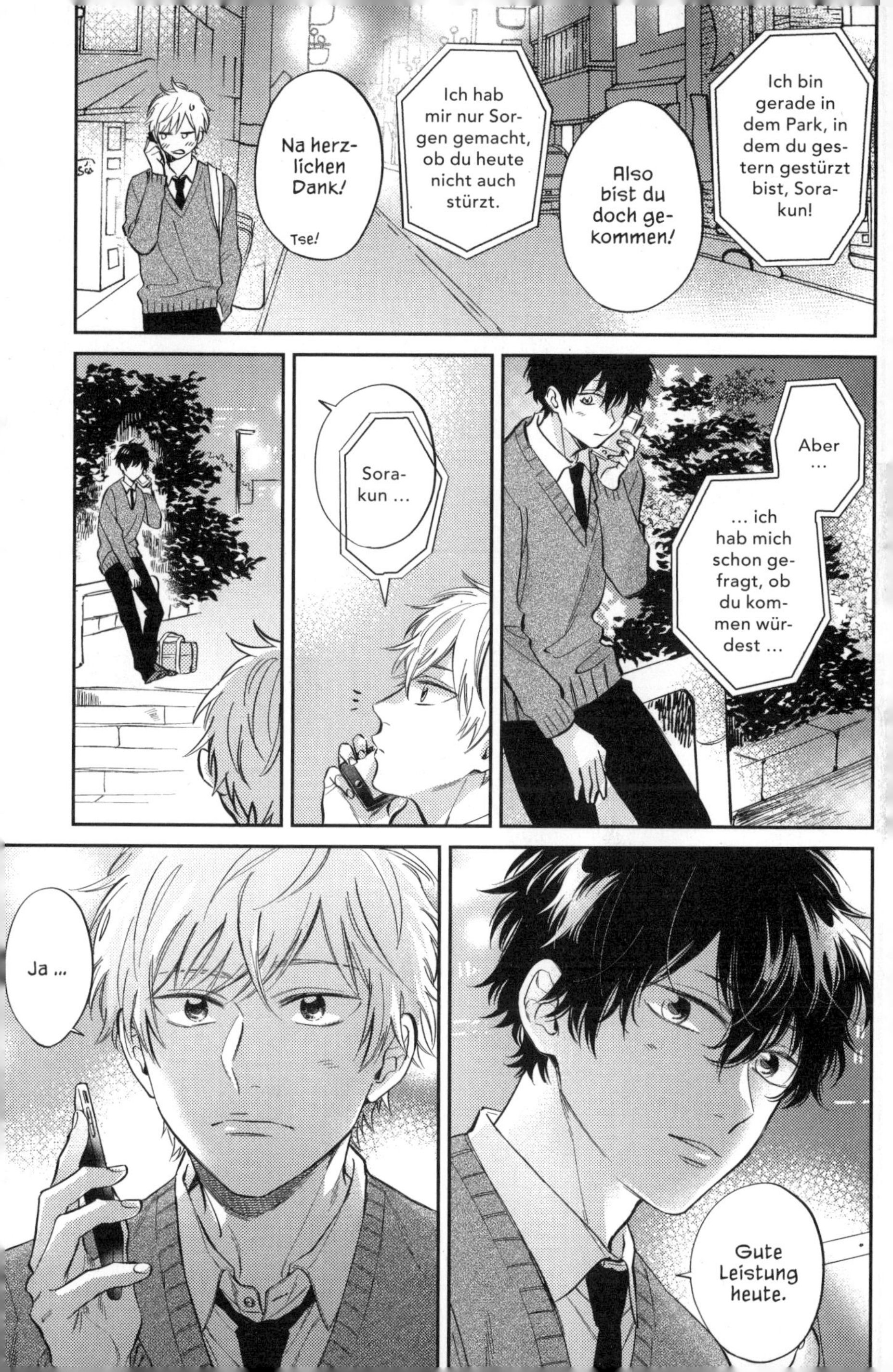
Ich bin gerade in dem Park, in dem du gestern gestürzt bist, Sora-kun!
Also bist du doch gekommen!
Ich hab mir nur Sorgen gemacht, ob du heute nicht auch stürzt.
Na herzlichen Dank!
Tse!
Aber …
… ich hab mich schon gefragt, ob du kommen würdest …
Sora-kun …
Gute Leistung heute.
Ja …

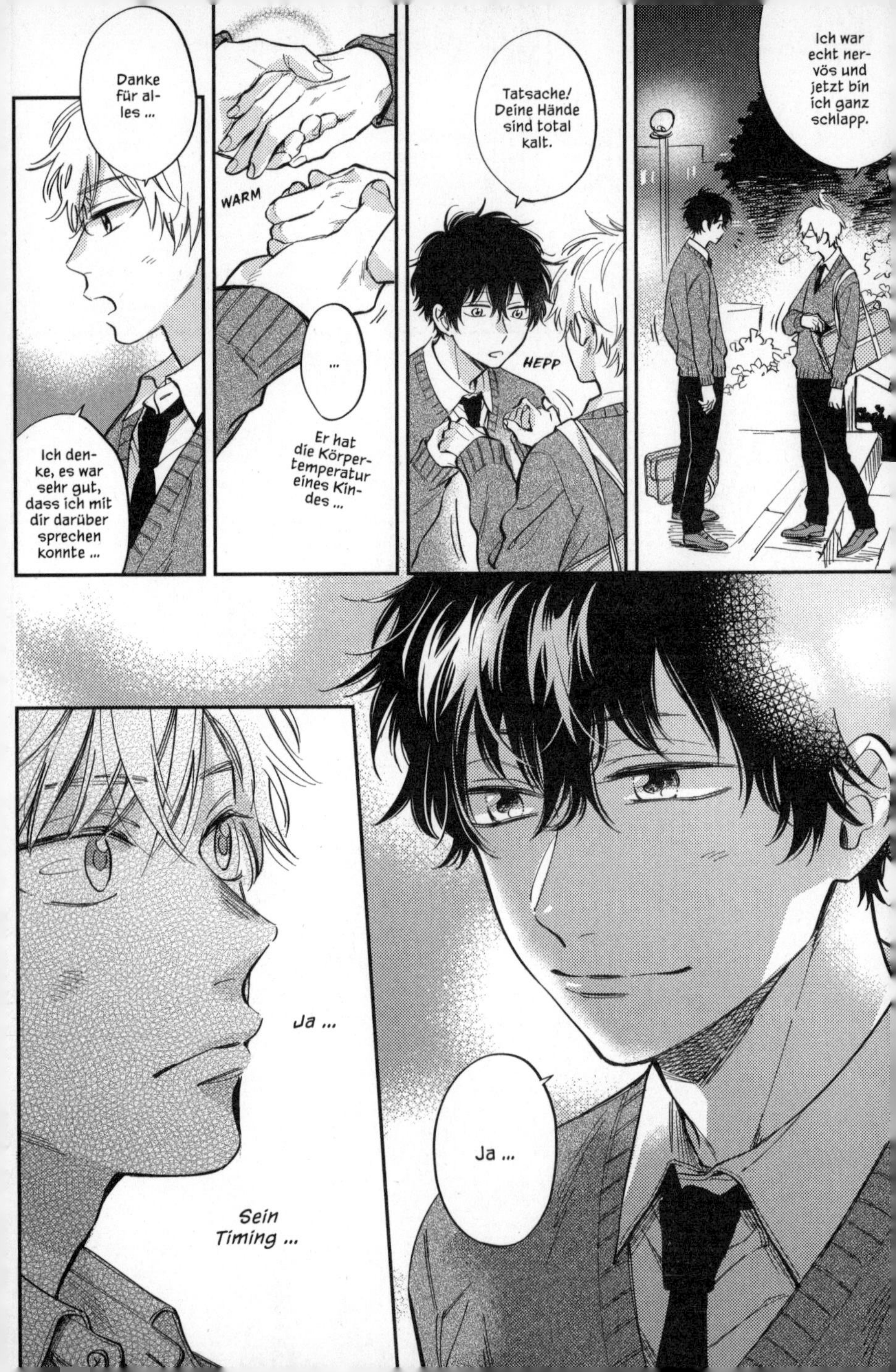
Ich war echt nervös und jetzt bin ich ganz schlapp.
Tatsache! Deine Hände sind total kalt.
HEPP
WARM
...
Er hat die Körpertemperatur eines Kindes ...
Danke für alles ...
Ich denke, es war sehr gut, dass ich mit dir darüber sprechen konnte ...
Ja ...
Ja ...
Sein Timing ...

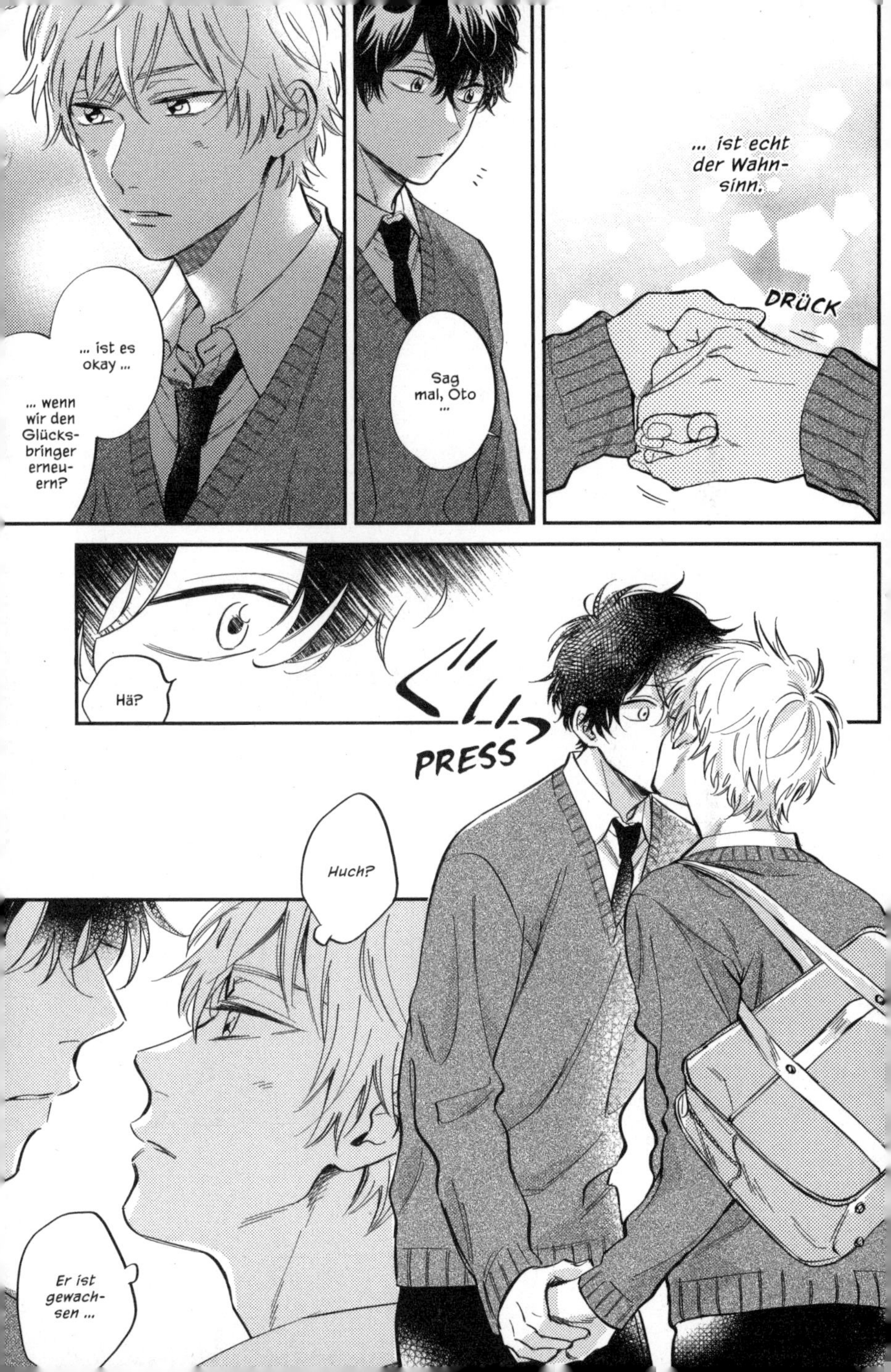
... ist echt der Wahnsinn.
DRÜCK
Sag mal, Oto ...
... ist es okay ...
... wenn wir den Glücksbringer erneuern?
Hä?
PRESS
Huch?
Er ist gewachsen ...

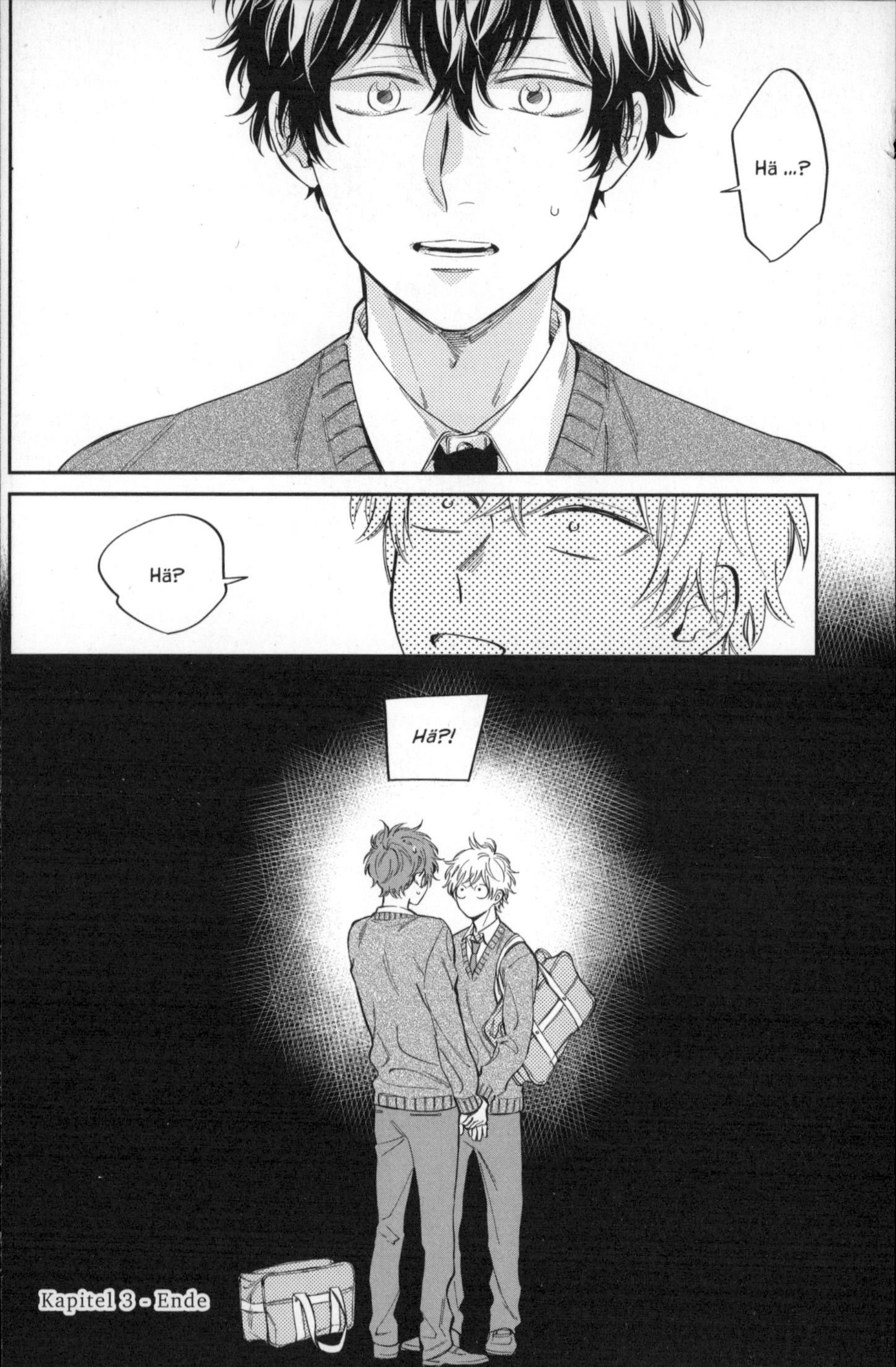
Hä ...?
Hä?
Hä?!
Kapitel 3 - Ende

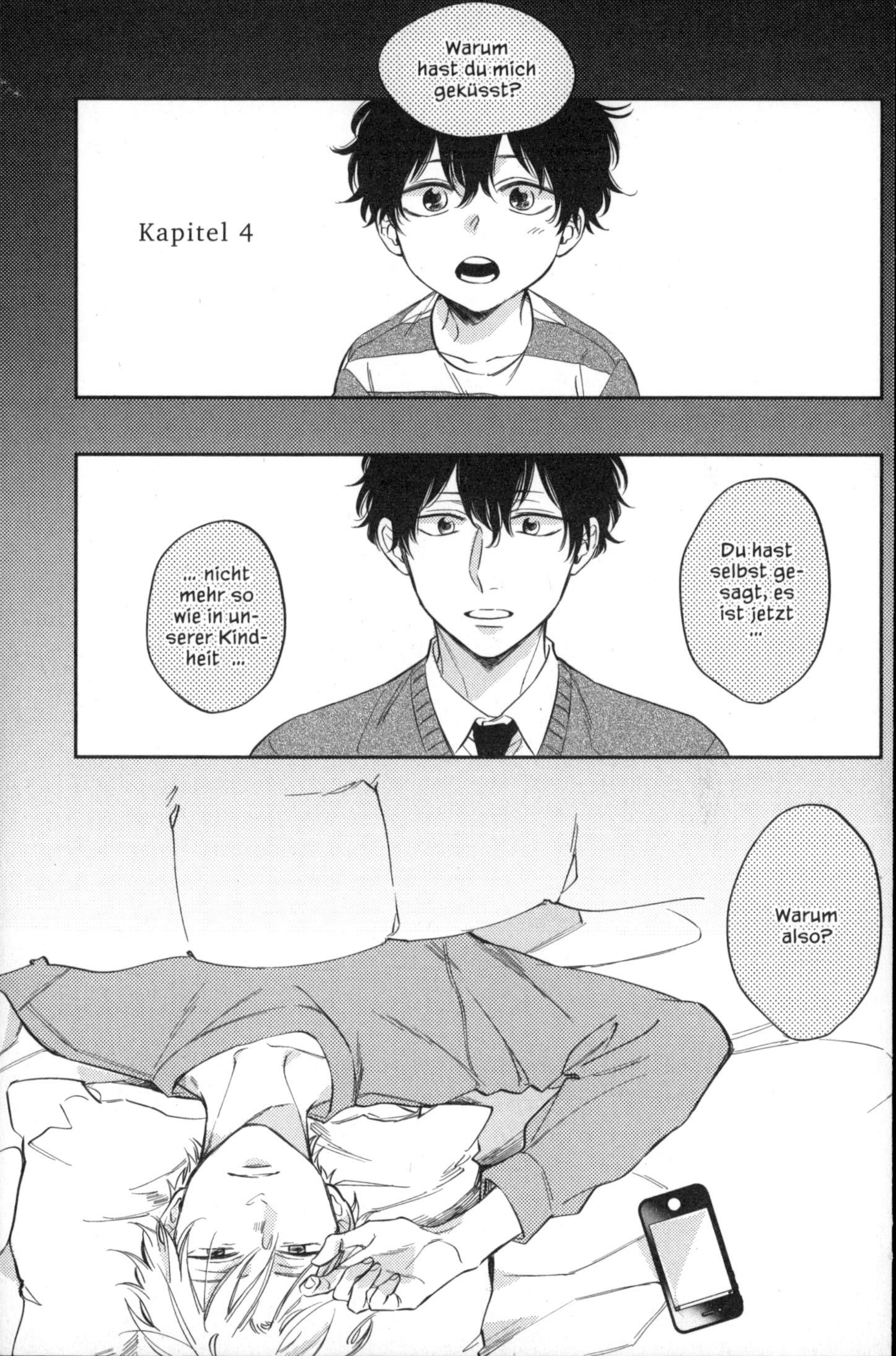
Warum hast du mich geküsst?
Kapitel 4
Du hast selbst gesagt, es ist jetzt ...
... nicht mehr so wie in unserer Kindheit ...
Warum also?

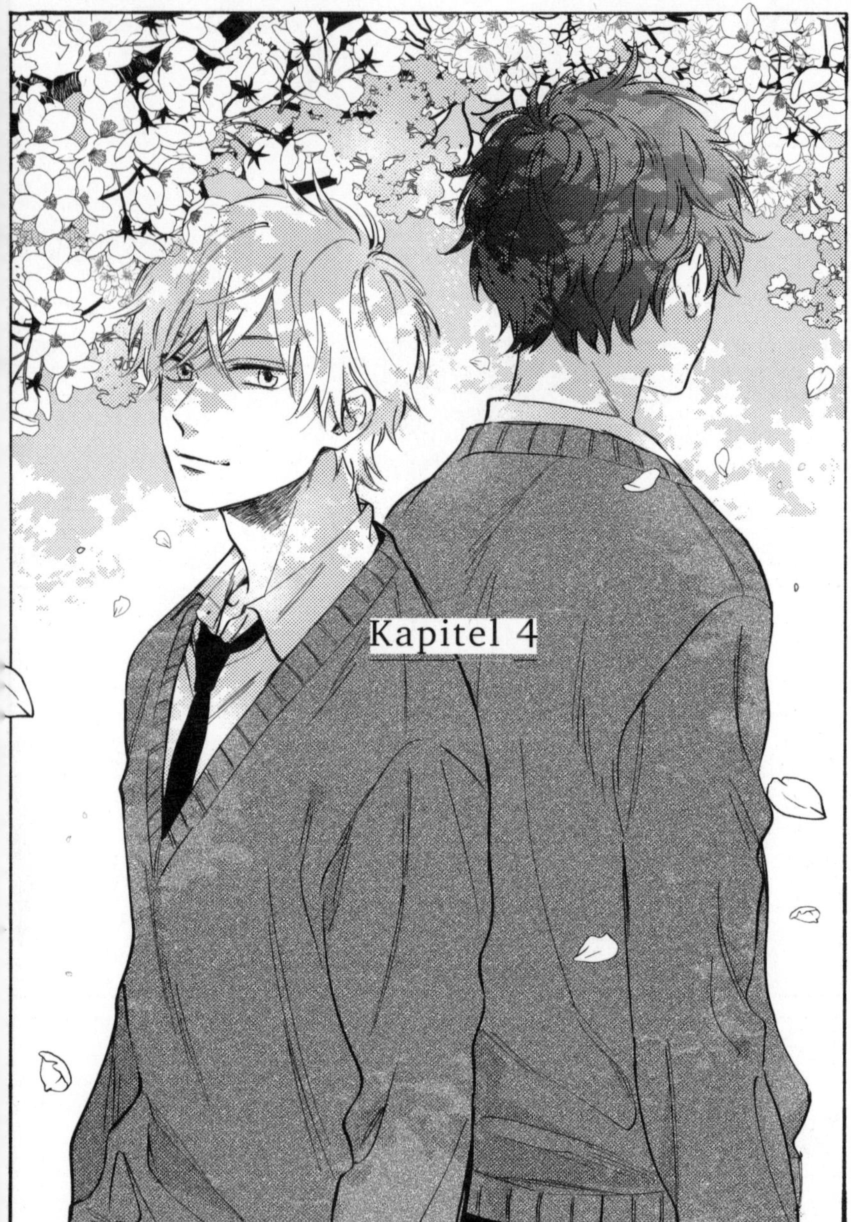
Kapitel 4

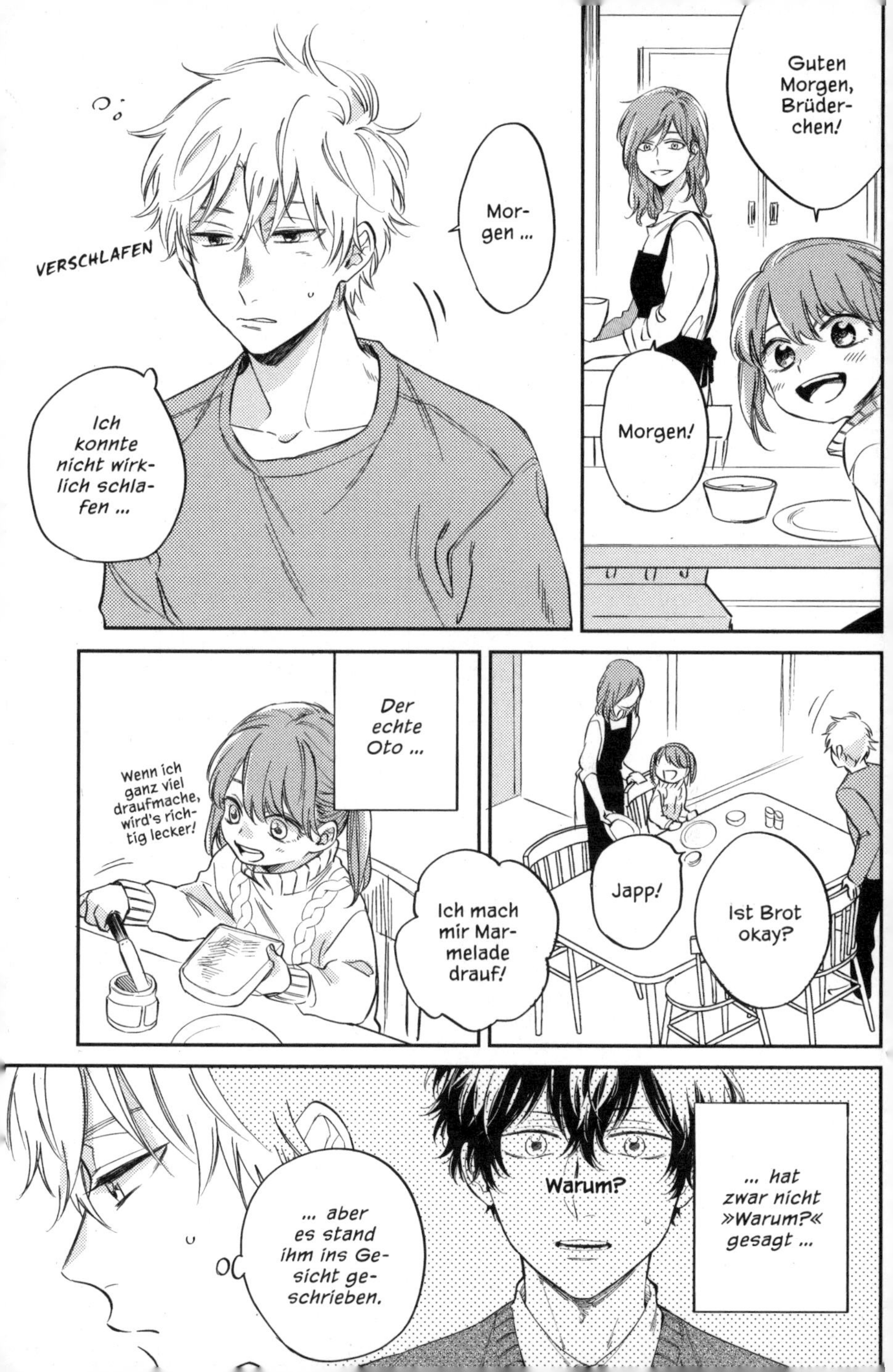
Guten Morgen, Brüderchen!
Morgen!
Mor-gen ...
VERSCHLAFEN
Ich konnte nicht wirklich schlafen ...
Ist Brot okay?
Japp!
Ich mach mir Marmelade drauf!
Der echte Oto ...
Wenn ich ganz viel draufmache, wird's richtig lecker!
... hat zwar nicht »Warum?« gesagt ...
Warum?
... aber es stand ihm ins Gesicht geschrieben.

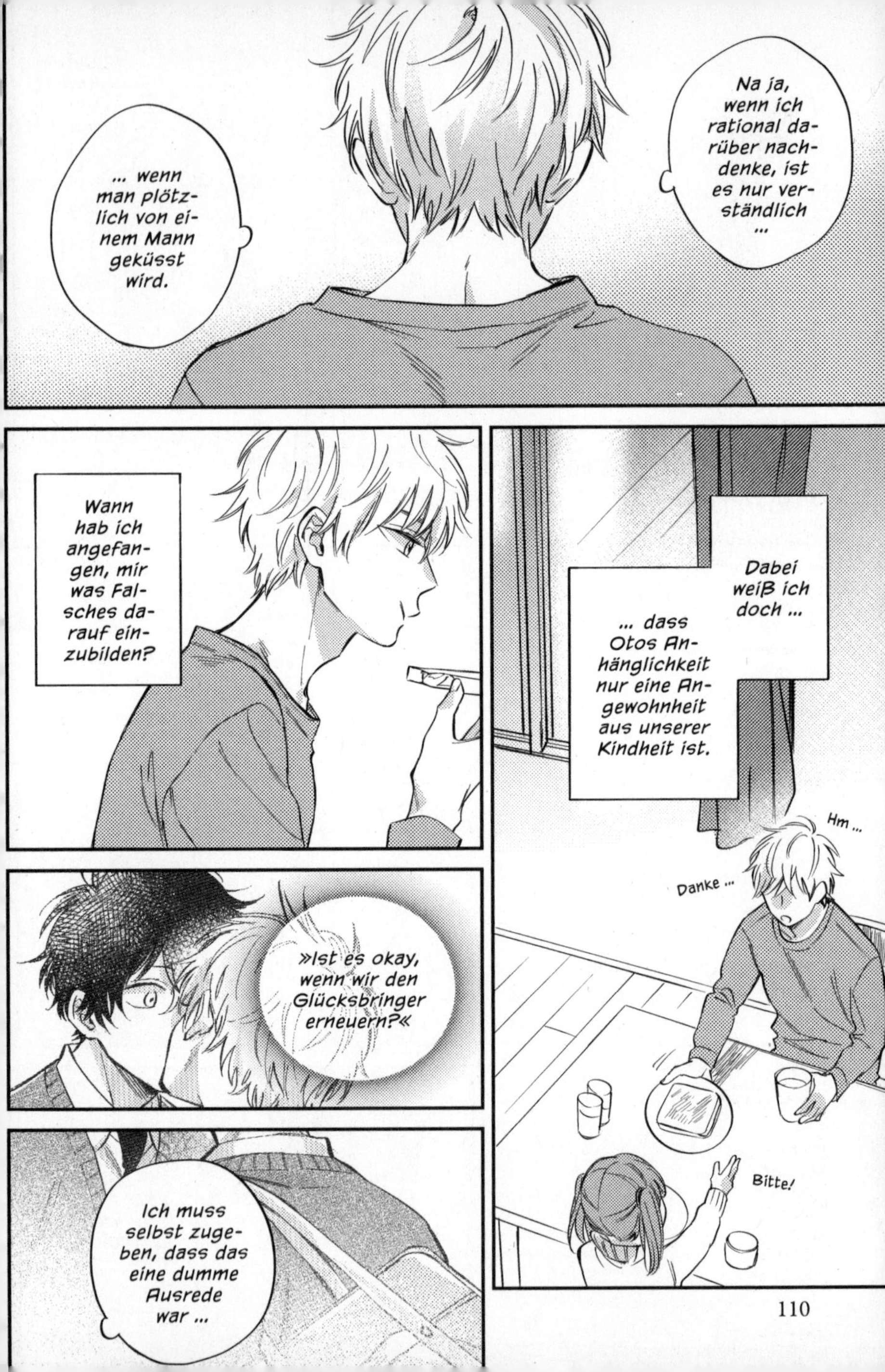
Na ja, wenn ich rational darüber nachdenke, ist es nur verständlich ...
... wenn man plötzlich von einem Mann geküsst wird.
Dabei weiß ich doch ...
... dass Otos Anhänglichkeit nur eine Angewohnheit aus unserer Kindheit ist.
Hm ...
Danke ...
Bitte!
Wann hab ich angefangen, mir was Falsches darauf einzubilden?
»Ist es okay, wenn wir den Glücksbringer erneuern?«
Ich muss selbst zugeben, dass das eine dumme Ausrede war ...

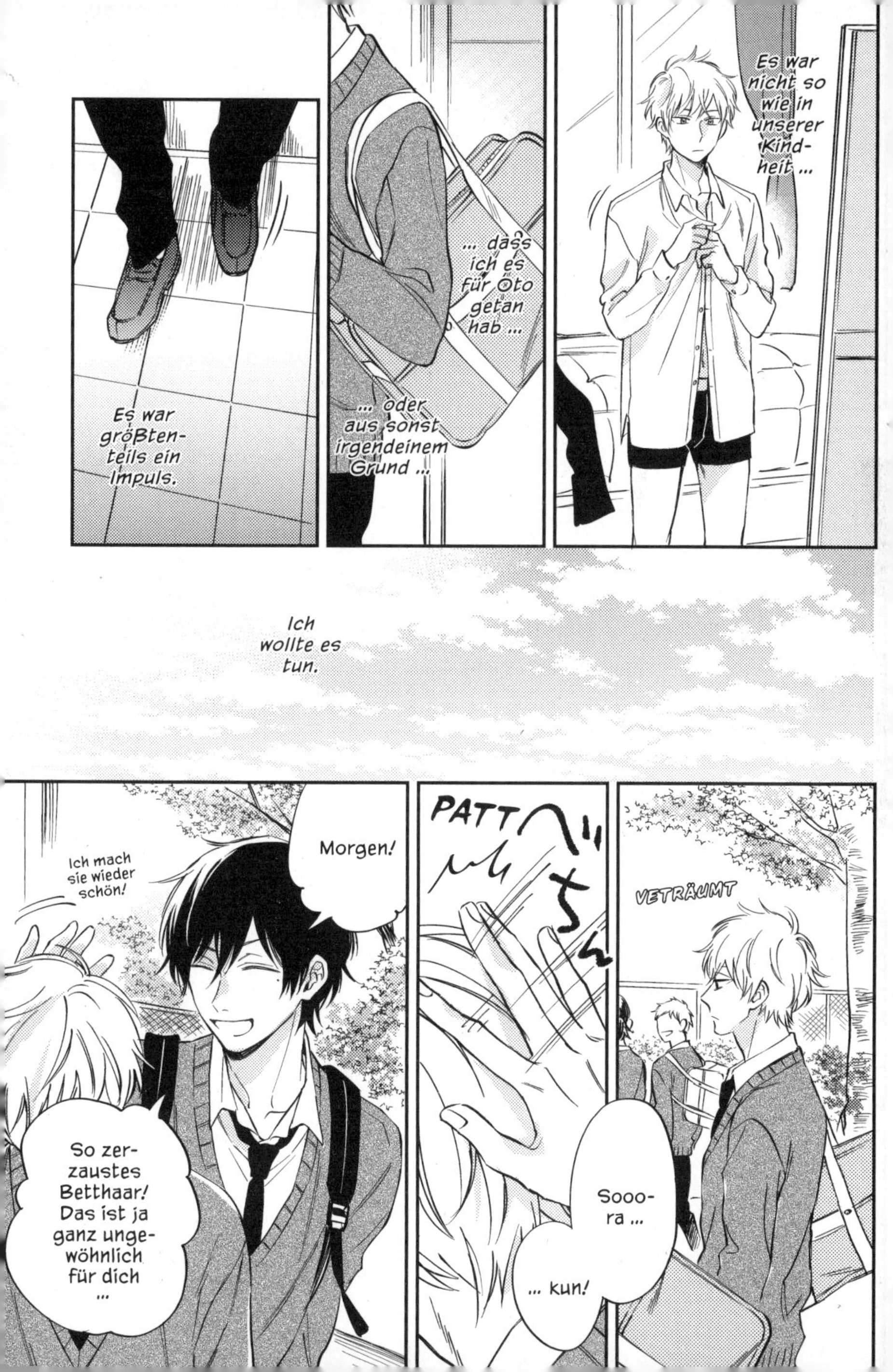
Es war nicht so wie in unserer Kind-heit ...
... dass ich es für Oto getan hab ...
... oder aus sonst irgendeinem Grund ...
Es war größten-teils ein Impuls.
Ich wollte es tun.
VETRÄUMT
PATT
Sooo-ra ...
... kun!
Morgen!
So zer-zaustes Betthaar! Das ist ja ganz unge-wöhnlich für dich ...
Ich mach sie wieder schön!

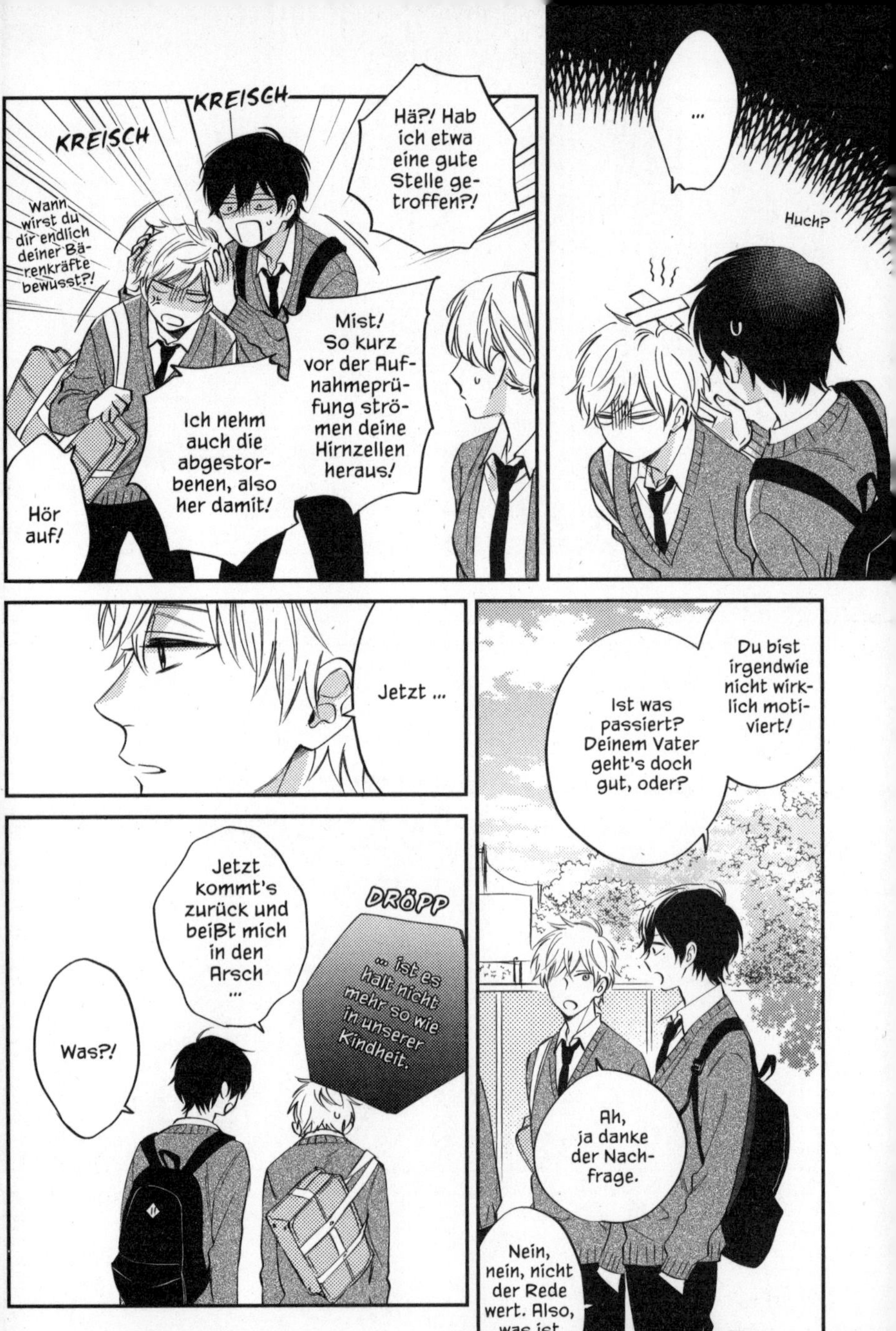
...
Huch?
Hä?! Hab ich etwa eine gute Stelle getroffen?!
KREISCH
KREISCH
Mist! So kurz vor der Aufnahmeprüfung strömen deine Hirnzellen heraus!
Ich nehm auch die abgestorbenen, also her damit!
Wann wirst du dir endlich deiner Bärenkräfte bewusst?!
Hör auf!
Du bist irgendwie nicht wirklich motiviert!
Ist was passiert? Deinem Vater geht's doch gut, oder?
Ah, ja danke der Nachfrage.
Nein, nein, nicht der Rede wert. Also, was ist los?
Jetzt ...
... ist es halt nicht mehr so wie in unserer Kindheit.
DRÖPP
Jetzt kommt's zurück und beißt mich in den Arsch ...
Was?!

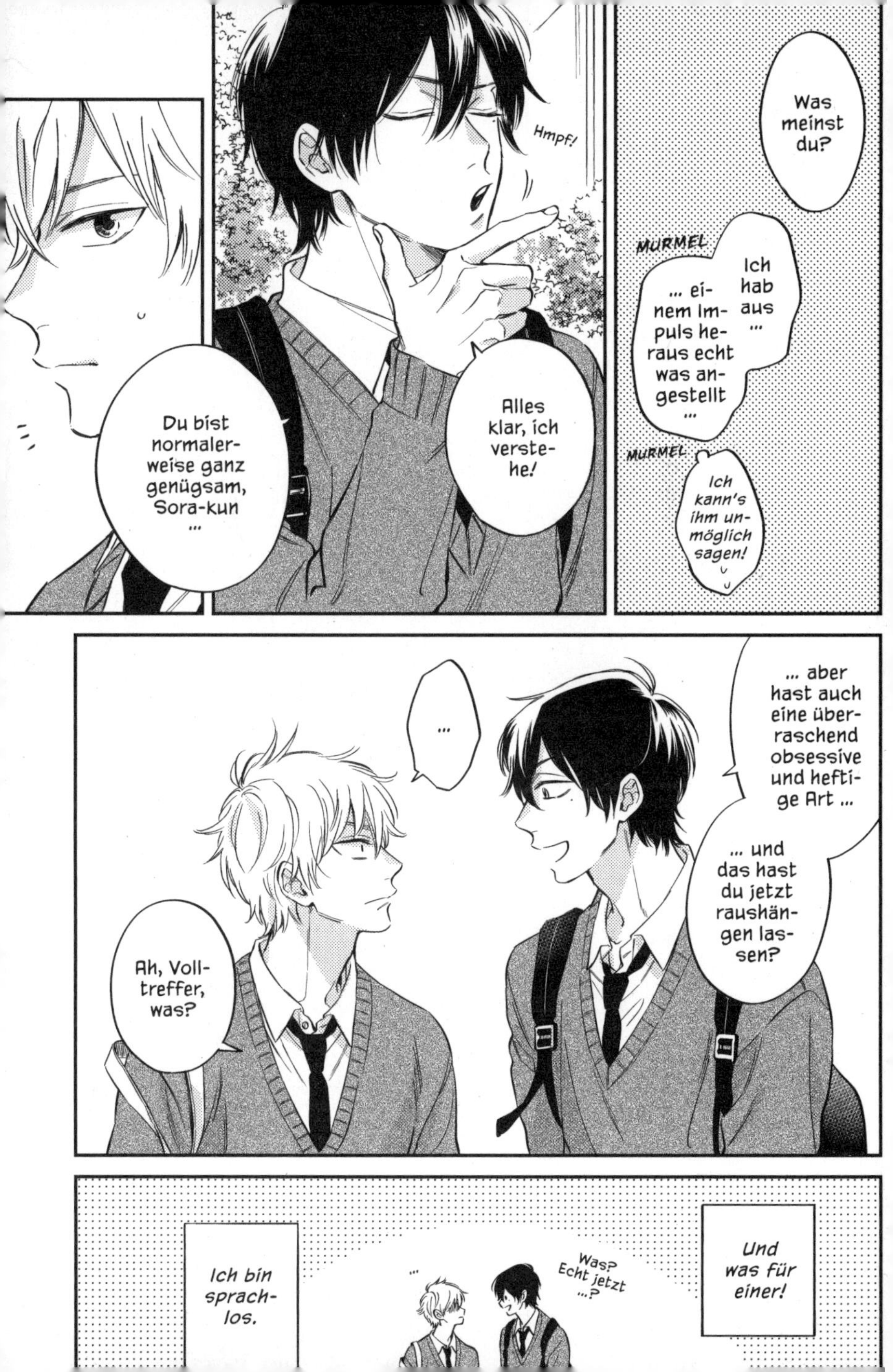

Was meinst du?
MURMEL
Ich hab aus ...
... einem Impuls heraus echt was angestellt ...
MURMEL
Ich kann's ihm unmöglich sagen!
Hmpf!
Alles klar, ich verstehe!
Du bist normalerweise ganz genügsam, Sora-kun ...
... aber hast auch eine überraschend obsessive und heftige Art ...
... und das hast du jetzt raushängen lassen?
...
Ah, Volltreffer, was?
Und was für einer!
Was? Echt jetzt ...?
...
Ich bin sprachlos.

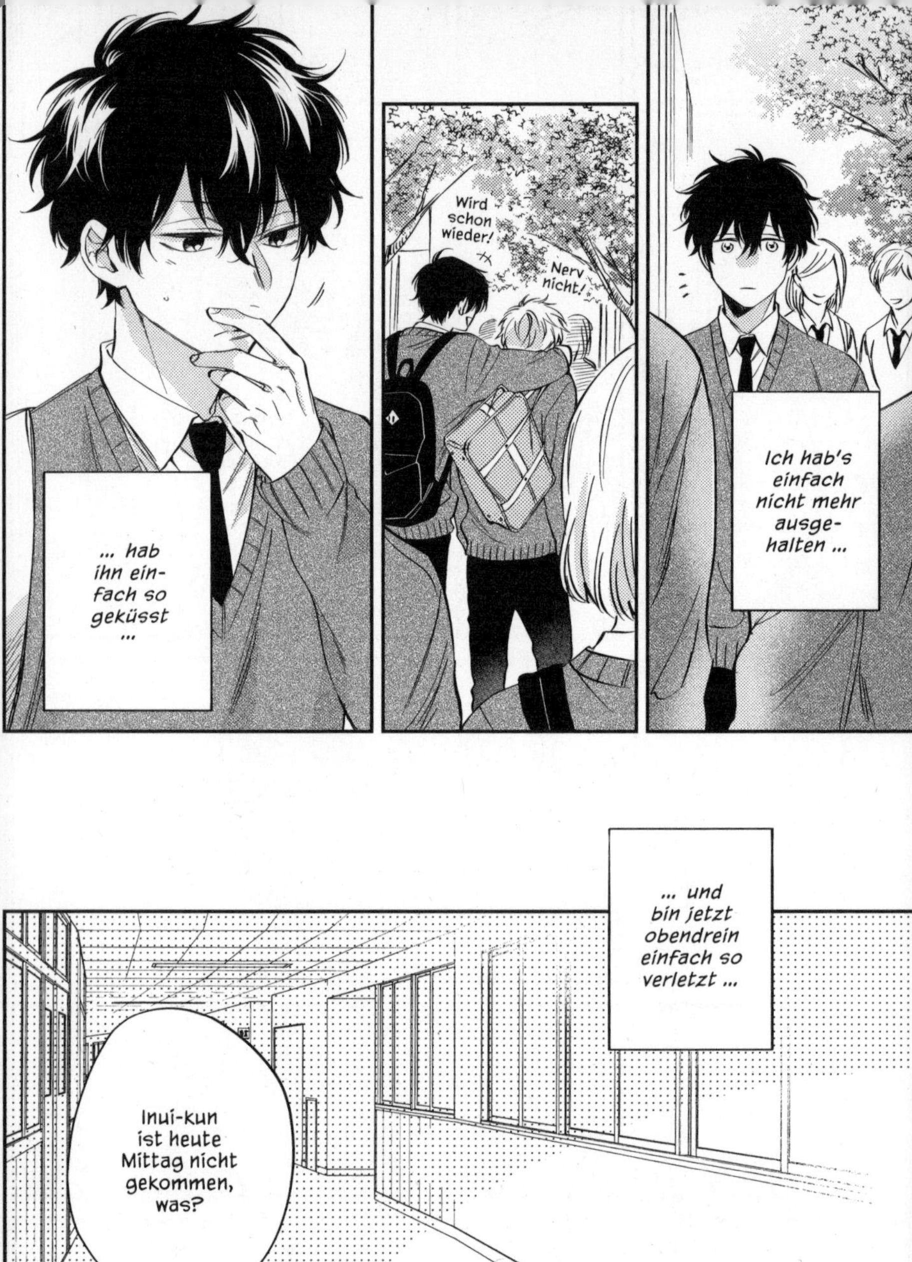

Ich hab's einfach nicht mehr ausgehalten ...
Wird schon wieder!
Nerv nicht!
... hab ihn einfach so geküsst ...
... und bin jetzt obendrein einfach so verletzt ...
Inui-kun ist heute Mittag nicht gekommen, was?

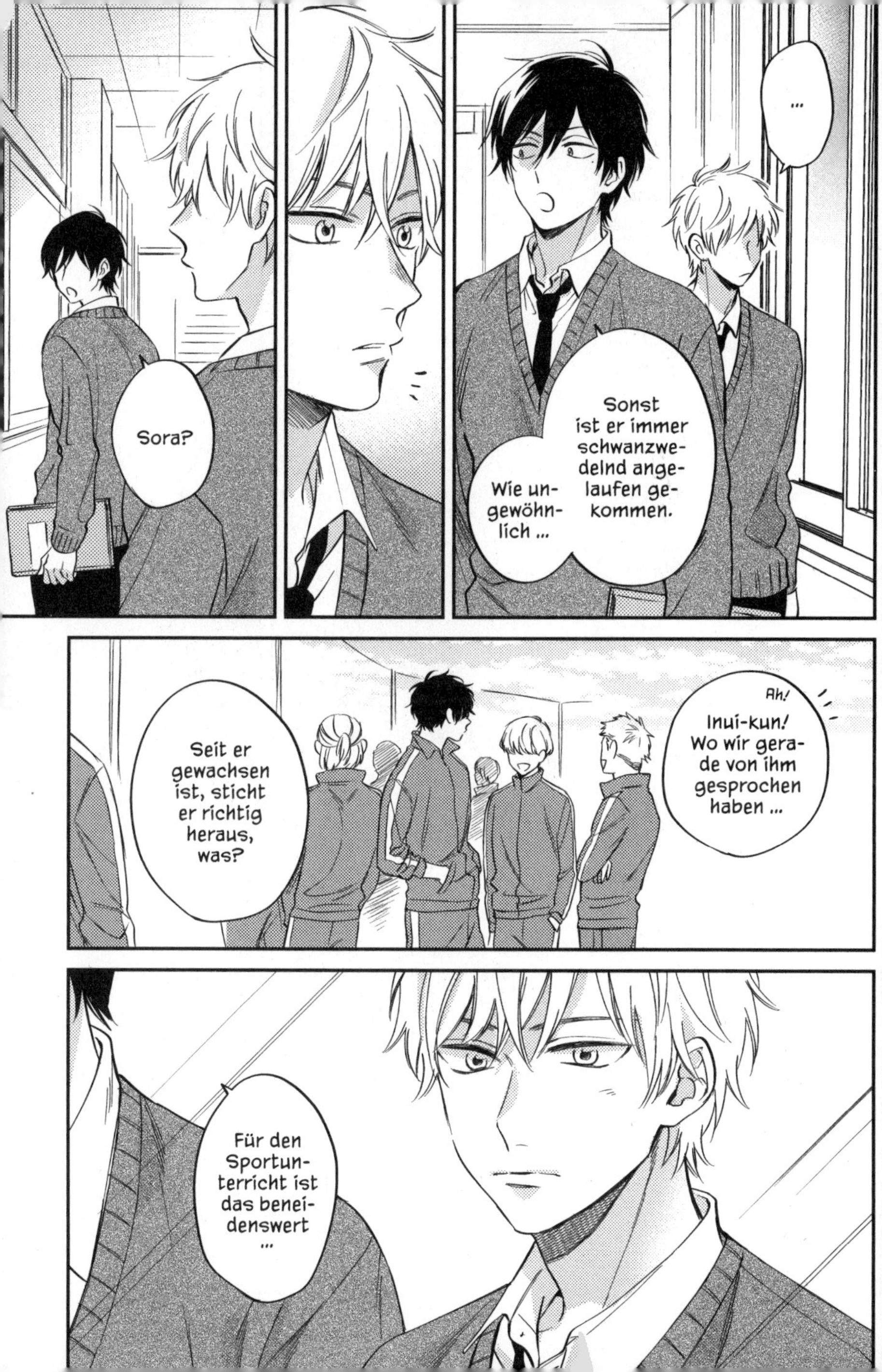

...
Sonst ist er immer schwanzwedelnd angelaufen gekommen.
Wie ungewöhnlich ...
Sora?
Ah!
Inui-kun! Wo wir gerade von ihm gesprochen haben ...
Seit er gewachsen ist, sticht er richtig heraus, was?
Für den Sportunterricht ist das beneidenswert ...

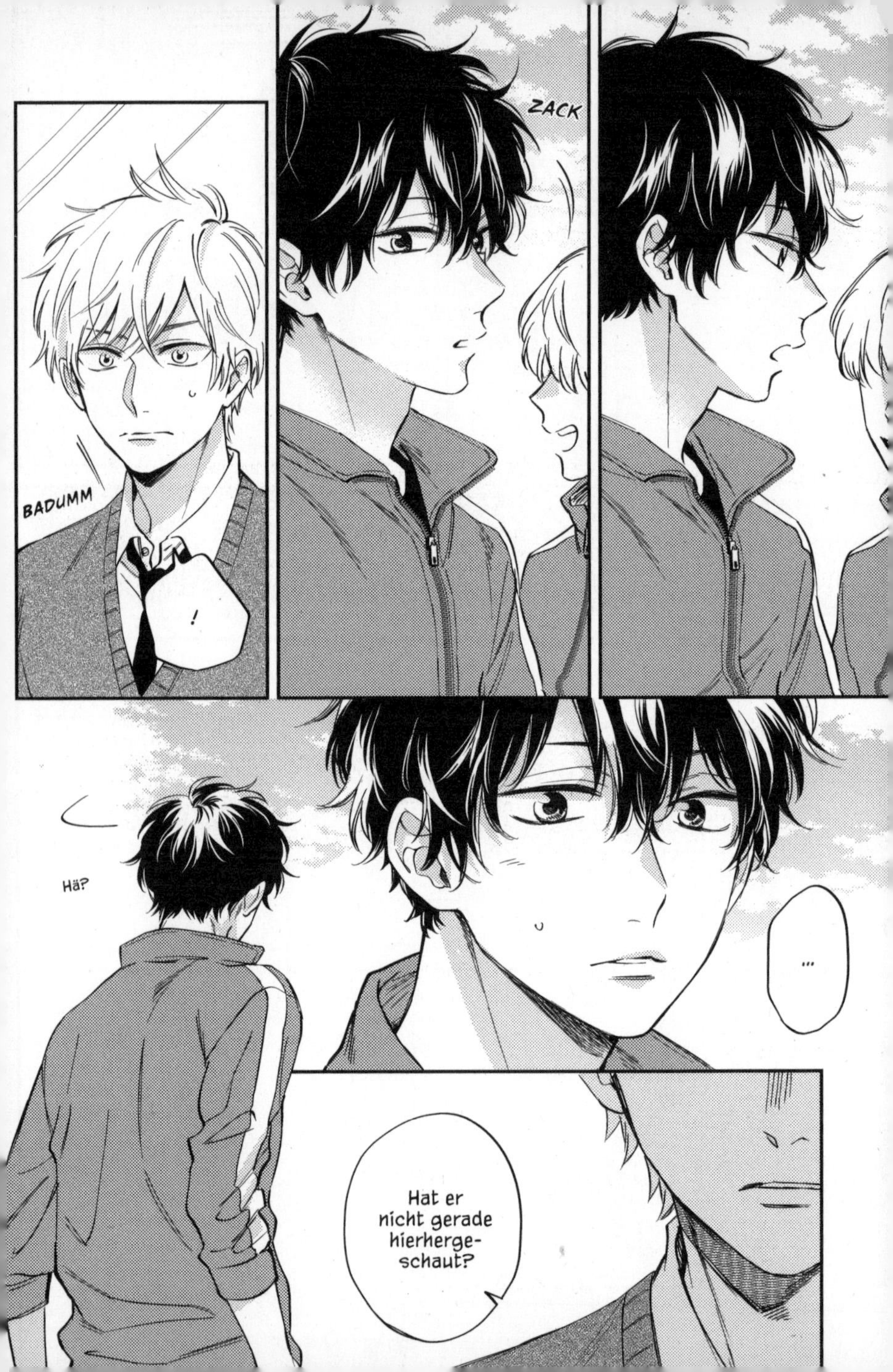
ZACK
!
BADUMM
...
Hä?
Hat er nicht gerade hierherge-schaut?

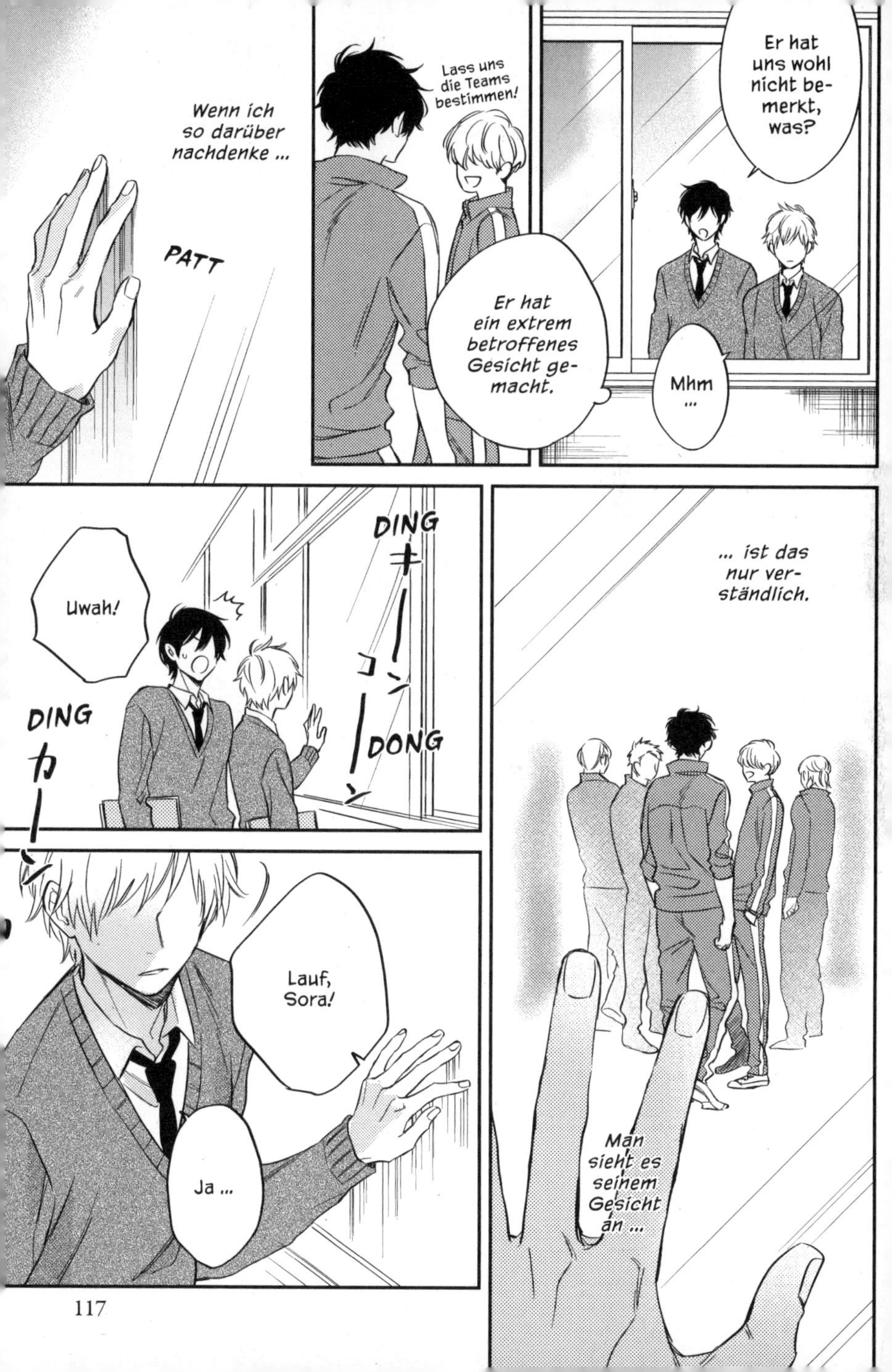

Er hat uns wohl nicht bemerkt, was?
Mhm ...
Lass uns die Teams bestimmen!
Er hat ein extrem betroffenes Gesicht gemacht.
Wenn ich so darüber nachdenke ...
PATT
... ist das nur verständlich.
Man sieht es seinem Gesicht an ...
DING
キー
DONG
コーン
DING
カーン
Uwah!
Lauf, Sora!
Ja ...

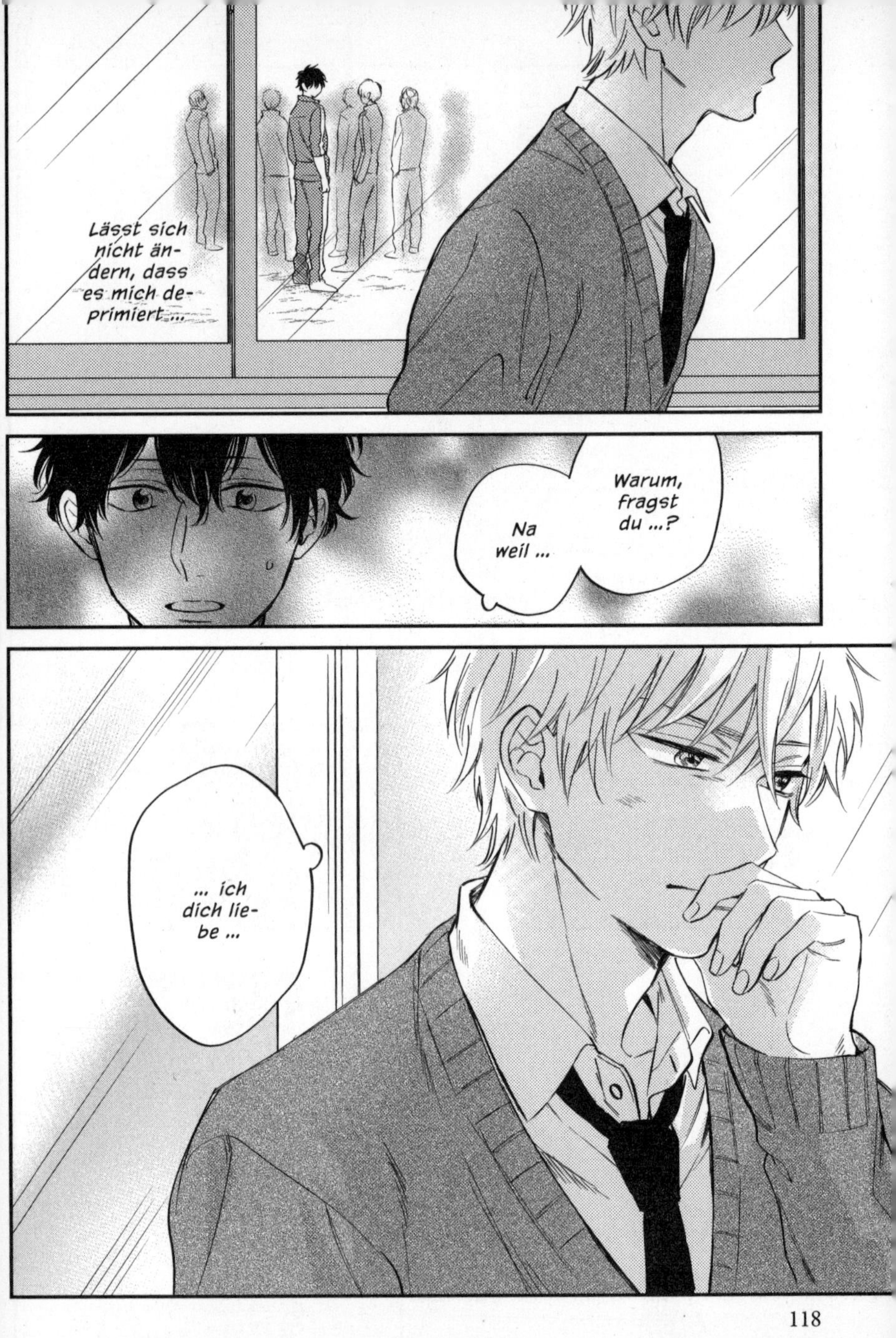

Lässt sich nicht än-dern, dass es mich de-primiert ...
Warum, fragst du ...?
Na weil ...
... ich dich lie-be ...

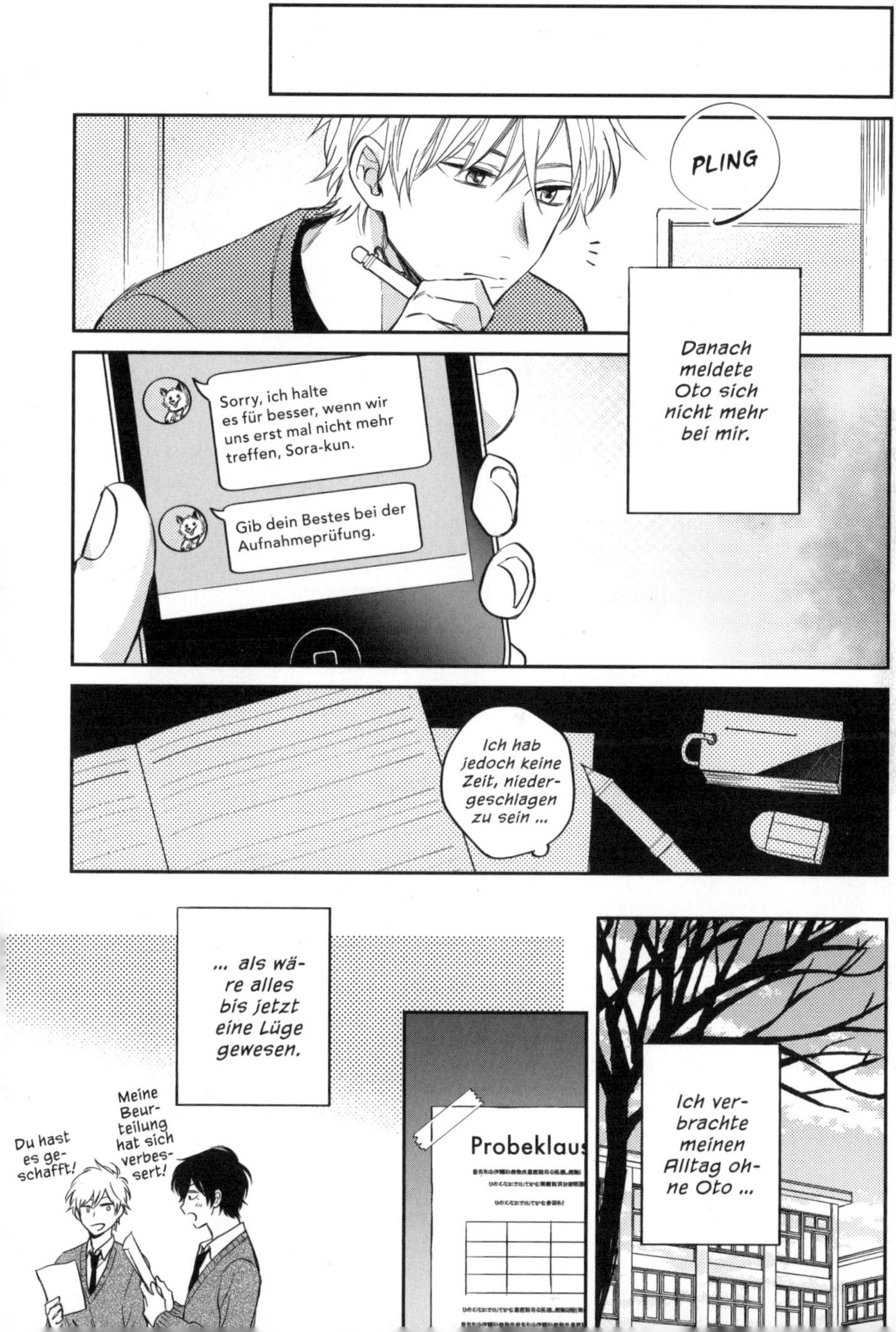
PLING
Danach meldete Oto sich nicht mehr bei mir.
Sorry, ich halte es für besser, wenn wir uns erst mal nicht mehr treffen, Sora-kun.
Gib dein Bestes bei der Aufnahmeprüfung.
Ich hab jedoch keine Zeit, niedergeschlagen zu sein ...
Ich verbrachte meinen Alltag ohne Oto ...
Probeklaus
... als wäre alles bis jetzt eine Lüge gewesen.
Meine Beurteilung hat sich verbessert!
Du hast es geschafft!

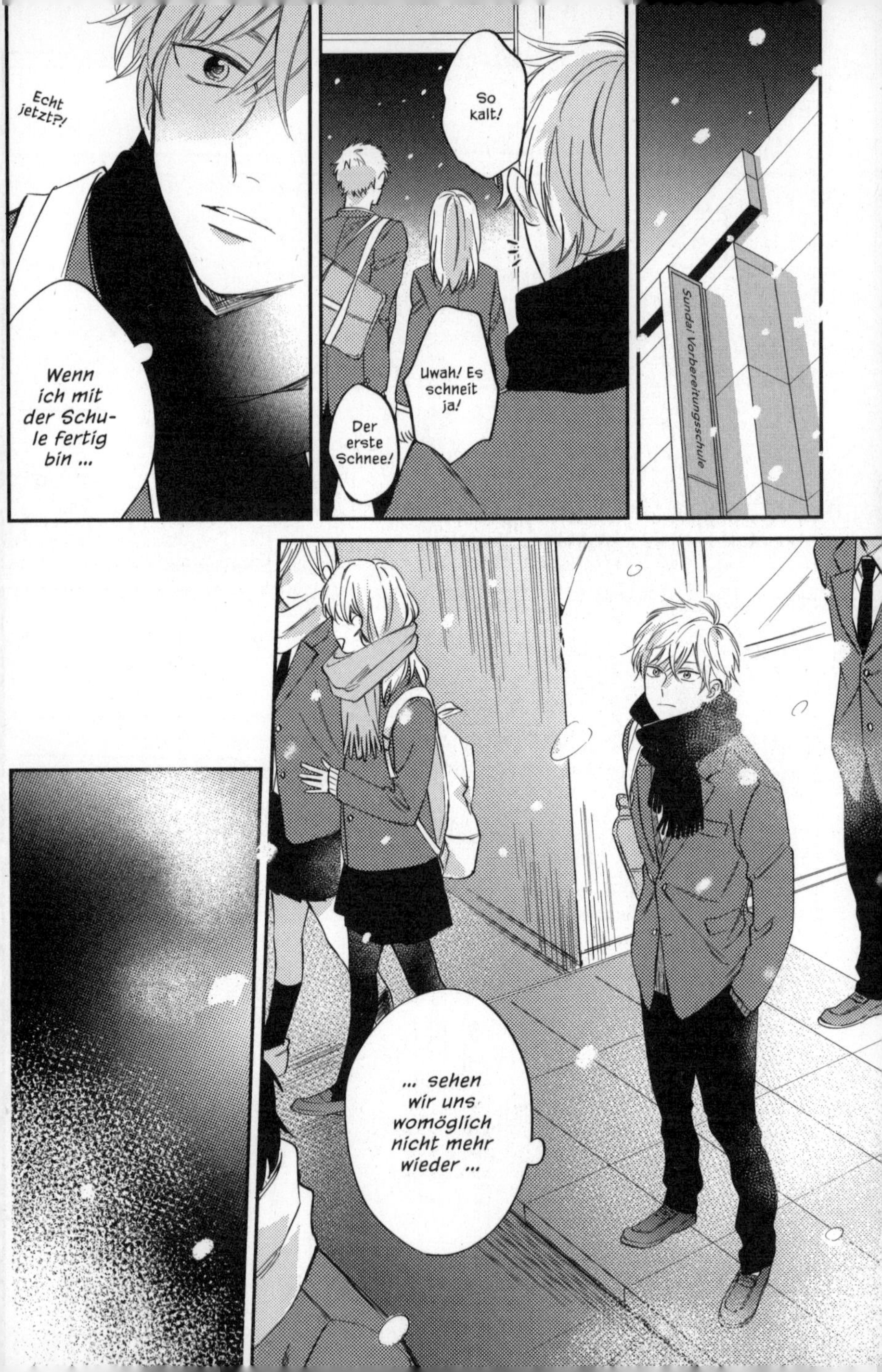

Sundai Vorbereitungsschule
So kalt!
Uwah! Es schneit ja!
Der erste Schnee!
Echt jetzt?!
Wenn ich mit der Schule fertig bin ...
... sehen wir uns womöglich nicht mehr wieder ...

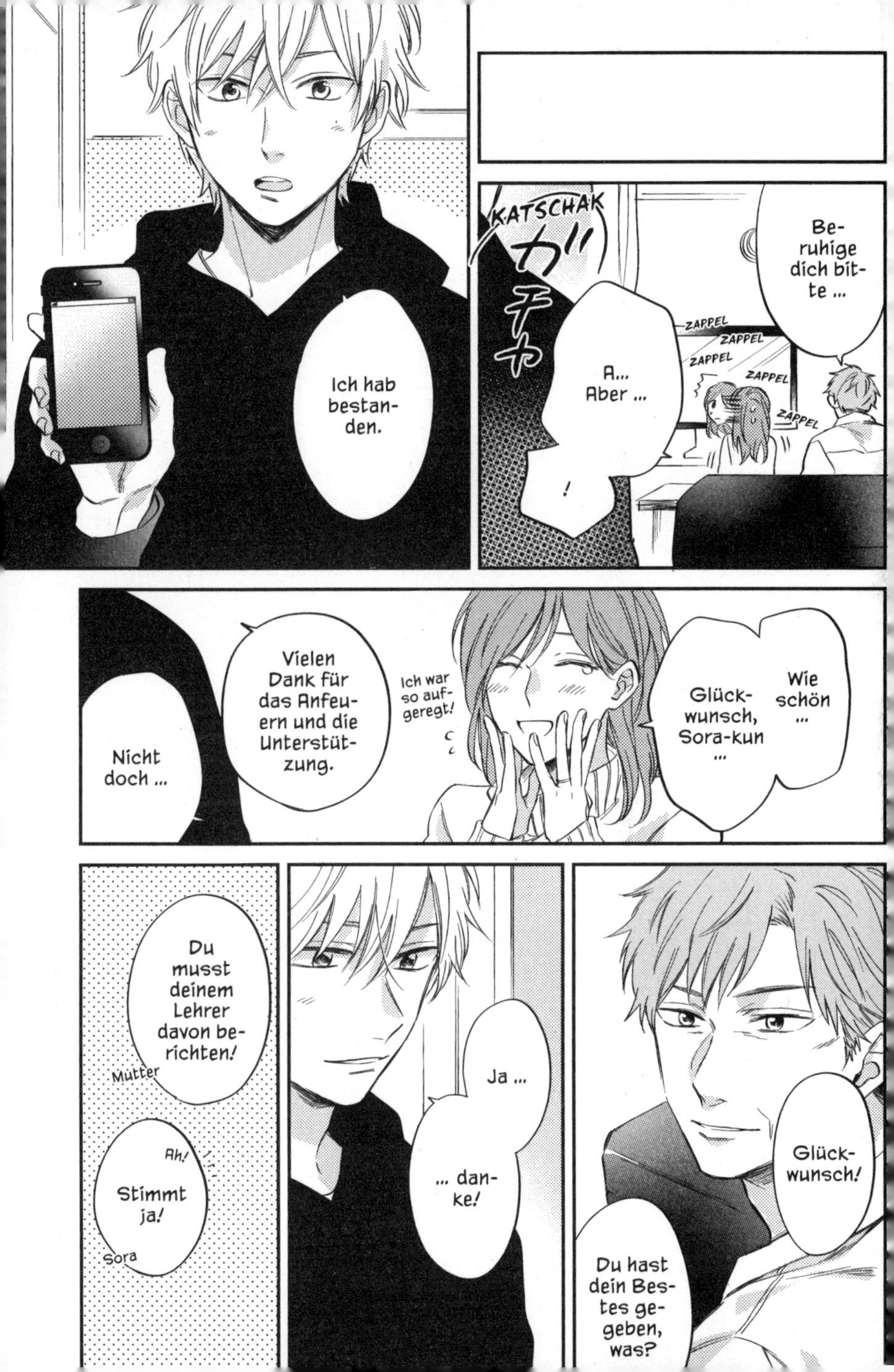
KATSCHAK
Beruhige dich bitte ...
ZAPPEL ZAPPEL ZAPPEL ZAPPEL ZAPPEL
A... Aber ...
Ich hab bestanden.
Wie schön ...
Glückwunsch, Sora-kun ...
Ich war so aufgeregt!
Vielen Dank für das Anfeuern und die Unterstützung.
Nicht doch ...
Glückwunsch!
Du hast dein Bestes gegeben, was?
Ja ...
... danke!
Du musst deinem Lehrer davon berichten!
Mutter
Ah!
Stimmt ja!
Sora

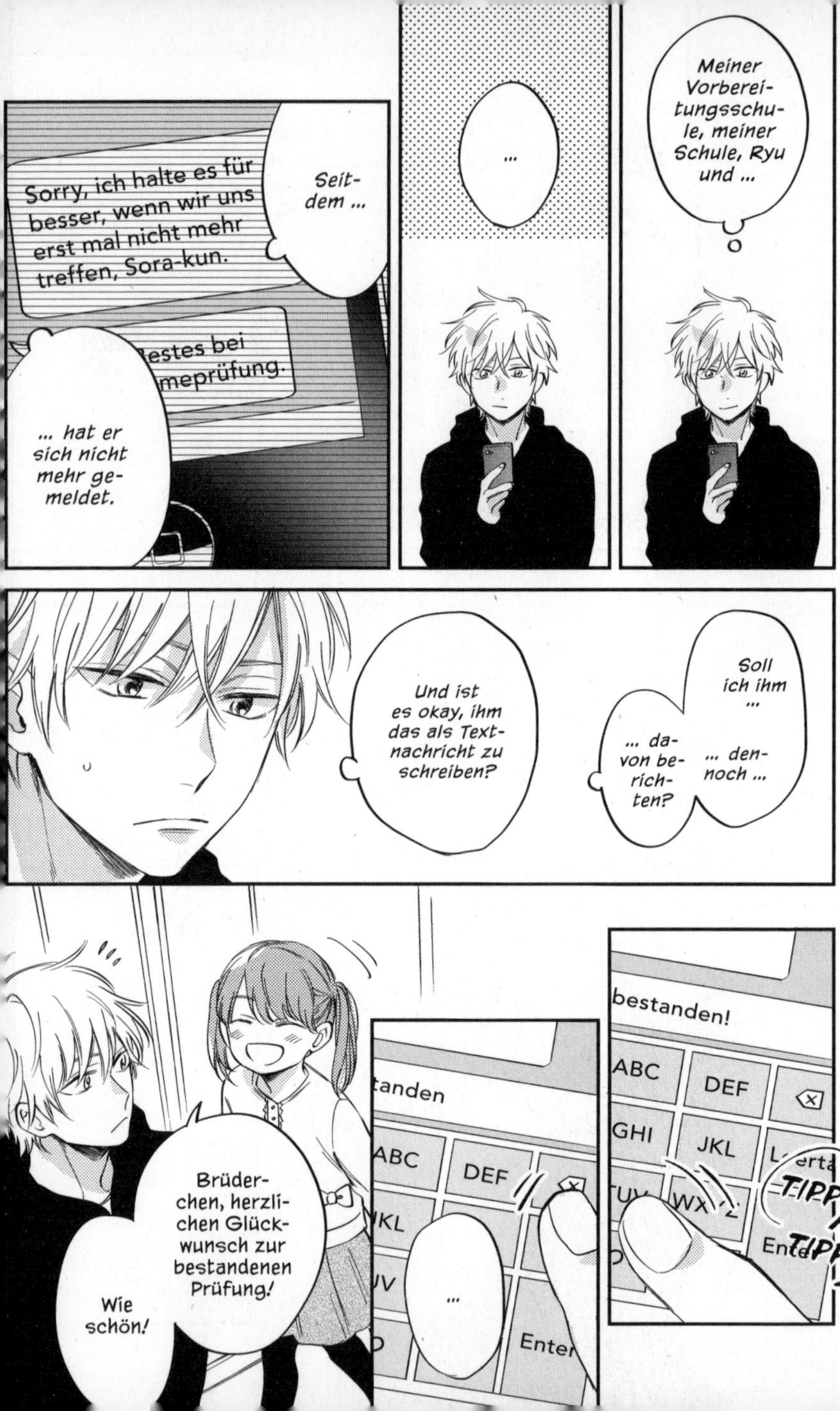
Meiner Vorbereitungsschule, meiner Schule, Ryu und ...
...
Seitdem ...
Sorry, ich halte es für besser, wenn wir uns erst mal nicht mehr treffen, Sora-kun.
... hat er sich nicht mehr gemeldet.
Soll ich ihm ...
... dennoch ...
... davon berichten?
Und ist es okay, ihm das als Textnachricht zu schreiben?
bestanden!
TIPP
TIPP
standen
...
Brüderchen, herzlichen Glückwunsch zur bestandenen Prüfung!
Wie schön!

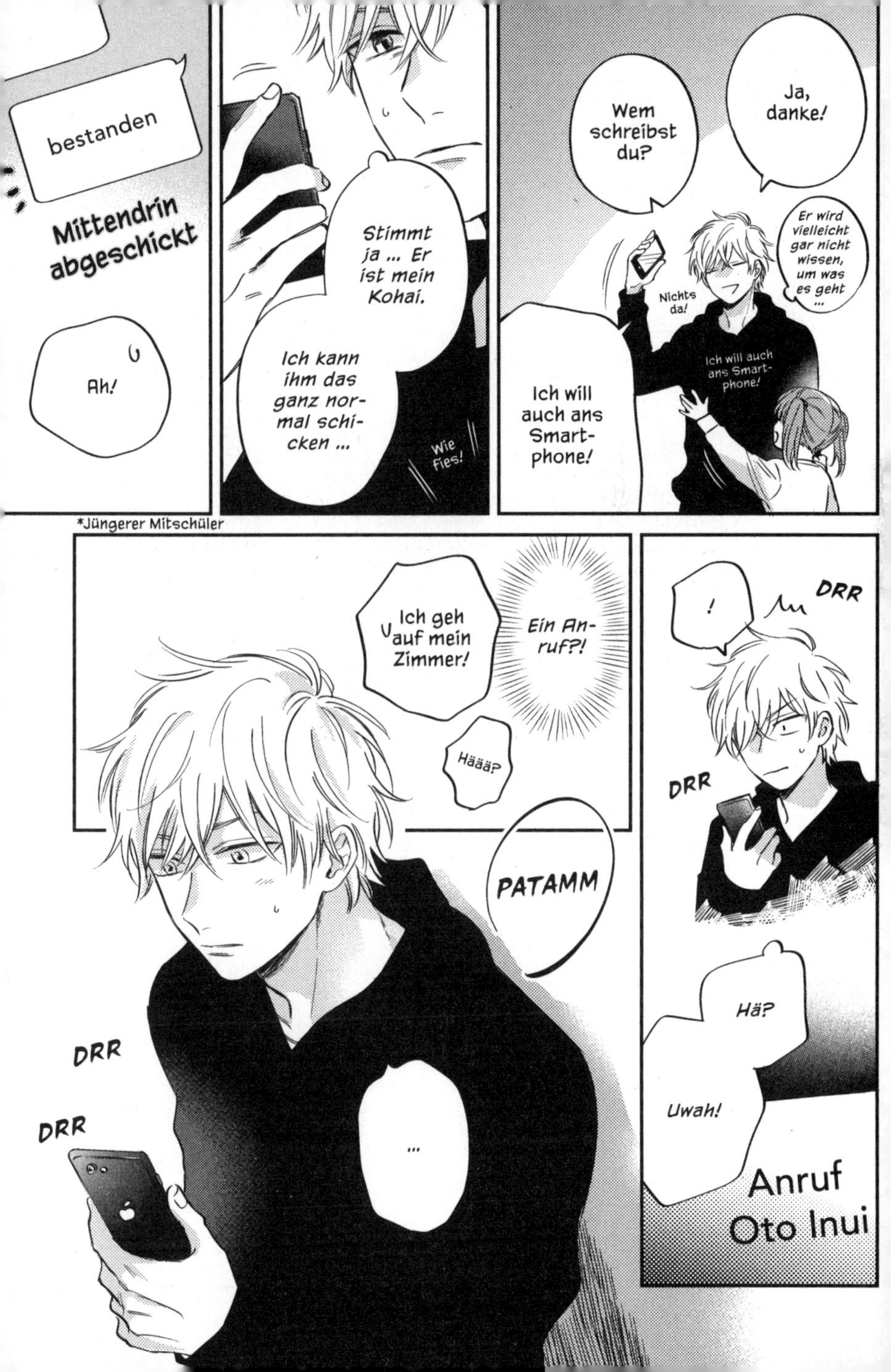

Ja, danke!
Wem schreibst du?
Er wird vielleicht gar nicht wissen, um was es geht ...
Nichts da!
Ich will auch ans Smartphone!
Ich will auch ans Smartphone!
Stimmt ja ... Er ist mein Kohai.
Ich kann ihm das ganz normal schicken ...
Wie fies!
bestanden
Mittendrin abgeschickt
Ah!
*Jüngerer Mitschüler
!
DRR
DRR
Hä?
Uwah!
Anruf Oto Inui
Ein Anruf?!
Ich geh auf mein Zimmer!
Häää?
PATAMM
...
DRR
DRR

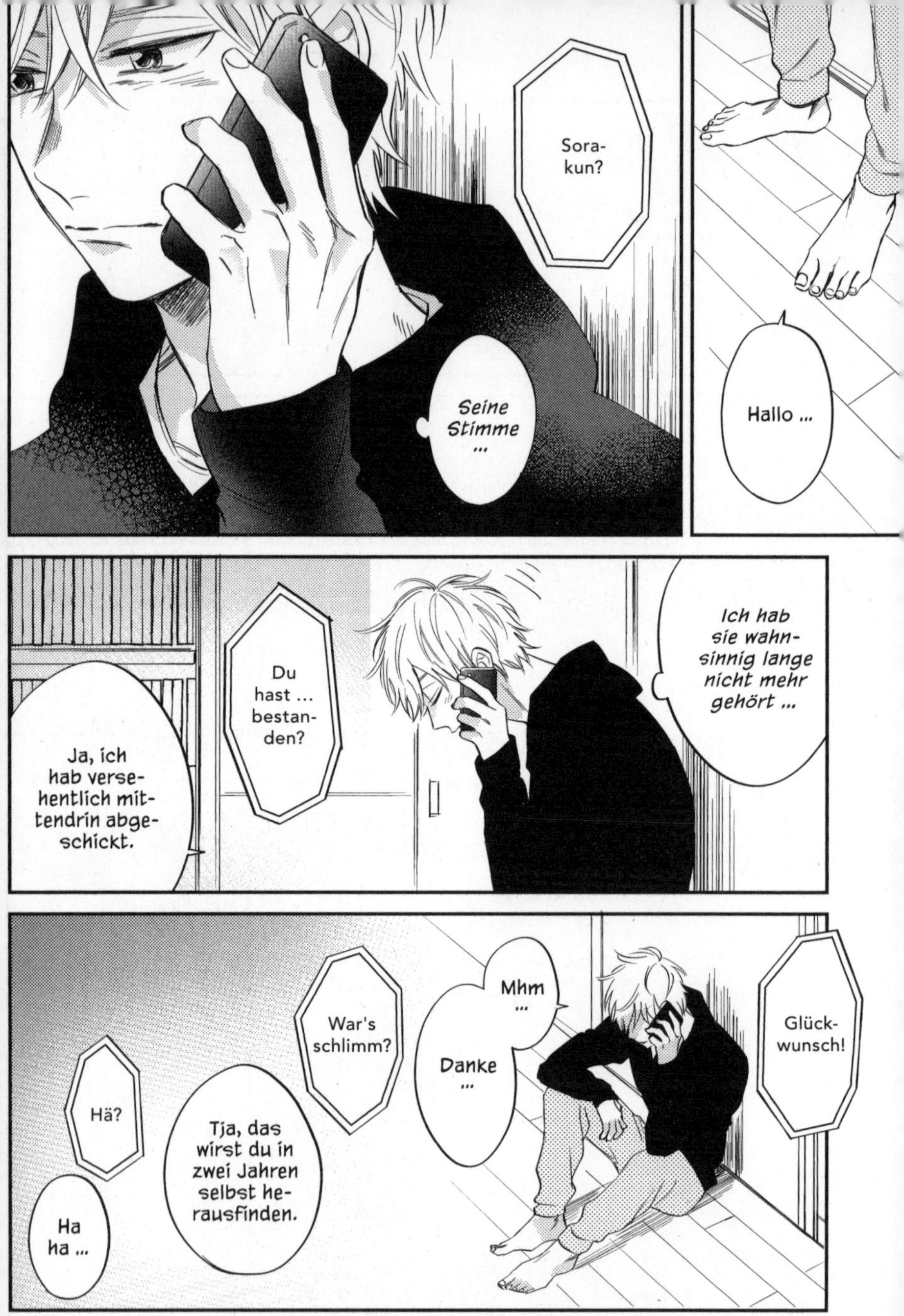
Hallo ...
Sora-kun?
Seine Stimme ...
Ich hab sie wahnsinnig lange nicht mehr gehört ...
Du hast ... bestanden?
Ja, ich hab versehentlich mittendrin abgeschickt.
Glückwunsch!
Mhm ...
Danke ...
War's schlimm?
Tja, das wirst du in zwei Jahren selbst herausfinden.
Hä?
Ha ha ...

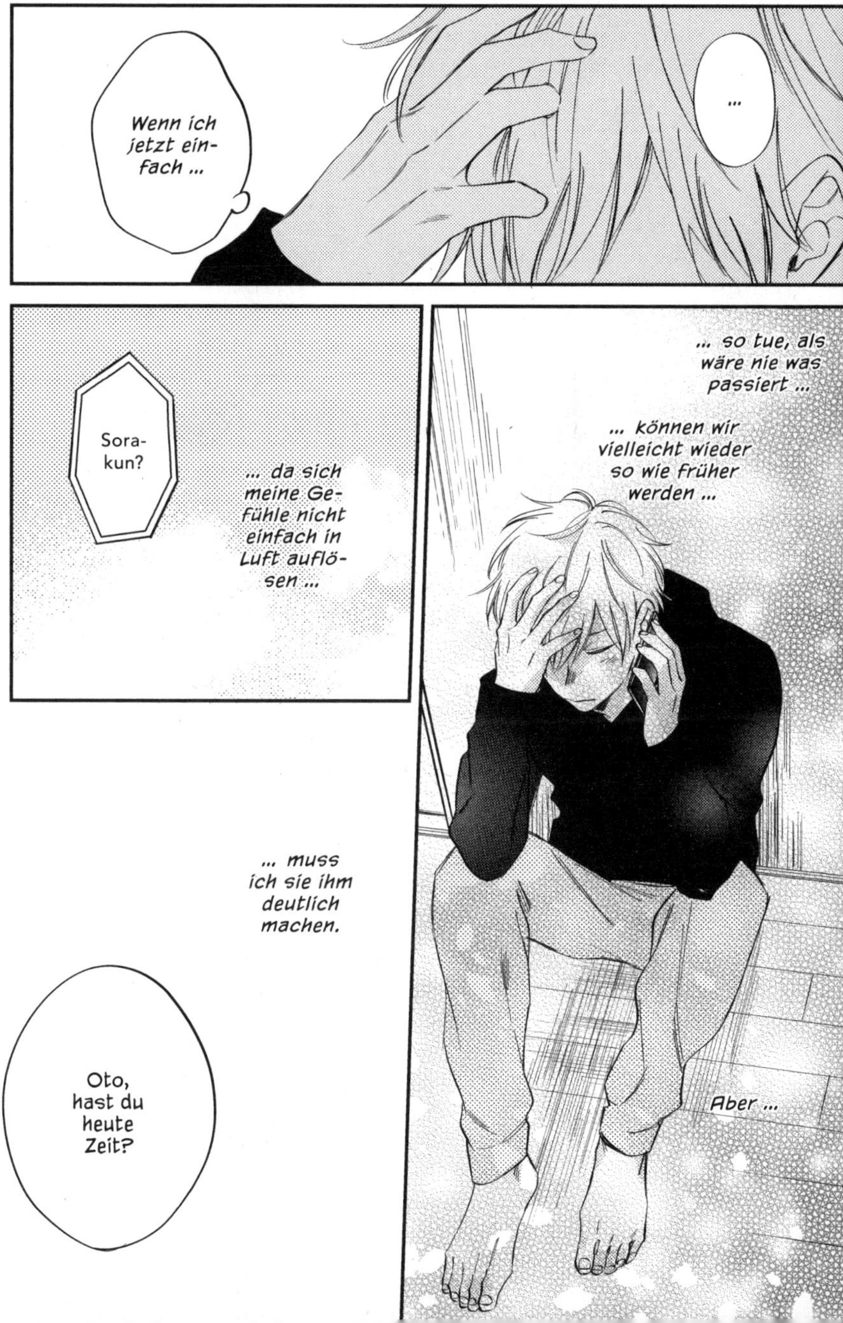
...
Wenn ich jetzt einfach ...
... so tue, als wäre nie was passiert ...
... können wir vielleicht wieder so wie früher werden ...
Aber ...
... da sich meine Gefühle nicht einfach in Luft auflösen ...
Sora-kun?
... muss ich sie ihm deutlich machen.
Oto, hast du heute Zeit?

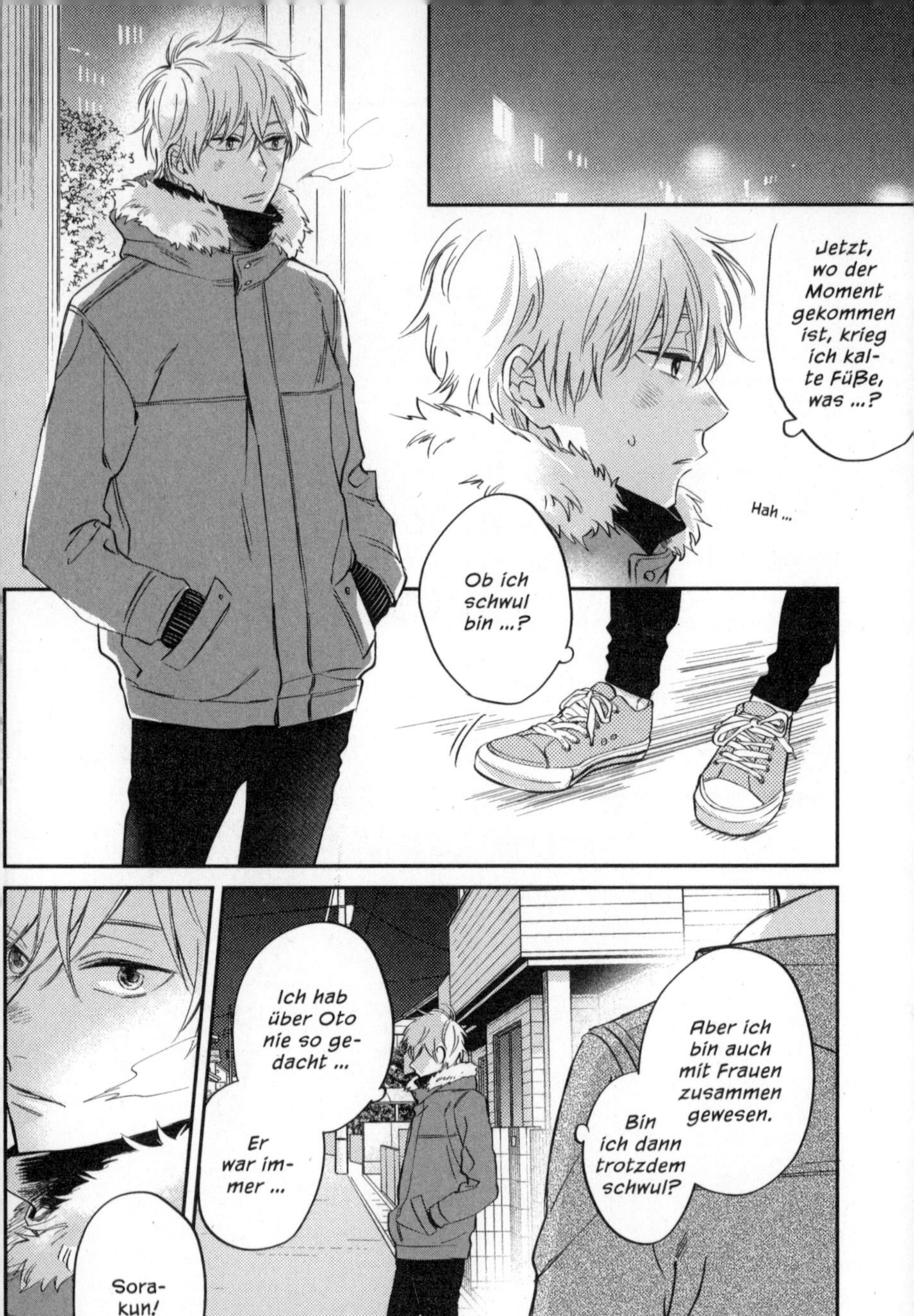
Jetzt, wo der Moment gekommen ist, krieg ich kalte Füße, was ...?
Hah ...
Ob ich schwul bin ...?
Aber ich bin auch mit Frauen zusammen gewesen.
Bin ich dann trotzdem schwul?
Ich hab über Oto nie so gedacht ...
Er war immer ...
Sora-kun!

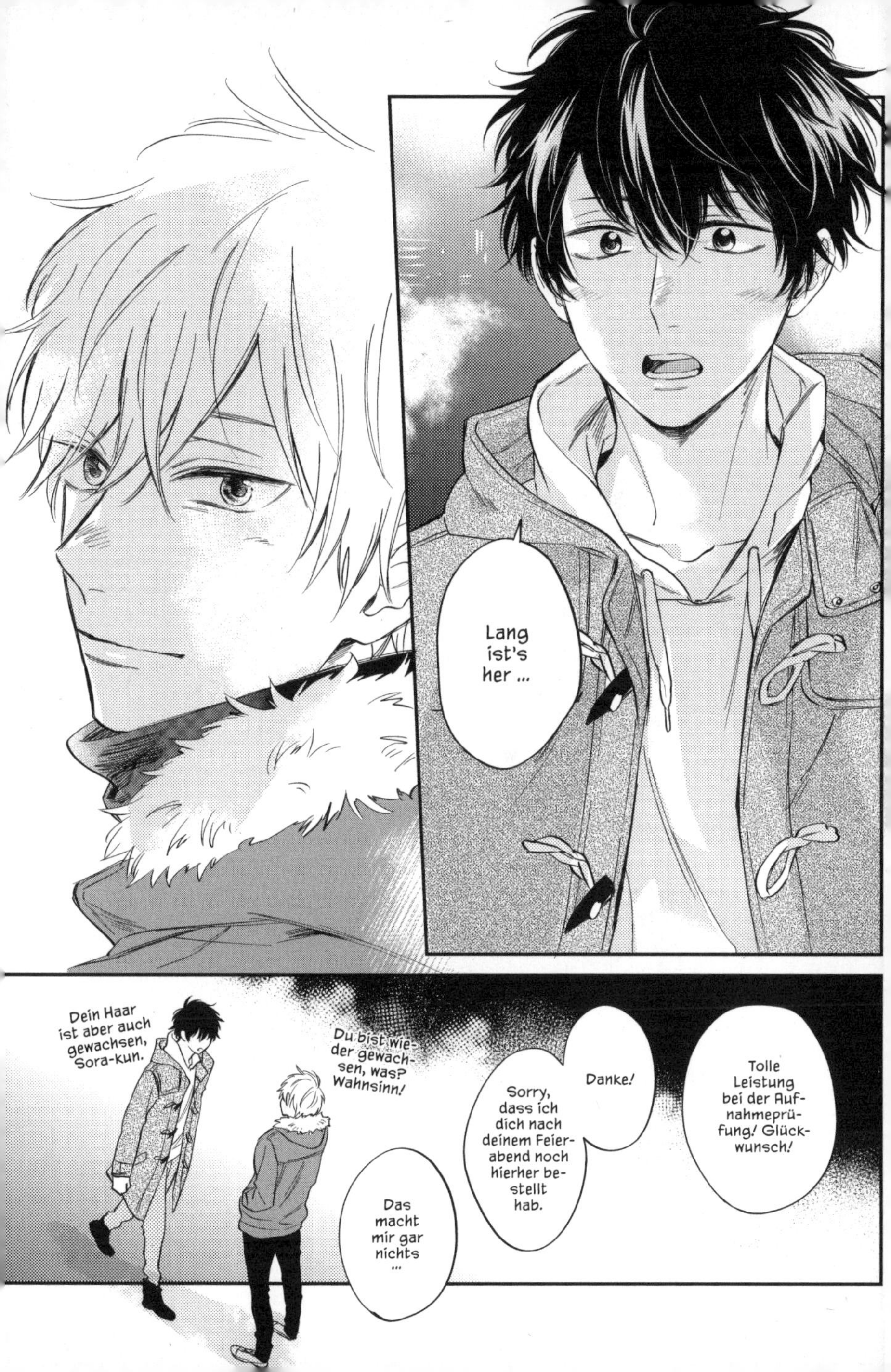
Lang ist's her ...
Tolle Leistung bei der Aufnahmeprüfung! Glückwunsch!
Danke!
Sorry, dass ich dich nach deinem Feierabend noch hierher bestellt hab.
Das macht mir gar nichts ...
Du bist wieder gewachsen, was? Wahnsinn!
Dein Haar ist aber auch gewachsen, Sora-kun.

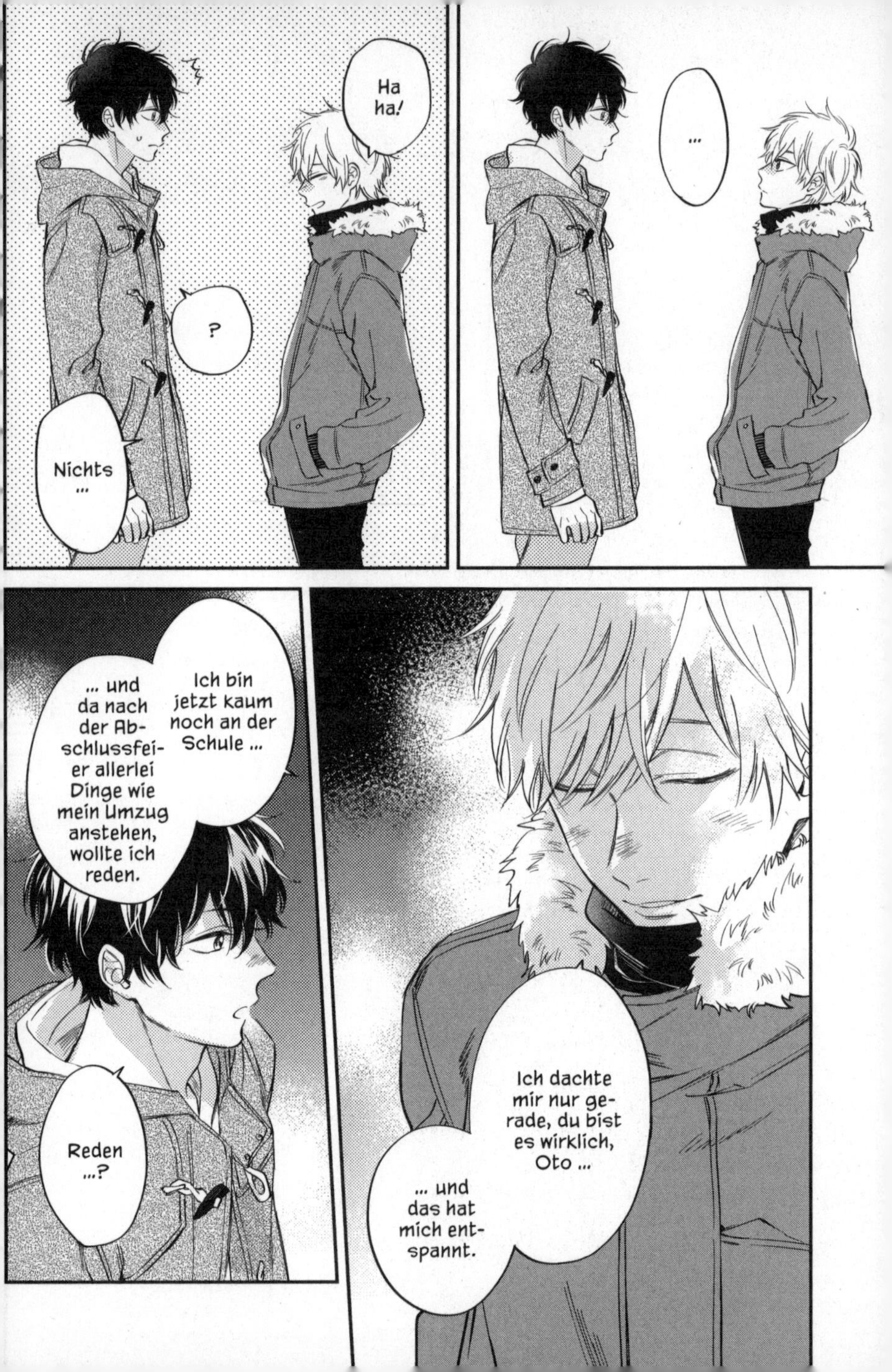
...
Ha ha!
?
Nichts ...
Ich dachte mir nur gerade, du bist es wirklich, Oto ...
... und das hat mich entspannt.
Ich bin jetzt kaum noch an der Schule ...
... und da nach der Abschlussfeier allerlei Dinge wie mein Umzug anstehen, wollte ich reden.
Reden ...?

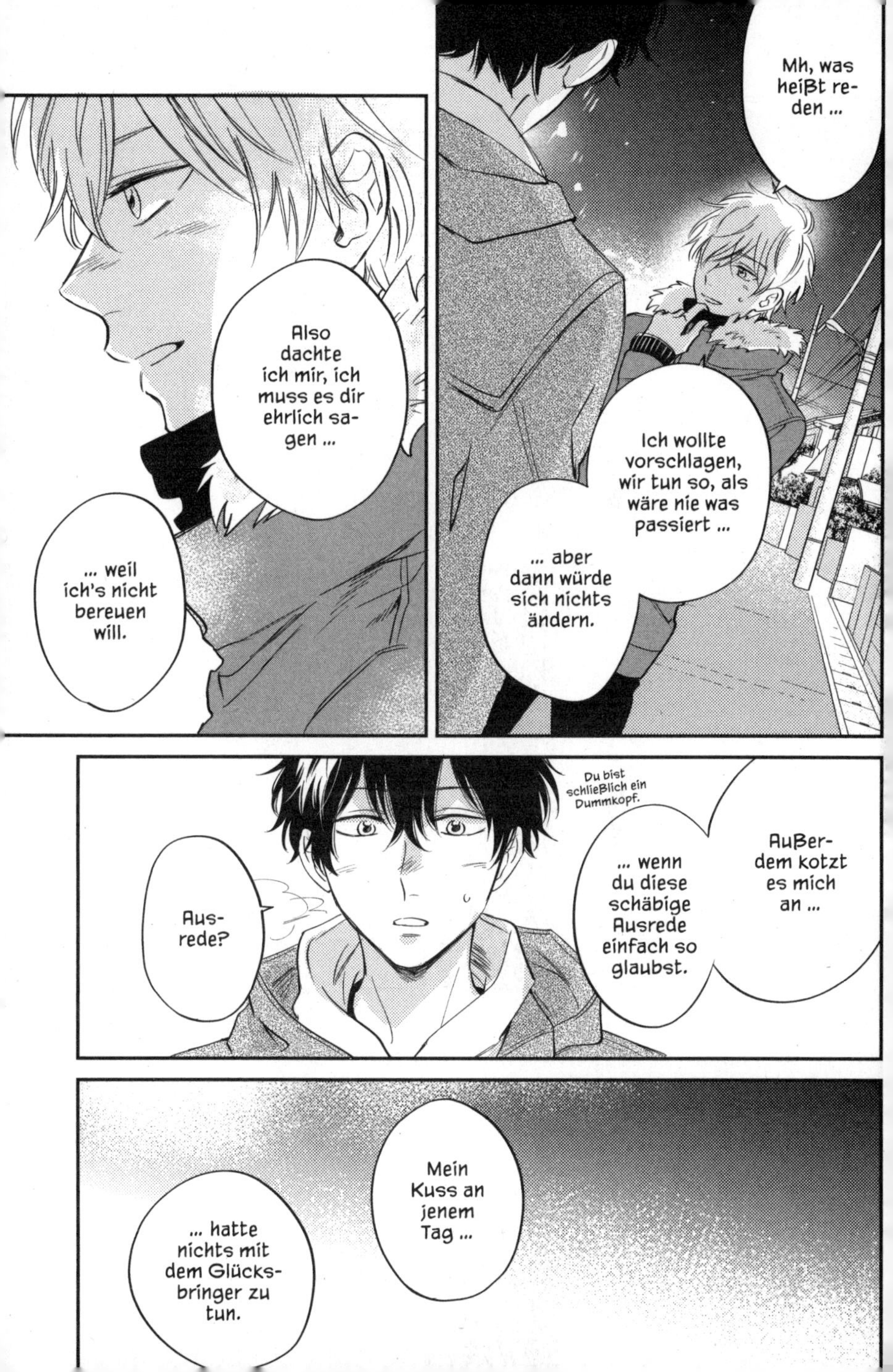
Mh, was heißt re-den ...
Ich wollte vorschlagen, wir tun so, als wäre nie was passiert ...
... aber dann würde sich nichts ändern.
Also dachte ich mir, ich muss es dir ehrlich sa-gen ...
... weil ich's nicht bereuen will.
Außer-dem kotzt es mich an ...
... wenn du diese schäbige Ausrede einfach so glaubst.
Du bist schließlich ein Dummkopf.
Aus-rede?
Mein Kuss an jenem Tag ...
... hatte nichts mit dem Glücks-bringer zu tun.

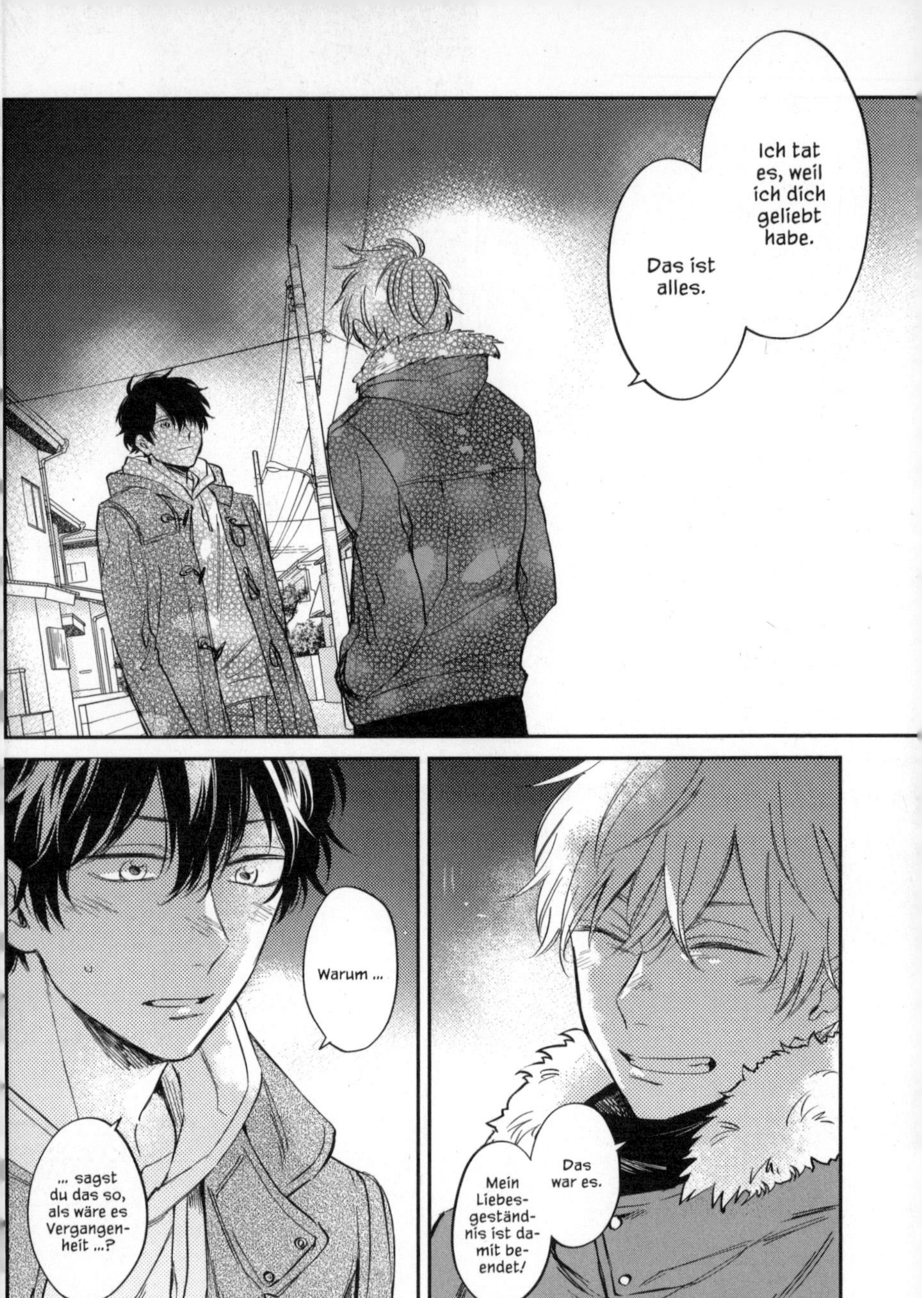
Ich tat es, weil ich dich geliebt habe.
Das ist alles.
Das war es.
Mein Liebesgeständnis ist damit beendet!
Warum ...
... sagst du das so, als wäre es Vergangenheit ...?

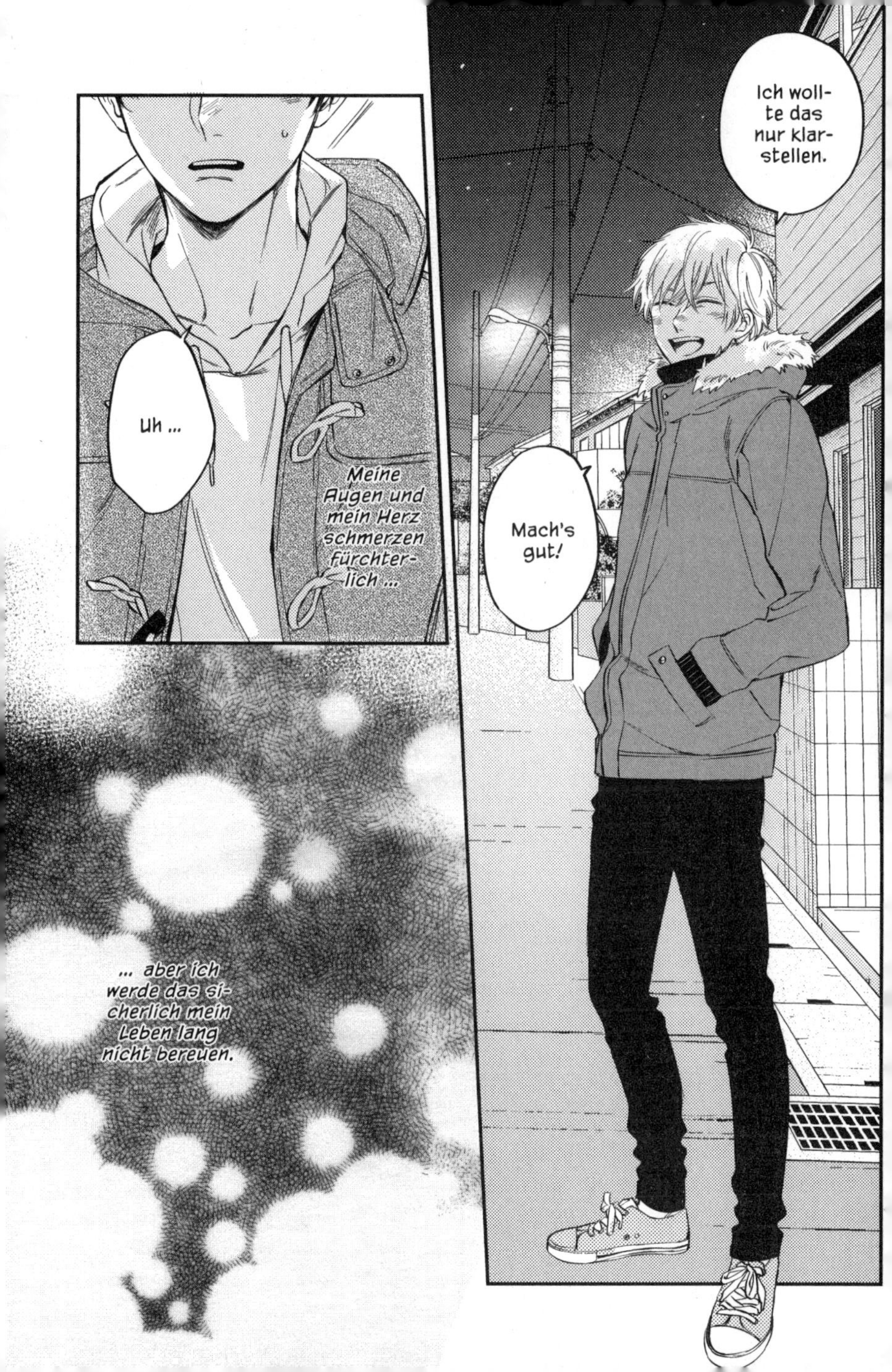
Ich wollte das nur klarstellen.
Mach's gut!
Uh ...
Meine Augen und mein Herz schmerzen fürchterlich ...
... aber ich werde das sicherlich mein Leben lang nicht bereuen.

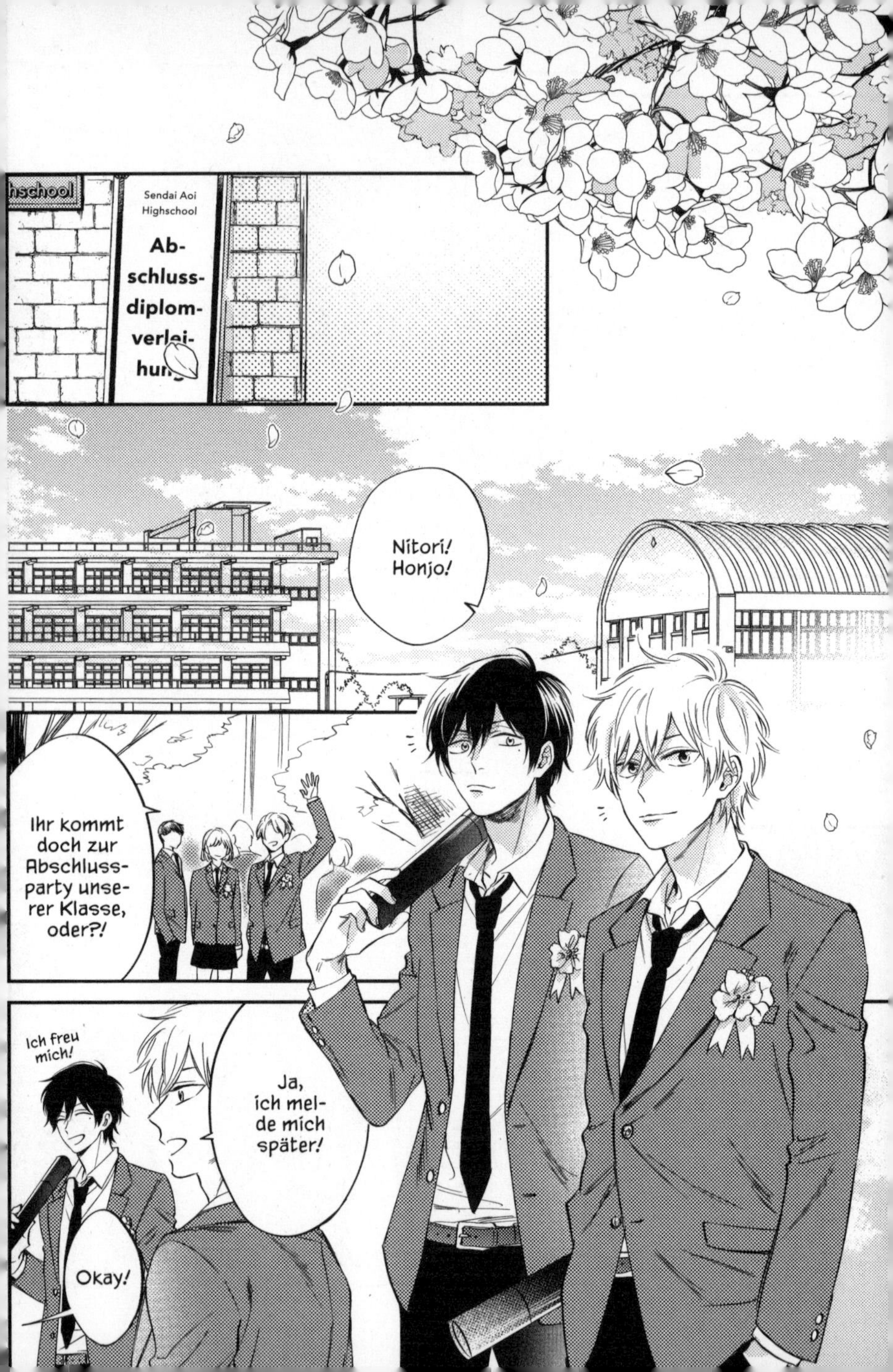

hschool
Sendai Aoi Highschool
Ab-schluss-diplom-verlei-hung
Nitori! Honjo!
Ihr kommt doch zur Abschluss-party unse-rer Klasse, oder?!
Ja, ich mel-de mich später!
Ich freu mich!
Okay!

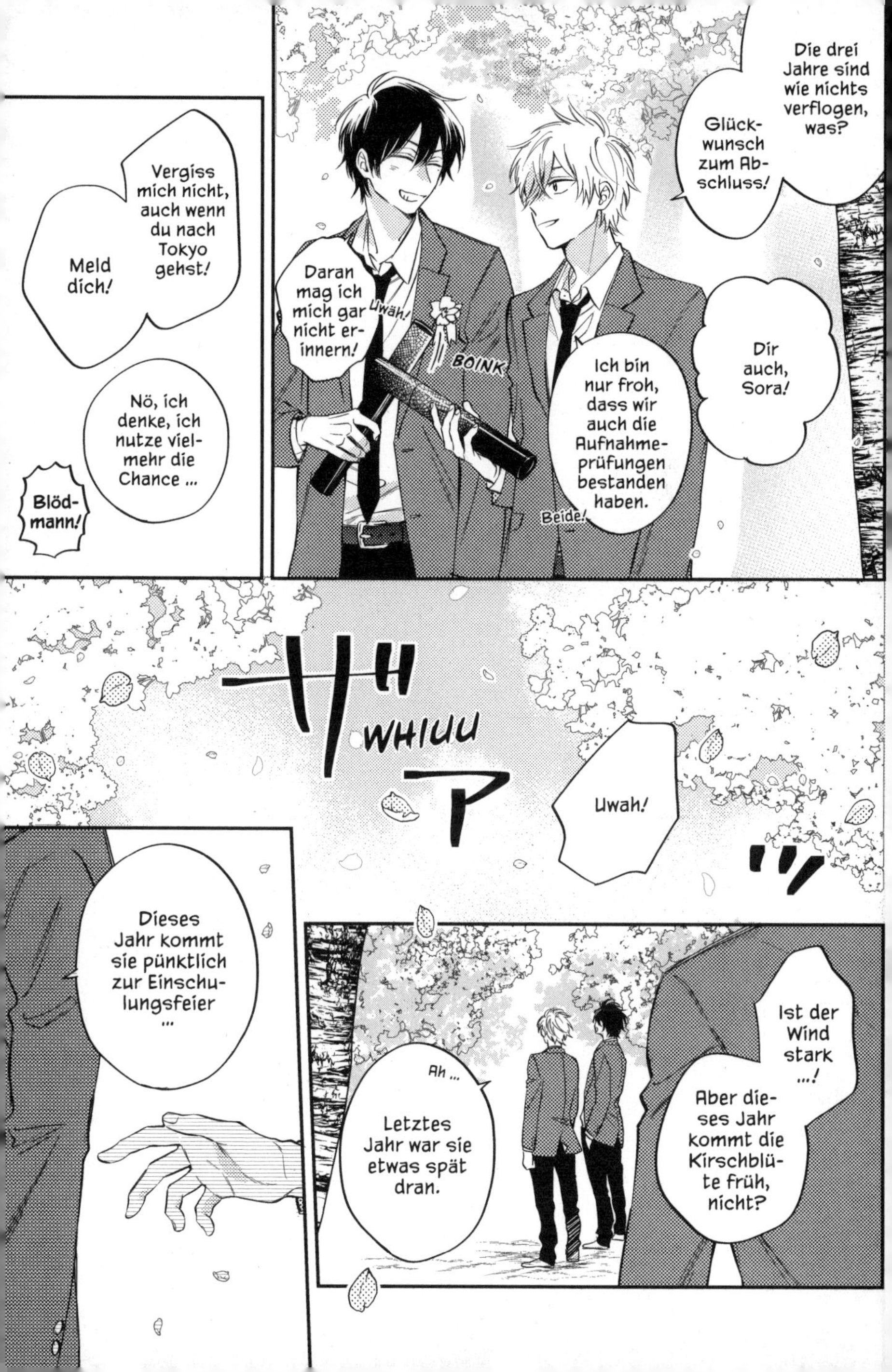

Die drei Jahre sind wie nichts verflogen, was?
Glückwunsch zum Abschluss!
Dir auch, Sora!
Ich bin nur froh, dass wir auch die Aufnahmeprüfungen bestanden haben.
Beide!
BOINK
Uwah!
Daran mag ich mich gar nicht erinnern!
Vergiss mich nicht, auch wenn du nach Tokyo gehst!
Meld dich!
Nö, ich denke, ich nutze vielmehr die Chance ...
Blödmann!
WHIUU
Uwah!
Ist der Wind stark ...!
Aber dieses Jahr kommt die Kirschblüte früh, nicht?
Ah ...
Letztes Jahr war sie etwas spät dran.
Dieses Jahr kommt sie pünktlich zur Einschulungsfeier ...

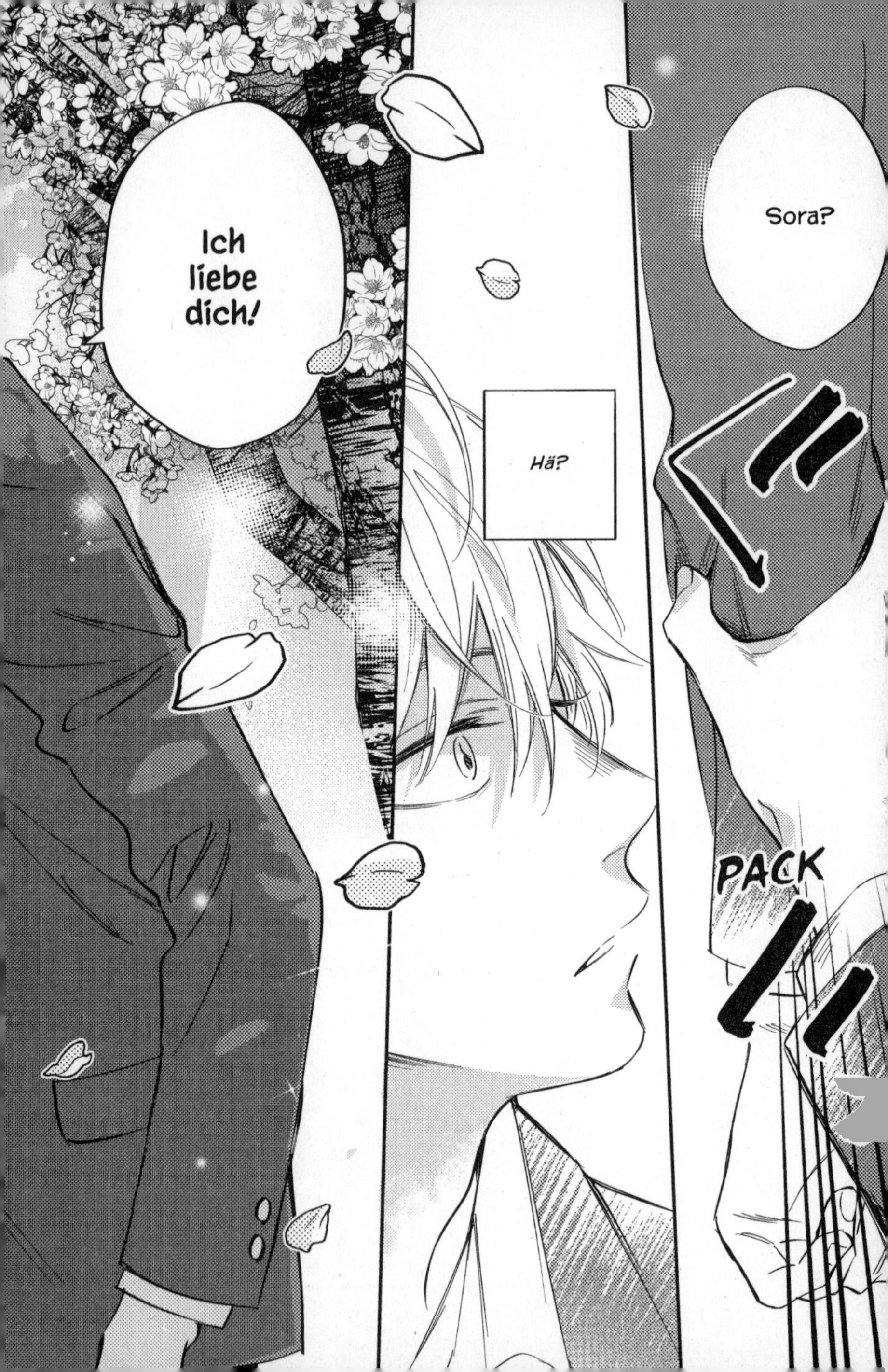
Sora?
PACK
Hä?
Ich liebe dich!

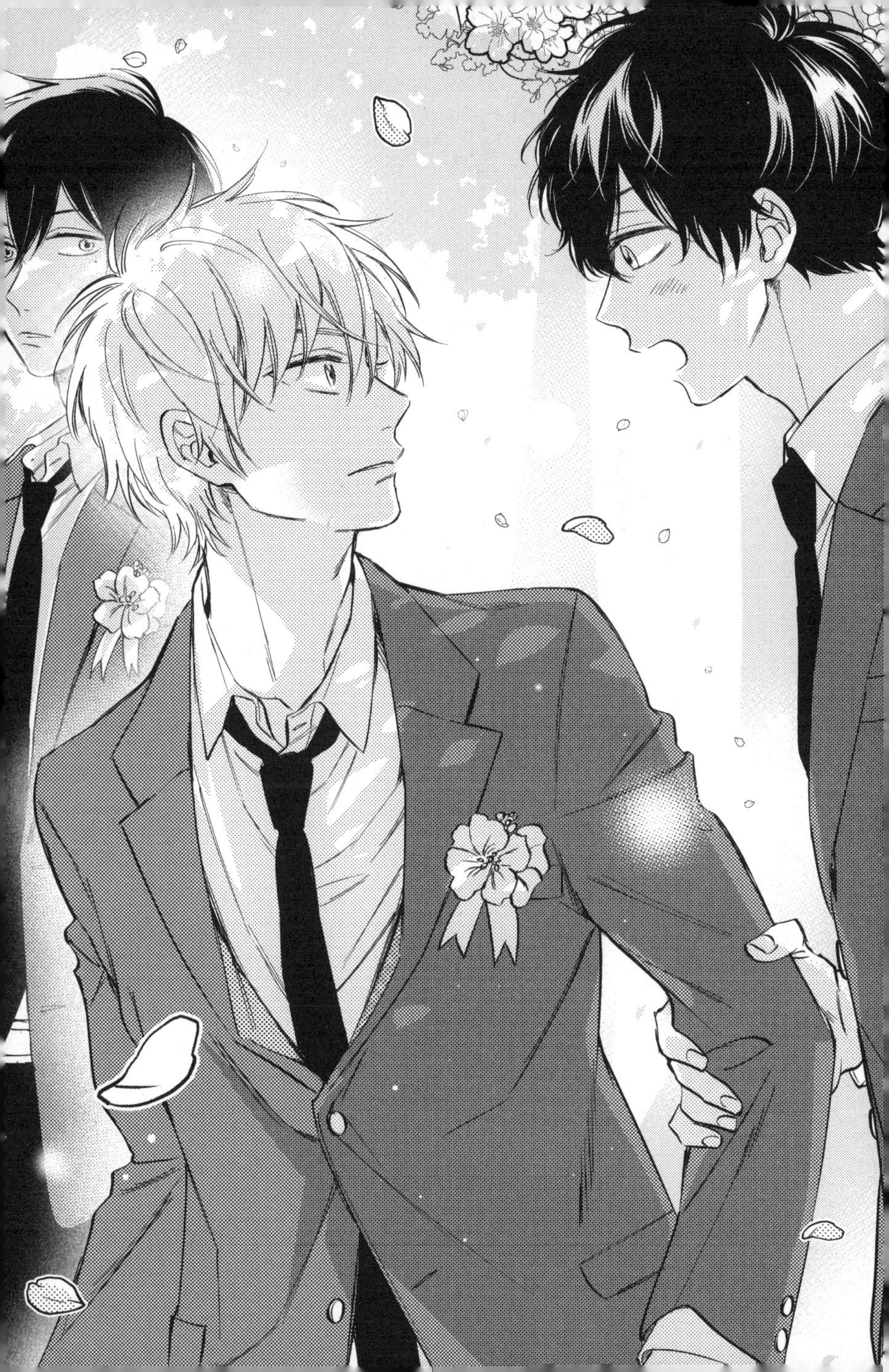

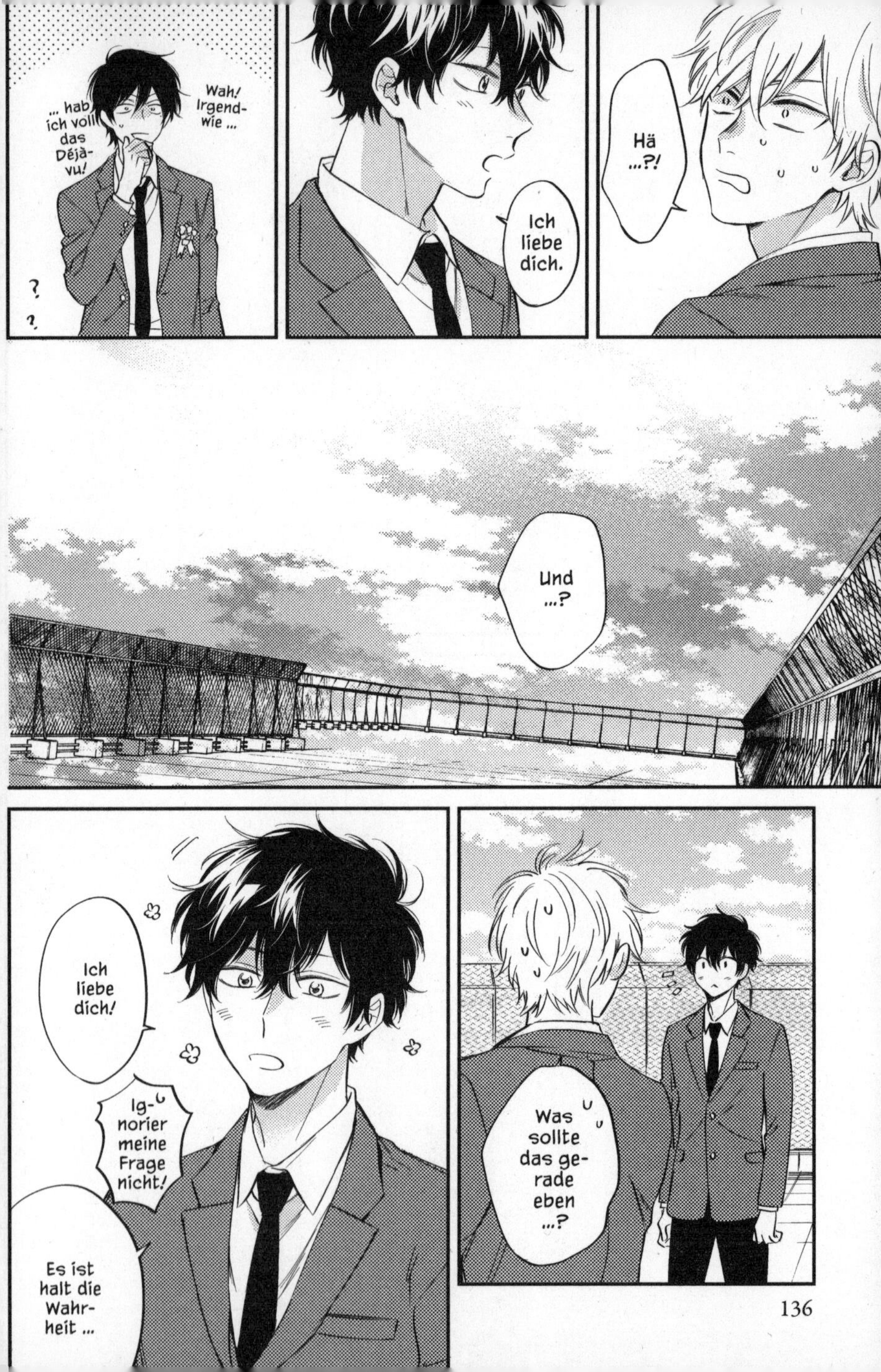
Hä …?!
Ich liebe dich.
Wah! Irgendwie …
… hab ich voll das Déjà-vu!
? ?
Und …?
Was sollte das gerade eben …?
Ich liebe dich!
Ignorier meine Frage nicht!
Es ist halt die Wahrheit …

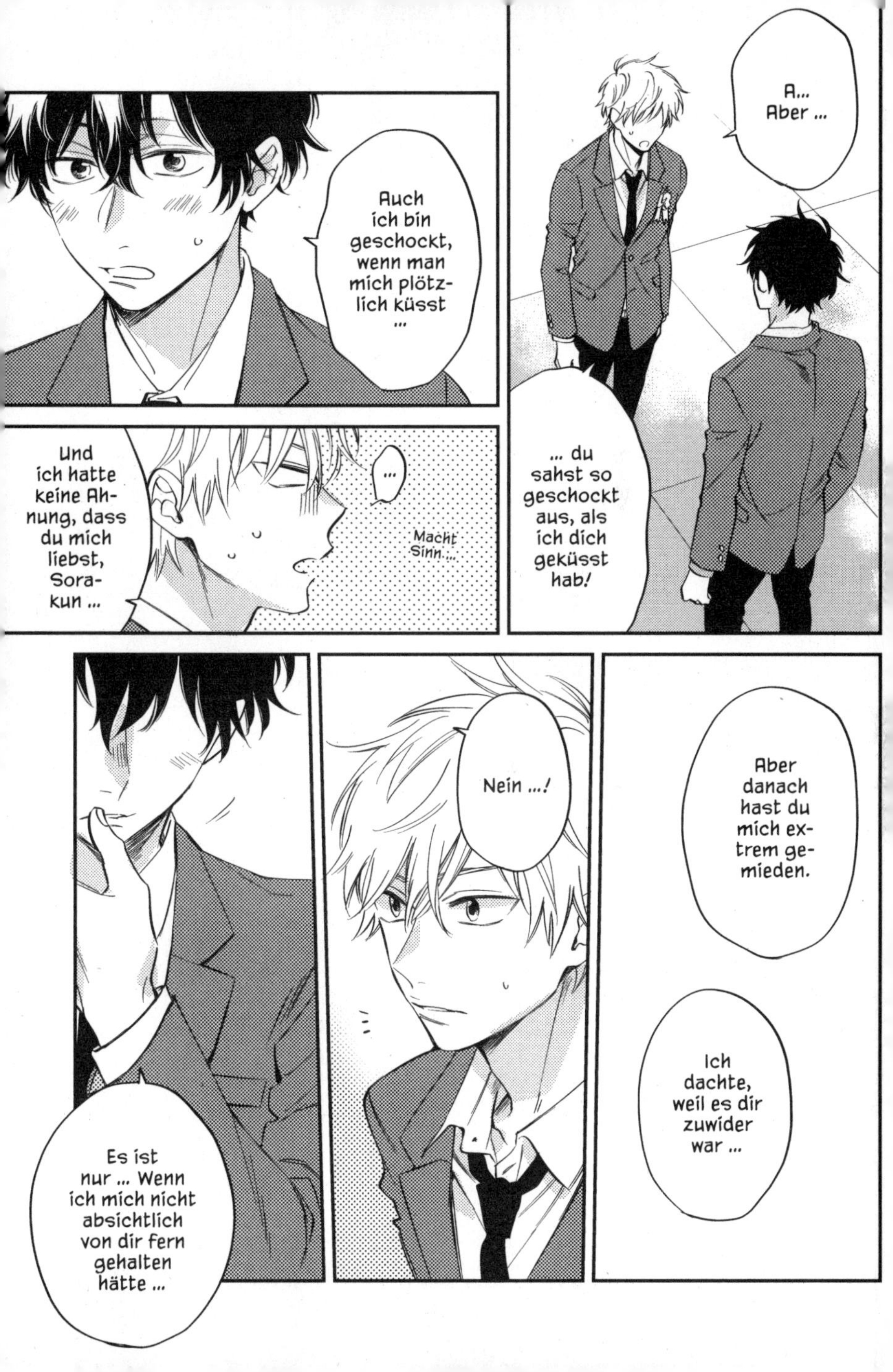
A... Aber ...
... du sahst so geschockt aus, als ich dich geküsst hab!
Auch ich bin geschockt, wenn man mich plötzlich küsst ...
...
Macht Sinn ...
Und ich hatte keine Ahnung, dass du mich liebst, Sora-kun ...
Aber danach hast du mich extrem gemieden.
Ich dachte, weil es dir zuwider war ...
Nein ...!
Es ist nur ... Wenn ich mich nicht absichtlich von dir fern gehalten hätte ...

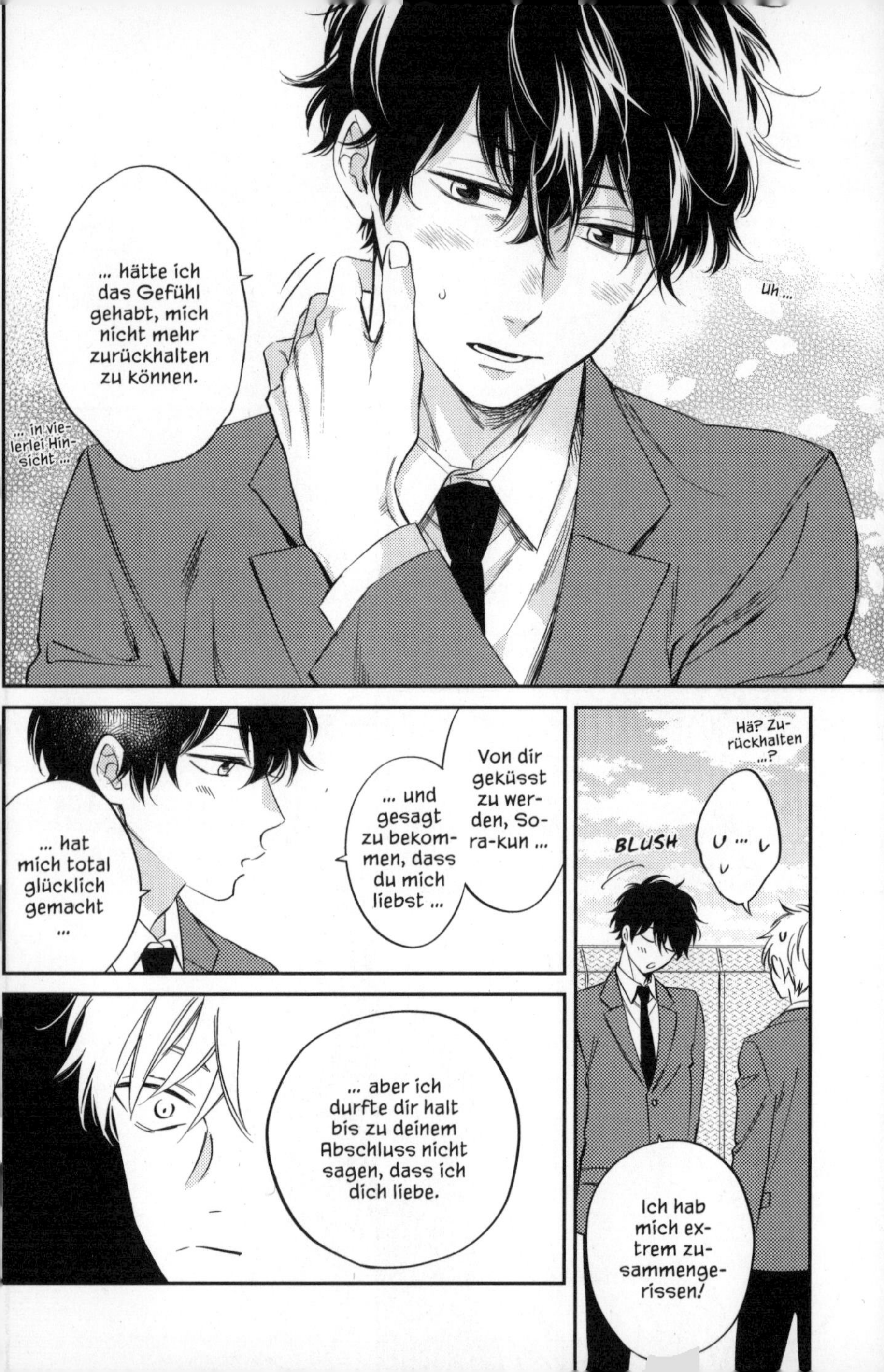
Uh ...
... hätte ich das Gefühl gehabt, mich nicht mehr zurückhalten zu können.
... in vielerlei Hinsicht ...
Hä? Zurückhalten ...?
BLUSH
Ich hab mich extrem zusammengerissen!
Von dir geküsst zu werden, Sora-kun ...
... und gesagt zu bekommen, dass du mich liebst ...
... hat mich total glücklich gemacht ...
... aber ich durfte dir halt bis zu deinem Abschluss nicht sagen, dass ich dich liebe.

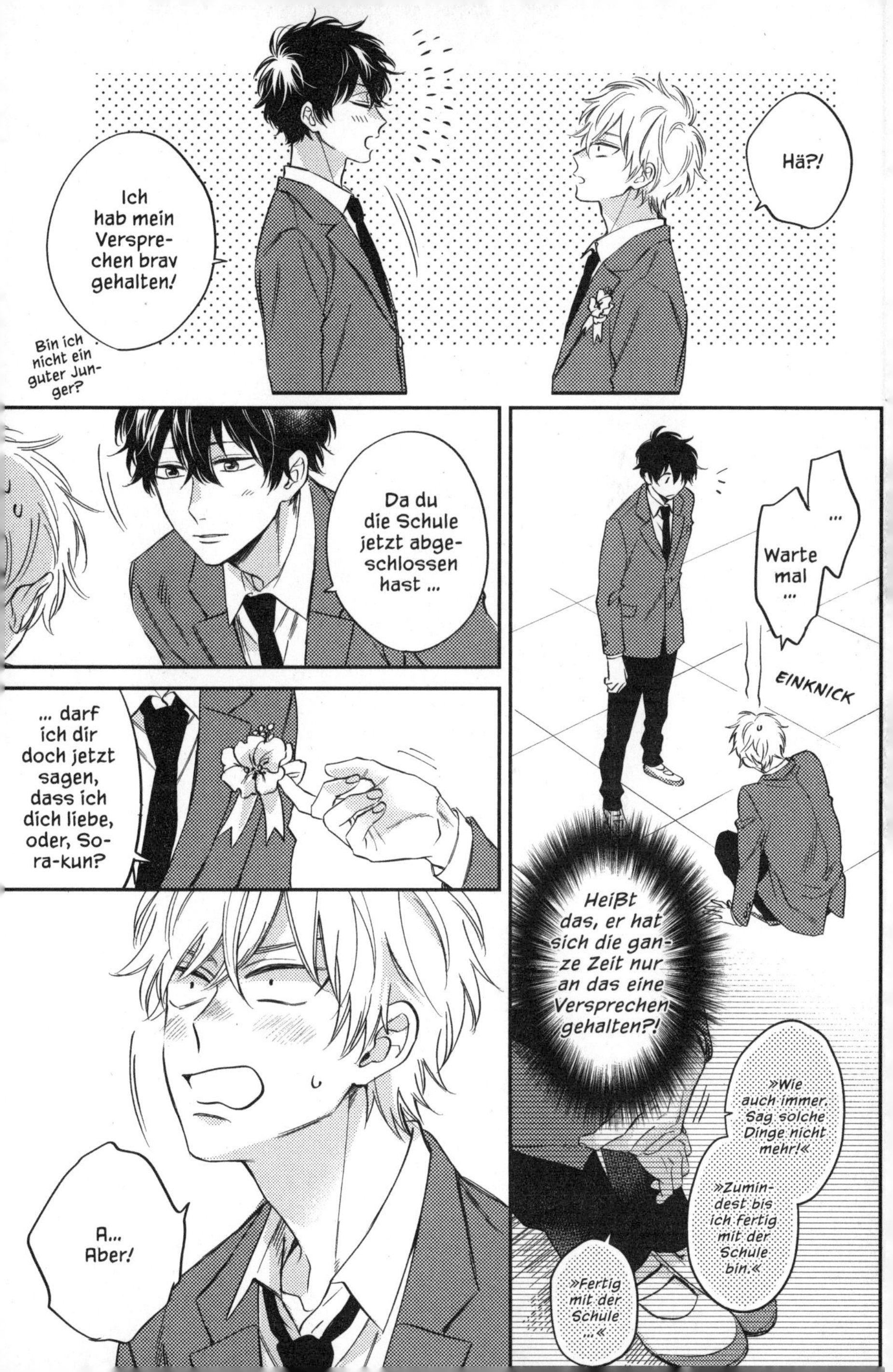
Hä?!
Ich hab mein Versprechen brav gehalten!
Bin ich nicht ein guter Junger?
... Warte mal ...
EINKNICK
Heißt das, er hat sich die ganze Zeit nur an das eine Versprechen gehalten?!
»Wie auch immer. Sag solche Dinge nicht mehr!«
»Zumindest bis ich fertig mit der Schule bin.«
»Fertig mit der Schule ...«
Da du die Schule jetzt abgeschlossen hast ...
... darf ich dir doch jetzt sagen, dass ich dich liebe, oder, Sora-kun?
A... Aber!

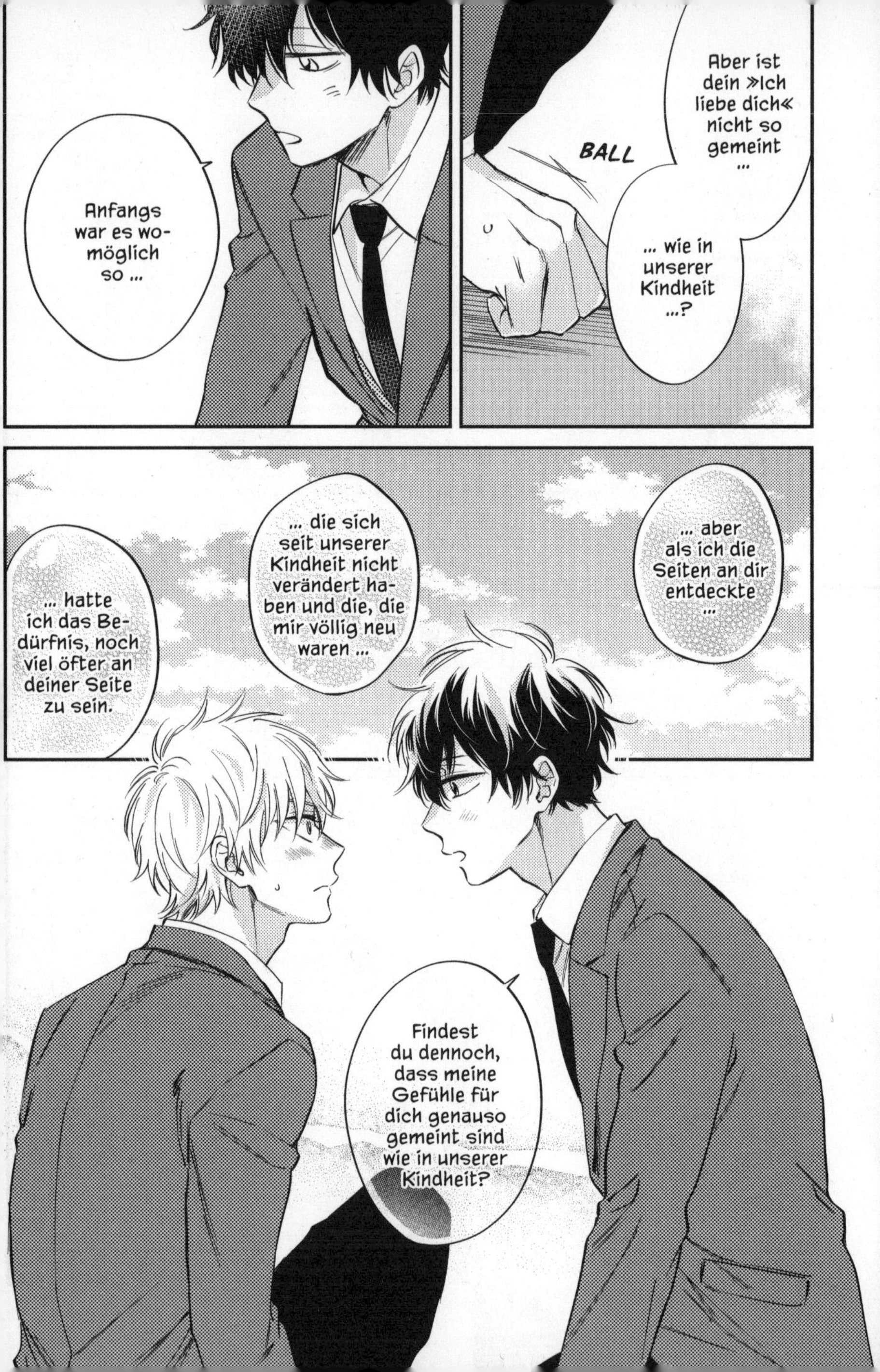
Aber ist dein »Ich liebe dich« nicht so gemeint ...
BALL
... wie in unserer Kindheit ...?
Anfangs war es womöglich so ...
... aber als ich die Seiten an dir entdeckte ...
... die sich seit unserer Kindheit nicht verändert haben und die, die mir völlig neu waren ...
... hatte ich das Bedürfnis, noch viel öfter an deiner Seite zu sein.
Findest du dennoch, dass meine Gefühle für dich genauso gemeint sind wie in unserer Kindheit?

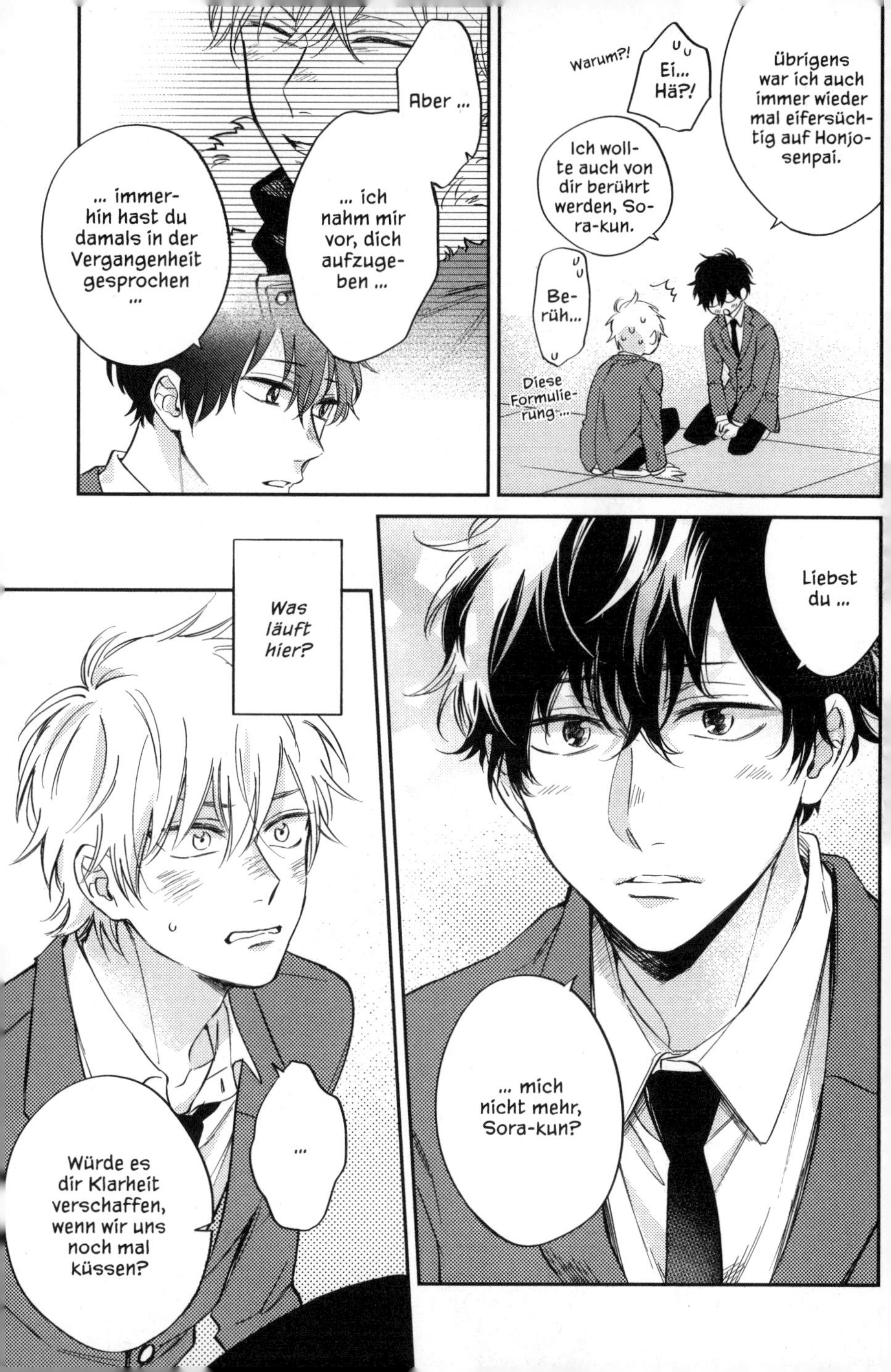
Übrigens war ich auch immer wieder mal eifersüchtig auf Honjo-senpai.
Ei... Hä?!
Warum?!
Ich wollte auch von dir berührt werden, Sora-kun.
Be-rüh...
Diese Formulierung ...
Aber ...
... ich nahm mir vor, dich aufzugeben ...
... immerhin hast du damals in der Vergangenheit gesprochen ...
Liebst du ...
... mich nicht mehr, Sora-kun?
Was läuft hier?
...
Würde es dir Klarheit verschaffen, wenn wir uns noch mal küssen?

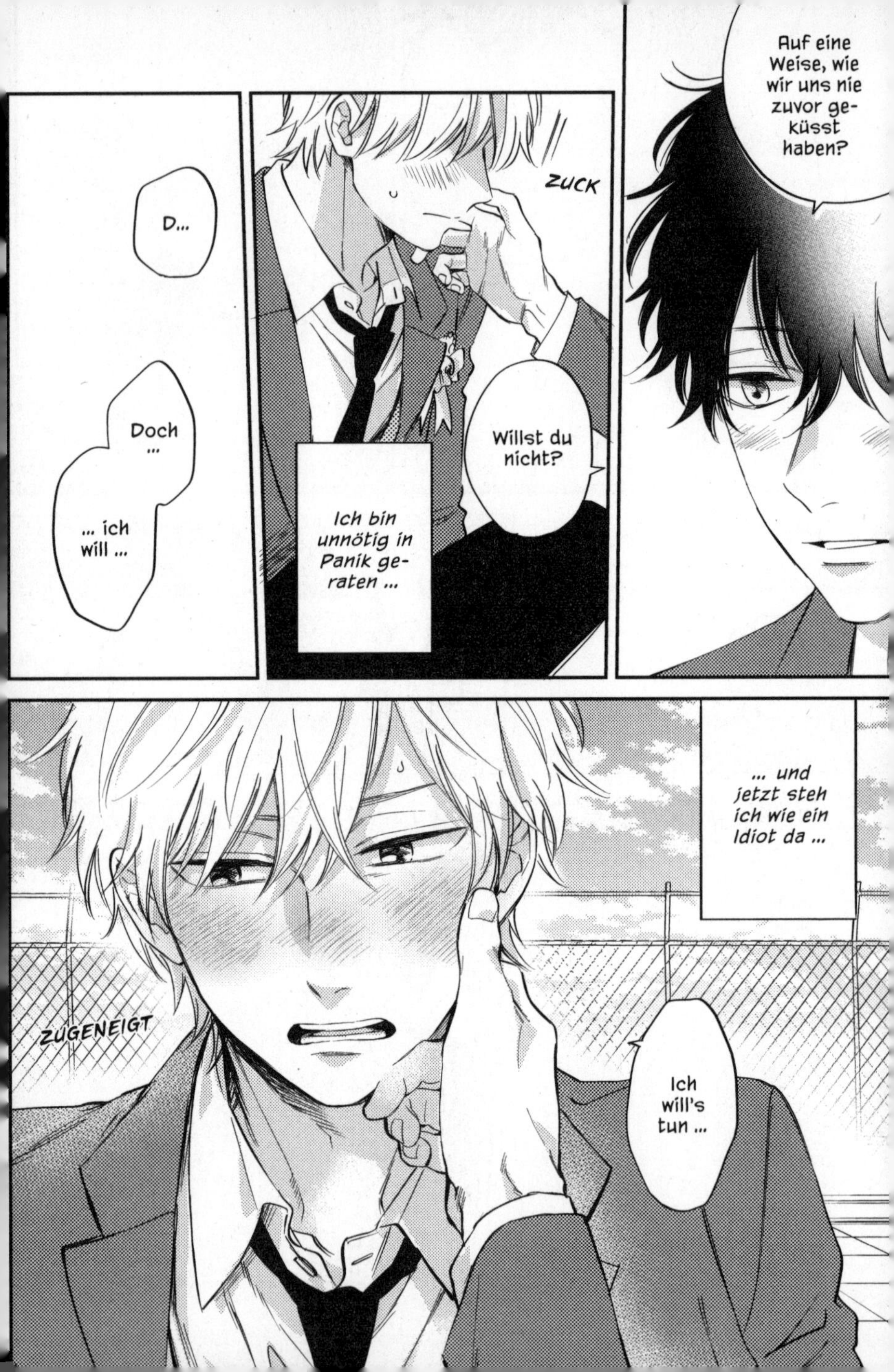
Auf eine Weise, wie wir uns nie zuvor geküsst haben?
ZUCK
Willst du nicht?
Ich bin unnötig in Panik geraten ...
D...
Doch ...
... ich will ...
... und jetzt steh ich wie ein Idiot da ...
Ich will's tun ...
ZUGENEIGT

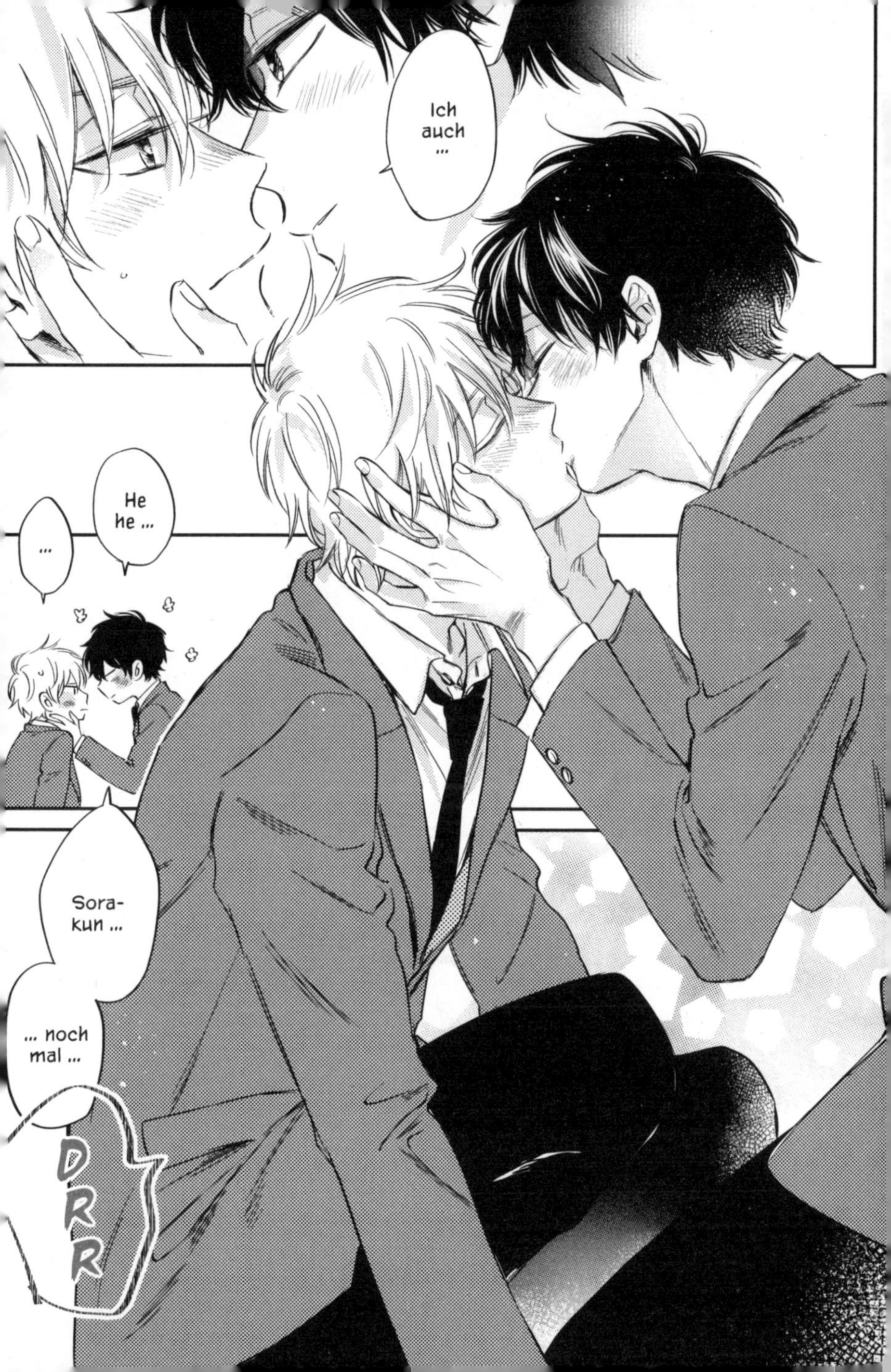
Ich auch ...
He he ...
...
Sora-kun ...
... noch mal ...
DRR

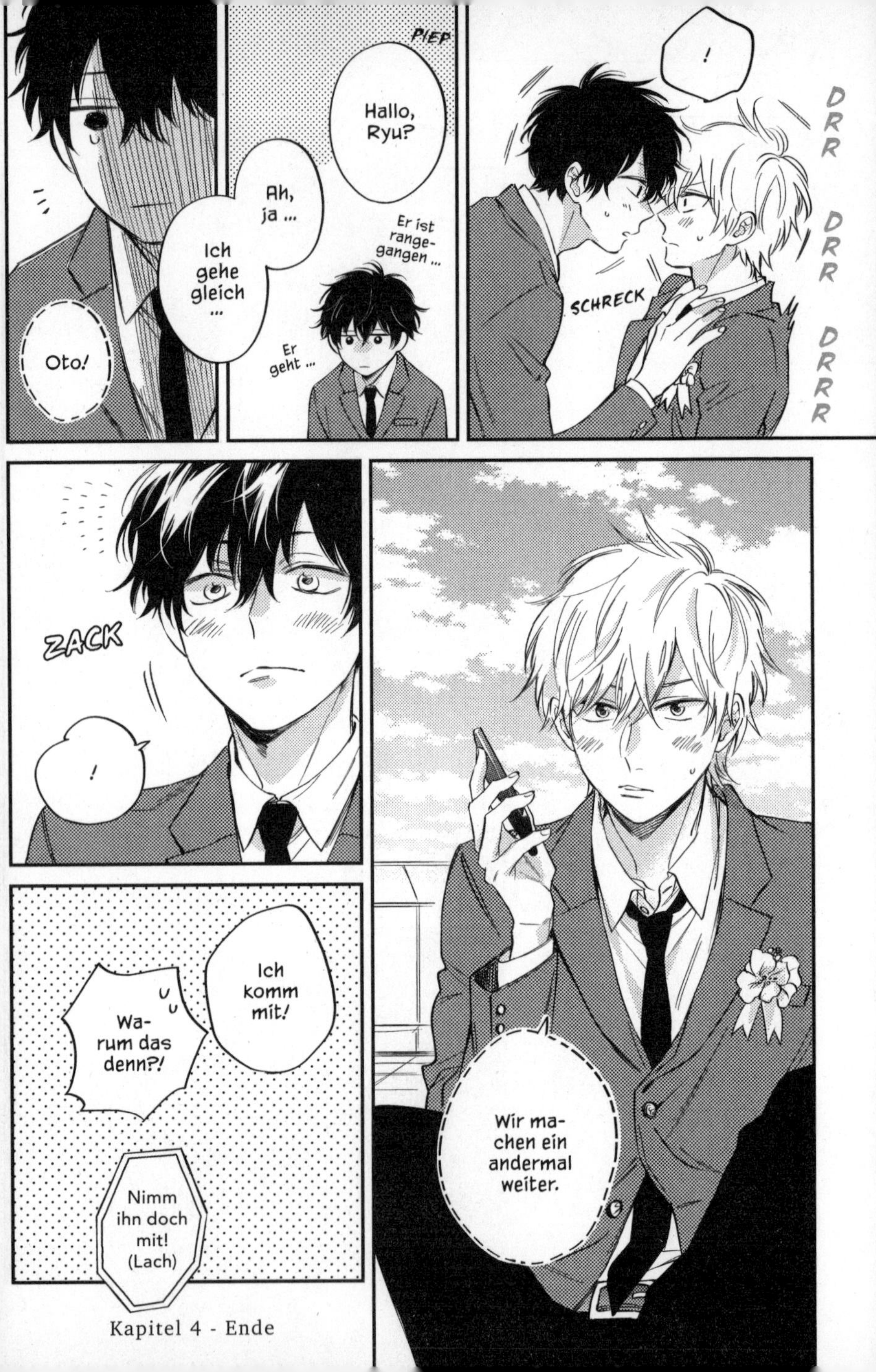

Kapitel 4 - Ende

Die Wahrheit nach zehn Jahren

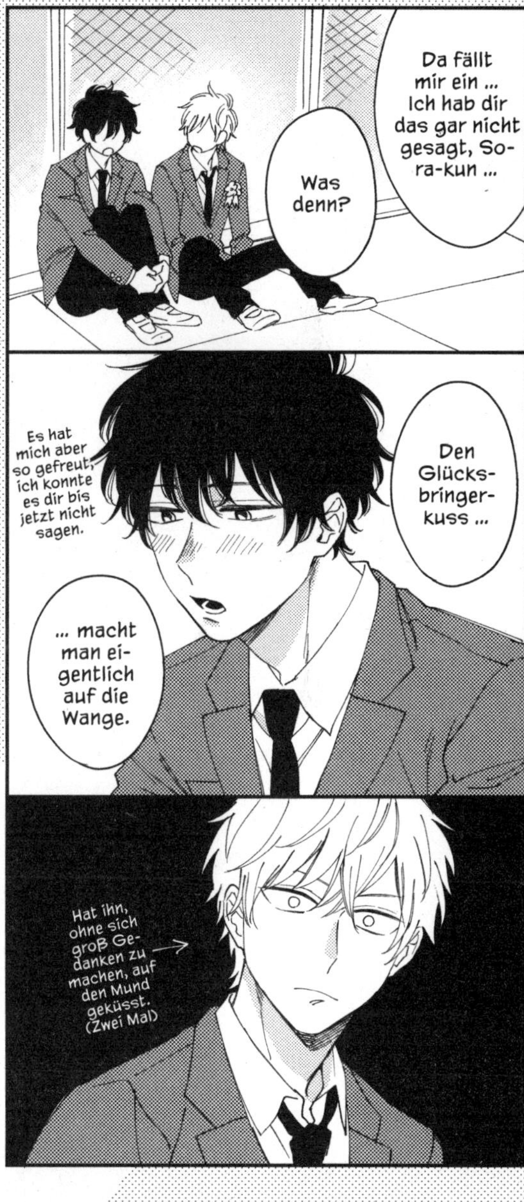

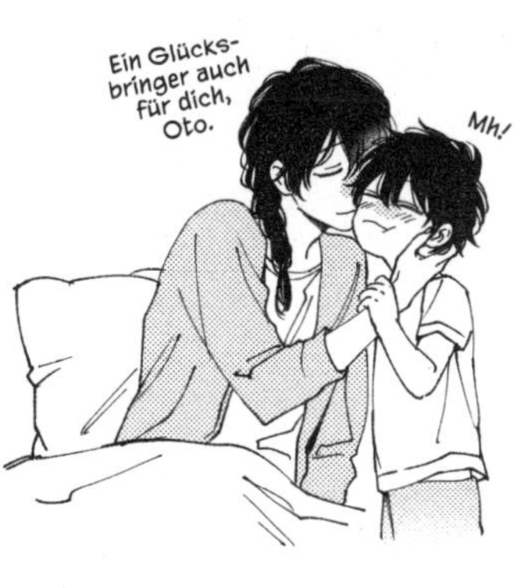

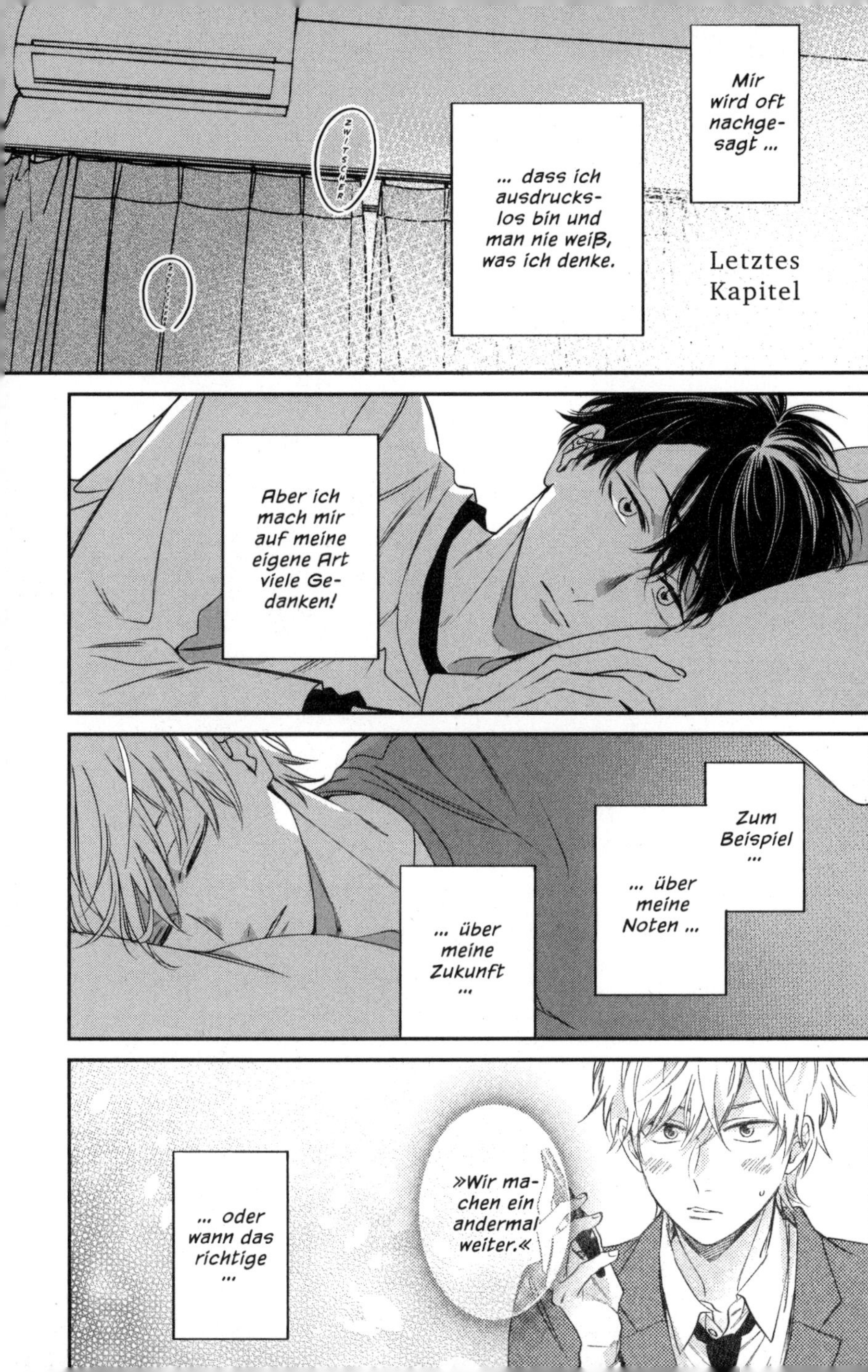
Letztes Kapitel
Mir wird oft nachgesagt ...
... dass ich ausdruckslos bin und man nie weiß, was ich denke.
ZWITSCHER
Aber ich mach mir auf meine eigene Art viele Gedanken!
Zum Beispiel ...
... über meine Noten ...
... über meine Zukunft ...
»Wir machen ein andermal weiter.«
... oder wann das richtige ...

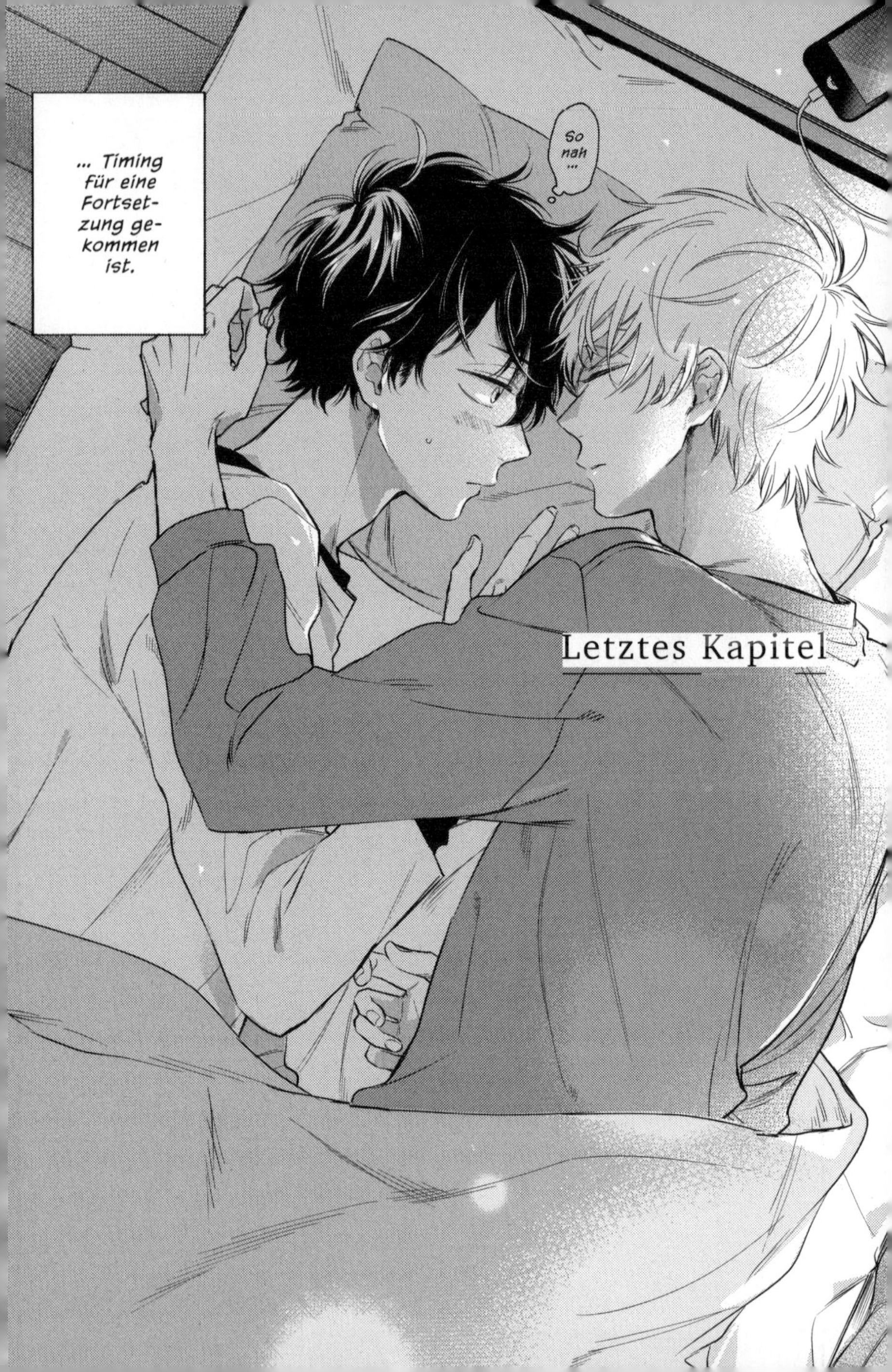

... Timing für eine Fortsetzung gekommen ist.
So nah ...
Letztes Kapitel

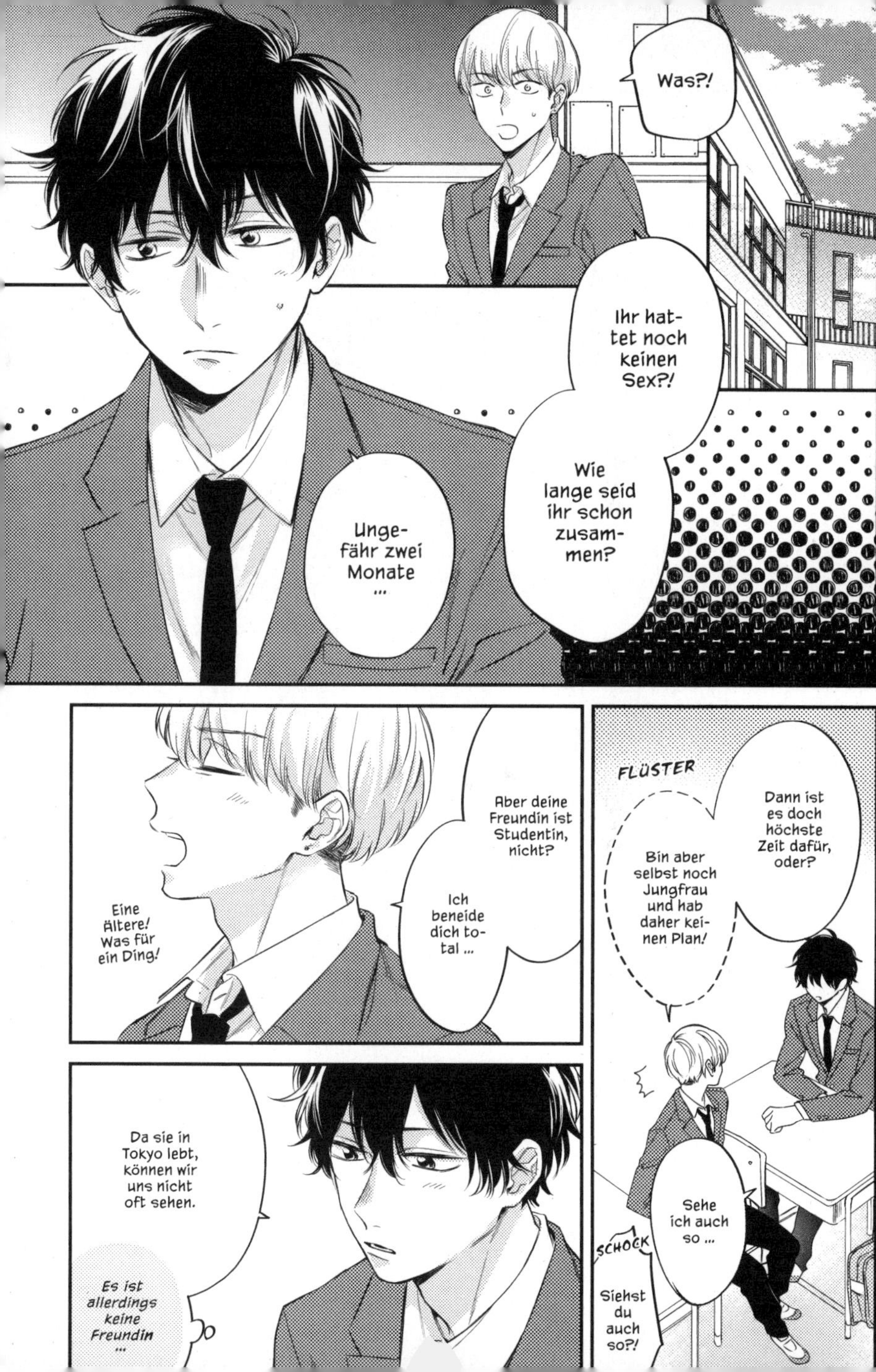

Was?!
Ihr hattet noch keinen Sex?!
Wie lange seid ihr schon zusammen?
Ungefähr zwei Monate …
Aber deine Freundin ist Studentin, nicht?
Ich beneide dich total …
Eine Ältere! Was für ein Ding!
FLÜSTER
Dann ist es doch höchste Zeit dafür, oder?
Bin aber selbst noch Jungfrau und hab daher keinen Plan!
Da sie in Tokyo lebt, können wir uns nicht oft sehen.
Es ist allerdings keine Freundin …
Sehe ich auch so …
SCHOCK
Siehst du auch so?!

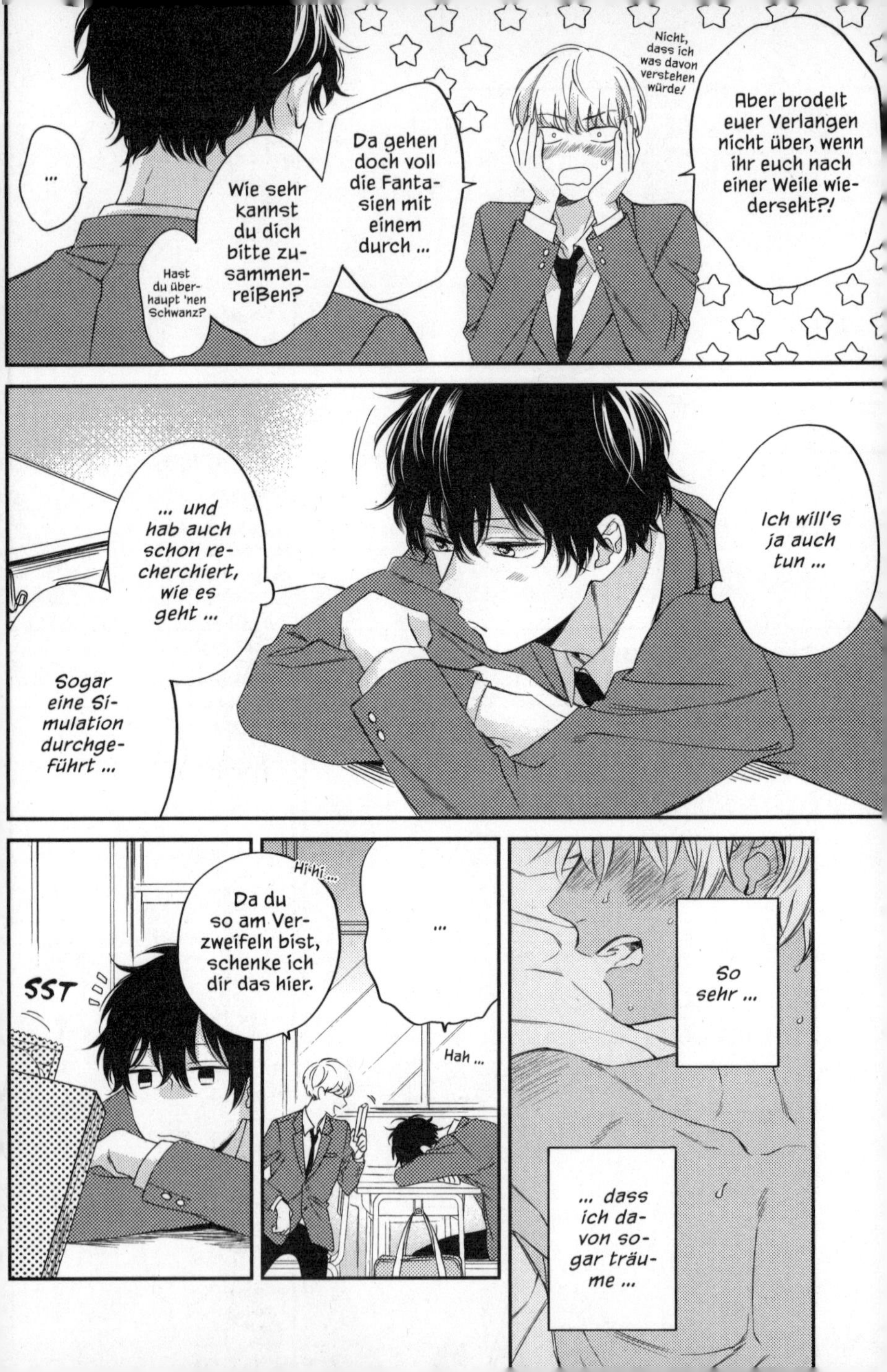
Aber brodelt euer Verlangen nicht über, wenn ihr euch nach einer Weile wiedersehtʔ!
Nicht, dass ich was davon verstehen würde!
Da gehen doch voll die Fantasien mit einem durch …
Wie sehr kannst du dich bitte zusammenreißen?
Hast du überhaupt 'nen Schwanz?
…
Ich will's ja auch tun …
… und hab auch schon recherchiert, wie es geht …
Sogar eine Simulation durchgeführt …
So sehr …
… dass ich davon sogar träume …
…
Hah …
Hi-hi …
Da du so am Verzweifeln bist, schenke ich dir das hier.
SST

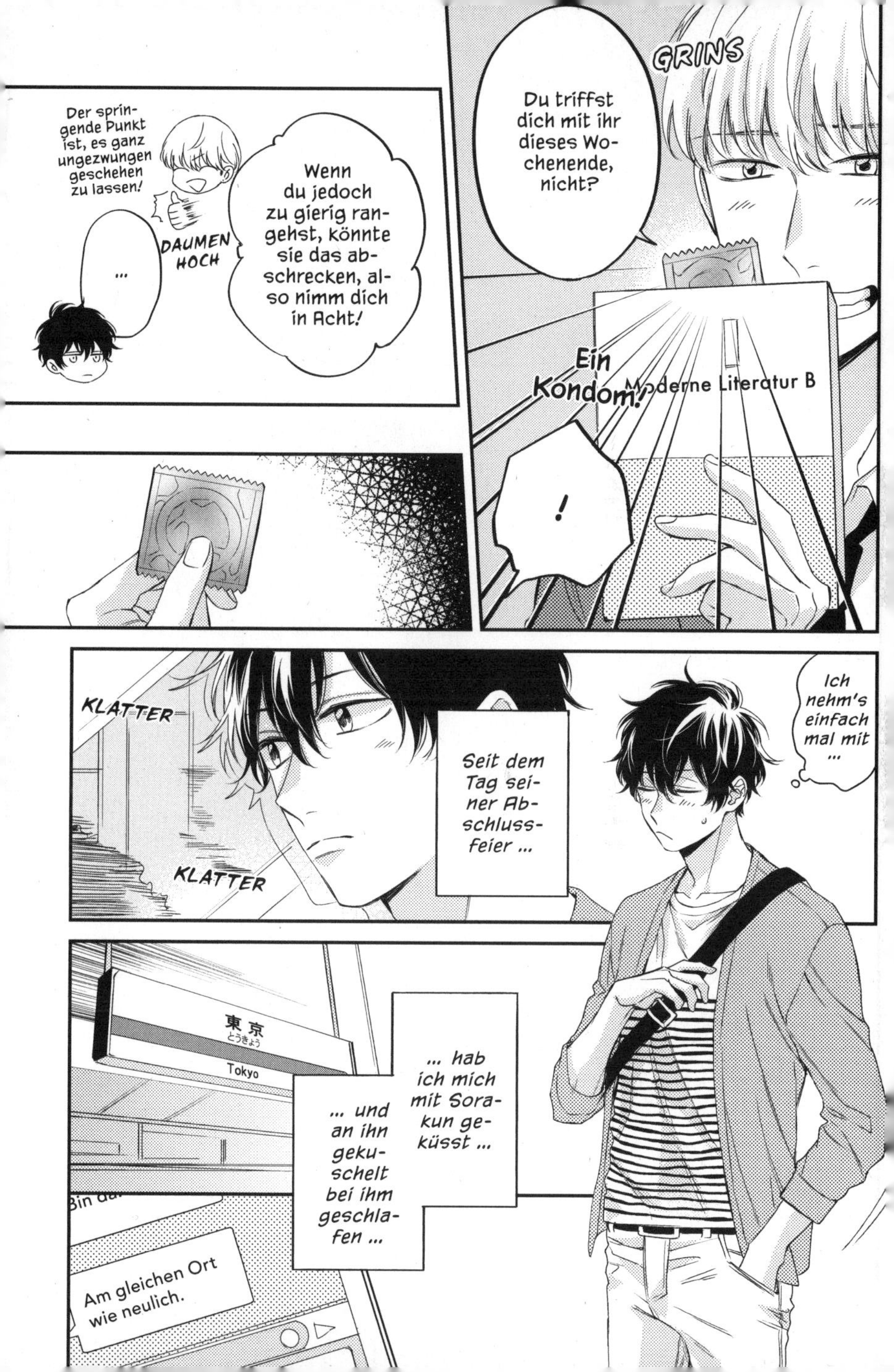

GRINS
Du triffst dich mit ihr dieses Wochenende, nicht?
Ein Kondom!
Moderne Literatur B
!
Wenn du jedoch zu gierig rangehst, könnte sie das abschrecken, also nimm dich in Acht!
Der springende Punkt ist, es ganz ungezwungen geschehen zu lassen!
DAUMEN HOCH
...
Ich nehm's einfach mal mit ...
Seit dem Tag seiner Abschlussfeier ...
KLATTER
KLATTER
... hab ich mich mit Sora-kun geküsst ...
... und an ihn gekuschelt bei ihm geschlafen ...
東京
とうきょう
Tokyo
Am gleichen Ort wie neulich.

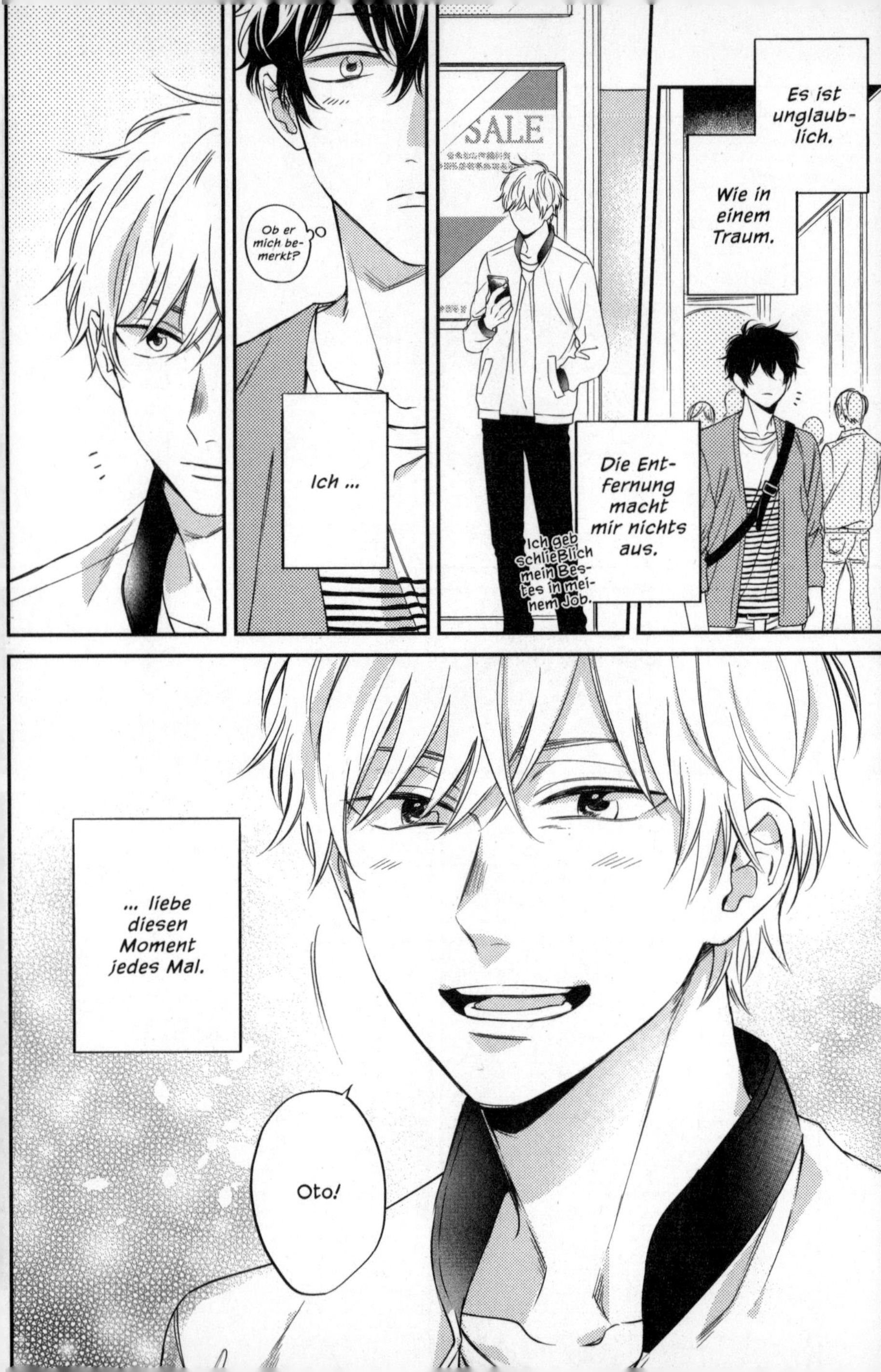

Es ist unglaublich.
Wie in einem Traum.
Die Entfernung macht mir nichts aus.
Ich geb schließlich mein Bestes in meinem Job.
Ob er mich bemerkt?
Ich ...
... liebe diesen Moment jedes Mal.
Oto!

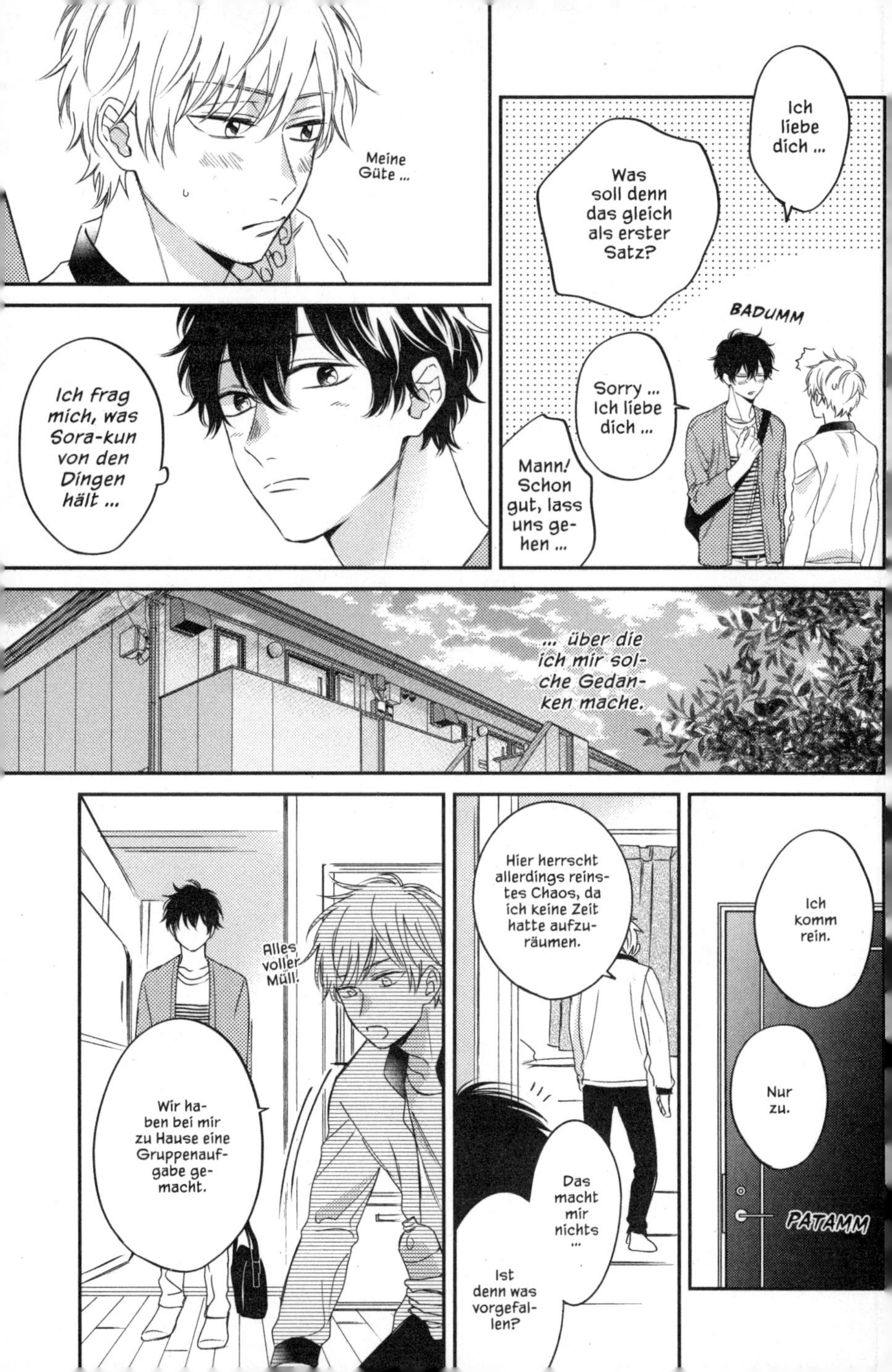
Ich liebe dich ...
Was soll denn das gleich als erster Satz?
Meine Güte ...
BADUMM
Sorry ... Ich liebe dich ...
Mann! Schon gut, lass uns gehen ...
Ich frag mich, was Sora-kun von den Dingen hält ...
... über die ich mir solche Gedanken mache.
Ich komm rein.
Nur zu.
PATAMM
Hier herrscht allerdings reinstes Chaos, da ich keine Zeit hatte aufzuräumen.
Das macht mir nichts ...
Ist denn was vorgefallen?
Alles voller Müll!
Wir haben bei mir zu Hause eine Gruppenaufgabe gemacht.

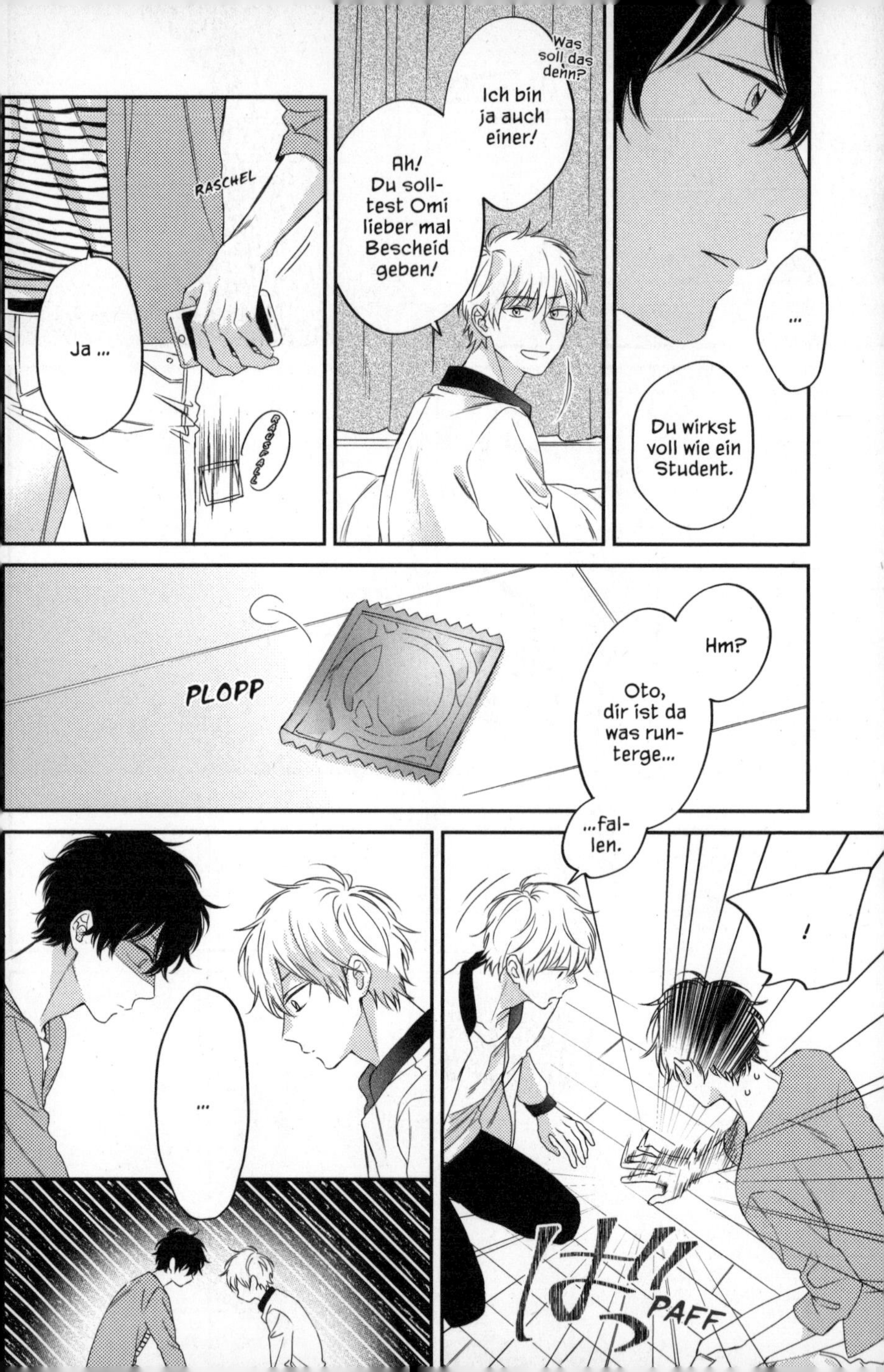
...
Du wirkst voll wie ein Student.
Was soll das denn?
Ich bin ja auch einer!
Ah! Du soll-test Omi lieber mal Bescheid geben!
RASCHEL
Ja ...
Hm?
Oto, dir ist da was run-terge...
...fal-len.
PLOPP
!
PAFF
...

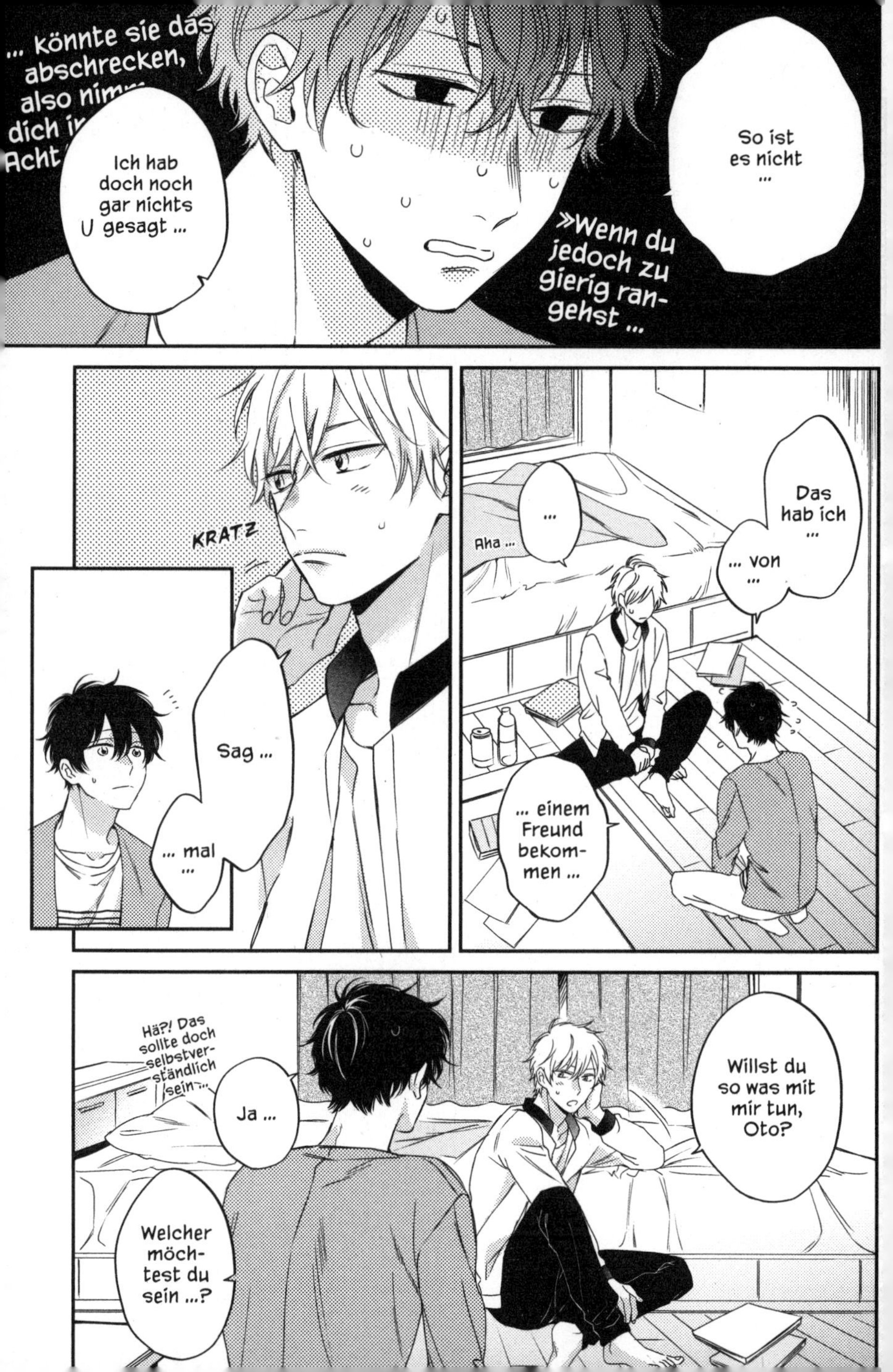
So ist es nicht …
»Wenn du jedoch zu gierig rangehst …
… könnte sie das abschrecken, also nimm dich in Acht
Ich hab doch noch gar nichts gesagt …
Das hab ich …
… von …
… einem Freund bekommen …
…
Aha …
KRATZ
Sag …
… mal …
Willst du so was mit mir tun, Oto?
Hä?! Das sollte doch selbstverständlich sein …
Ja …
Welcher möchtest du sein …?

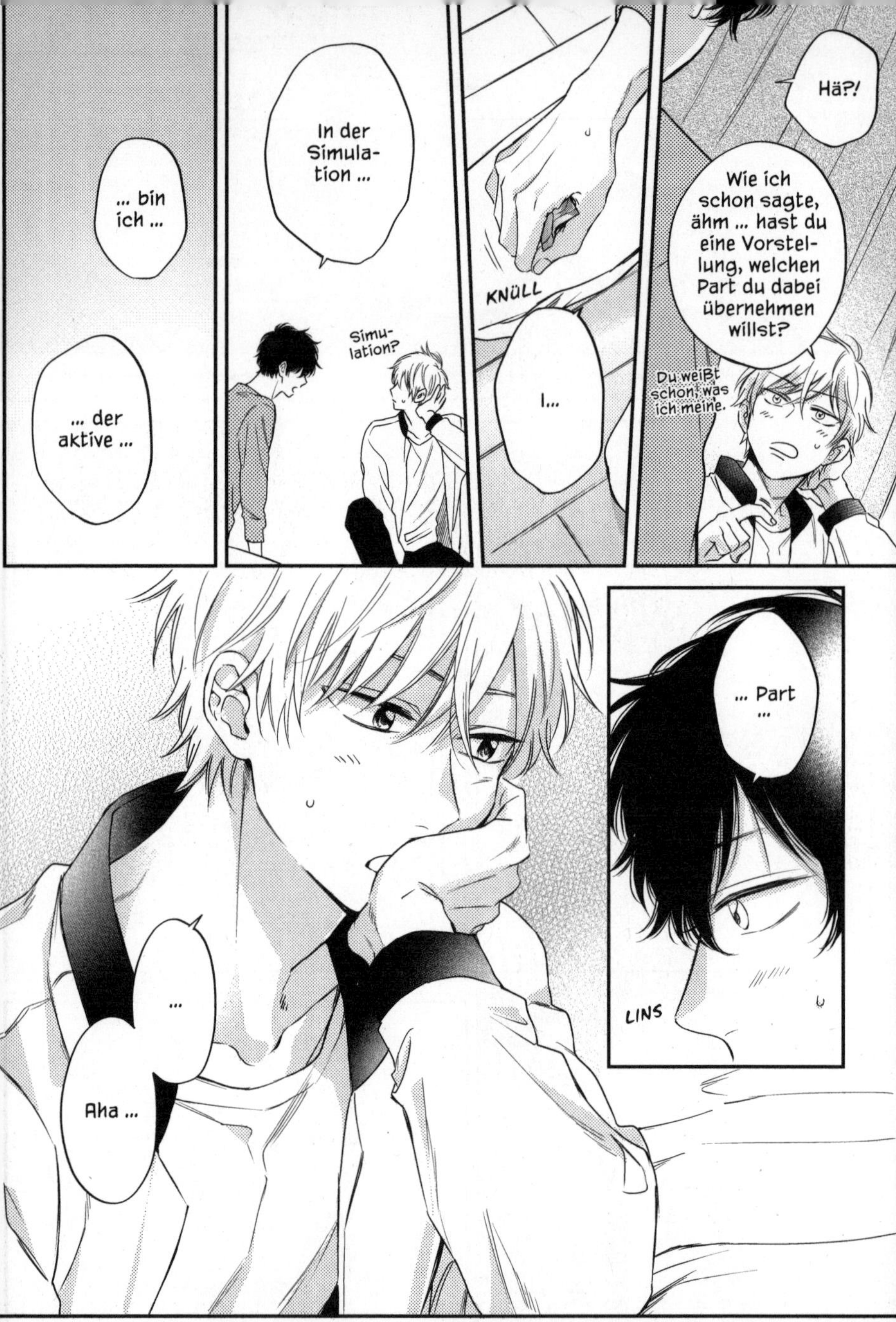

Hä?!
Wie ich schon sagte, ähm ... hast du eine Vorstellung, welchen Part du dabei übernehmen willst?
Du weißt schon, was ich meine.
KNÜLL
I...
In der Simulation ...
Simulation?
... bin ich ...
... der aktive ...
... Part ...
LINS
...
Aha ...

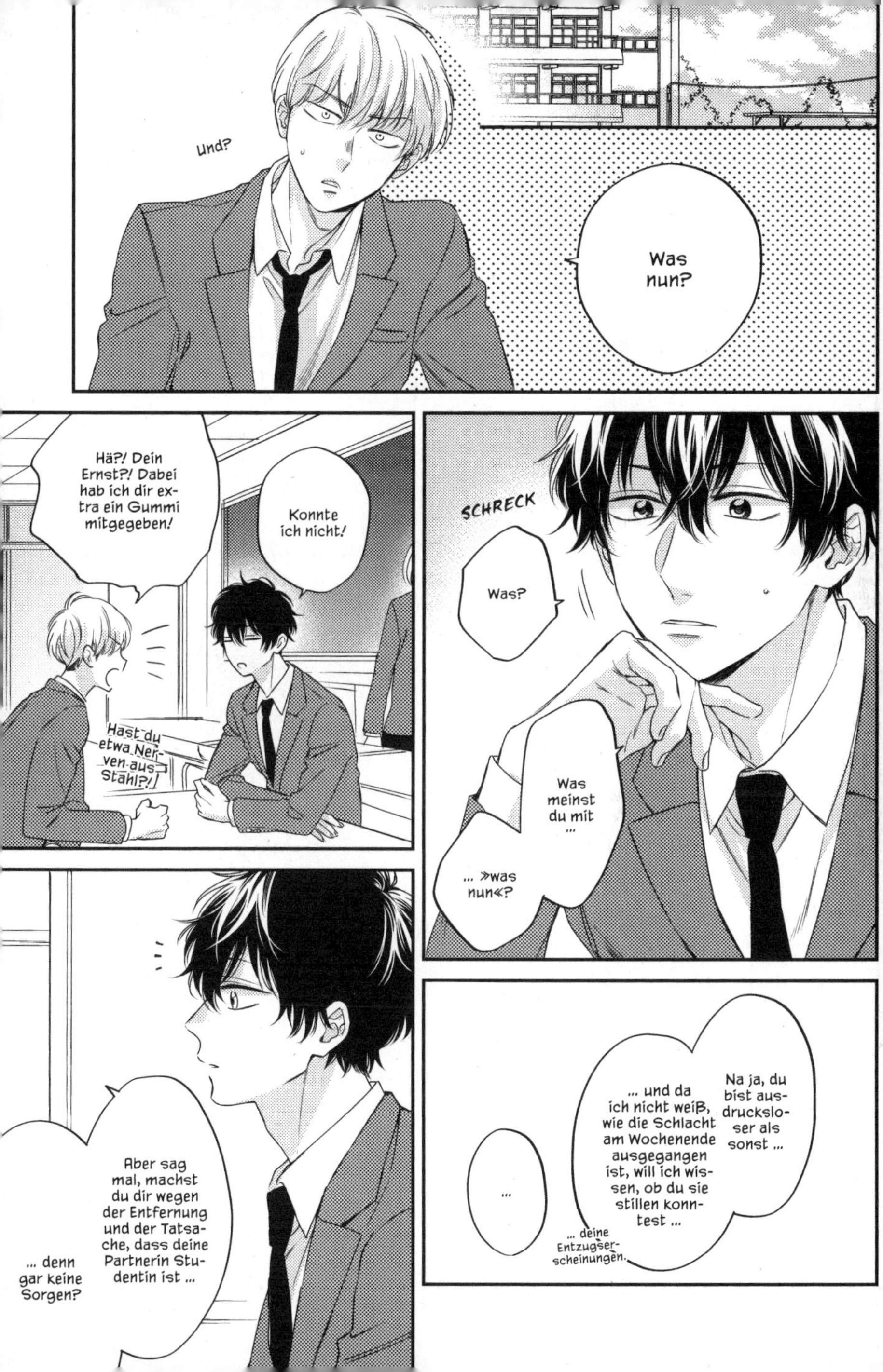

Und?
Was nun?
SCHRECK
Was?
Was meinst du mit ...
... »was nun«?
Konnte ich nicht!
Hä?! Dein Ernst?! Dabei hab ich dir extra ein Gummi mitgegeben!
Hast du etwa Nerven aus Stahl?!
Na ja, du bist ausdrucksloser als sonst ...
... und da ich nicht weiß, wie die Schlacht am Wochenende ausgegangen ist, will ich wissen, ob du sie stillen konntest ...
... deine Entzugserscheinungen.
...
Aber sag mal, machst du dir wegen der Entfernung und der Tatsache, dass deine Partnerin Studentin ist ...
... denn gar keine Sorgen?

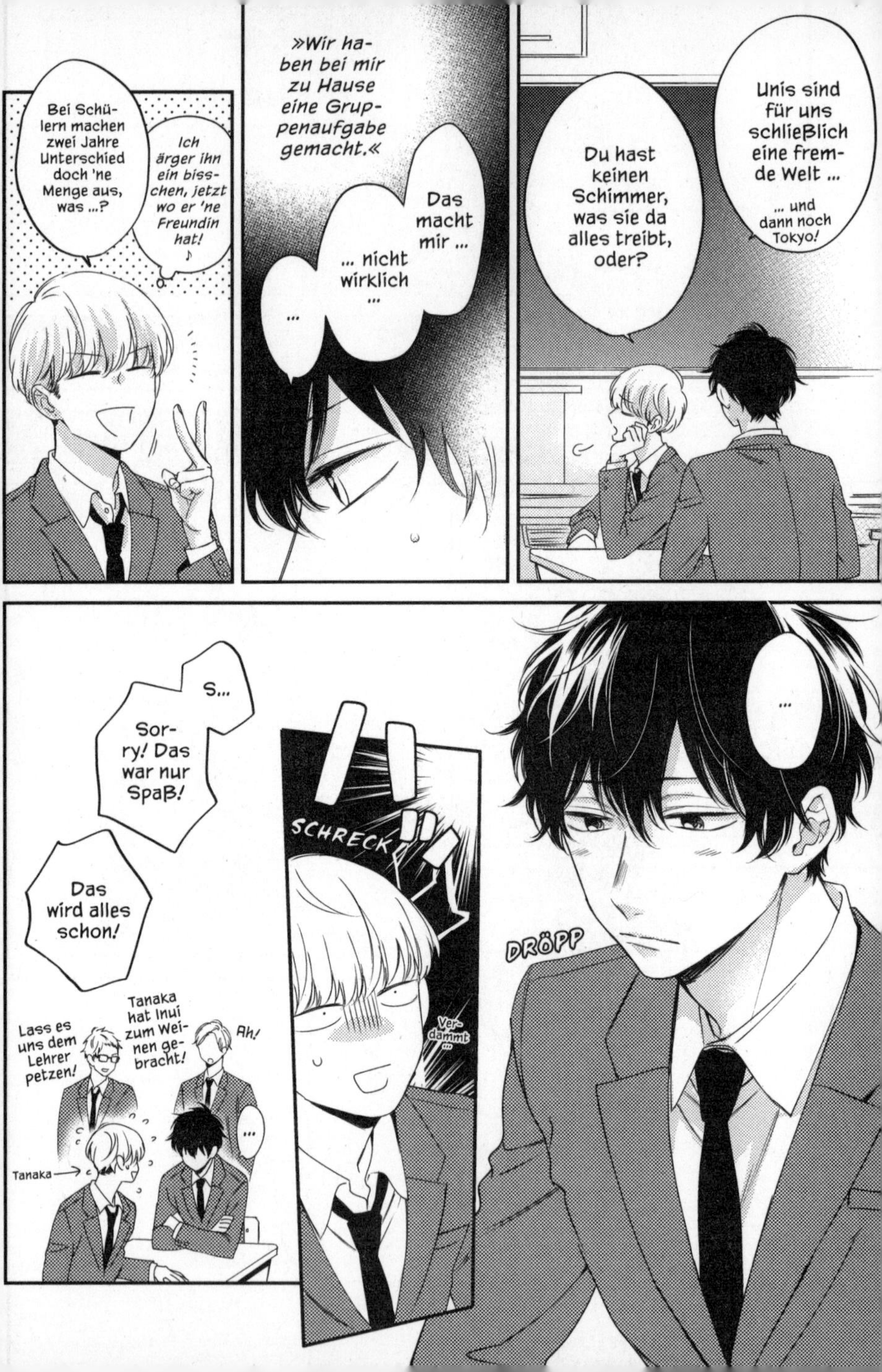
Unis sind für uns schließlich eine fremde Welt ...
... und dann noch Tokyo!
Du hast keinen Schimmer, was sie da alles treibt, oder?
»Wir haben bei mir zu Hause eine Gruppenaufgabe gemacht.«
Das macht mir ...
... nicht wirklich ...
...
Ich ärger ihn ein bisschen, jetzt wo er 'ne Freundin hat! ♪
Bei Schülern machen zwei Jahre Unterschied doch 'ne Menge aus, was ...?
...
DRÖPP
SCHRECK
Verdammt ...
S...
Sorry! Das war nur Spaß!
Das wird alles schon!
Ah!
Tanaka hat Inui zum Weinen gebracht!
Lass es uns dem Lehrer petzen!
...
Tanaka

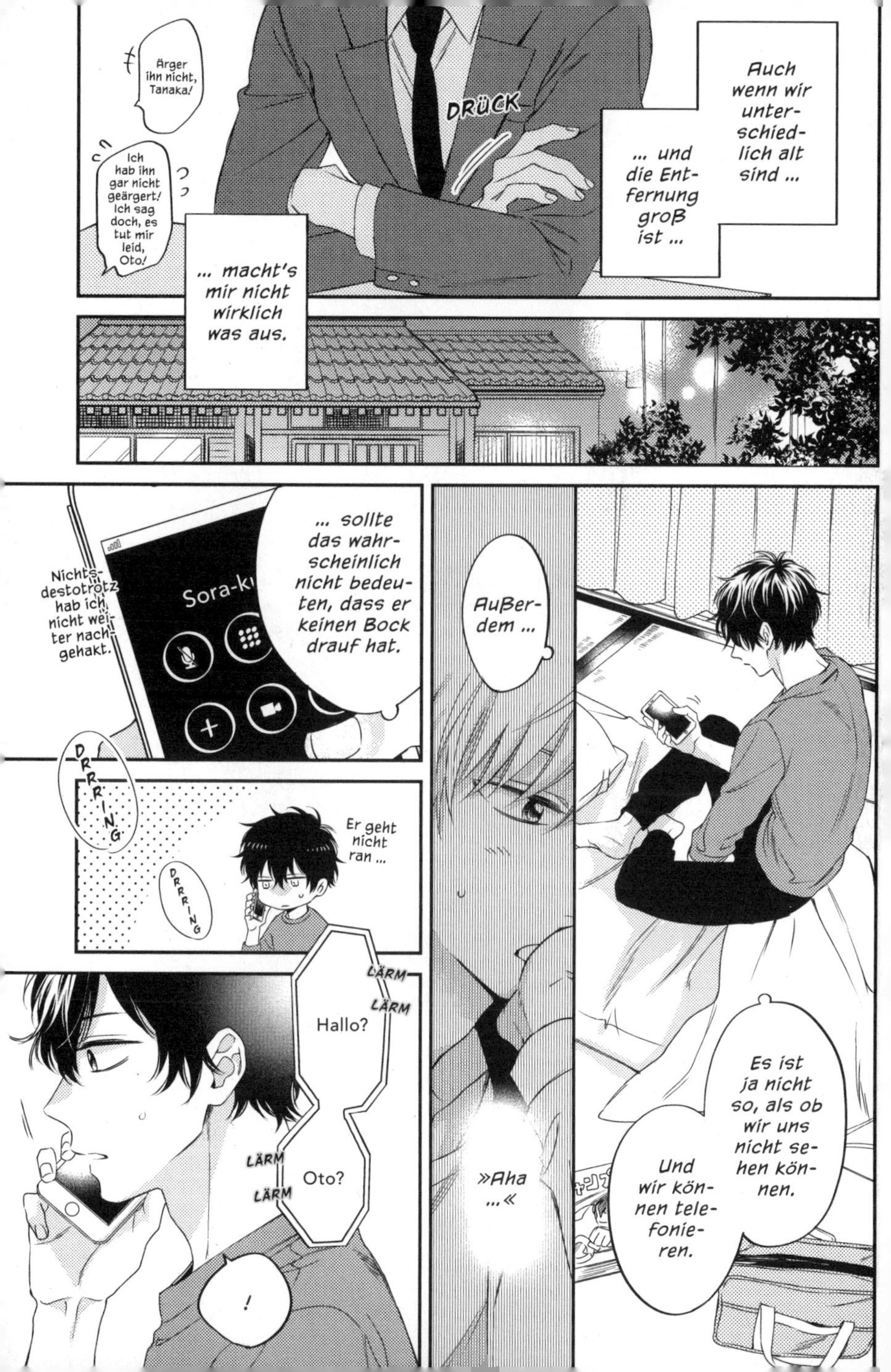
Auch wenn wir unter-schied-lich alt sind ...
... und die Ent-fernung groß ist ...
DRÜCK
Ärger ihn nicht, Tanaka!
Ich hab ihn gar nicht geärgert! Ich sag doch, es tut mir leid, Oto!
... macht's mir nicht wirklich was aus.
Es ist ja nicht so, als ob wir uns nicht se-hen kön-nen.
Und wir kön-nen tele-fonie-ren.
Außer-dem ...
»Aha ...«
... sollte das wahr-scheinlich nicht bedeu-ten, dass er keinen Bock drauf hat.
Nichts-destotrotz hab ich nicht wei-ter nach-gehakt.
DRRRING
Er geht nicht ran ...
DRRRING
LÄRM
LÄRM
Hallo?
LÄRM
LÄRM
Oto?
!

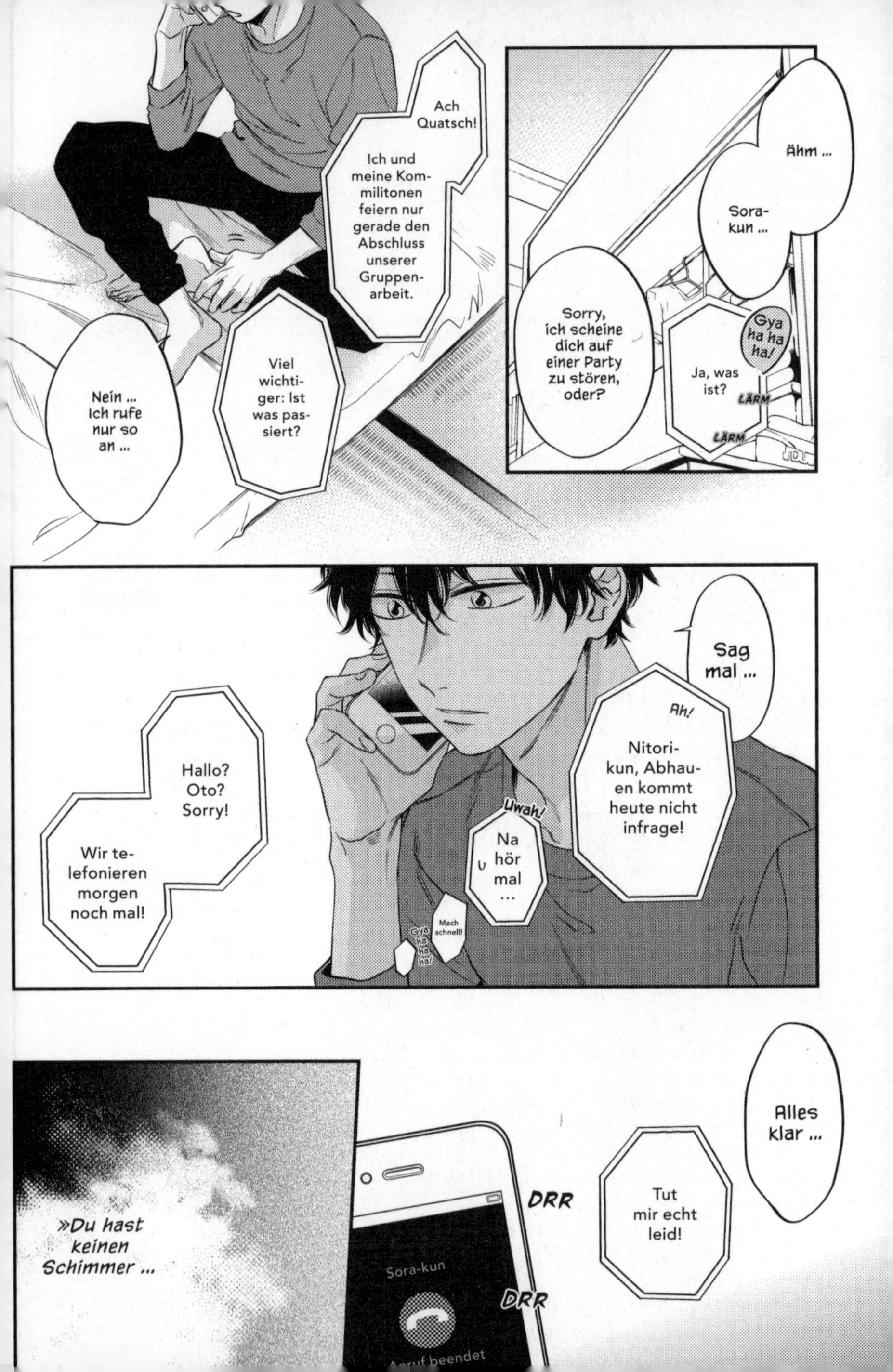

Ähm ...
Sora-kun ...
Sorry, ich scheine dich auf einer Party zu stören, oder?
Gya ha ha ha!
Ja, was ist?
LÄRM
LÄRM
Ach Quatsch!
Ich und meine Kommilitonen feiern nur gerade den Abschluss unserer Gruppenarbeit.
Viel wichtiger: Ist was passiert?
Nein ... Ich rufe nur so an ...
Sag mal ...
Ah!
Nitori-kun, Abhauen kommt heute nicht infrage!
Uwah!
Na hör mal ...
Mach schnell!
Gya ha ha ha!
Hallo? Oto? Sorry!
Wir telefonieren morgen noch mal!
Alles klar ...
Tut mir echt leid!
DRR
DRR
Sora-kun
Anruf beendet
»Du hast keinen Schimmer ...

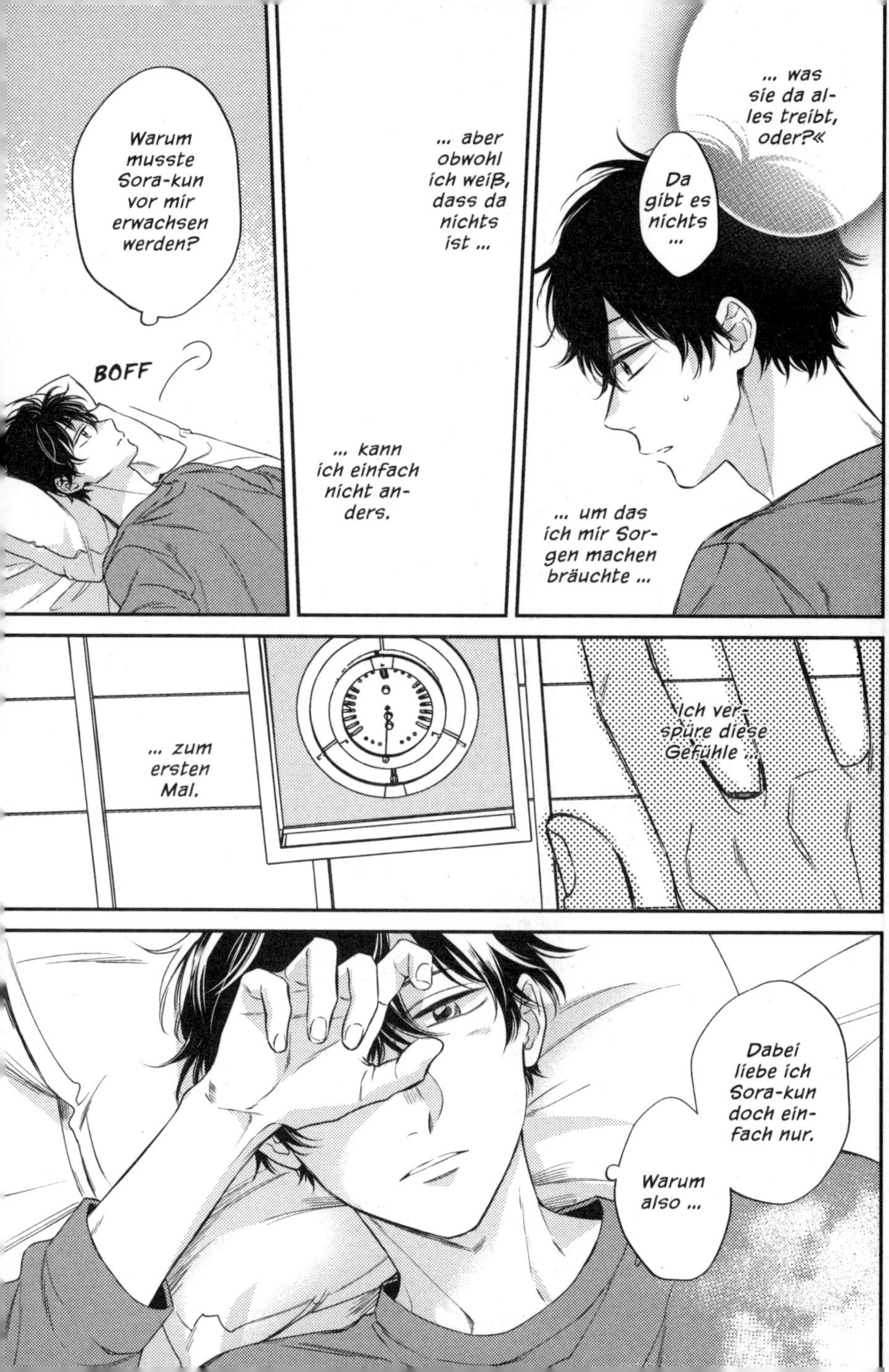
... was sie da alles treibt, oder?«
Da gibt es nichts ...
... um das ich mir Sorgen machen bräuchte ...
... aber obwohl ich weiß, dass da nichts ist ...
... kann ich einfach nicht anders.
Warum musste Sora-kun vor mir erwachsen werden?
BOFF
Ich verspüre diese Gefühle ...
... zum ersten Mal.
Dabei liebe ich Sora-kun doch einfach nur.
Warum also ...

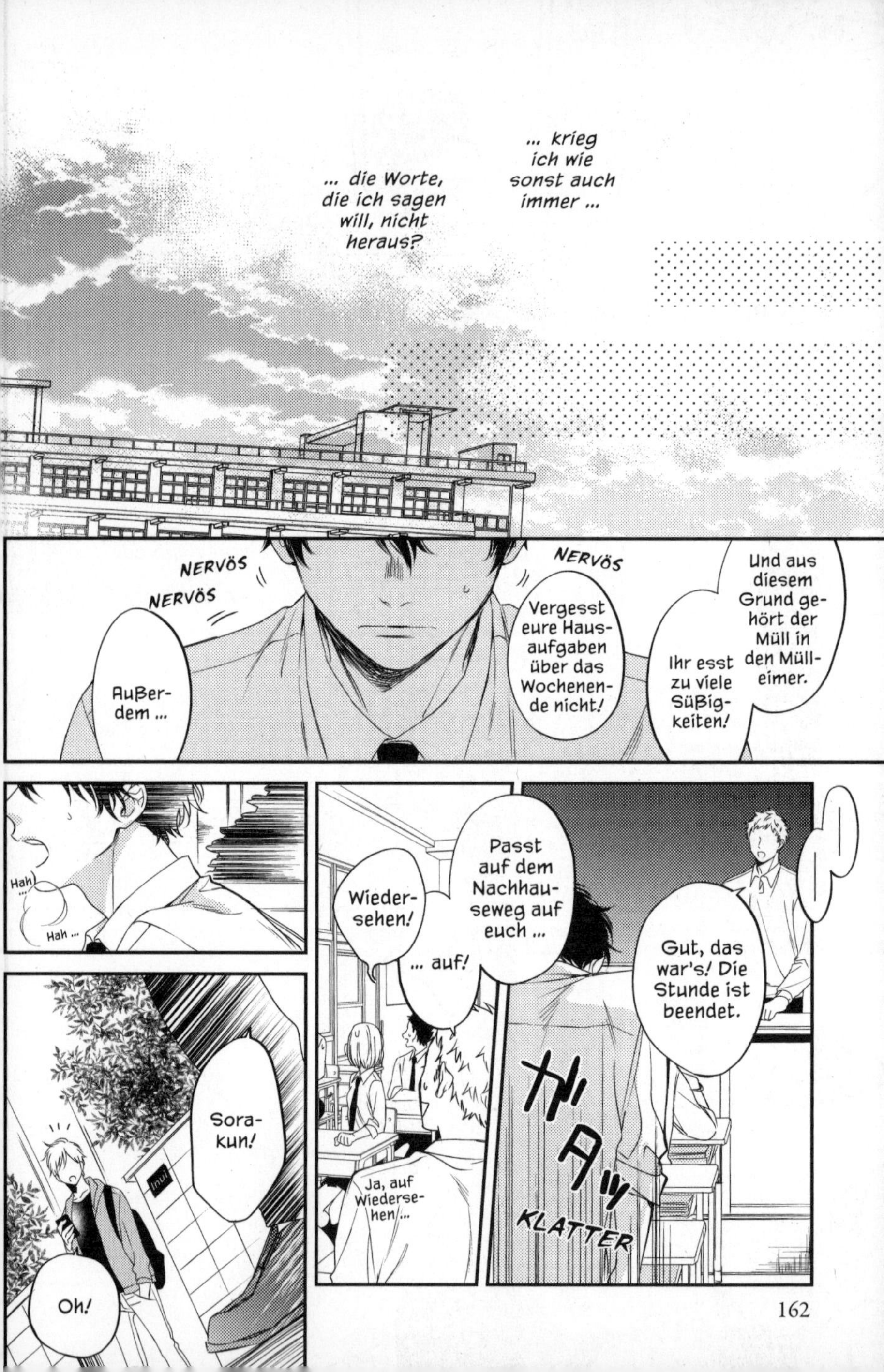

... krieg ich wie sonst auch immer ...
... die Worte, die ich sagen will, nicht heraus?
Und aus diesem Grund gehört der Müll in den Mülleimer.
Ihr esst zu viele Süßigkeiten!
NERVÖS
Vergesst eure Hausaufgaben über das Wochenende nicht!
NERVÖS
NERVÖS
Außerdem ...
Gut, das war's! Die Stunde ist beendet.
KLATTER
Passt auf dem Nachhauseweg auf euch ...
... auf!
Wiedersehen!
Ja, auf Wiedersehen ...
Hah ...
Hah ...
Sora-kun!
Inui
Oh!

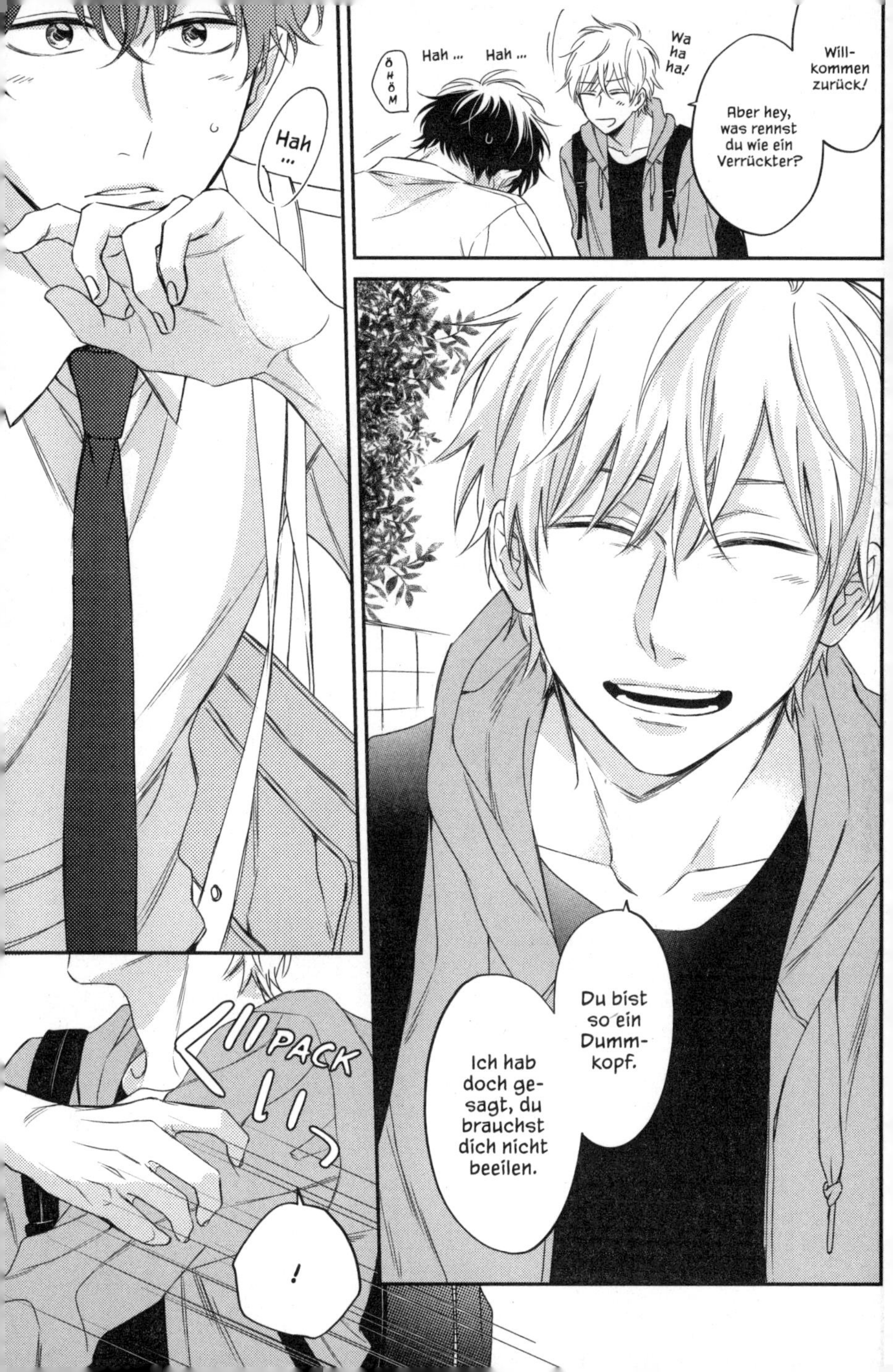

Willkommen zurück!
Aber hey, was rennst du wie ein Verrückter?
Wa ha ha!
Hah … Hah …
ÖHÖM
Hah …
Du bist so ein Dummkopf.
Ich hab doch gesagt, du brauchst dich nicht beeilen.
PACK
!

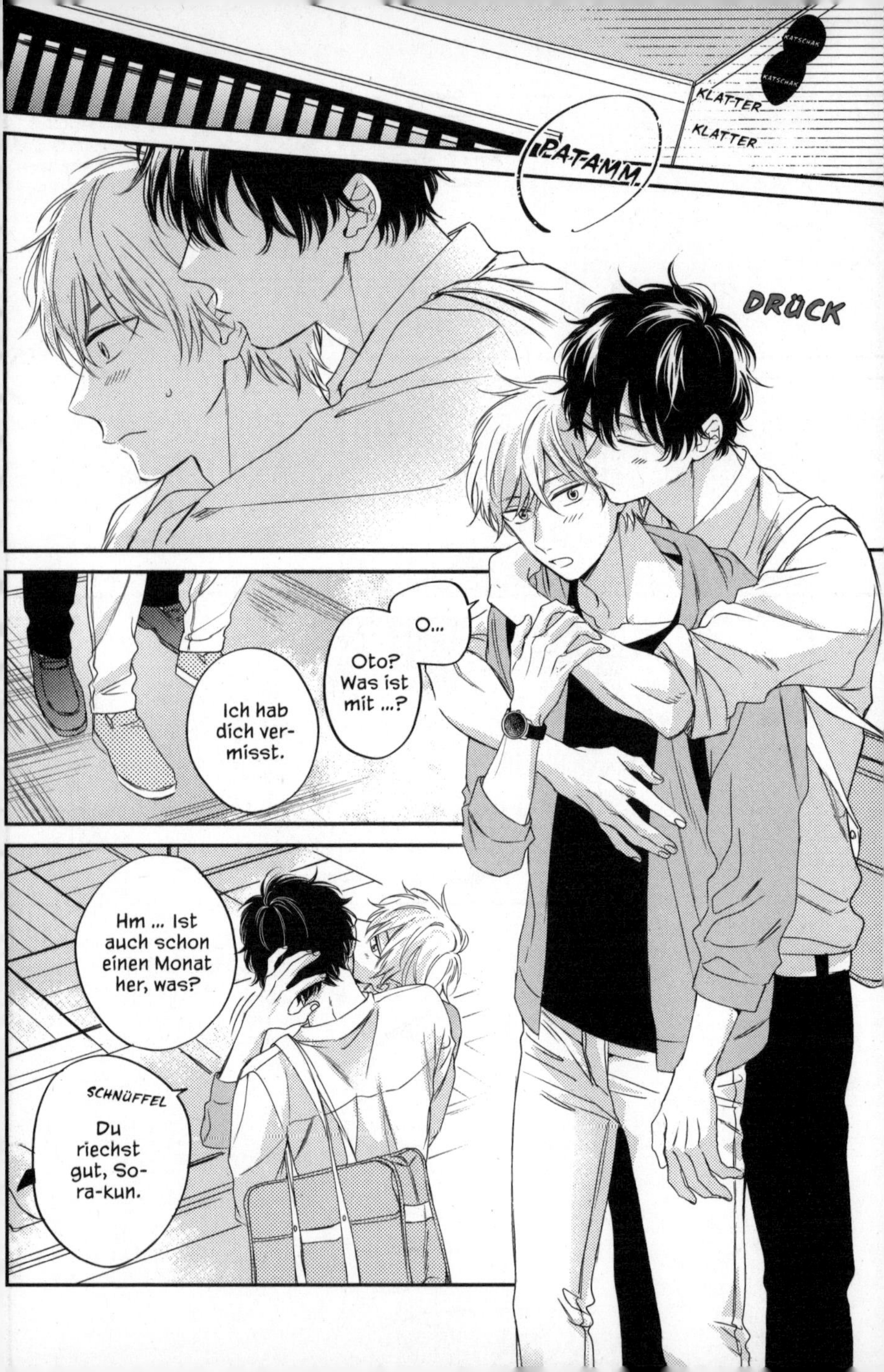
KATSCHAK
KATSCHAK
KLATTER
KLATTER
PATAMM
DRÜCK
O…
Oto? Was ist mit …?
Ich hab dich ver-misst.
Hm … Ist auch schon einen Monat her, was?
SCHNÜFFEL
Du riechst gut, So-ra-kun.

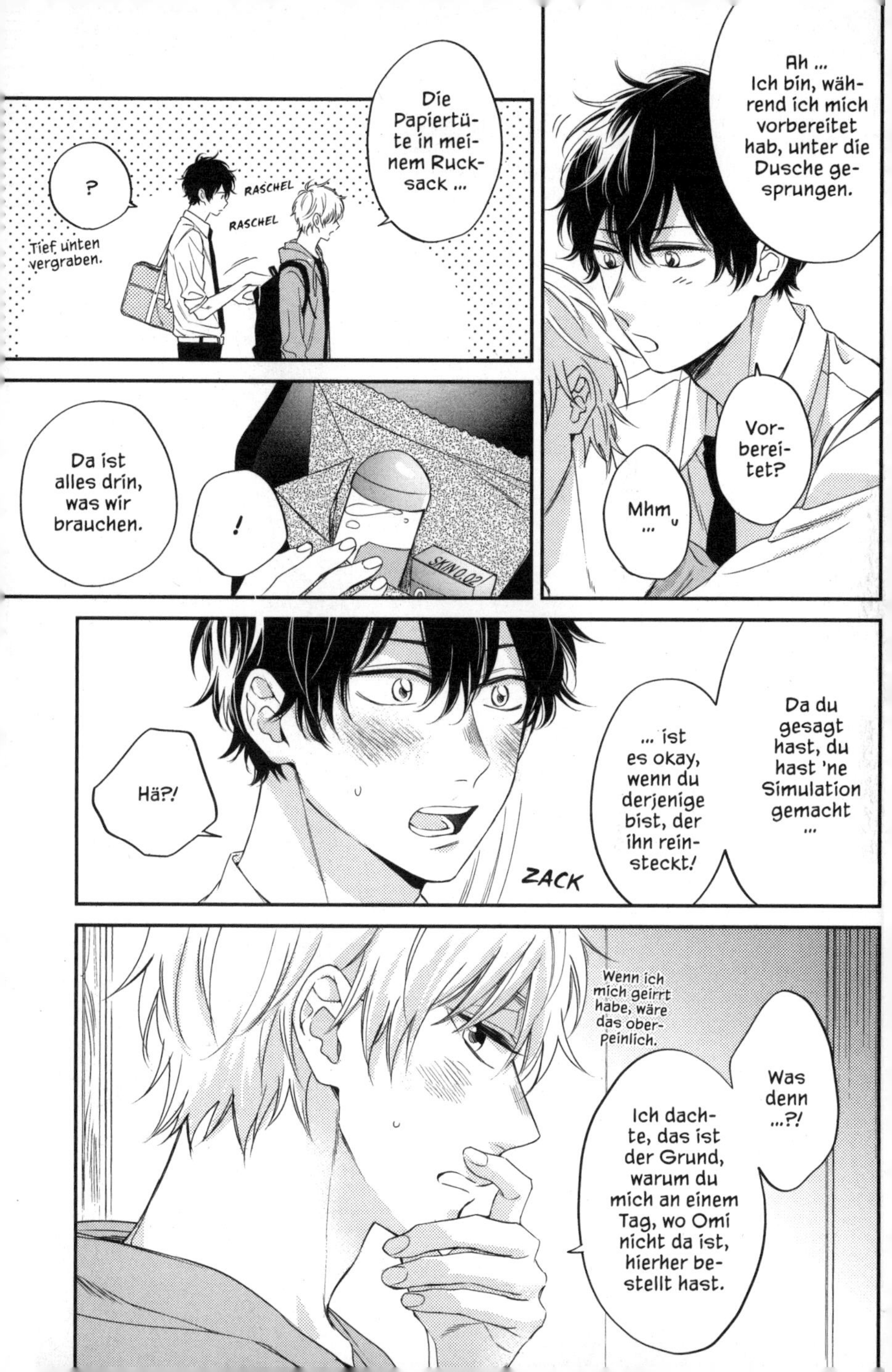
Ah ... Ich bin, während ich mich vorbereitet hab, unter die Dusche gesprungen.
Vorbereitet?
Mhm ...
Die Papiertüte in meinem Rucksack ...
?
RASCHEL
RASCHEL
Tief unten vergraben.
Da ist alles drin, was wir brauchen.
!
SKIN 0.02
Da du gesagt hast, du hast 'ne Simulation gemacht ...
... ist es okay, wenn du derjenige bist, der ihn reinsteckt!
ZACK
Hä?!
Wenn ich mich geirrt habe, wäre das oberpeinlich.
Was denn ...?!
Ich dachte, das ist der Grund, warum du mich an einem Tag, wo Omi nicht da ist, hierher bestellt hast.

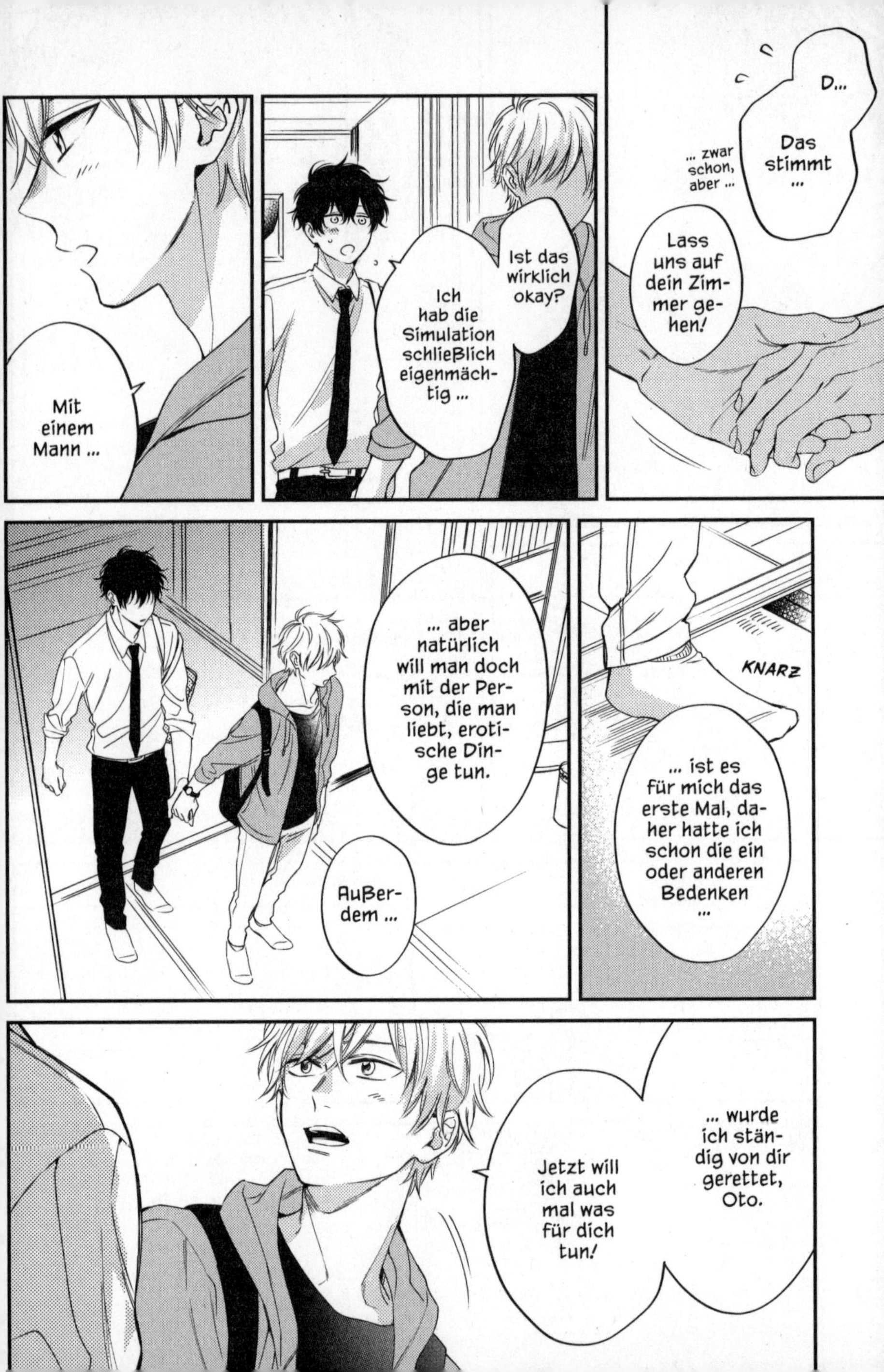
D...
Das stimmt ...
... zwar schon, aber ...
Lass uns auf dein Zimmer gehen!
Ist das wirklich okay?
Ich hab die Simulation schließlich eigenmächtig ...
Mit einem Mann ...
KNARZ
... ist es für mich das erste Mal, daher hatte ich schon die ein oder anderen Bedenken ...
... aber natürlich will man doch mit der Person, die man liebt, erotische Dinge tun.
Außerdem ...
... wurde ich ständig von dir gerettet, Oto.
Jetzt will ich auch mal was für dich tun!

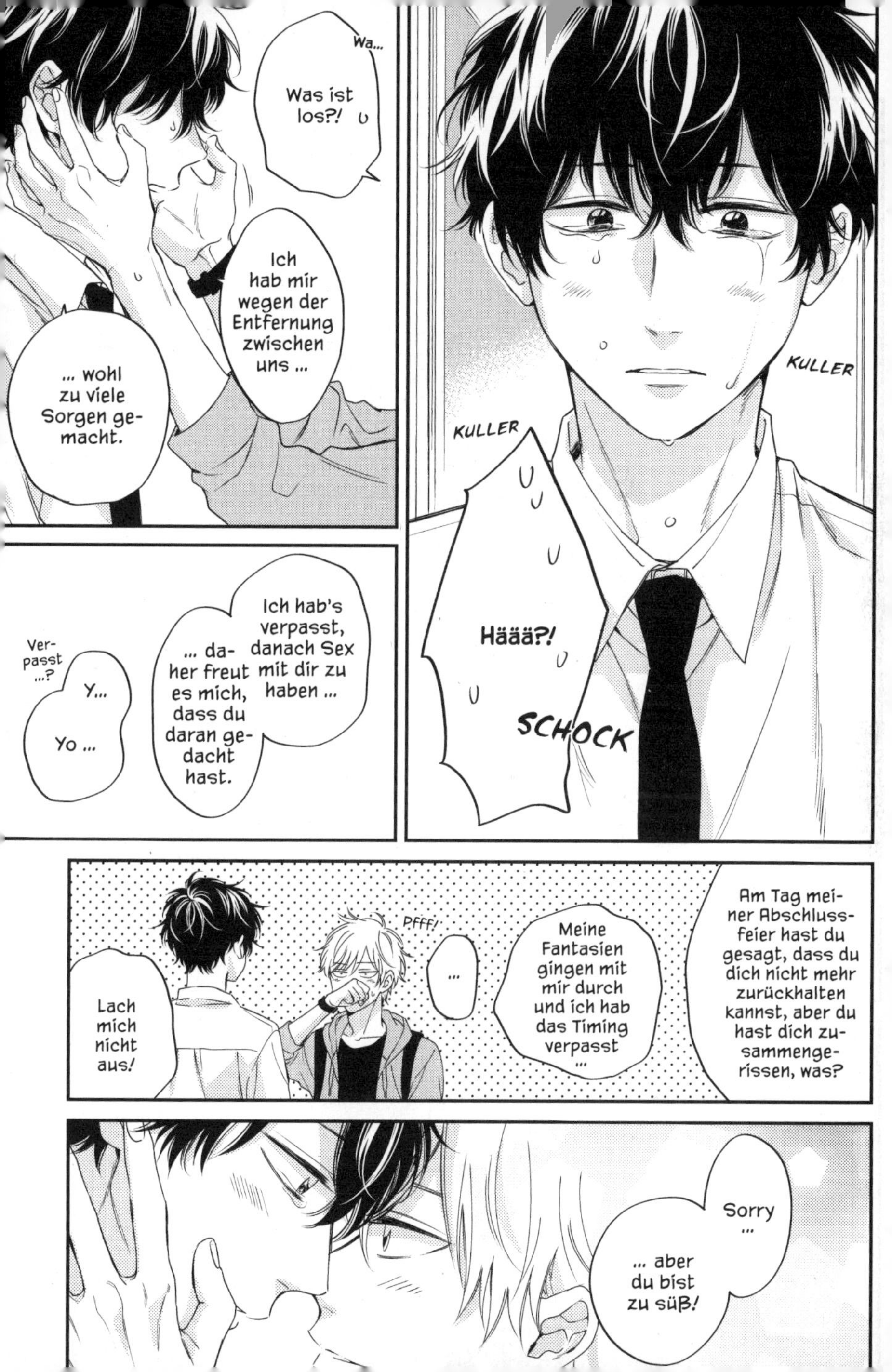
KULLER
KULLER
Wa...
Was ist los?!
Ich hab mir wegen der Entfernung zwischen uns ...
... wohl zu viele Sorgen gemacht.
Ich hab's verpasst, danach Sex mit dir zu haben ...
... daher freut es mich, dass du daran gedacht hast.
Verpasst ...?
Y...
Yo ...
Häää?!
SCHOCK
Am Tag meiner Abschlussfeier hast du gesagt, dass du dich nicht mehr zurückhalten kannst, aber du hast dich zusammengerissen, was?
Meine Fantasien gingen mit mir durch und ich hab das Timing verpasst ...
...
Pfff!
Lach mich nicht aus!
Sorry ...
... aber du bist zu süß!

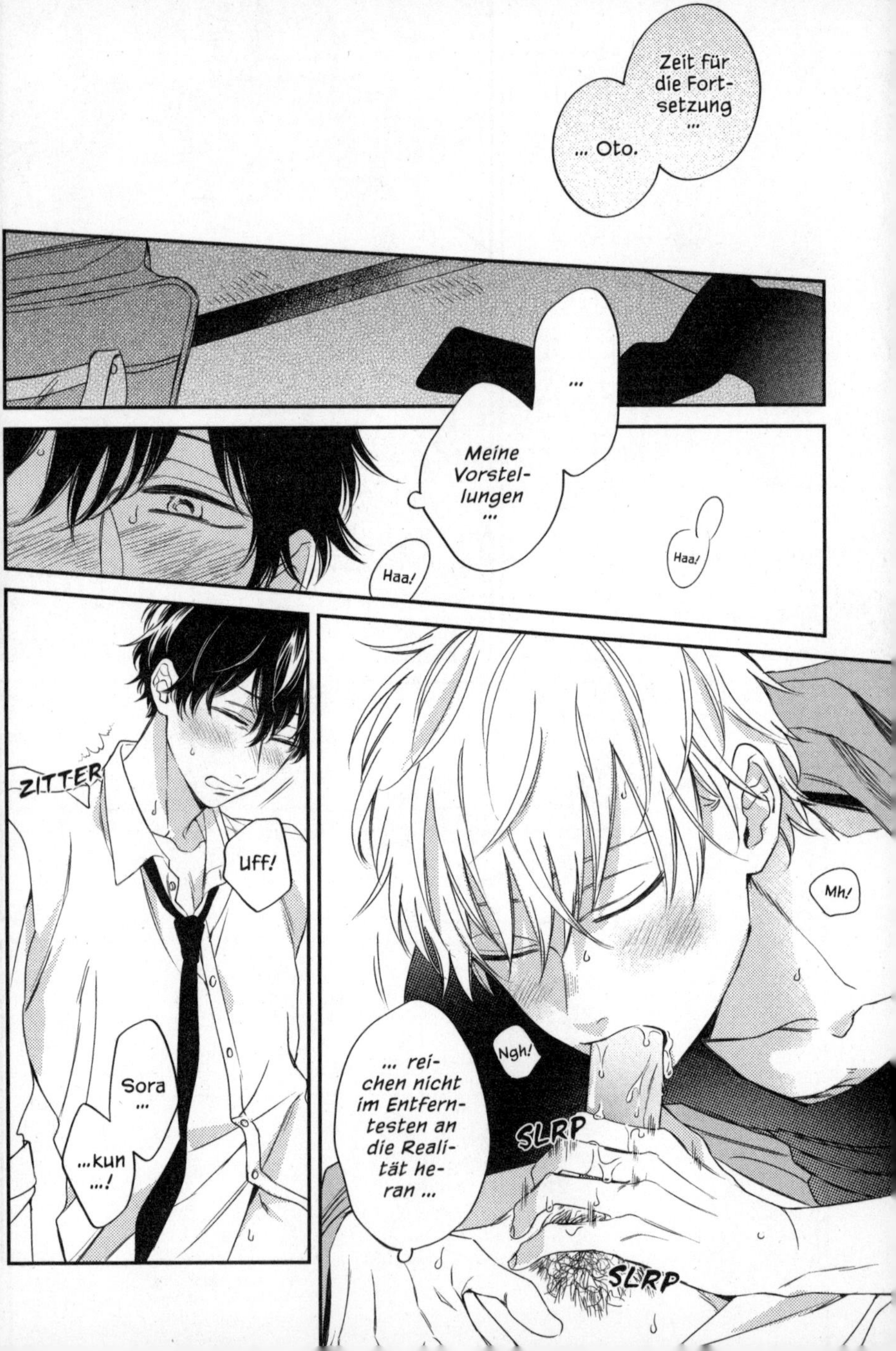

Zeit für die Fort- setzung ... ... Oto.
...
Meine Vorstel- lungen ...
Haa!
Haa!
Mh!
Ngh!
... rei- chen nicht im Entfern- testen an die Reali- tät he- ran ...
SLRP
SLRP
ZITTER
Uff!
Sora ...
...kun ...!

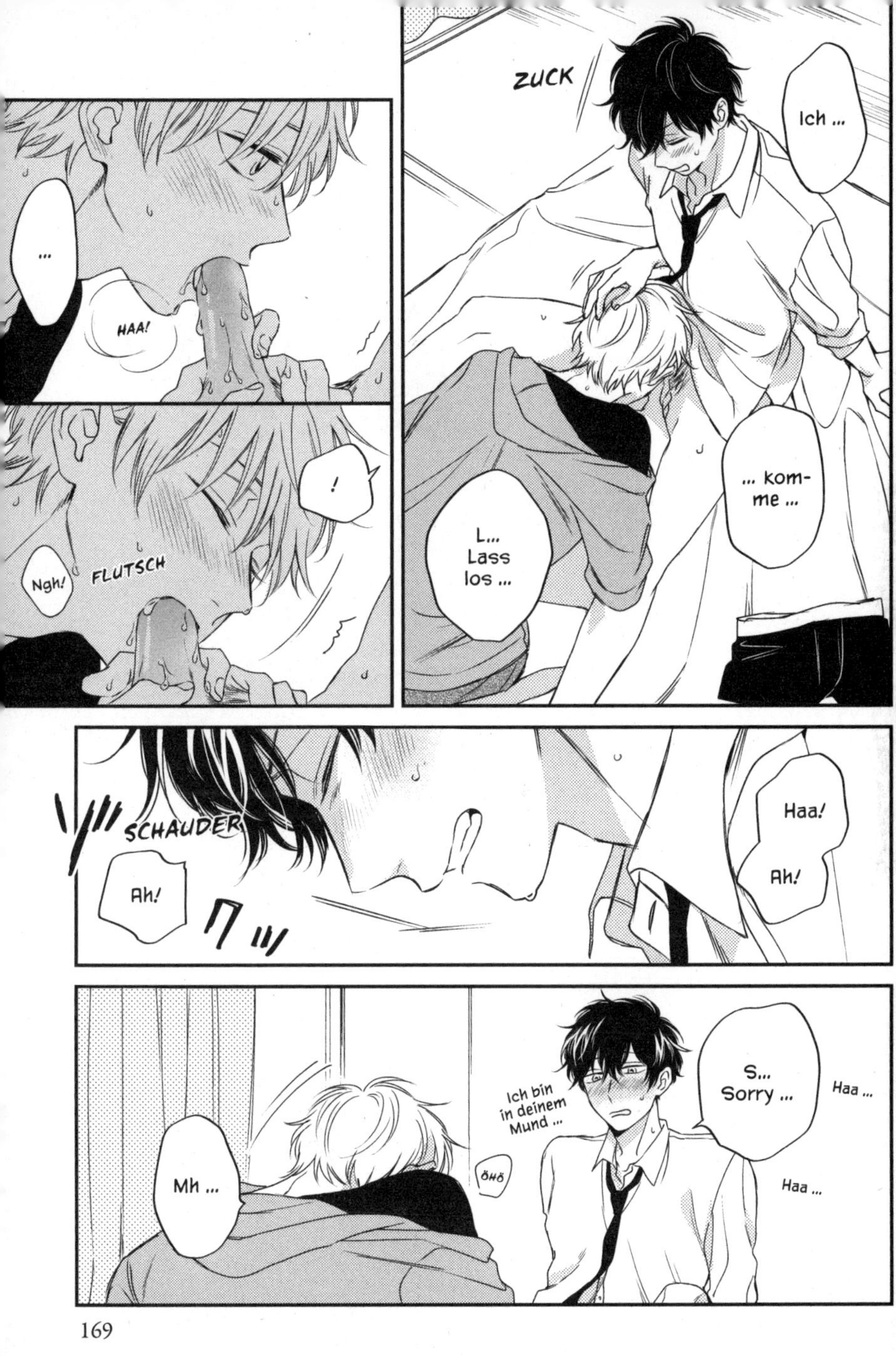
ZUCK
Ich ...
... kom-
me ...
L...
Lass
los ...
...
HAA!
!
FLUTSCH
Ngh!
Haa!
Ah!
SCHAUDER
Ah!
Haa ...
Haa ...
S...
Sorry ...
Ich bin
in deinem
Mund ...
ÖHÖ
Mh ...

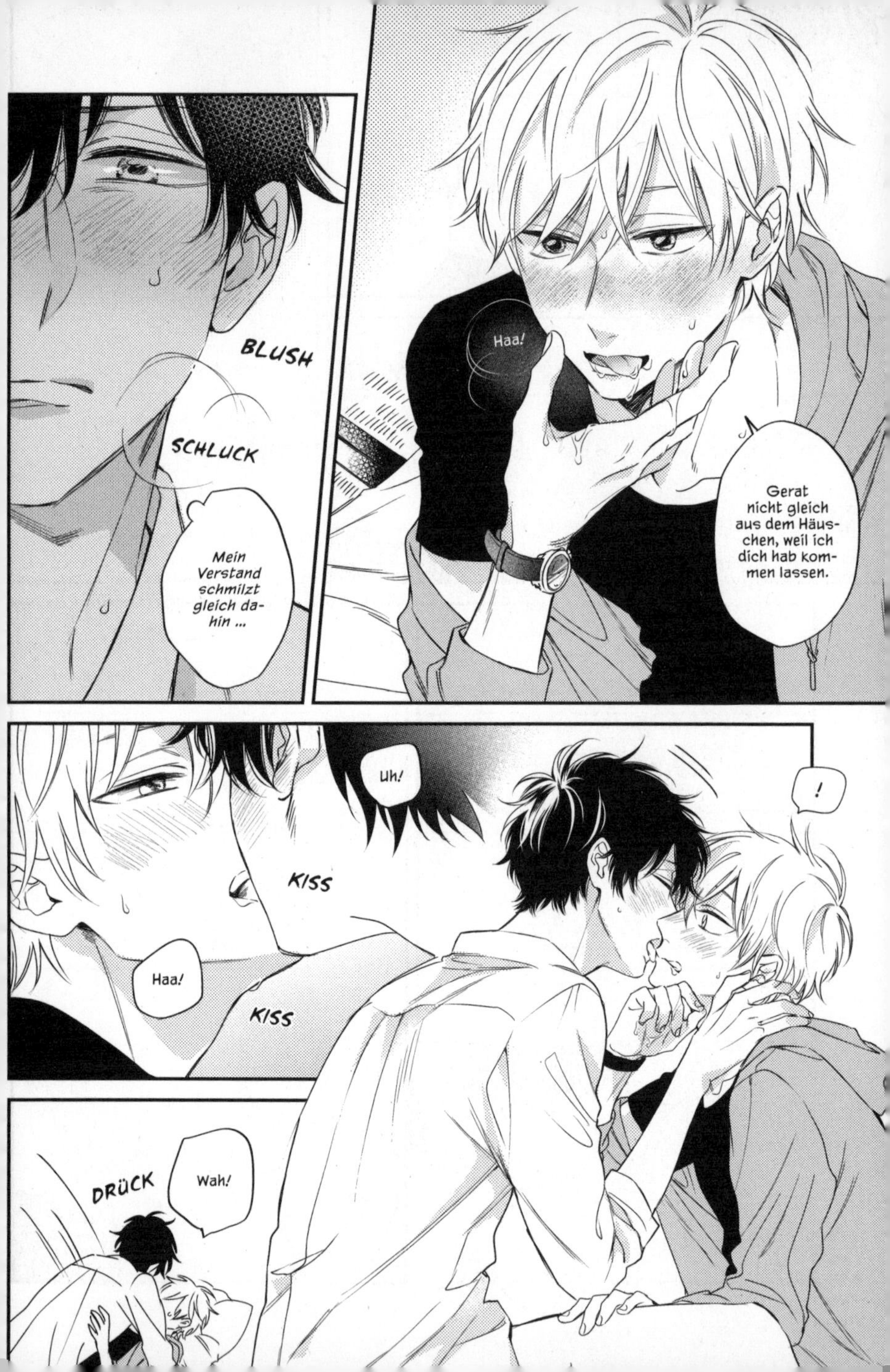
Haa!
Gerat nicht gleich aus dem Häuschen, weil ich dich hab kommen lassen.
BLUSH
SCHLUCK
Mein Verstand schmilzt gleich dahin ...
!
Uh!
KISS
Haa!
KISS
DRÜCK
Wah!

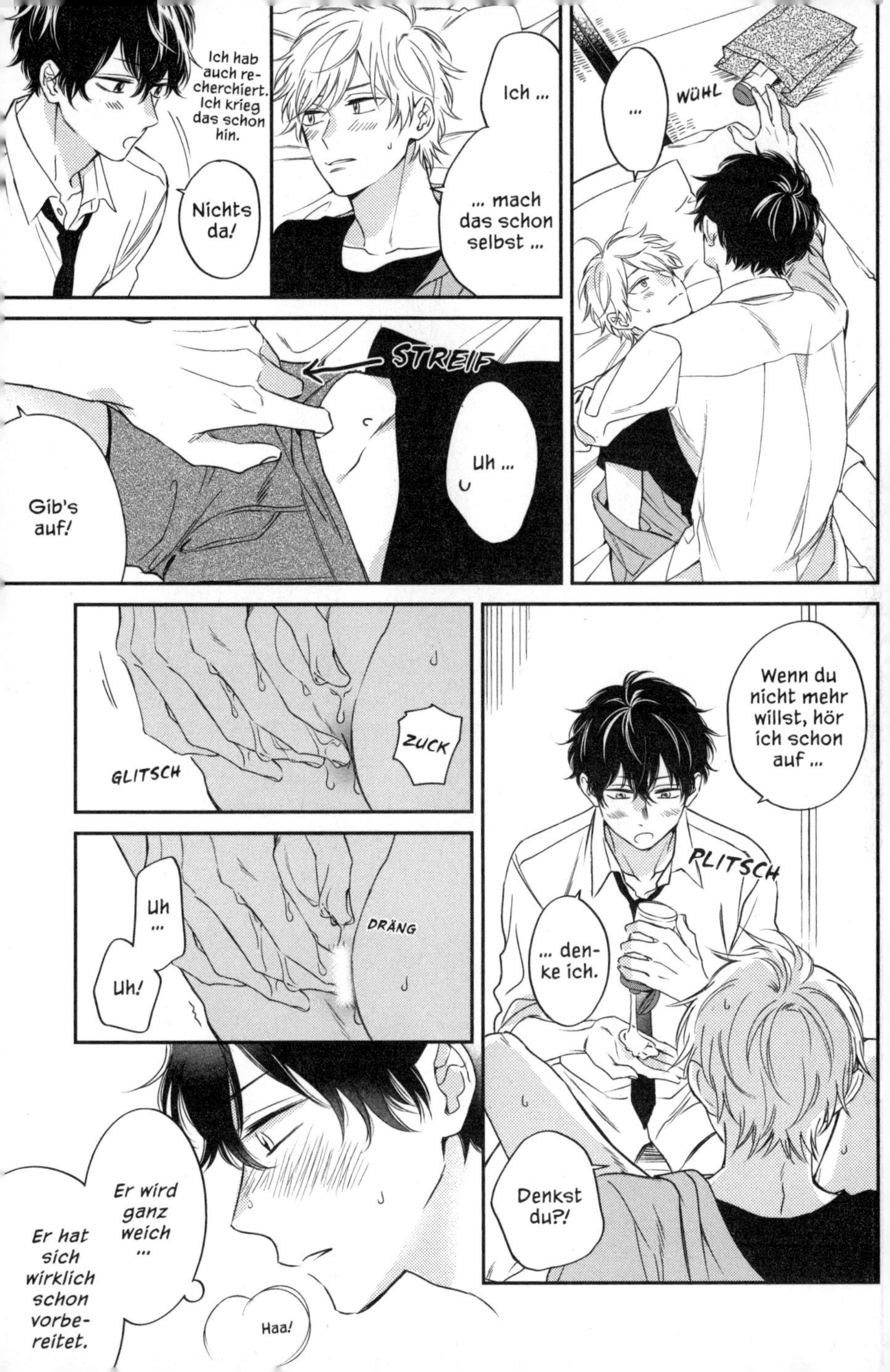
...
WÜHL
Ich ...
... mach das schon selbst ...
Ich hab auch re-cherchiert. Ich krieg das schon hin.
Nichts da!
STREIF
uh ...
Gib's auf!
Wenn du nicht mehr willst, hör ich schon auf ...
PLITSCH
... den-ke ich.
Denkst du?!
ZUCK
GLITSCH
Uh ...
Uh!
DRÄNG
Er wird ganz weich ...
Er hat sich wirklich schon vorbe-reitet.
Haa!

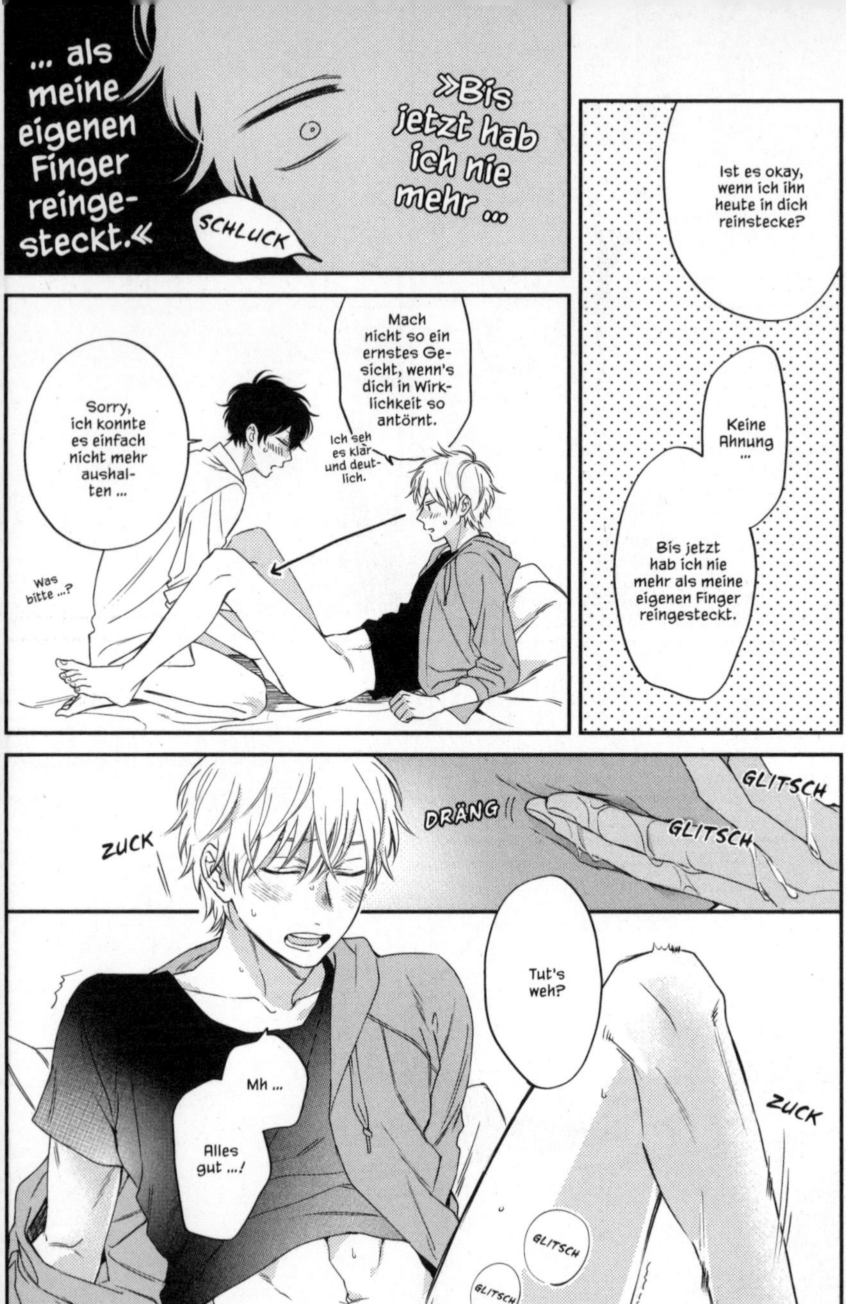

Ist es okay, wenn ich ihn heute in dich reinstecke?
Keine Ahnung ...
Bis jetzt hab ich nie mehr als meine eigenen Finger reingesteckt.
»Bis jetzt hab ich nie mehr ...
... als meine eigenen Finger reingesteckt.«
SCHLUCK
Mach nicht so ein ernstes Gesicht, wenn's dich in Wirklichkeit so antörnt.
Ich seh es klar und deutlich.
Sorry, ich konnte es einfach nicht mehr aushalten ...
Was bitte ...?
GLITSCH
GLITSCH
DRÄNG
ZUCK
Tut's weh?
Mh ...
Alles gut ...!
ZUCK
GLITSCH
GLITSCH

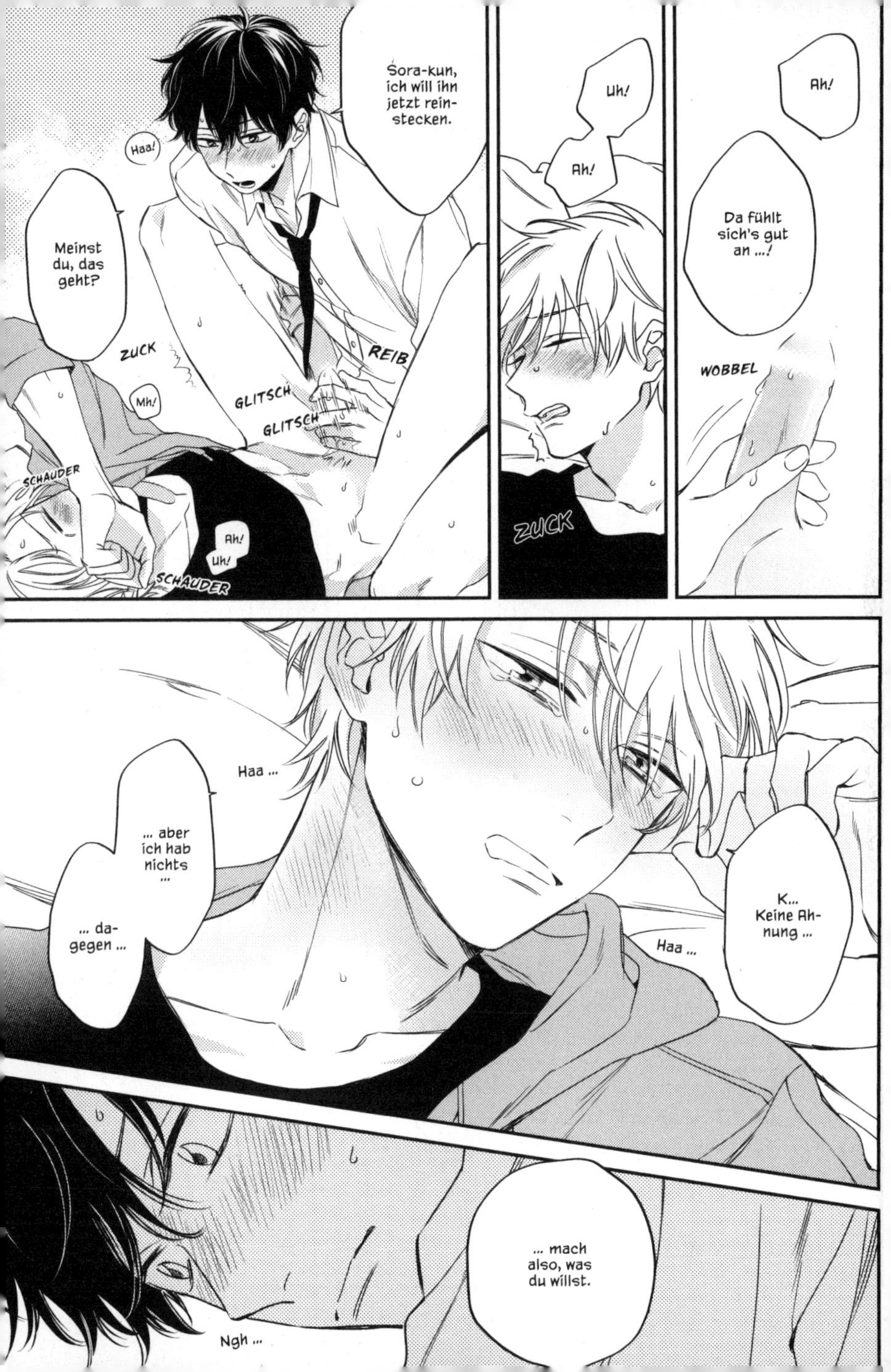
Ah!
Da fühlt sich's gut an ...!
WOBBEL
Uh!
Ah!
ZUCK
Sora-kun, ich will ihn jetzt rein- stecken.
Haa!
Meinst du, das geht?
REIB
ZUCK
GLITSCH
GLITSCH
Mh!
SCHAUDER
Ah!
Uh!
SCHAUDER
K... Keine Ah- nung ...
Haa ...
Haa ...
... aber ich hab nichts ...
... da- gegen ...
... mach also, was du willst.
Ngh ...

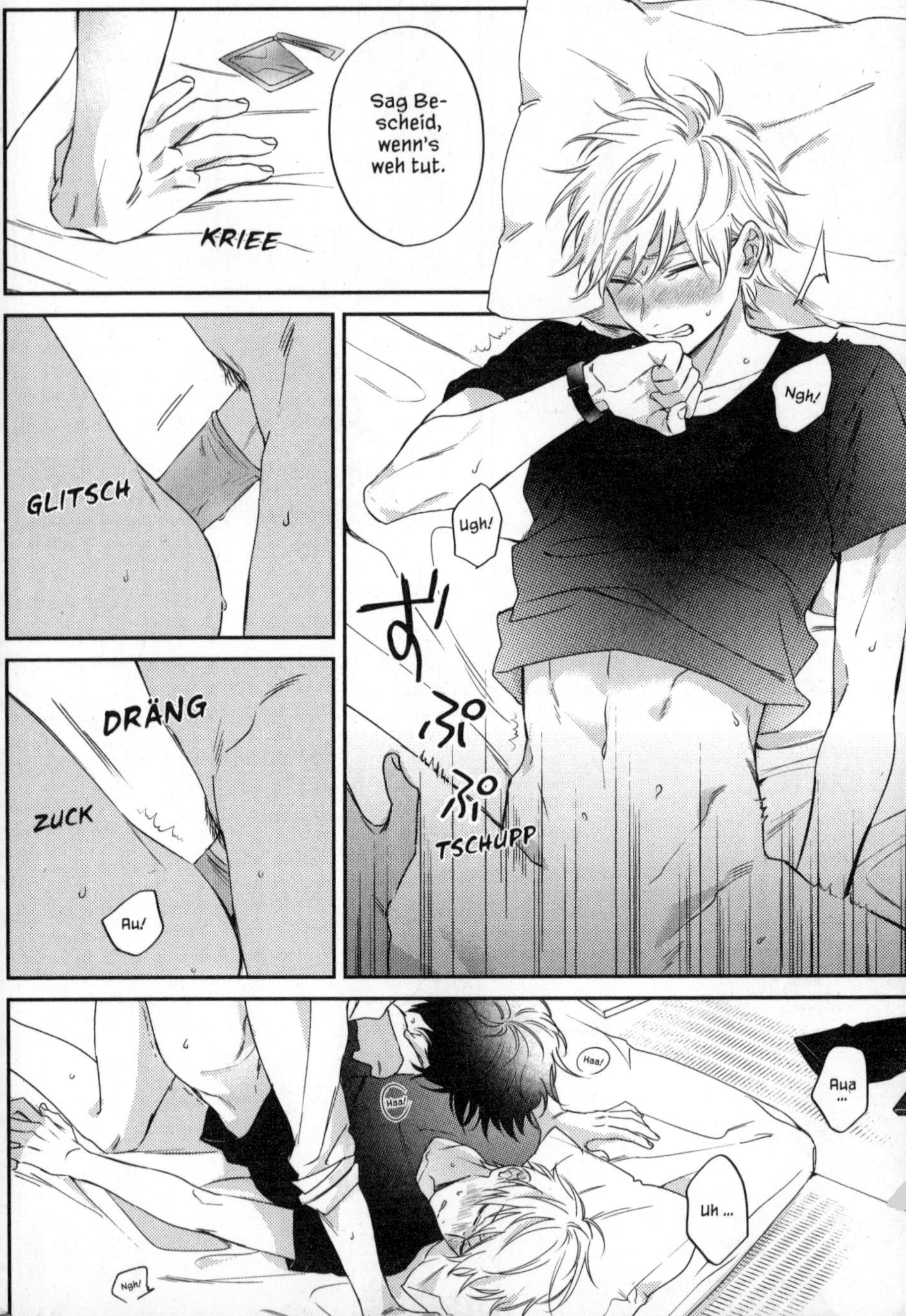
Sag Be-
scheid,
wenn's
weh tut.
KRIEE
Ngh!
Ugh!
TSCHUPP
GLITSCH
DRÄNG
ZUCK
Au!
Aua
...
Haa!
Haa!
Uh ...
Ngh!

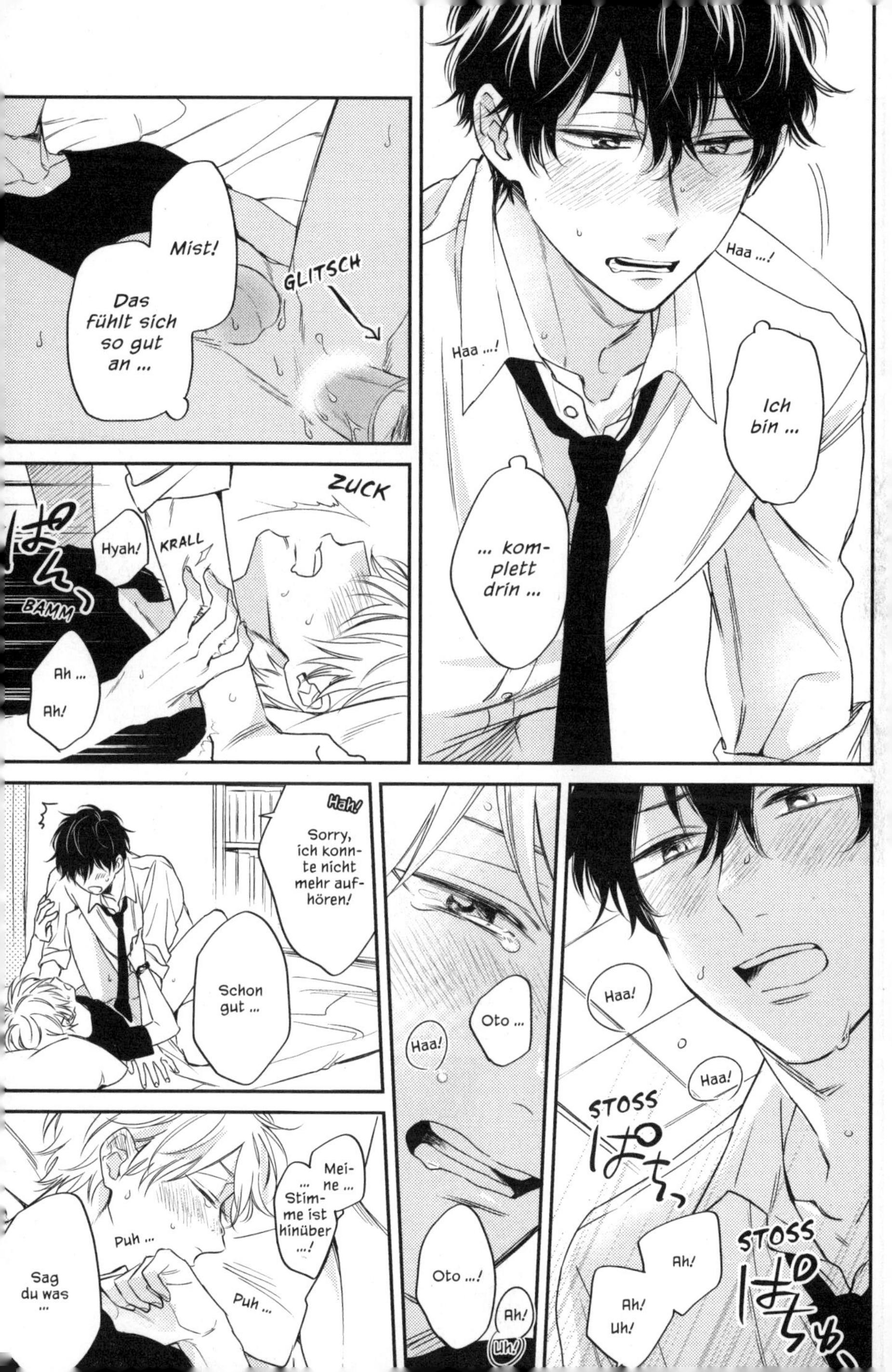
Haa ...!
Haa ...!
Ich bin ...
... komplett drin ...
Mist!
Das fühlt sich so gut an ...
GLITSCH
ZUCK
Hyah!
KRALL
BAMM
Ah ...
Ah!
Haa!
Haa!
STOSS
STOSS
Ah!
Ah!
Uh!
Oto ...
Haa!
Oto ...!
Ah!
Uh!
Hah!
Sorry, ich konnte nicht mehr aufhören!
Schon gut ...
Meine ... ... Stimme ist hinüber ...!
Puh ...
Puh ...
Sag du was ...

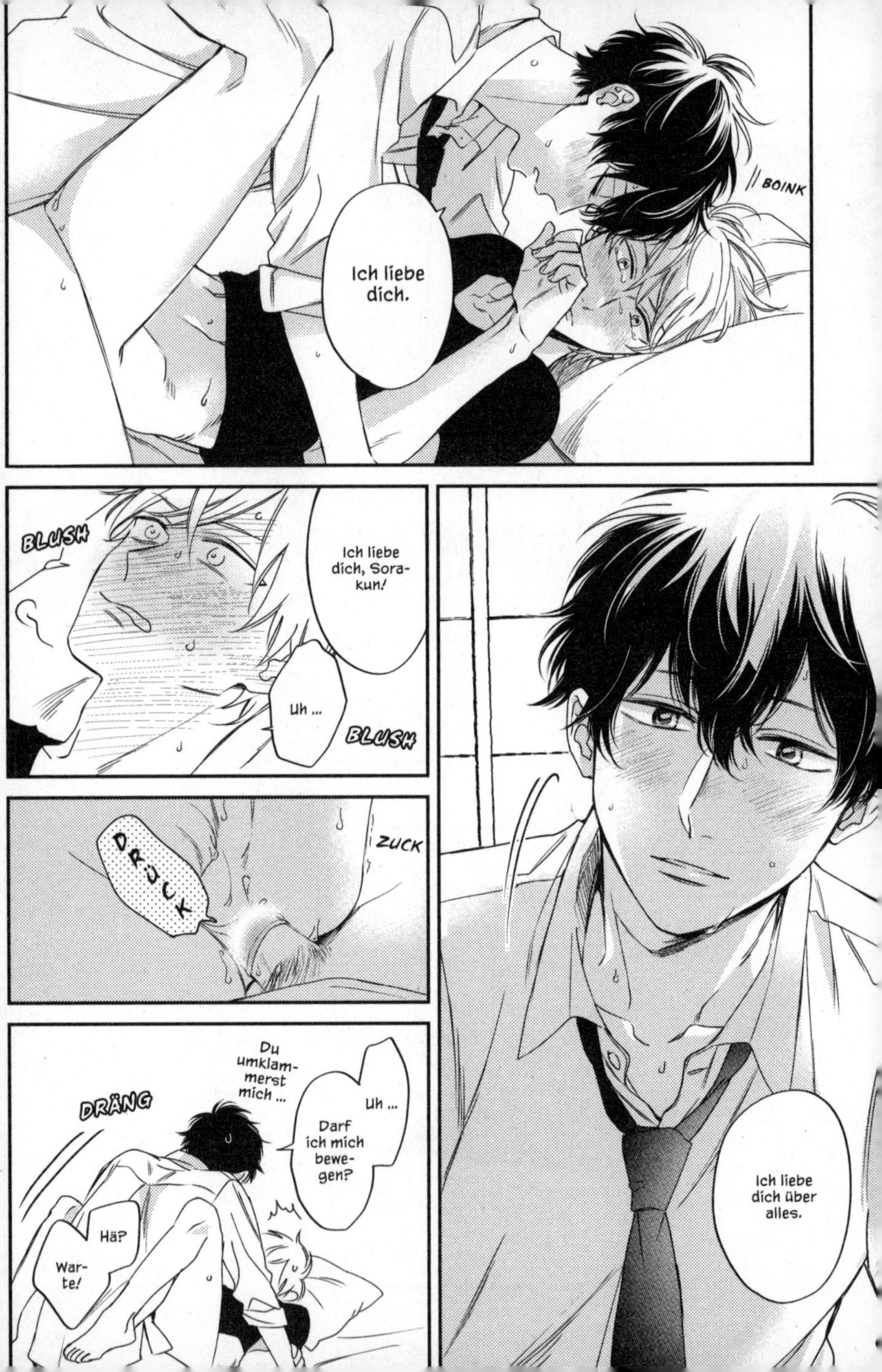
BOINK
Ich liebe dich.
Ich liebe dich über alles.
Ich liebe dich, Sora-kun!
BLUSH
Uh ...
BLUSH
ZUCK
DRÜCK
Du umklammerst mich ...
Uh ...
Darf ich mich bewegen?
DRÄNG
Hä?
Warte!

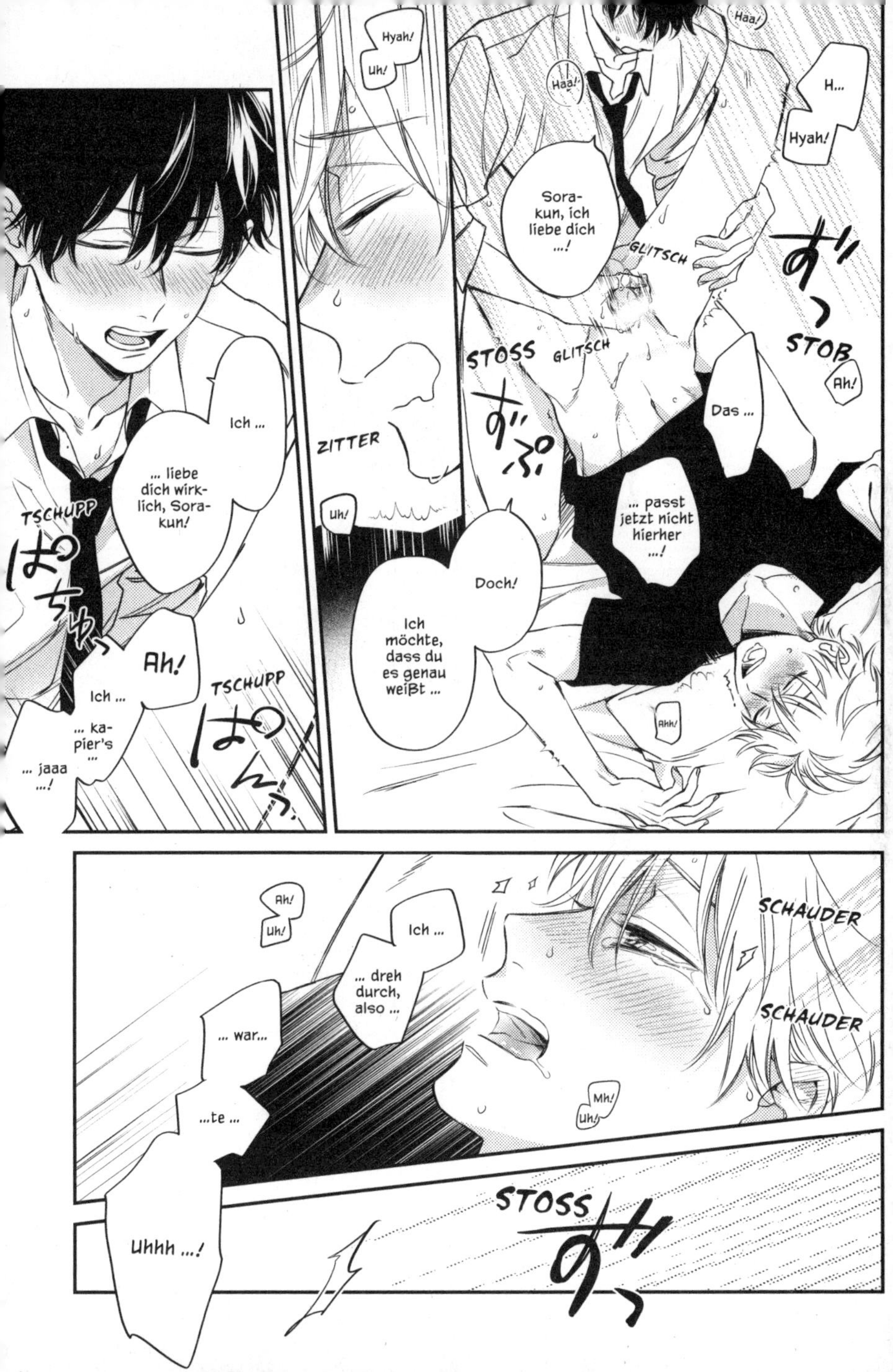
Haa!
H...
Hyah!
Haa!
Sora-kun, ich liebe dich ...!
GLITSCH
STOß
Ah!
GLITSCH
STOSS
Das ...
... passt jetzt nicht hierher ...!
Doch!
Ich möchte, dass du es genau weißt ...
Ahh!
Hyah!
Uh!
ZITTER
Uh!
Ich ...
... liebe dich wirklich, Sora-kun!
TSCHUPP
Ah!
TSCHUPP
Ich ...
... kapier's ...
... jaaa ...!
SCHAUDER
SCHAUDER
Mh!
Uh!
Ich ...
... dreh durch, also ...
Ah!
Uh!
... war...
...te ...
STOSS
Uhhh ...!

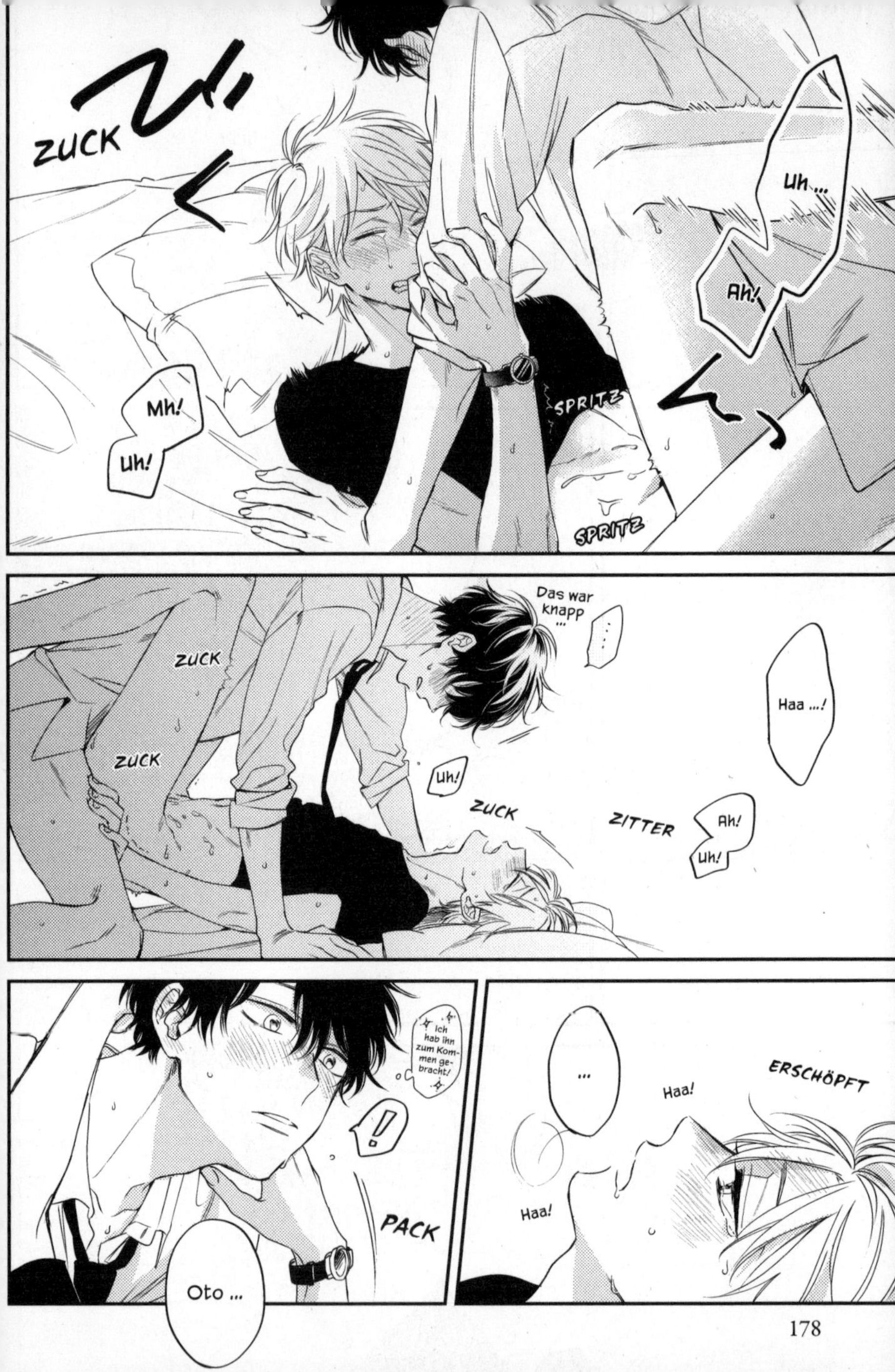
Uh …
Ah!
SPRITZ
SPRITZ
ZUCK
Mh!
Uh!
Haa …!
Ah!
Uh!
ZITTER
Das war knapp …
…
Uh!
ZUCK
ZUCK
ZUCK
ERSCHÖPFT
Haa!
…
Haa!
Ich hab ihn zum Kommen gebracht!
!
PACK
Oto …

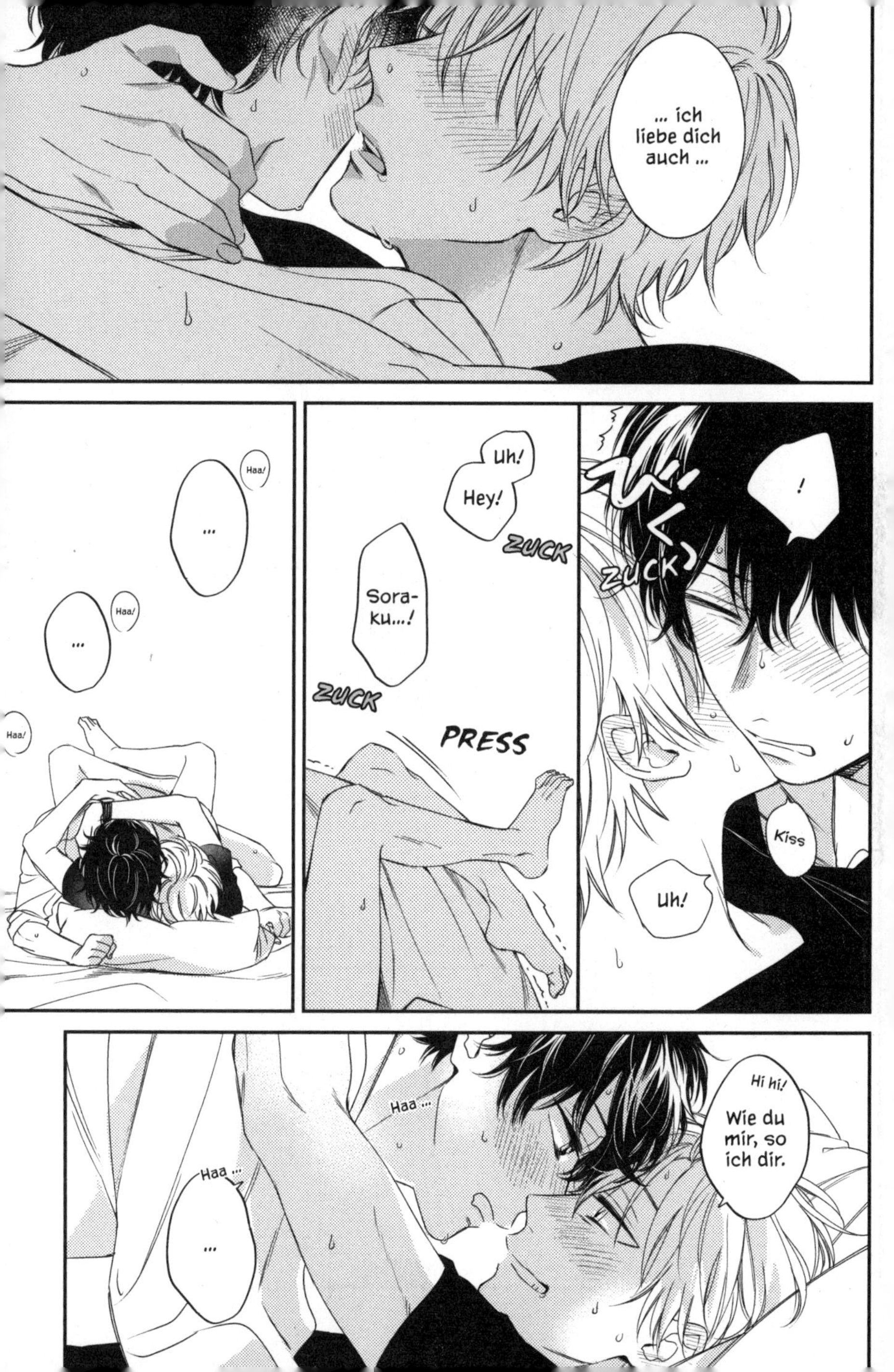

... ich liebe dich auch ...
!
ZUCK
Kiss
Uh!
Uh!
Hey!
ZUCK
Sora-ku...!
ZUCK
PRESS
Haa!
...
Haa!
...
Haa!
Hi hi!
Wie du mir, so ich dir.
Haa ...
Haa ...
...

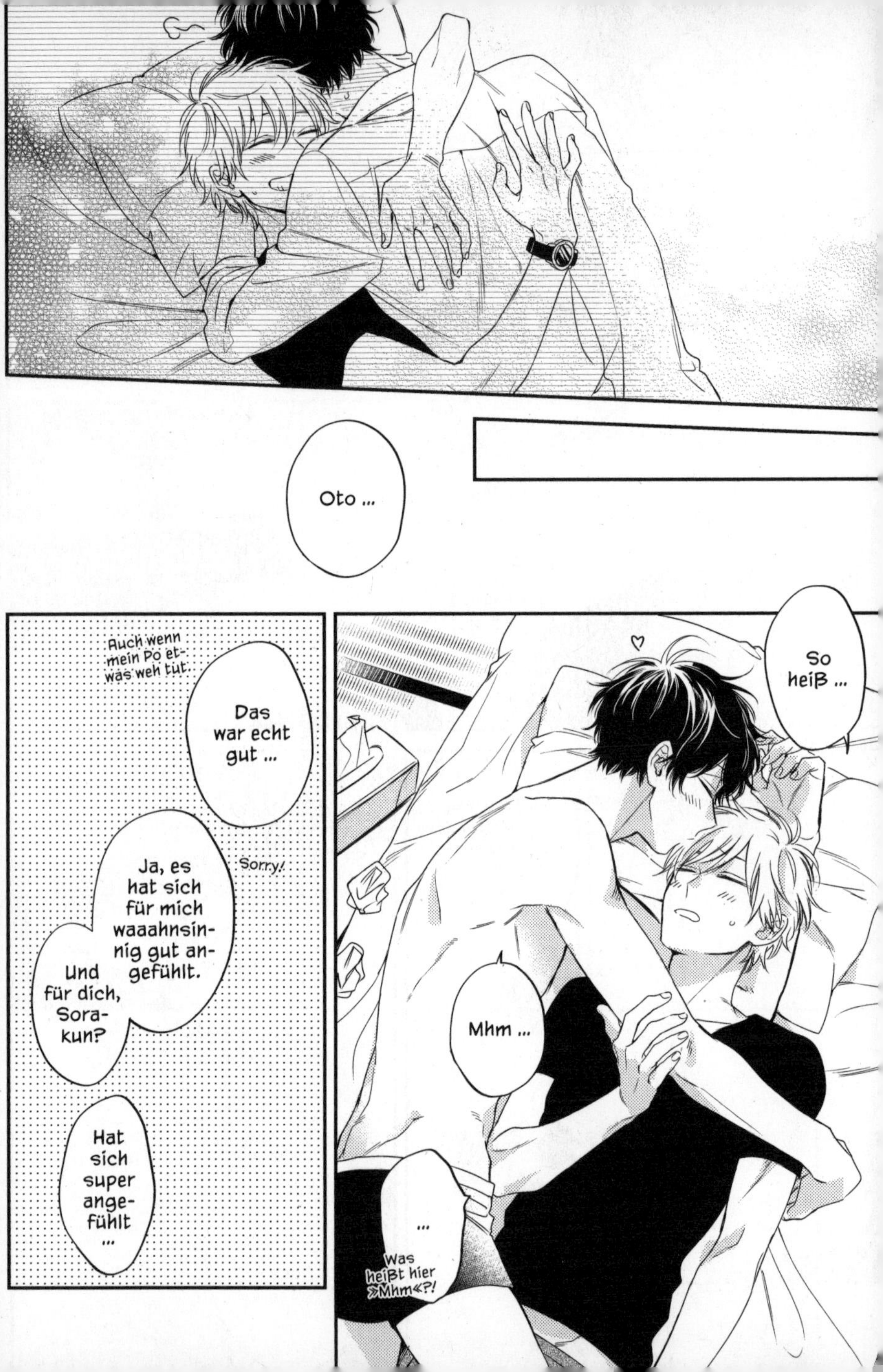
Oto ...
So heiß ...
Mhm ...
...
Was heißt hier »Mhm«?!
Das war echt gut ...
Auch wenn mein Po etwas weh tut.
Ja, es hat sich für mich waaahnsinnig gut angefühlt.
Sorry!
Und für dich, Sora-kun?
Hat sich super angefühlt ...

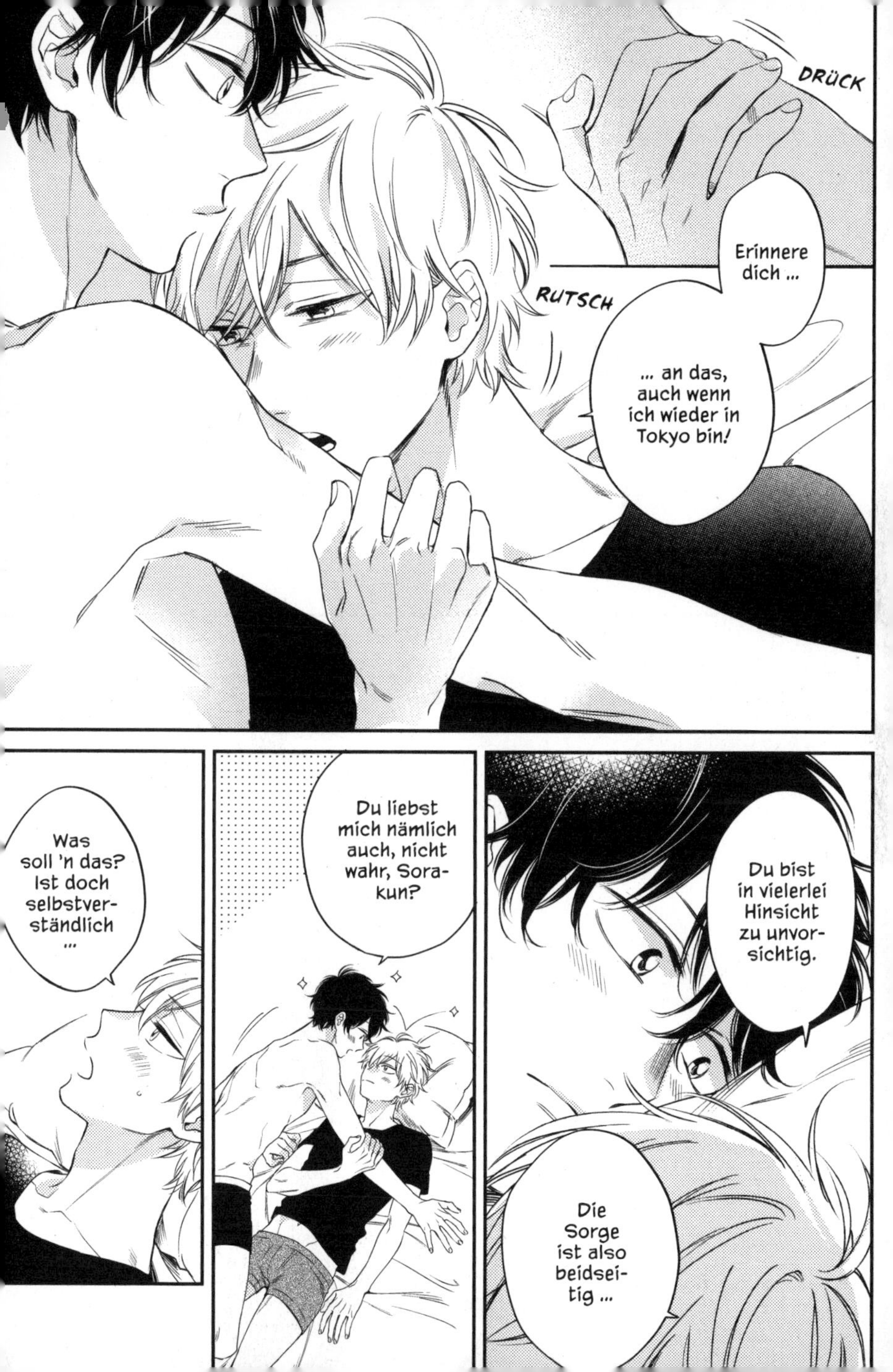
DRÜCK
Erinnere dich ...
RUTSCH
... an das, auch wenn ich wieder in Tokyo bin!
Du bist in vielerlei Hinsicht zu unvorsichtig.
Die Sorge ist also beidseitig ...
Du liebst mich nämlich auch, nicht wahr, Sora-kun?
Was soll 'n das? Ist doch selbstverständlich ...

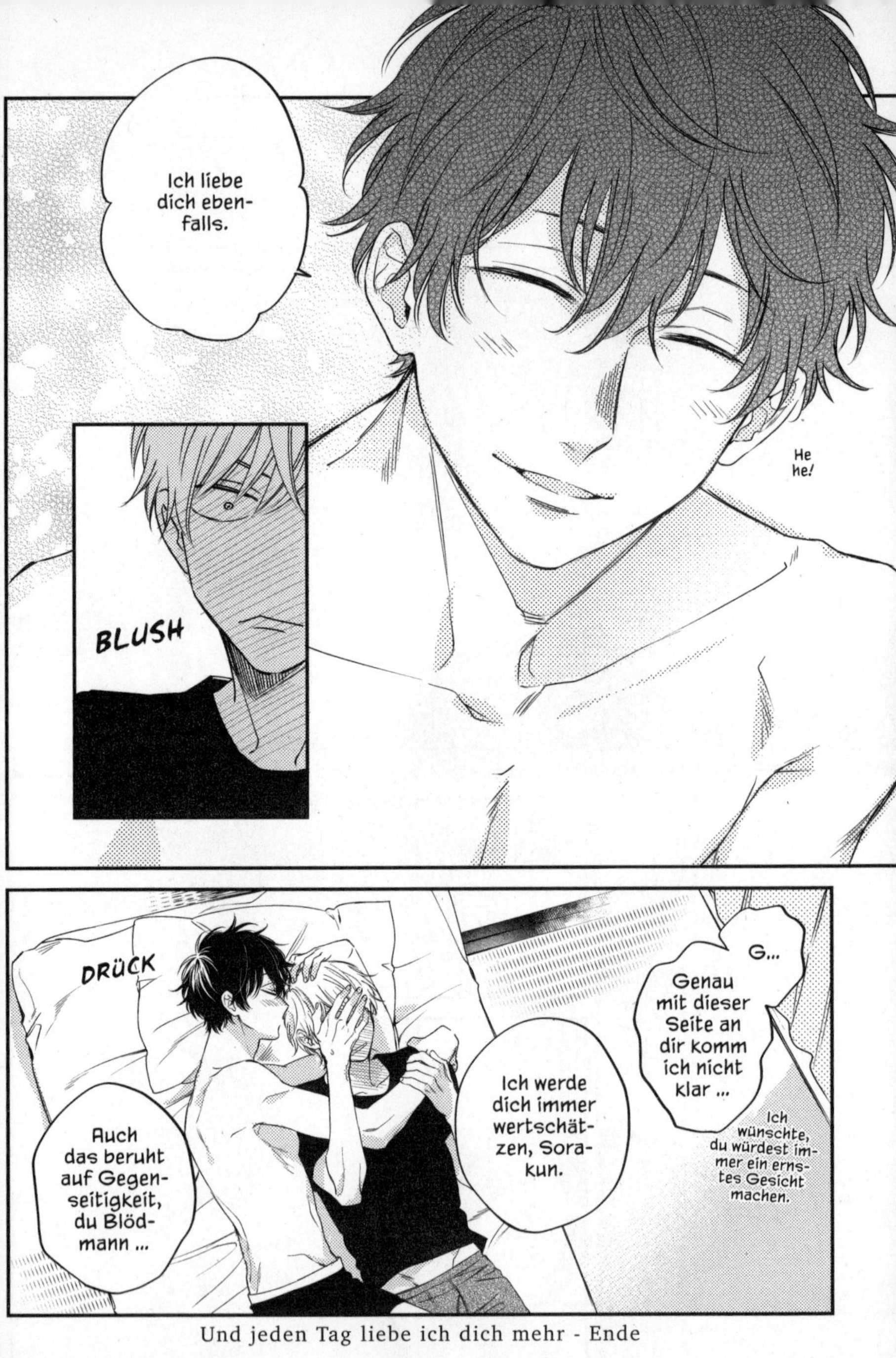

Und jeden Tag liebe ich dich mehr - Ende

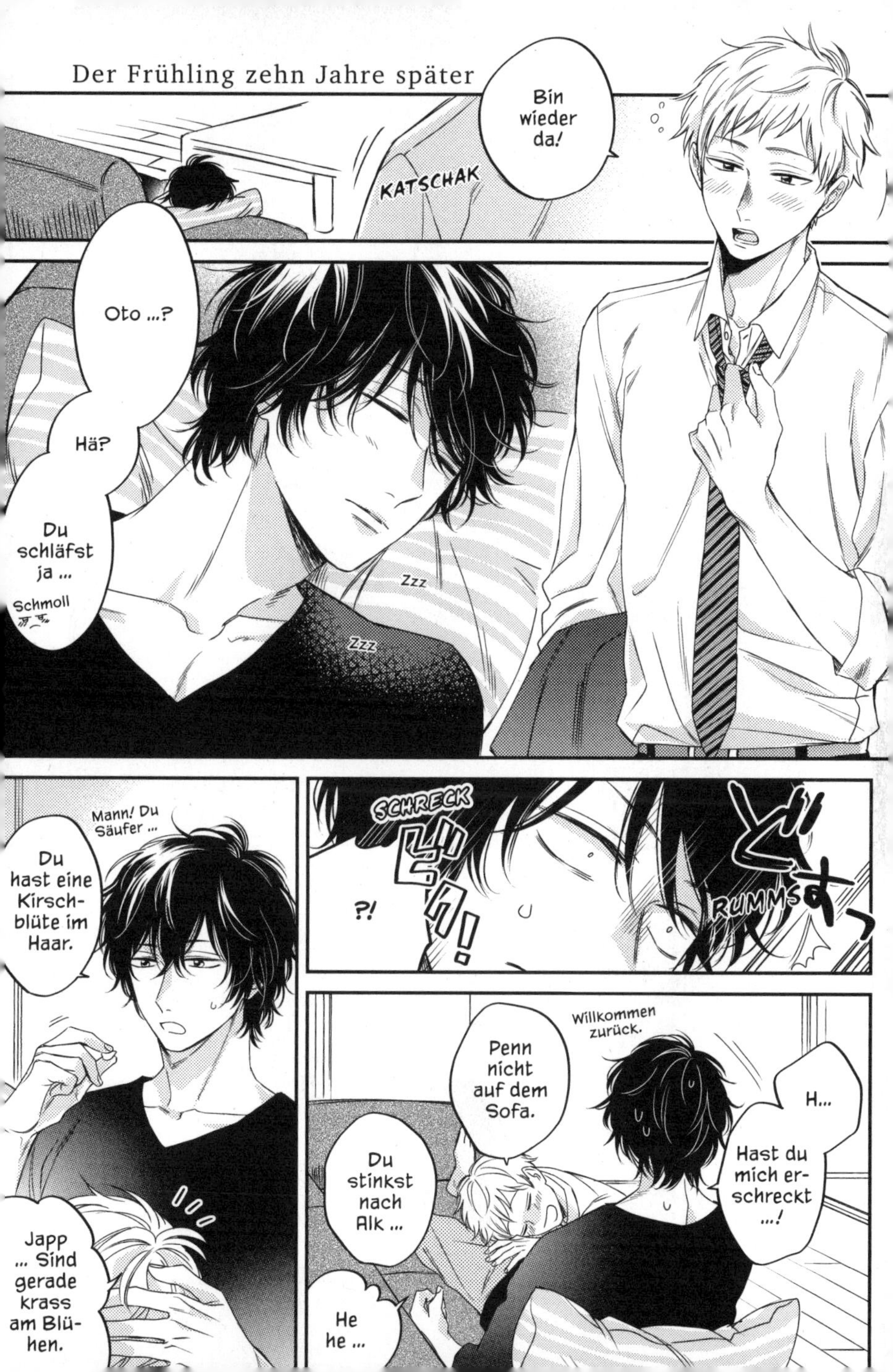

Der Frühling zehn Jahre später
Bin wieder da!
KATSCHAK
Oto ...?
Hä?
Du schläfst ja ...
Schmoll
Zzz
Zzz
SCHRECK
?!
RUMMS
Mann! Du Säufer ...
Du hast eine Kirschblüte im Haar.
Japp ... Sind gerade krass am Blühen.
Willkommen zurück.
H...
Hast du mich erschreckt ...!
Penn nicht auf dem Sofa.
Du stinkst nach Alk ...
He he ...

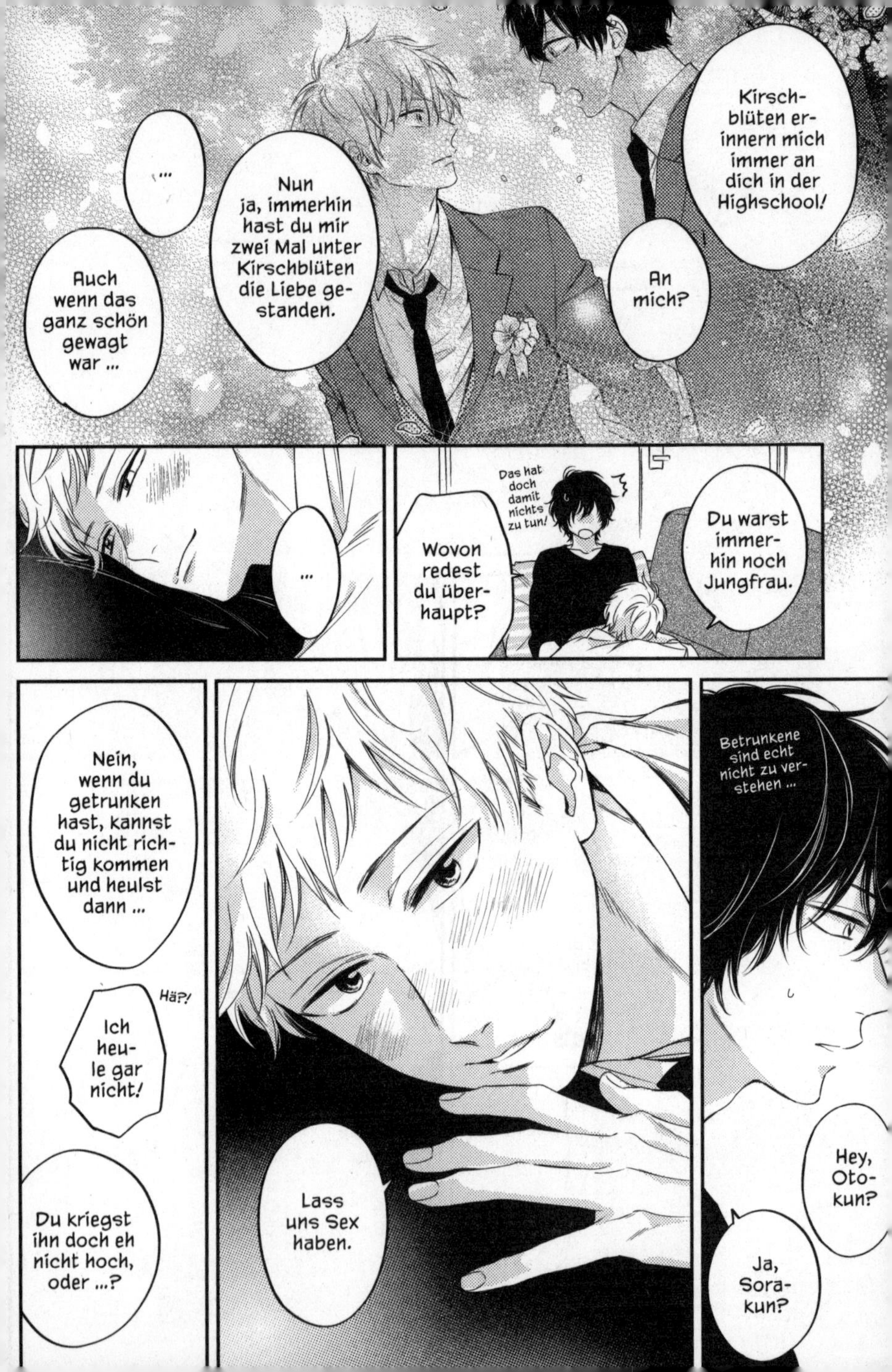
Kirschblüten erinnern mich immer an dich in der Highschool!
An mich?
Nun ja, immerhin hast du mir zwei Mal unter Kirschblüten die Liebe gestanden.
...
Auch wenn das ganz schön gewagt war ...
Du warst immerhin noch Jungfrau.
Das hat doch damit nichts zu tun!
Wovon redest du überhaupt?
...
Betrunkene sind echt nicht zu verstehen ...
Hey, Oto-kun?
Ja, Sora-kun?
Lass uns Sex haben.
Nein, wenn du getrunken hast, kannst du nicht richtig kommen und heulst dann ...
Hä?!
Ich heule gar nicht!
Du kriegst ihn doch eh nicht hoch, oder ...?

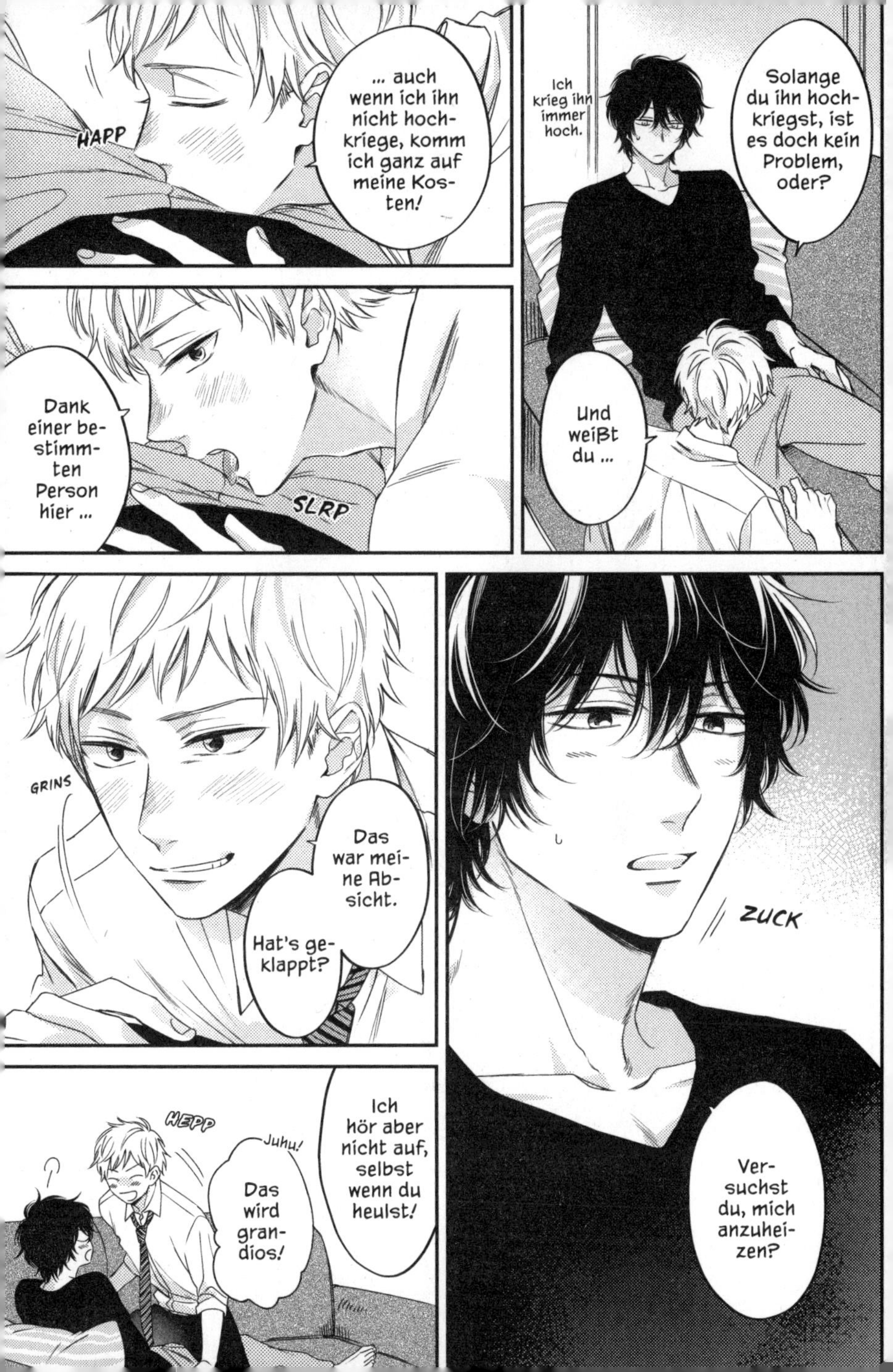
Solange du ihn hochkriegst, ist es doch kein Problem, oder?
Ich krieg ihn immer hoch.
Und weißt du ...
... auch wenn ich ihn nicht hochkriege, komm ich ganz auf meine Kosten!
HAPP
Dank einer bestimmten Person hier ...
SLRP
ZUCK
Versuchst du, mich anzuheizen?
GRINS
Das war meine Absicht.
Hat's geklappt?
Ich hör aber nicht auf, selbst wenn du heulst!
HEPP
Juhu!
Das wird grandios!

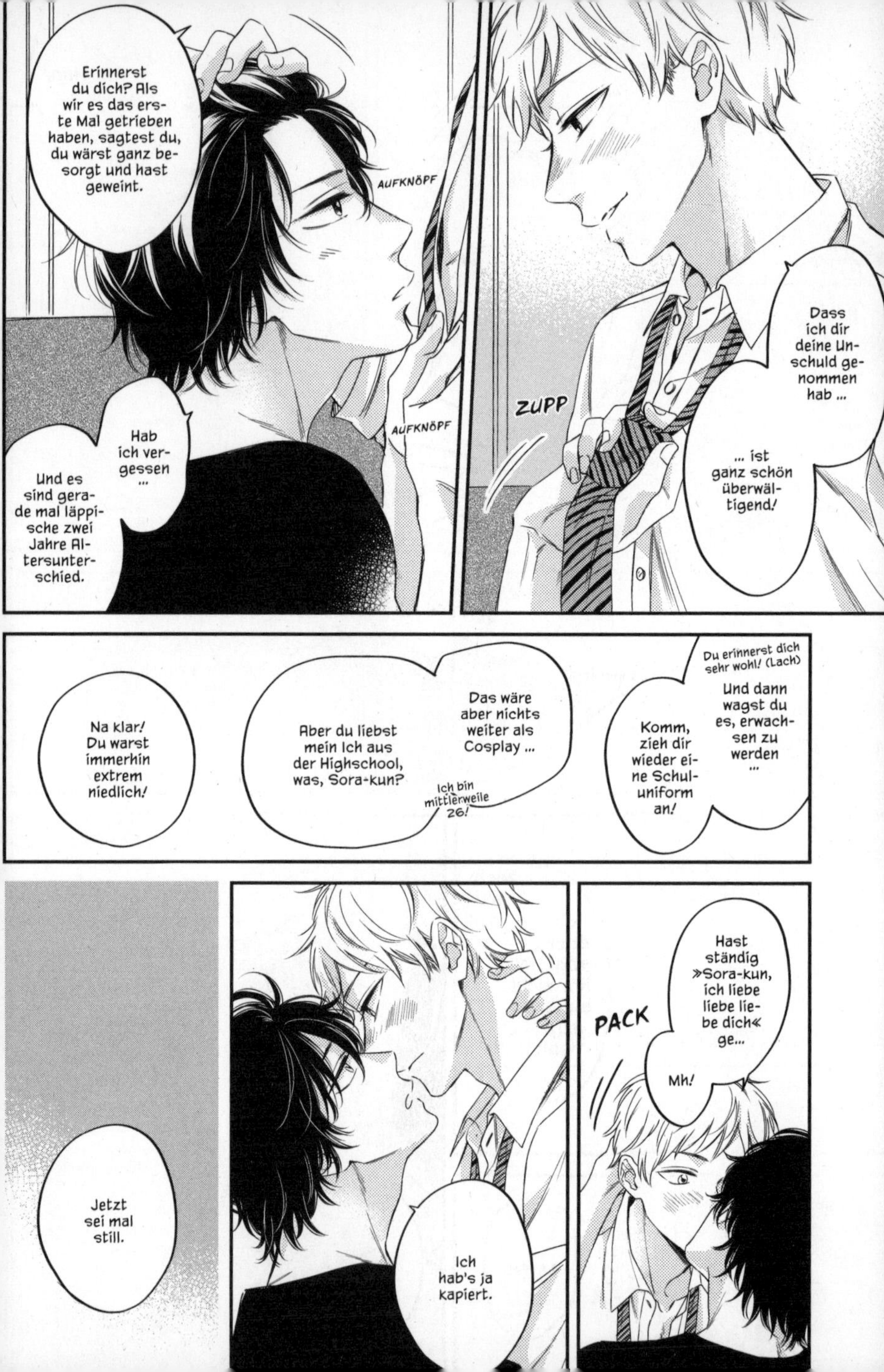
Dass ich dir deine Unschuld genommen hab ...
ZUPP
... ist ganz schön überwältigend!
AUFKNÖPF
AUFKNÖPF
Erinnerst du dich? Als wir es das erste Mal getrieben haben, sagtest du, du wärst ganz besorgt und hast geweint.
Hab ich vergessen ...
Und es sind gerade mal läppische zwei Jahre Altersunterschied.
Du erinnerst dich sehr wohl! (Lach)
Und dann wagst du es, erwachsen zu werden ...
Komm, zieh dir wieder eine Schuluniform an!
Das wäre aber nichts weiter als Cosplay ...
Ich bin mittlerweile 26!
Aber du liebst mein Ich aus der Highschool, was, Sora-kun?
Na klar! Du warst immerhin extrem niedlich!
Hast ständig »Sora-kun, ich liebe liebe liebe dich« ge...
PACK
Mh!
Ich hab's ja kapiert.
Jetzt sei mal still.

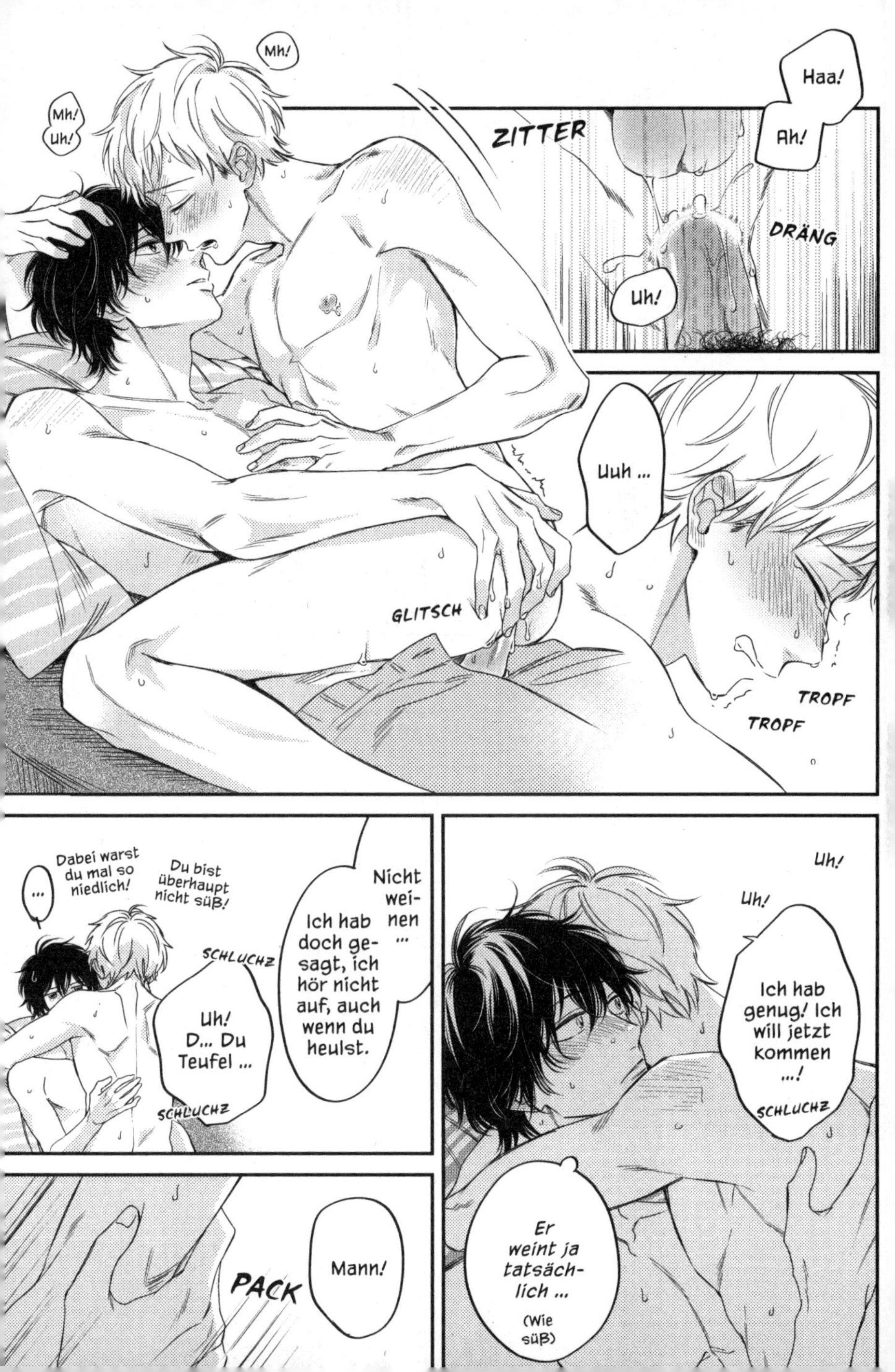

Haa!
Ah!
DRÄNG
Uh!
Mh!
Mh!
Uh!
ZITTER
Uuh ...
GLITSCH
TROPF
TROPF
Nicht weinen ...
Ich hab doch gesagt, ich hör nicht auf, auch wenn du heulst.
Du bist überhaupt nicht süß!
Dabei warst du mal so niedlich!
...
SCHLUCHZ
Uh! D... Du Teufel ...
SCHLUCHZ
Mann!
PACK
Uh!
Uh!
Ich hab genug! Ich will jetzt kommen ...!
SCHLUCHZ
Er weint ja tatsächlich ...
(Wie süß)

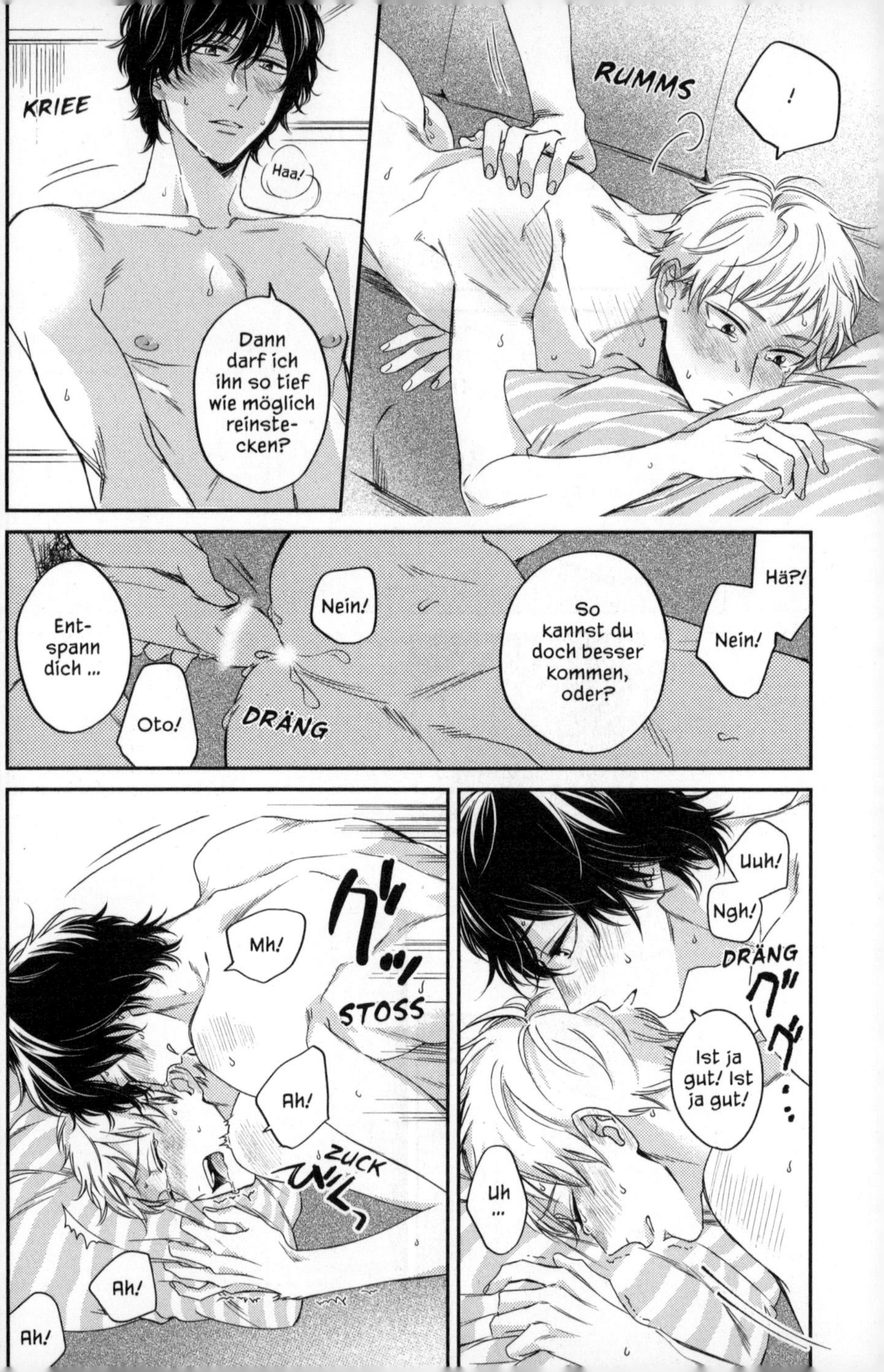
RUMMS
!
KRIEE
Haa!
Dann darf ich ihn so tief wie möglich reinstecken?
Hä?!
Nein!
So kannst du doch besser kommen, oder?
Nein!
Entspann dich ...
Oto!
DRÄNG
Uuh!
Ngh!
DRÄNG
Ist ja gut! Ist ja gut!
Uh ...
Mh!
STOSS
Ah!
ZUCK
Ah!
Ah!

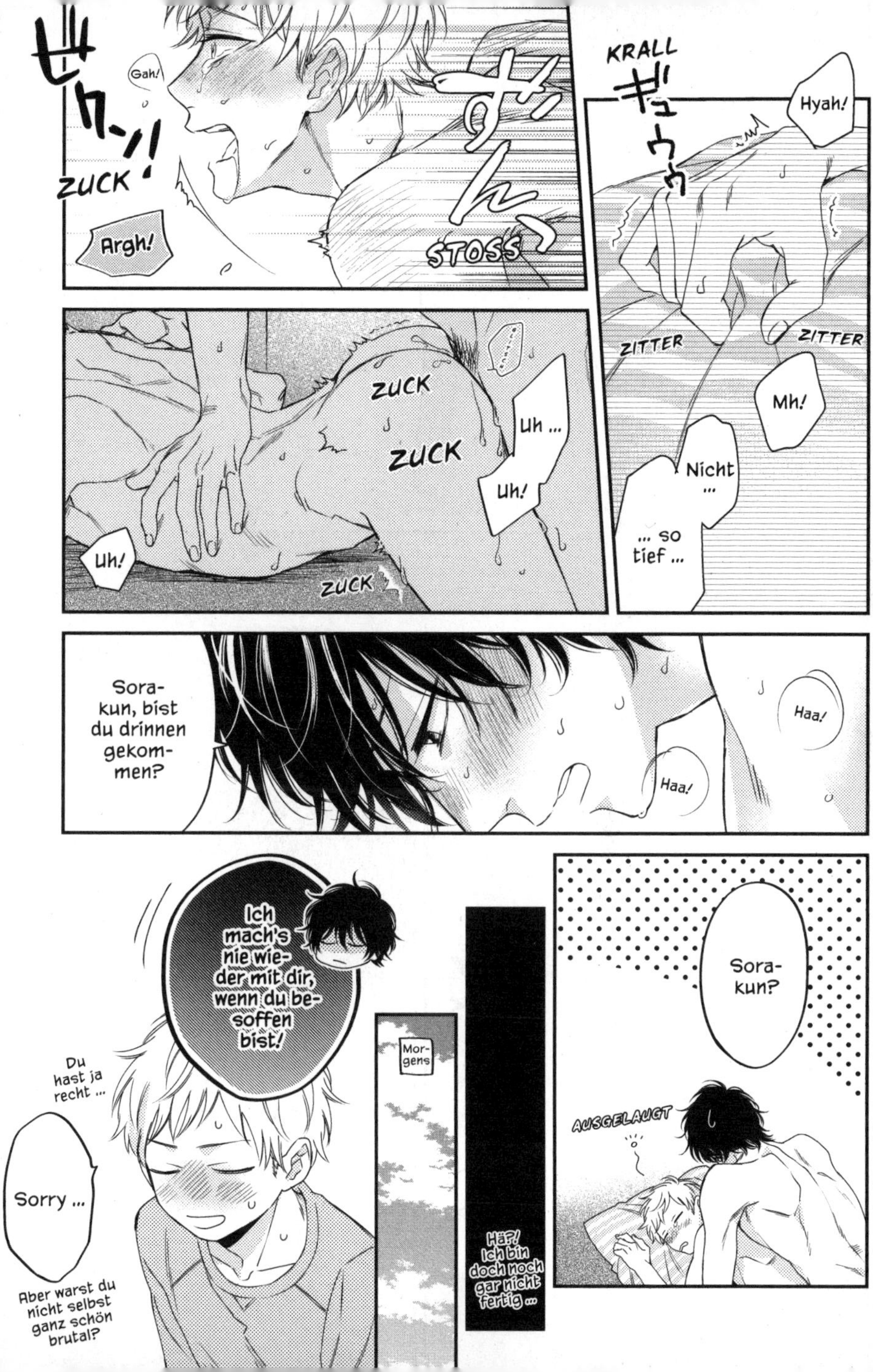
KRALL
ギュウゥ
Hyah!
ずん
STOSS
Gah!
ZUCK
Argh!
ZITTER
ZITTER
Mh!
Nicht …
… so tief …
ZUCK
Uh …
ZUCK
Uh!
Uh!
ZUCK
Sora-kun, bist du drinnen gekommen?
Haa!
Haa!
Sora-kun?
AUSGELAUGT
Häh?! Ich bin doch noch gar nicht fertig …
Morgens
Ich mach's nie wieder mit dir, wenn du besoffen bist!
Du hast ja recht …
Sorry …
Aber warst du nicht selbst ganz schön brutal?

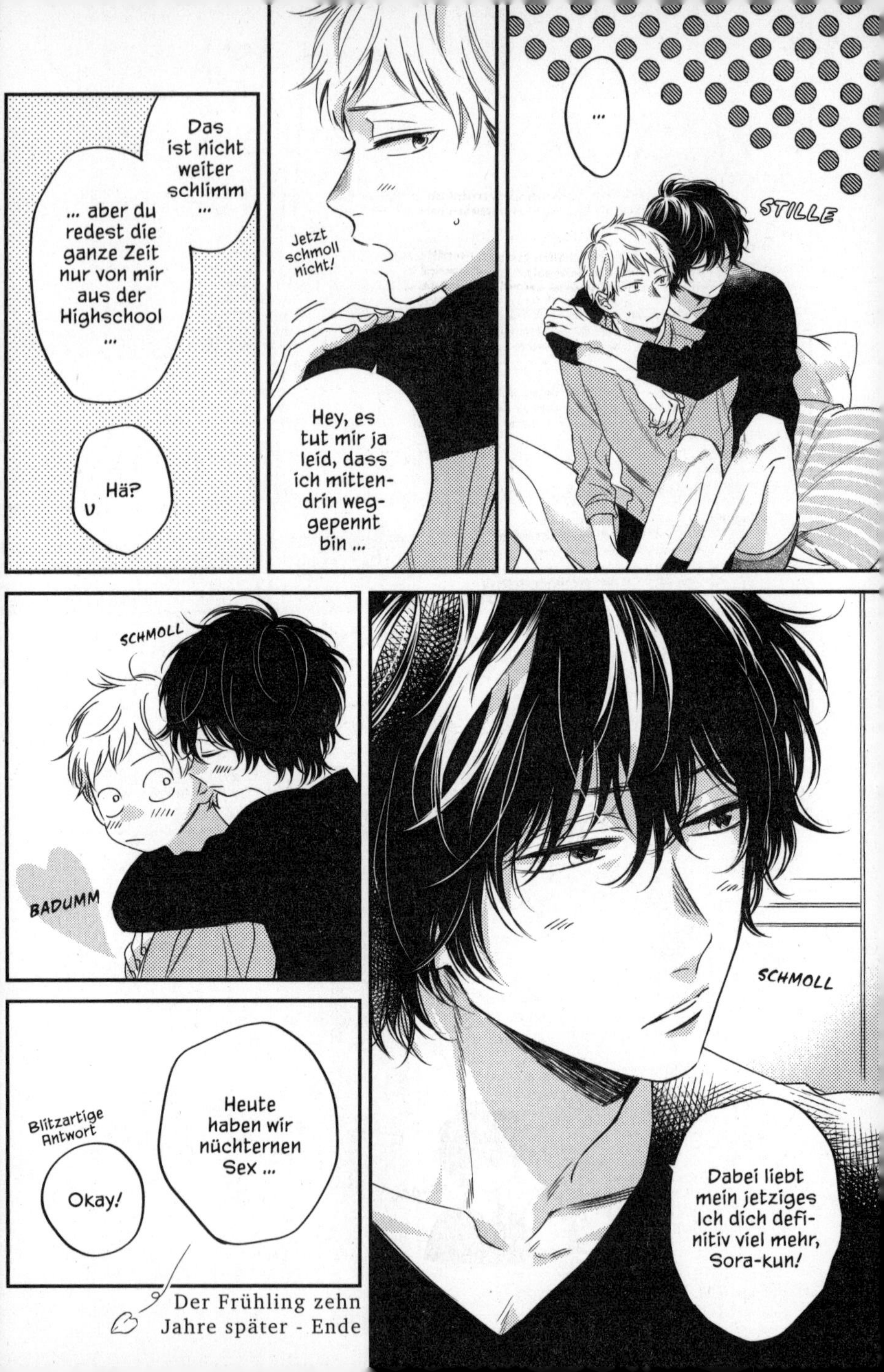
...
STILLE
Jetzt schmoll nicht!
Hey, es tut mir ja leid, dass ich mittendrin weggepennt bin ...
Das ist nicht weiter schlimm ...
... aber du redest die ganze Zeit nur von mir aus der Highschool ...
Hä?
SCHMOLL
Dabei liebt mein jetziges Ich dich definitiv viel mehr, Sora-kun!
SCHMOLL
BADUMM
Heute haben wir nüchternen Sex ...
Blitzartige Antwort
Okay!
Der Frühling zehn Jahre später - Ende

Nachwort

Ich bin Shota Kon, freut mich, euch kennenzulernen! Ich bedanke mich ganz herzlich, dass ihr meinen ersten Manga gekauft und bis hierhin gelesen habt! Ich hoffe, dass er euch zumindest ein klein wenig gefallen hat.

Das Storyboard hat mir so zu schaffen gemacht, ich hätte sterben können. Mein Zeichentablett hat kurz vor der Deadline den Geist aufgegeben und meine Inkompetenz hat mich zum Schreien gebracht. In diesem knapp einem Jahr ist viel passiert, aber mittlerweile sind es für mich tolle Erinnerungen. Wenn ich darüber nachdenke, dass die Akte *Und jeden Tag liebe ich dich mehr* damit abgeschlossen ist, werde ich ganz traurig, aber ich bin froh, dass ich Oto und Sora bis zum Schluss zeichnen durfte. (Da ich ältere Uke, die sich proportional zu den Jahren, die sie zusammen sind, immer mehr gehen lassen, extrem liebe, habe ich mich gefreut, ihn zeichnen zu dürfen.)

Es ist ein Manga, bei dem ich zwar ungeschickt, aber mit Feuereifer meine Hand hab arbeiten lassen. Ich bin von ganzem Herzen dankbar, dass ich von so vielen Menschen unterstützt wurde und so einen ganzen Sammelband aus dieser Geschichte machen konnte. Ich danke euch wirklich wirklich wirklich sehr!

Special Thanks!

An alle, die diesen Manga gekauft haben.
An alle, die die Serialisierung angefeuert haben.
An meine Redakteurin S, die mir immer mit Rat zur Seite stand.
An Madoka und Mari, für das entzückende Design.
An alle meine Freunde, die sich die Story angehört und geholfen haben.
Und an alle anderen, die mit diesem Werk in Verbindung stehen.

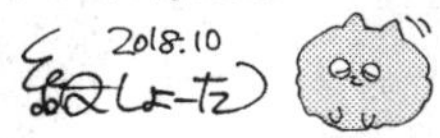

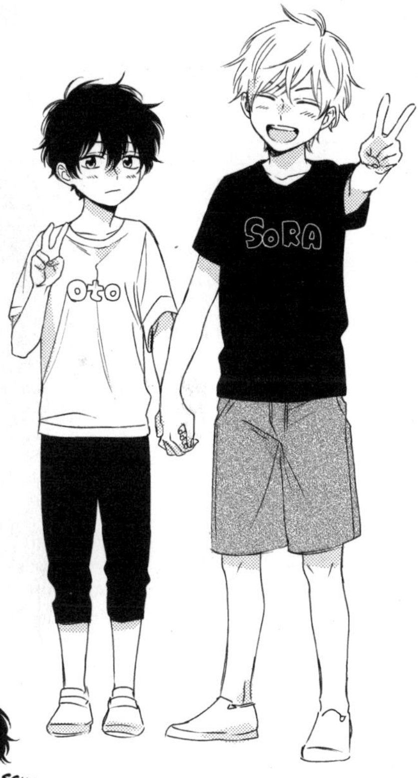

Übrigens ...
Als ich meinen Freunden zeigte, wie die beiden als Erwachsene aussehen, meinten sie, dass Oto so richtig den Eindruck eines Pimps macht und haben vor Lachen geradezu gebrüllt. Dabei hatte ich eigentlich vorgesehen, dass er als Pflegekraft arbeitet ...

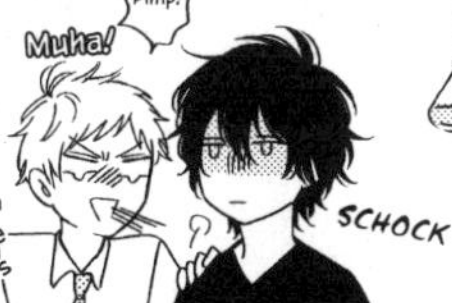

TOKYOPOP GmbH
Hamburg

TOKYOPOP
2. Auflage, 2022
Deutsche Ausgabe/German Edition

Aus dem Japanischen von Iga Marta Handke

Redaktion: Anna Shoe
Lettering: Vibrant Publishing Studio
Herstellung: Mathias Neumeyer
Druck und buchbinderische Verarbeitung:
CPI – Clausen & Bosse GmbH, Leck
Printed in Germany

MIX Papier FSC® C083411

Wir achten auf die Umwelt.
Dieses Produkt besteht aus FSC®-zertifizierten
und anderen kontrollierten Materialien.

ISBN 978-3-8420-6873-5

www.tokyopop.de